叢書・ウニベルシタス　378

中世の食生活

断食と宴

ブリジット・アン・ヘニッシュ
藤原保明 訳

法政大学出版局

Bridget Ann Henisch
FAST AND FEAST
Food in Medieval Society

This book is published in Japan by arrangement with
The Pennsylvania State University Press,
University Park, Pennsylvania, U.S.A.
through Tuttle-Mori Agency Inc., Tokyo.

Premierement fist larcevesq
de Reins. Apres seoit
lempereur. Apres seoit
le Roy aussi droit en milieu
du front de la sale. Apres
le Roy de france seoit le roy
des romains. Et avoit autant de distance
du Roy au Roy des romains comme du
Roy a lempereur. Et avoient lempereur
le Roy et le Roy des romains chascun se
parement un ciel de drap dor borde de velu
au aus armes de france. et par dessus ceulx

宴席でのもてなし

1379年頃フランス語で書かれた『フランス年代記』より.

ハインツに捧げる

目次

凡例

一、原著のタイトルは *Fast and Feast : Food in Medieval Society* であるが、本書では内容上もっとも適切と思われる「中世の食生活」を表題に掲げ、「断食と宴」は副題に留めた。

一、固有名詞のうち、キリスト教関係の人名の表記は原則として『キリスト教人名辞典』（日本基督教団出版局、一九八六年）に準拠し、その他の人名、地名等はなるべく原語の発音に近い表記となるよう努めた。

一、本文中の（ ）は原著者の、〔 〕は訳者の、補足である。

一、行間の（1）、（2）…は原注、（一）、（二）…は訳注を表わす。

一、『聖書』からの引用はすべて『聖書　新共同訳』（日本聖書協会、一九八八年）に従った。

一、原綴りは必要と思われるもののみ本文または訳注に記した。

謝辞

本書における研究は主に一三、一四、一五世紀の英国の資料に基づいているが、それ以外の国や時代の資料も補足されている。

本書の執筆に当り、筆者が最も大きな恩恵を受けたのは、直接お会いしたことのない数多くの編者、注釈者、および翻訳家の方々である。本書が世に出ることができたのは、数世紀に及ぶこれらの人びとの努力があってのことである。とりわけ、筆者の度重なる依頼に鋭意応じて下さったペンシルヴァニア州立大学のパティー図書館の職員の皆様には大いに感謝いたしております。

格別の感謝の気持ちを申し述べねばならないのは次の方々であります。すなわち、御協力御助言を惜しまれることのなかったスコットランドの聖アンデレ大学のローナ・ウォーカ嬢、判読しにくい注の部分を類稀なる技によって整然としたタイプ原稿に直して下さったサンドラ・ブライド女史、さらに、すべての祝祭日と断食日に見事な健啖家ぶりを発揮し、また、この長い研究の期間中不断の援助を寄せてくれた私の夫、これらの諸賢である。

ブリジット・アン・ヘニッシュ

1 序論

バイロン[一]は、『ハロルド家の若殿の巡礼』[二]が人気絶頂であった頃、悔しそうに次のように日記に書き留めている。「……このエディンバラの本屋は〝『ハロルド』と『調理法』[三]はずいぶん売れている〟という快い追伸を添えて、書籍と『ハロルド』と『調理法』を一度注文したことがある。評判なんてこんなものさ。[1]」彼のこの言葉には、交錯した微かな驚き、すなわち、単なる料理の本でもロマン派の詩人の傑作と同じように売れるという驚きが見て取れる。もっとも、バイロンのこの苛立ちは理解できる。なぜなら、彼はあのとおりの不幸な人間[四]であり、肥満の悩みを抱えていた流行詩人だったからである。しかし、そのバイロンでさえ、自分のこの詩にとって賛辞がすべてであると理解すべきであった。というのは、詩に対する大衆の反応は周知のとおり気まぐれであるが、料理の本は常に需要があるからである。事実、料理の本の真面目な説明は、通俗的ではあるが魅力的に人間の夢をかき立て、食欲を刺激するが、決して人を飽かせることはない。

料理のように物を作ることに対する好みは中世を通じていろんな場合に現われている。たとえば、アピチウス[五]の作とされるローマ時代の料理法の書物は、九世紀にトゥール[六]とフルダ[七]の修道院で書き写され、現存する最も古い二冊の写本となっている。[2] 一方、印刷術の初期に当る一五世紀には、『調理師長の仕事』（*Küchenmeisterei*. 一四八二年、ニュールンベルク刊）という料理の本が少なくとも八回増刷されている。次の世紀には、パリのある婦人が聖務日課書、[八] 中世騎士物語、[九]『ジャムの作り方』[一〇] という三冊の本だけを遺言で残している。[3]

現代の読者にとって、中世に関することで当惑することはたくさんある。しかし、その中には、とりわけ食べ物に対する中世の人びとの態度には、安堵感を抱けるほど馴染み深いものがある。たとえば、当時は、今と同じように、子供たちはりんごか梨一個で友情を固め、間に合わせに作ったかまどで泥まんじゅうを焼いた。[4] また、その頃は現在と同様に、物分りの良い人びとは寒い冬の日々は軍事訓練よりも体をいたわることを好み、次のように語っている。「火鉢のそばにいて、風の吹きすさぶ音を聞き、炭火の前で分厚い肉のついた焼き串が回転するのを眺め、良質のぶどう酒が地下の貯蔵庫から運び上げられるのを見ると、食べて飲んで、炭火のそばで寝たくなる。太った雄鶏が一羽いれば砦を襲撃しようという気持ちは全く湧いてこないだろう。[5]」またその頃は、今と同様に慣れない食事は郷愁の苦しみを募らせた。たとえば、戒律の厳しいカルツジオ会[一一]の修道士たちでさえ、イタリアの修道士が「英国の食べ物に馴染めないといけないから」と、一四二二年、この修道士がロンドンの修道院から故郷のロンバルディア[一二]に帰ることを許した。[6] さらに当時は、現在と同じように、家庭料理はその良さを十分認められていた。たとえば、一三世紀後半に書かれたキリストの伝記によると、荒れ野での長い断食のあと、案じる天使たちがイエスに何を召し上りますかと尋ねたところ、天使たちはすぐに次の返事を得た。「私の最も愛する母の元へ行きなさい。私が喜んで食べられる物は母の食事を措いてほかにはない。[7]」

このように垣間見えてくるものから、見覚えのある世界が浮び上ってくる。しかし、このようなゆったりとした楽しい事柄の合唱の中に、暗くて当惑させられるような音が時おり響くことがある。たとえば、一五世紀の聖職者は、「死について考える人間は優雅さや繊細さ、それにこのうえなくおいしい食べ物を一切強く求めない」ため、ゆっくりと食べ、一口食べるごとにナイフを下に置くだけではなく、この間じゅう、ずっと死について黙想するよう勧められていた。このような話を聞くと、静かな表面の下に何やら奇妙な風潮が流れていることに気づく[8]。

人間は食べ物をとらねばならない。それだけなら簡単であるが、どの時代でも、生活に関わるこの基本的な事実に対する人間の態度は、社会を形成するさまざまな考え方によって複雑化する。たとえば、中世の人たちはキリスト教会の指導を当てにしたが、食べ物についての教会の意見はさまざまであり、その結果として教会の教えは混乱していた。食事と祝宴は聖書の例に倣って神聖視されたが、その一方では、キリスト教は魂を現世から切り離し、生活を魅了するものに対して魂が鈍感になるよう、手を貸したい気持ちで一杯であった。しかし、生存中にこの二つの考え方を調和させる希望をもたされたのは聖人だけであった。そして、一般の庶民は不自然な妥協と果てしない双方の綱引き競争に納得せねばならなかった。

アブラハム[一三]とサラ[一四]がマムレ[一五]の平原で三人の天使たちのために調えた食事[一六]から、イエスとその弟子たちがイエスの復活ののちにテベリアの海のそばで準備した野外の食事[一七]に至るまで、聖書には食べ物についての言及であふれている。イエス自身は驚くべきほど多くの晩餐会の食卓を祝福した。多分、イエスはそうすることによって、「災を退け、幸を選ぶことを知るようになるまで、彼は凝乳と蜂蜜を食べ物とする」（イザヤ七・一五）というイザヤ[一八]のメシアについての謎めいた預言を文字どおり実現しようとしたのであろう。そのような場合、キリスト教会の教えの中に「ほんの一握りの」という表現がほどけないように編み込まれた。たとえば、カナでの婚礼[一九]、パンと魚の奇跡、およびエマオでの晩餐[二〇]は、キリスト教の教義においてきわめて重要なものであるため、注釈書で分析され、説教の中で論じられ、また礼拝の席で賛美された。最後の晩餐[二一]そのものも、すべてのミサの儀式において思いおこされ、追体験された。そして、これらすべての場合において、食べ物と飲み物を提供することは愛の表われと考えられ、共に食事をする行為は親交と親睦の象徴とみなされた。

詩篇（二三・五）の中で、神は次のように詩人[二二]を御馳走で元気づけている。「わたしを苦しめる者を前にしても／あなたはわたしに食卓を整えてくださる。／わたしの頭に香油を注ぎ／わたしの杯を溢れさせてくださる。」また、放蕩息子の譬え話[二三]の中では、わがままな息子と愛情あふれる父親との和解は、接吻と宴会によって締め括られている。一方、イエスは、逮捕される直前、使徒たちの不変の忠実さに対して将来の褒美を約束し、彼らに次のように語っている。「あなたがたは、わたしの国でわたしの食事の席に着いて飲み食いを共にし、……。」（ルカ二二・三〇）

このようによく知られた聖句や親しみ深い物語は、神とその世界に対する人びとの態度に影響を与えた。たとえば、一五世紀初頭の英国の聖職者ジョン・マーク[二四]は、飢えた貧しい人たちと食べ物を分け合いなさい、そうすれば「神は天国において食卓から食べ物を与えてくださるであろう」と、読者を励ました[9]。また、一三世紀のフランシスコ会修道士[二五]であるレーゲンスブルクのベルトールト[二六]は、この考え方を熱心に発展させた。すなわち、彼の言うところの楽園とは、豪華なレストランであり、そこは、調理師長である神の手から尽きることなく出てくるうっとりするような新しい食べ物と微妙な味わいのソースを幸せそうに試食したり試飲する美食家たちで満席となっている。[10] また、マークは、別な説教の中で、キリスト教徒たちは復活祭[二七]を例年地上で祝うが、神はその息子キリストの勝利を祝福するために天国で御馳走をする、と述べている。[11]

神は天国にいる時と同様に地上においても優しくて情け深い主人役として描かれた。神のこのイメージは中世という時代がいつの間にか消え去ったあとも生き続けた。たとえば、ジョージ・ハーバート[二八]は、一七世紀に自分が抱いているある世界の美と秩序の有様を表現するためにこのイメージを用いた。それによると、この世界の主人は、神のすべての被造物が自分の生命を維持するのに何が必要であるかを正しく理解し、そして決して空になることのない戸棚から必要なものを供給するよう配慮してくださる。また、この世界では、どんな些細なことでも無視されることはなく、虫一匹たりとも見落とされることはない。そのために、蝿でさえ「姿を現わす前には食卓を準備した。[12]」

このような神聖な例は、人間の社会における善良な言動の基準を定めることとなった。そして、温かくもてなす心が尊ばれ、けちは非難された。また、陽気な主人役は看護者である聖ユリアーヌス[二九]の庇護をうけて活躍した。一方、慈善[三〇]そのものは、片手にパン、もう片方の手にはコップを差し出す女性として擬人化されることもあった。[13] さらに、飢えた人たちに食べ物を与えることは、自ら愛を示す簡単な方法としてイエスによって提案された七つの慈善行為[三一]の一つであった。そのために、当惑した者が、「主よ、いつわたしたちは、飢えておられるのを見て食べ物を差し上げ、喉が渇いておられるのを見て飲み物を差し上げたでしょうか？」と尋ねたとき、次のようなはっきりとした力強い返事が届いた。「わたしの兄弟であるこの最も小さい者の一人にしたのは、わたしにしてくれたことなのである」（マタイ二五・三一－四〇）。ちなみに、このような寛容さに対する償いは、天国で占めることになる席への期待であった。

一方、食事のあいだじゅう絶え間なくむしゃむしゃ食べ続け、仲間がどれほど欲しがっても食べ物を分け与えることを拒むけちな客は、数ある大食の典型の一つとして、キリスト教会の教えの中に描かれている。[14] ちなみに、この嘆かわしい大食の型の中で最も悪名高い例は、門前で飢えているラザロ[三二]という乞食を無視したために地獄で喉の渇きに苦しめられた金持ちであった（ルカ一六・一九－三一）。そして、この話はとてもよく知れ渡り、絶えず絵に書かれた。たとえば、一三世紀にヘンリー三世[三三]は、どの招待客も自分の食器に写った光景を見て、たまたま天井を見上げると必ず注目することになるようにと、いくぶん禁欲的ではあるが、三つの大食堂の装飾のための主題としてこの話を用いた。[15]

これらの教えによって伝えられる趣旨は明白であり、ほとんどの人は慈善の理想に向けて単なる口約束以上の努力をした。しかし、それでも、施し物は常に快く与えられるとは限らなかった。たとえば、シエーナの聖ベルナルディーヌス[三四]は、大通りを托鉢して歩いていたとき、一人の主婦をひどく怒らせた。そのために、この女は彼の頭めがけてとても硬い古いパンを投げつけた。「ひどく痛かった」と彼は述べ、「多分、彼女は喜んでパンを与えたくなかったのだろう」と控え目に付け加えている。[16] しかし、たとえしぶしぶであれ、その女は彼に何かを持たせたのである。それというのも、天国への期待が寛大さに対する大きな動機となっていたからである。このように、慈善には目的が必要であったため、乞食は富める者たちに対する自分たちの存在価値に十分気づいていた。したがって、コンスタンティノープル[三五]

の貧困者が手を差し出して、「天上の楽園はあなたがたの家の戸を叩く」と意味ありげに呟けば、彼らは決して失望させられることはなかった。[17]

聖書の言葉と、それをキリスト教会の教えの中に盛りこんだことが、日常生活における食べ物と飲み物の役割に崇高さと精神的重要性を与えることになった。この格好の例はシャルトルの大聖堂[三六]のステンドグラスの一枚の窓の図である。これは、かってその聖堂の食料品係であった片田舎の聖人リュバン[三七]に捧げられたものであり、この都市の宿屋の経営者たちからの返礼であった。この窓の周囲には、ぶどう酒の売買、グラスを手にした人たち、および樽を積んだ手押し車を目的地まで押していく運搬人たちの様子が小さく連ねられている。一方、窓の中心部分には、ミサの最高の瞬間、すなわち、「これは、多くの人のために流されるわたしの血、契約の血である」（マルコ一四・二四）という言葉と共にイエスがぶどう酒の杯を渡す場面が描かれている。[18]

しかしながら、聖書は底なしの井戸であり、そこから矛盾した教訓がいくらでも引き出せるということが分ってきた。事実、聖書はとても内容が豊富で多様であるため、どのような気分でいても何かを提供してくれ、そのページに見出される宝の種類は、たまたまそれを探し求める人の性格にある程度左右されてきた。したがって、聖書の解釈は、ローマ教皇ユーリウス三世[三八]と孔雀の話が示しているように、その道の大家以外の者が手にすると危なっかしく滑りやすい道具となる。ちなみに、このユーリウス三世は、手厳しいプロテスタントの年代記作者ホリンシェッド[三九]によって「豚のように太った教皇」と余録に書き留められているが、冷たい孔雀の肉が殊のほか好きだった。たとえば、ある晩の夕食の食卓にお気に入りの料理が出されなかったことに対して彼は怒りを爆発させた。そこで、枢機卿の一人が「どうかそのように些細なことでお怒りになられませんように」と、穏やかに諫めようとした。それに対して、教皇は得意の反駁できそうにない理屈でまくし立てて言った。「神はりんご一つのことでたいそう立腹され、われわれの最初の両親を天国から追放された。それなら、神の代理者であるわたくしが孔雀のことでなぜ腹を立ててはいけないのだ。りんごよりも孔雀の方が事が重大であるぞ。」[19]

聖書が食べ物を生命と愛の象徴として賛美していることを快しとする人たちと同様に、キリスト教の美的側面を強調する人たちにとっても、聖書はその複雑さゆえに格好の渉猟の場となってきた。たとえば、カナでの婚礼のような幸せな場面に対峙するものとして、荒れ野におけるイエスの四〇日にわたる断食がある。[四一] すなわち、祝宴に対するあらゆる励ましは、自制と禁欲に対する別な励ましと均衡しうるものである。そして、このような典拠の存在を確認してみると、その中には新約聖書の中で最もよく知られた言葉、すなわち、絶えず繰り返されることによって西洋の至る所で知れ渡るようになった聖句がいくつか含まれていることが分る。たとえば、「自分の命を愛する者は、それを失うが、この世で自分の命を憎む人は、それを保って永遠の命に至る。わたしに仕えようとする者は、わたしに従え……。」(ヨハネ一二・二五―二六)、「今飢えている人々は、幸いである、あなたがたは満たされる。」(ルカ六・二一)、「命のことで何を食べようかと思い悩むな。」(ルカ一二・二二)、「人はパンだけで生きるものではない。」(ルカ四・四)、「わたしについて来たい者は、自分を捨て、自分の十字架を背負って、わたしに従いなさい。自分の命を救いたいと思う者は、それを失うが、わたしのために命を失う者は、それを得る。」(マタイ一六・二四―二五)、「自分の十字架を担ってわたしに従わない者は、わたしにふさわしくない。」(マタイ・一〇・三八)、「命に通じる門はなんと狭く、その道も細いことか。それを見いだす者は少ない。」（マタイ七・一四）、など。

このような一節一節は、真のキリスト教徒にとって規律と苦行の道に至る標識であった。また、イエスは人類の愛のために喜んで自分の命を捨てたがゆえに、彼らにとって自己犠牲の最高の模範であった。なお、信徒たちはその代りとしてイエスにならって文字どおり十字架上で死ぬことを要求されなかったが、人生の細やかな楽しみを自ら拒むことによってイエスの愛に答えるよう求められた。もっとも、このような犠牲はそれ自体何ら本質的な価値はなかった。すなわち、犠牲は、一つの目的、すなわち魂が優先すべき事柄に適切な順序づけをするための手段としてのみ重要であったのである。一方、規律は、日常生活の種々の偏見に対して公平な態度をとるために必要であった。そして、ひとたびこの態度が身につくと、イエスにならって内的自我を忠実に更新するというキリスト教徒の主な任務に専念することができた。

このような行為の理想像は、キリスト教という新しい宗教の初期の時代に発達した。すなわち、キリスト教徒たちはのちに迫害をうけることになった小さな共同体をローマ帝国内に作ったが、彼らの態度は、現世とその支配者、この世での栄光や喜び、道徳基準、および信仰を軽蔑することであった。そして、教会員の態度と彼らを脅迫した異教徒たちの態度の間に明確な区別を設けるため、あらゆる努力がなされた。そこで、質素、禁欲、および厳しい自己鍛練が改宗者たちの生活を形作った。そして、地上での生活は試練の時期とみなされ、断固として信仰を守り通した者だけがメシアの再来の時にその報いが期待できた。したがって、キリスト教会は精神上選ばれた者たちが集う場であった。事実、心身を全面的に神に委ねた選ばれた者だけが基準に到達でき、また外部の敵に対して断固たる態度を示す望みがもてた。

キリスト教がひとたびローマ帝国の公的宗教として布告されると、(四二)人びとの態度は必然的に変った。すなわち、ローマの指導者たちは世俗的な権力と影響力をもつ高い地位につき、この世での外交と世俗的な仕事に抜き差しならないほど巻き込まれていた。一方、キリスト教会は、もはや生存のために闘う要塞化した一握りの熱心な信者の集会所ではなく、全員を教会の囲いの中に導こうと夢中になっている公的な機関であった。そして、基準は少し低下した。したがって、一人の皇子の気まぐれや剣の先で何千もの人びとが改宗したとき、このうえない宗教的情熱の高揚は望むべくもなかった。

それから何世紀もたって、教会と社会は共に気楽に暮すことを学んだが、この協調には代償が支払われねばならなかった。そしていずれの側にも相手方の影響が深く浸透した。すなわち、キリスト教会はこの関係によって傷つき、汚され、一方、社会はキリスト教会が周囲に張りめぐらした規則と規制の網に捕えられてしまった。したがって、一般の聖職者は言うに及ばず、初期の頃のキリスト教徒は、平均的な中世の会衆に見られる一種の規律の緩みに対して恐怖心を抱いたかも知れない。それにもかかわらず、初期の頃のキリスト教徒なら次のことに気づいたことであろう。すなわち、熱心な一部の者にとどまらず、社会のすべての人にとって、一年というものが、祝宴はもとより断食と贖罪(しょくざい)によって区切られ、キリスト教会によって規定され、また、体がどれほど弱く、心がいかにためらおうと、一般大衆の服従を確実なものとした無数の圧力によって維持されるようになっていたことである。

キリスト教会は、職務に基づき「断食は有益な自己鍛練にすぎない」と力説するのに相当苦労した。また、この世のすべては神によって創造されたものであり、被造物はいずれも良いものであると人びとは教え込まれた。ちなみに、断食が命ぜられたのは、食べ物自体が悪いという理由からではなく、人間にとって食べ物はとても必要で魅力的であるがゆえに何らかの方法で一定期間差し控えることが魂にきわめて良いという理由からである。

しかしながら、中世の間じゅう、対立するさまざまな学説によって、この教義は歪められる危険に絶えずさらされていた。たとえば、歴代の異端者たちにとって、とりわけ著名なのは三世紀のマニ教徒[四三]と一二世紀のカタリ派[四四]であるが、物はそれ自体が悪であった。そして、サタン[四五]は神と永遠に共存し、この世はサタンの支配下にあった。また、この世は不浄の牢獄であり、魂はそこから撤退し逃亡するために苦闘せねばならなかった。一方、正統派は、地上における生命の正当性はイエスが神であると同時に人間となったとき、その受肉によって確認され高められた、と宣言した。しかし、異端の理論家たちはこれに同意せず、イエスは人という外套に包まれてはいるが、神のままの状態で留まっていると主張した。すなわち、外套は、それを身につけている人間とは全く別個のものであるのと同様に、イエスが装っている肉体は彼の本質の一部ですらなかった。

カタリ派のような異端者たちは、自分たちを生かしておくのに必要なごくわずかの食べ物しか口にしなかった。事実、彼らの中には、自分たちの信念を論理的に押し進め、徐々に飢えることによって意図的に命を絶ち、同僚から厳粛な賛同を得た者もいた[20]。彼らは質素に、しかも信心深く生きることによって、一般大衆から相当の畏敬と称賛を得たが、キリスト教会によって情け容赦なく追われ、皆殺しにされた。この残酷な迫害は、この異端が人心を強く惑わすほどに魅力的であったがゆえに、必要であると考えられた。そして、この迫害の結果として表に出てきたものは、キリスト教の禁欲の理想を彷彿とさせるように見せかける生き方であった。しかし、これは誤った教義の病める根から出てきたものである。教会の幹部は異端のどのような徴候に対してもきわめて敏感であったので、すべての修道会の中でも最も戒律の厳しいカルツジオ会の修道士たちは、不当な疑いから自分たちを守るのが賢明だと考えた。彼らの規則によると、肉食はいかなる時でも禁じられ、病弱な修道士に対してさえ認めなかった。そして、彼らは肉は悪であるとみなして避けたことによって非難されたこともあった。そこで、この修道会は一四世紀初頭の論文において、次のように慎重にその立場を説明した。「カルツジオ会の修道士たちは、ある会派の異端者たちとは異なり、他のキリスト教徒たちと同様に次のように考える。すなわち、神のすべての被造物は善であり、反対の誓約がない限り、これらを食べることは正当なことである。[21]」

異端者たちは殺されたが、彼らの理論は生き残り、社会の外のすぐ裏にいつでも潜んでいるこの世の善い物に対して、敵意を鋭くし、強めていった。ところで、もしも誰かが禁欲生活を実行する一方で、自分が拒否する食べ物が全く善いものであると主張するなら、ある種の平静さと平衡感覚が必要となるであろう。しかし、この世の喜びを道理に基づいて拒否することは、少なくとも期間が短かければ、大きな活力源となり、その状態を維持するのもかなり容易であろう。事実、極端な禁欲は中世人にとってとりわけ魅力的なものであったし、団体や個人の生活が熱烈な禁欲心の爆発によって時おり中断してしまうこともあった。

シェーナの聖ベルナルディーヌスは、若くて狂信的な隠者であった頃、人に知られたすべての通常の食べ物を軽蔑し、あざみを食べてみることに決心した。この点では彼は熱狂的な一〇〇人の改宗者たちと同じタイプであるが、この聖人を際立たせているのは、かなり後になってからこの試みについて記した次のような彼の控え目な態度とユーモアである。「私はあざみを摘み取って口の中に入れ、かみ始めた。ずいぶんかんだが、喉を通らない。『それでは、水を一口飲んでみよう』と私は独り言を言った。しかし、駄目だった。水は喉を通ったが、あざみは口の中に残ったままだった。」この話を聞いた者が彼の失敗を非難し、アッシージの聖フランチェスコ(四六)は、あざみはもとよりパンくずにさえ触れずに四〇日間断食をすることによって、彼よりずっとうまくやってのけたと言った。すると、聖ベルナルディーヌスは次のような無邪気な返事をした。「彼にはそれができたが、私にはできなかったよ。(22)」

生活をできる限り不愉快なものにすることの中に美徳を見出そうとして、彼らと同じような決心をすると、聖書の注釈という穏やかな海を時おり波立たせることになった。たとえば、聖書によると、バプテスマのヨハネ(四七)は荒れ野でいなごと野蜜を食べ物としていた（マタイ三・四）。しかし、一般の読者には、これでは最も厳しい純粋主義者を満足させるには不十分であるように思えた。なぜなら、初期の注釈家たちの錐(きり)のように鋭い眼には、「いなご」は肉という驚くべき連想を与え、また「野蜜」はおいしくて心を弱らせるデザートという恐ろしい幻想を喚起したからである。そこで、「いなご」はまずい植物か莢(さや)状の木の実の一種であると解釈し、野生の蜜蜂からとれる蜜は特別にがいことを強調することによって、聖書の記録を浄化するよう懸命の努力がなされた。そして、このような修正が誰もが納得するような方法でひとたびなされると、バプテスマのヨハネは並外れた苦行ゆえに再び難なく称賛されるようになった。(23)

もてなしと禁欲はキリスト教会から同等の名誉を与えられたが、両者は不釣合いな仲間であることが分った。このように、両者を対等に扱うときわめてやっかいな問題が出てきたので、たいていの人はこのような不公平な扱いをやめ、気分にまかせてどちらかを選んだ。しかし、この問題に真正面から取り組んだ人びとは、このうえなく単純で納得のいく解決策、すなわち行動の理想を、最初のキリスト教の隠者[四八]の生活の中に見つけ出した。

三世紀末から五世紀にかけて、男女が次々と社会に背を向け、エジプトとパレスティナの砂漠に逃亡し、貧困と孤独の中で暮し、神について瞑想した。そして、彼らの生活にまつわる話と発言を集成したものが五世紀から中世の終りにかけてキリスト教世界の至る所で書き写され、回覧された。これらの文書は、どの世紀においても読まれて大切にされ、修道院の考え方に著しい影響を与え、キリスト教会の教えの中へと入りこんだ。これらの書物の人気は、素人向けになされた自国語による翻訳が氾濫したことによって確認できる。なお、これらの本は、一五世紀後半にヴェネツィア、アウグスブルク、シュトラースブルク、およびパリにおいて、新しい印刷機によって作り出されたものである。また、キャクストン[四九]も、一四九一年に没する前に、何とかして英訳を完成させようと試みていた。そして、彼の助手ワード[五〇]は一四九五年にロンドンでその本[五一]を発売する準備をした[24]。

これらの隠者の中で最もすぐれた者たちは、自らに課した厳しい要求と仲間に提供した親切な態度を見事に調和させた。そして、彼らの生活は、禁欲ともてなしが共に実践され、愛によって育まれると、禁欲も和らぎ、もてなしもきめ細かくなりうるという証拠であった。一方、断食を行なうことは個人的で内密の修行であり、厳しく実施されるが、必要とあれば直ちに中止されるべきものであった。そして、理想として称賛されたのは、深い思慮によって和らげられた禁欲であった。事実、真に立派な人間は自分には厳しいが、主人役、来客、そして主人として、きめ細かな思いやりがあった。

パレスティナからの訪問客の一行がエジプトの一人の隠者を訪れたとき、この隠者は祈りを中断して彼らのために食事を準備した。しかし、客はどんぶりを平らげると、無礼にも彼の厳しさの欠如を非難し、郷里にいる隠者たちと彼を不公平にも比較し始めた。これに対して、彼らの主人役である隠者は、次のように穏やかな説明と叱責を行なった。「私はいつでも断食ができるが、あなたがたをいつまでもここに留めておくことはできない。断食は実に有益で必要なものであるとは言え、我々がみずから好んで行なうことがらであり、神の掟が我々に要求する完全な愛そのものである。したがって、あなたがたがキリストを受け入れるのなら、私は愛がこめられたすべての物をきわめて慎重にあなたがたに示さねばならない。しかし、あなたがたを見送ったら、私は再び断食の規則に従うことができる。(25)」

誇張された状態から本来の姿に戻された潔癖主義者たちについて、年老いた賢い人びとは前述のような話をたくさん語った。さらに例をあげると、禁欲を誇りにしているある男が一人の隠者の元を訪れた。しかし、その隠者はすでに他の訪問客の一行に囲まれていた。この隠者は丁寧に野菜スープを作った。そして、全員が腰を下ろしてスープを飲み始めたとき、この廉直な訪問者はきっぱりとスープを拒否し、頭陀袋から一粒のとてもよく乾燥した豆を取り出し、静まり返った沈黙の中で豆をかみ始めた。他のすべての人の顔には罪の意識が現われた。食欲は失われ、憂鬱な雰囲気が人びとの群れを包みこんだ。そして、台なしになった食事のあと、隠者はこの罪深い男を脇へ連れて行き、主人役なら誰でも食事をもてなしているすべての客に対して言いたいと思うであろうことを次のように言った。「誰を訪ねる場合でも、あなたの生活様式を見せびらかしてはいけない。自分の流儀を守りたいのなら、自分の庵(いおり)に住み、そこからどこへも出かけてはならない。(26)」

悪い主人役も非難を免れることはなかった。たとえば、ある若者が祈禱に追われて料理が全くできず、おかげで「煙突は草ぼうぼうだ」と自慢したところ、「それでおまえは人をもてなす気持ちまで追っ払ってしまったのか」という辛辣な一言で、そのうぬぼれを挫かれてしまった。(27)

個人的な禁欲は他人に押しつけられてはならなかった。たとえば、一人の経験を積んだ老隠者とその若い弟子が修道院を訪れたとき、二人は修道士たちとの食事の招待に応じた。そして、彼らが再び外に出て二人きりになり、井戸のそばを通りがかったとき、この弟子は水を飲みたくなった。しかし、「今日は断食日だ」という老師の一言によって制止された。当然のことながら、弟子は「でも老師様、今日は食事をしたではありませんか」と抗議した。老人はこの事実を認めたが、他人と同席のときなぜ断食を破ったか、その理由を次のように説明した。「あれは愛のパンであった。しかし、我々が二人だけの時には自分たちの断食を守ろうではないか。(28)」

聖キュリアコス(五二)は、荒れ野の独房の周囲に小さな菜園をもっており、忠実なライオンによって守られていた。この聖者は、自分の断食に対してどんなに厳しくしても、このライオンに夕食のパンをたっぷり与えることを忘れたことはなかった。しかし、彼は自分の伴侶の本当の好みを完全には理解していなかったのかも知れない。というのは、あるときこのライオンが人目につかない所で野生の山羊をむしゃむしゃ食っているのを二人の訪問客が目撃したという動かぬ証拠があるからである。しかし、それにもかかわらず、この話はキュリアコスの思いやりに関する一つの証拠として、またすべての善良な主人たちに対する模範として語られた。(29)

このような話は、微かに光を放ちながら何世紀もの間伝えられ、見習うべき礼儀の理想を社会に提供してきた。たとえば、一一八七年、ベリー・聖エドマンズ[五三]の大修道院長サムソン[五四]は、サラセン人たちがエルサレムを包囲したことを聞いたとき、今後一切肉を食べないと誓った。しかし、「それでもなお、彼が食卓についたときには、肉が目の前におかれるように、またそれによって人びとに対する施し物が増えるようにと望んだ[30]。」そして、この大修道院長が手をつけなかった食べ物は、食後に貧しい者たちに分配された。このように、自分の個人的な苦行のために自分以外の誰一人苦しむことがないようにと、サムソンはこのような指示をし、配慮したのである。

他人には寛大に、自分には禁欲を、という宗教上の理想は、中世全体の社会の了解事項の中にきわめてすんなりとはめ込まれた。すなわち、当時の日常生活の厳しい現実の中では、人を養うということは、権力を誇示するというよりはむしろ愛情あふれる行為であった。したがって、この世で権威と影響力を維持しようと望む者は誰でも、自分を頼りにしている者にとって自分こそより良きすべての事柄の源であることを見せつけ、味方と敵方の偉大さに匹敵するか、それとも望むらくは勝るかでなくてはならなかった。要するに、気前のよい寛大さが重要人物であることの極印であった。しかし、無謀な浪費が過ぎると財政難に陥り、倹約の度が過ぎると軽蔑を招くだけである。ちなみに、一五世紀に作成された英国歴代の王の調査表によると、たとえばヘンリー一世[五五]は「素晴しい肉を与えてくれる人」、ハルザクヌート[五六]は「祝宴の豪華さとお抱えの料理人の数で名高い」、という風に、気持ちよく思い起されるのは気前のよい王である。なお、このハルザクヌート王は、わずか二年の治世を豪勢に暮したため、彼の死は「ランベス[五七]で飲酒中に没す」という簡潔な哀悼の言葉で記録されているにすぎない[31]。

このような了解事項が背景にあることを無視して、自分の日常の不自由さを訪問客に味わわせるほどの愚か者は、民衆の高い評判を得ることにはならなかった。しかし、一二世紀中頃のカンタベリ大司教トマス・ベケット(五八)は、自分の食欲を抑えたが、訪問客に対してはいつもとびきり上等の食事を用意したため、当時の人びとから高く称賛された。彼自身は、夕食時には禁欲のため「干し草を作るのに用いられた水」を飲んだ。「しかし、彼は自分と食事を共にする人にぶどう酒を出す前に、いつでも誰よりも先に味ききを行なった」と言われているように、彼は主人役としての自分の務めを決して忘れることはなかった(32)。ちなみに、この王侯然たるやり方と憂鬱になるほど対照的なのが一五世紀末の金持ちの市民であり、彼らはきわめてけちな印象を与え始めていた。たとえば、一四九六－九七年頃にロンドンを訪れたヴェネツィアの一市民は、「英国人は自分で金を出してぶどう酒を飲むときはとてもけちけちしている。これは、英国人の客に対しても同じようにちびりちびりけちって飲むようにしむけるのが目的でやっていることなのだそうだ」と、賛成しかねる様子で書き留めている(33)。

一般市民がこのようなけちなことをすると、仲間内で嘲笑と悪口の種になるだけであっただろう。そして、身分や地位の高い者のけちが露見すると、最も深刻な結末に至ることとなった。というのは、節約は、権力が衰えつつあることの確実な徴候であり、目ざとい観察者にとって、無礼な言動が横行し、献身的な忠誠心が他へと移りうる合図であった。しかし、ヘンリー三世は、この厳しい人生の事実にひどく心を動かされたので、有益な処世訓として、チェス盤の周囲に(五九)「持てる物を与えない者は望む物を得られない」という座右の銘を刻ませた(34)。一方、カール大帝の九世紀の伝記作家アインハルト(六〇)は、大帝の廷臣は宮廷で歓待される外国人客の数の多さに悩まされていたが、大帝自身は自分の政治上の良識に自信をもっており、「彼は、もてなしに対する評判と自分が獲得する名声の利点は、外国人客を接待す

ることの大変な厄介さを補って余りあると考えた」と記している。(35)

カール大帝の顧問官たちは、食べ物を与えねばならないすべての余分な口のことを考えて恐らく不安になったことであろう。というのも、彼らは惜しみない気前の良さと際限のないもてなしの代価は高いことを主人よりずっとよく知っていたからである。また、宴会は驚くほど高くついたことであろう。たとえば、一四世紀末の中世騎士物語『クレージェス卿』(六一)の主人公は、貧富の別なく供したクリスマスの祝宴と、余興を設定してくれた楽団員たちへの贅沢な贈り物のために全財産を使い果たし、破滅の寸前にまで自分を追いやってしまった。(36)このような習慣は、人の心を引きつけるものではあったが、英雄だけにふさわしいものであり、生活をきわめて困難なものにしてしまうものであった。そして、ひとたび事態が手におえなくなってしまうと、人間関係をどうやって再び修復するかという問題には簡単な答えはみつからなかった。借金をすることは悪いことであったが、晩餐会を廃止して出費を切り詰める試みはさらに悪く、同僚からのひどい嘲笑と目下の者からの故意の忍び笑いを公然と招くことになった。

哀れなヘンリー三世は、前述のチェス盤の周囲の座右の銘にもかかわらず、絶えず財政的には火の車という状態であった。そこで、借金から逃れようとしたが、その不熱心な努力は当時の人びとからほとんど信頼に足るものではないと感じとられた。ちなみに、パリのマタエウス(六二)は、自著の年代記の一二五〇年の項目の中で、「王は恥も外聞もなく先祖の道を踏み外し、宮廷の経費と日常のもてなしの楽しみを減ずるようにと命じた。これは言い訳の立たない行為であり、貪欲の咎(とがめ)さえ自らに招くものである」と、非難の気持ちをこめて書き記している。(37)

少しでも倹約しようとする場合、それによって効果をあげ、しかも社会的名声を損なってはならないのであれば、ヘンリー三世よりも慎重に行なわねばならなかった。そのこつは、大切な人びとを不当に怒らせることなく、どの辺りを削るべきかわきまえることにあった。まず手初めとして、重要人物が招待されていない日に実行するのがよかった。なぜなら、内密に節約すれば立派な晩餐会も可能となったからである。ちなみに、古いフランスの諺の「宴会と遊びが終ったら、えんどう豆を火にかけなさい」と、これを一七世紀に英訳した「贅沢な宴会と遊びが終ったら、倹約をして、ばかげた浪費の穴埋めをしよう[38]」という文は、この問題をきわめて端的に表現している。

主賓席で主人とその客に出される食べ物と、その他の残りの同行の人びとに出されるものとでは、質と量において厳しい区別がなされていた。これは経費の釣り合いを保つ助けとなり、執事たちは満足げに床につけた。しかし、英国人の飲酒の習慣に非好意的な論評をした前述のヴェネツィアの男は、国民全体が召使いに対してけちであることに心を痛め、次のように書いている。「英国人は大の美食家であり、しかも生まれつき大変貪欲で、自分たちは最も美味な食事に堪能しているが、使用人たちには最も粗末なパン、ビール、それに日曜日に焼いた冷たい肉をその週の分として与えている。[39]」もっとも、自己に対する抑制と他人に対する寛大さという見事な理想を無頓着に転倒させるのは、もちろん英国人に限ったものではない。たとえば、ダンテ[六三]は、フィレンツェから追放されていた長い年月をイタリア各地の宮廷で過ごし、けちな主人に夕食を頼り、望みもしない、大切でもない客からのつらい屈辱だけを十二分に味わわされ、次のように書いている。

見知らぬ人びとのパンは何と塩辛いことか、

他人の家の階段の昇り降りは何とつらいことか[40]。

窮乏と財政破綻に対する最も思い切った救済策は、もてなしを完全に廃止することであった。しかし、これは自暴自棄の措置であった。というのは、このことは権力の衰退と影響力の低下を間違いなく社会に示すことであったからである。たとえば、ヘンリー三世は、一二五〇年に祝宴を惨めなほど不適切なものにしたことにより赤恥をかき、次のクリスマスまでには非難の余地がないほどにまで落ちぶれてしまっていた。すなわち、王に相応しいもてなしを誇示することによって家臣を手元に引き留めるどころか、「彼は今や恥ずかしいとも思わず、大修道院長、小修道院長、司祭、および身分の低い者たちと一緒の宿や食事を捜し求めた[41]」と書き記されているように、彼は無料の夕食を期待して、家から家へとふらふら跳び回るまでになっていた。

もちろん、奇人や変人の中には、その当時の人びとが大切にしていた信条を軽蔑することに歪んだ喜びを見出す者もいた。たとえば、シチリアの年代記作者フーゴー・ファルカンドゥス（六四）は、一一六六年にレッジョ（六五）の大司教について次のように意地の悪い人物描写をしている。「彼は金を貯めるために、人間の我慢の限界を越えて、空腹と喉の渇きに喜んで耐えようとした。彼は、自分の食卓では決して楽しくはなかったが、他人の食卓では決して悲しくはなかった。そして、常に食べ物を取らずに丸一日を過ごし、夕食に招待されるのを待つことを望んだ[42]。」

このような態度は、単に社会の冷笑だけにとどまらず、道徳家たちの非難をも巻き起こした。すなわち、自分の義務を果たすことを好まず、けちの度が過ぎて相応しいもてなしができず、他人の奢（おご）りなら喜んで食べようとする者は、罪を重ねた罪で、つまり、貪欲さに暴飲暴食を足した罪で非難された。たとえば、一四世紀のある論文は、このような人間の胃袋と財布の綱引き合戦を描写し、どちらも「自分は一杯になりたい」と叫んでいる、と述べている。事実、狂気じみた彼らの主人は完璧な解決策を思いつき、片方を友人の食卓で満たし、もう一方を自分の食卓で一杯にしたのである。しかし、この論文の著者は、この男をいつでも地獄へと運んで行けるように、悪魔の手押し車が準備され、すぐ近くで待機していることを少しも疑ってはいない。[43]

もっとも、本分を守り、接待の連続に大金を投じることによって、このような運命を避けようとした人びとでさえ、最後にはあの手押し車が自分たちを待っていることに気づいていたかも知れない。なぜなら、親切なもてなしも、地位の象徴とみなされてしまうと、いとも簡単に見栄へと堕落してしまうからである。そして、批評家たちは主人役と招待客の笑顔の仮面の裏で沸き返っている不穏な感情をためらうことなく分析した。

素晴しい晩餐会は余りにも巨額の金を浪費したので、道徳家たちの不興をかった。たとえば、得がたい珍味だと、「四〇人以上の人が暮していける」ほどの費用がかかった。[44] さらに、この準備にもきわめて多くの時間が費やされた。そのために、不安ではあるが意欲満々のある主人役は、献立表の内容が気にかかり、「口の中でたっぷりと味わってもらうために」どんな料理を選び、どのようなソースを添えるべきかで悩んだあげく熱を出してしまった。[45] そして、食事がすんでからでも、どのくらい多くの料理が出されたか、どの程度の費用がかかっただろうか、料理の出し方はどういう具合だったか、ソースは十分辛かったかどうかなどと、主人役と客が豪華な饗宴全体についてこと細かに議論するために、多くの時間が浪費された[46]。要するに、主人役は成功を収めたか、それとも客の品定めに落第したかどうか、という議論であった。

残念ながら、客が相応しい感謝の気持ちで御馳走を受けることはほとんどなかった。そればかりか、失敗すると嘲笑を引き起し、成功すると妬みを強くした。たとえば、リチャード・ホィッティングトン[六六]は、ロンドン市長であった一四二二年に、醸造者組合と長々と争い、石炭をめぐる些細な法律違反のことで絶えず彼らを召喚していた[六七]。醸造業者らはこのような狭量ないやがらせについて書き留め、これは聖マルティンの祭日に、彼らの組合の宴会の食卓の上に格別立派な太った白鳥がのせられているのを市長が見て、妬みのために不愉快になったことが原因であると述べている。そこで、一四二四年までに醸造業者たちは気転を利かせた。すなわち、彼らは次期の市長の就任式の席で、市長が催す宴会の料理の材料となるようにと、立派な雄牛一頭と雄豚一頭をうやうやしく贈呈し、市長の気持ちを和(なご)ませた。その結果、彼らは、自分たちの公文書の中で「市長は醸造業者らに危害を加えることはなかった」と控え目に記しているように、その償いを得たのである[47]。

道徳家たちは、時間、金、努力、それと工夫のすべてが、空の胃を満たすためではなく、目と味覚を喜ばせるようになってしまったという事実を特に嘆いた。厳しい招待客からはもっと多くの料理をと所望されたが、「上品でおいしそうな肉を見て満足し、いざ食べようとするとお腹が一杯になっているということが盛大な宴会や晩餐会ではよくある」と書かれているように、宴席に着くと、目の前に広げられた食べ物の半分も手をつけられなかった[48]。

耳に響き渡るこのような警告と戒めを聞きながら、人びとは人生における食べ物とその役割についての矛盾した憶測の迷路の中を、半信半疑の状態でよろよろ歩いてきた。人びとは相反する理想と矛盾する忠告によってあちらこちらへと誘惑され、キリスト教会と社会、それに財布の執拗な要求によって右へ左へと引っ張られた。そこで、これらの理想と圧力が食事の準備と出し方にどのような影響を与えたか、この本の残りの部分で詳しく見ていくことにする。

2　食事の時間

アダムは縛られ、枷（かせ）に繫（つな）がれていても、
四千年を長すぎるとは思わなかった。
それというのも、すべては一つのりんごのせい、彼が手にした一つのりんごのせいだった。
……………
あのりんごが取られなかったなら、あのりんごが取られなかったなら、
聖母マリアが天上の妃でなかったなら。
りんごが取られた時よ幸いなるかな、
それゆえ、われらは歌う、「神に感謝を」と。(1)

道徳家たちはこの幸運な結果が正しかったことをしぶしぶ認めた。しかし、だからと言って、それを可能にした行為を彼らが大いに批判的に考察することが牽制されるのは断じて許さなかった。なぜなら、楽園における人間の最初の破滅的過失は、来るべき同じようなもっと多くの過失を単にごく大ざっぱに

暗示したにすぎなかったからである。その結果、暴飲暴食は七つの大罪の一つとして記されてしまい、しかも、生命という目盛の上での人間の本当の位置は明らかに天使よりも動物に近いことを暴露した罪に当る、という烙印を押されてしまった。もっとも、一五世紀初頭の説教作者ジョン・マークが述べているように、悪魔はりんごでしくじることはまずありえないことを知っていた。なぜなら、「どの生き物も生まれつきいとも簡単に食べ物に魅せられる」からである。(2)

個々のすべての大罪に関する中世の議論は、小心すぎるほどの細かな分析となって現われた。すなわち、大罪が装いそうな形式は一つずつ正確に叙述され、多くの偽装は一つずつ荒っぽく剝がされ、その下の恐ろしい現実が露わにされた。したがって、厳しい食養生でさえ、単に健康のために続けられた場合には、見栄っぱりの晩餐会と同様に、暴飲暴食について眼の鋭い批評家たちから共感を得ることはほとんどなかった。ちなみに、ファッションのために食養生をすることはまだ思いつかれてはいなかったが、もしも存在していたなら、道徳家たちはそのような試みに対して興味深そうに立ち上ったであろうことは確かである。

この実践の目的、すなわち、日常の多くの平凡な出来事と態度の中に現われた罪をこと細かに点検することの目的は、独りよがりの聴衆に衝撃を与えて自己を認識させようとすることにあった。事実、暴飲暴食に関する次のような発言は、明らかに多少不愉快な心の苦痛を引き起したに違いない。(3) すなわち、「暴飲暴食という罪から拡大解釈されて出てきた最初のものは、適切な時間よりも前に食べることである……人が所定の時間よりも前に食べて罪を犯すのと全く同様に、人は食べるのが遅すぎても罪を作る。」

「遅くなってから」食べるということを表わす中世の慣用語は「夜食」[一]であった。一方、一日の最後にとるまずまずの食事は夕食 (supper) であり、仕事が終ってから家の者が全員で食べるのが望ましいとされた。ちなみに、一六世紀のトマス・タッサー[二]は、雌鳥が止まり木で腰を据える時に、主婦は夕食の準備を進めているべきであると勧めている。夕食後の快適な一時のあとのよく整った一つの秩序となっていたのは、翌朝の仕事をするために夜明けと共に元気よく起き上る準備をして床につくことであった。一方、夜食は、余分で、贅沢で、しかも道楽であったため、控え目に自分たちで楽しむ時は当然例外であるが、教会員や家庭の財布を預かる者たちからはずいぶんと非難された。さらに、夜食は、一つの集団のためのかなり大がかりな食事となったり、二、三名の親友と共に夜遅く取られたり、あるいは相当の量の飲み物と一緒に流し込まれ、とても残念な軽挙妄動を伴ったこともある。

簡単であろうと手が込んでいようと、夜食は二つの点において非難された。まず第一に、夜食は不必要であった。すなわち、正餐 (dinner) と夕食は空腹を満たしたのに対して、夜食は食い意地を慰めるものであった。第二に、夜食は反社会的であった。なぜなら、私的自由に対する欲求は中世を通じて徐々に着実に育っていたが、きちんとした食事は仲間全員で共にとるものであると常に強く主張されたからである。理想的な場合、主人と召使いは共に食堂に座った。そして、こっそりと抜け出して友人と片隅に集まりたいという考えは、ずるく、いささかみっともないとさえみなされた。たとえば、一三世紀の司教ロバート・グロステスト[三]は、リンカン[四]の伯爵夫人に対して、「食堂を抜け出して、こっそりと、しかも自分の部屋で正餐と夕食をとるのは、無駄を生じ、紳士や淑女にとって名誉とならないため、禁じるよう助言している[4]」。なお、これには添え書きがしてあり、「食事の残り物が夜中の御馳走として召使いたちの部屋に持ち去られないよう、伯爵夫人は一同が食べ終ったあとで貧しい人びとに与えられる予定の残飯から目を離してはならない」と記されている。

夜食はおいしい食べ物とろうそくをこっそりと浪費する一つの食事の形式に留まらなかった。すなわち、道徳家たちは、ばか笑い、低劣な冗談、騒々しいチェスの勝負、下品な男女の戯れなど、夜食から連想されるものを明らかにしている。たとえば、一五世紀の『ベリーンの物語』(五)の序歌の中で、免罪符売りは、がちょうの焼き肉、コードル、(六)温めて甘味や香料を加えたぶどう酒を元にした栄養豊富な寝酒といった夜食をとったあと、宿屋の女給を誘惑したいと思う(5)。

このような夜食は、常に顔をしかめて見られたが、非難が特に強かったのは、木曜日または断食日以前の夜に計画された夜食である。なぜなら、このような晩には、次の引用例のように、頭の黒い信者たちが群れをなして夜ふかしをし、眼の前に迫った厳しい行事に備えて自らを鍛えているのが見られたからである。

そして、真夜中が辺りを支配したあと、
彼らは長々と肉を食べ、酒を飲んだ(6)。

「居眠りとろうそくの明りに用心する」(7)ことを学びたがらない者は、翌朝ベッドから離れるのが明らかに嫌になることに気が付く。たとえば、一五世紀にロンドンに住んでいたトマス・ホックリーヴ(七)は、自ら憂鬱症の見本であることを暴露している。すなわち、彼は、若い頃英国王室玉璽保管長として勤務していた時、酒を飲みながら同僚のどの事務官よりも遅くまで夜ふかしができた。しかし、次に記されているように、彼はいつもその報いを受けねばならなかった。

> 翌朝自分の寝椅子から離れるのを嫌がる者は、身分の上下を問わず、自分を措いて他に誰もいなかった。(8)

哀れなホックリーヴは、がんがんする頭痛のために説教作家たちからうれしくもない慰めを得たことであろう。しかし、彼らは、昨晩から酔い潰れたこのような生き残りを、しらふの者が抱く悪意を込めて、「悪魔の枕」と呼んで面白がった。なぜなら、「悪魔は軟らかい羽毛のベッドの中だけではなく、彼の中にも居座っている」からである。(9)「九時、一〇時(10)」になるまで起き上ろうとしないこのためらい、すなわち、ベッドの中でのらりくらり過ごすこの癖によって、朝食をとるのが早すぎるというよりも、遅すぎるという悪習に陥ってしまうように思われる。しかし、道徳家たちは、「夜遅くなって」食べる罪と、「昼間然るべき時間よりも前に」食べる罪を結びつけて考えることにこだわった。それならば、「最初の食事をとるのに相応しい時間はいつだったのか?」という疑問が出てくる。手短かに言うと、答えは「最初の祈禱のあと」である。すなわち、人びとはお祈りをするか、それとも理想的にミサに出席することによって、自分の胃袋の世話をする前に、神に敬意を払ったのである。食事が短いお祈りで始まるのと全く同じように、一日は礼拝で始まるべきである。そして、これら双方を実践することが、神に対する人間の愛を表わし、誘惑と突然の難儀から人びとを守ったのである。たとえ昼間に悲劇的なことに襲われ、誰かが亡くなり、その時に司祭が側にいなくても、次に記されているように、朝の祈禱はその人を救済するのに役立った。

……たとえ聖餐（八）または赦禱（九）を受けられなくとも、
朝の祈禱はあなたを救ってくれる。(11)

食事の前に短いお祈りをすることを怠るか、それとも少なくとも十字を切ることをし損なうことによって生じる脅威は、レタスを一葉食べる前にこれらの勤めを省いた若い女の話の中に、警告を発するかの如く示されている。すなわち、レタスを食べる時に彼女には見えなかったが、たまたま悪魔がレタスの葉に座っていた。そして、悪魔は一度呑み込まれると出てくることを拒んだ。事実、悪魔を追い払うためにやってきた司祭は、この少女の口を通して、次のような不満そうで悲しげな小声を聞いた。「あーあ！　わしは一体何をしたというのだ？　レタスの上に座っていたら、この娘がやって来て、わしをつかみ上げ、食いついたのだぞ。」(12)

一日の最初の食事の前に祈禱をすべきであるという規則は、当然のことながら、日曜日や他の休日に特別に適用されたものである。しかし、これができるすべての人は、毎日この規則に従うよう激励された。たとえば、一四世紀の中世騎士物語『ガーウェン卿と緑の騎士』（一〇）では、ベルシラク（一一）は狩りをするために夜明け前に起き、「ミサを聞いた時」だけ「急いでスープを飲んだ」、と詩人は慎重に書き記している。(13)また、一六世紀初頭のアンドルー・ボールド（一二）は、起床と食事の間に実行されるべき心身の鍛錬に関する大がかりな計画の要点を次のように読者に説明している。

庭か公園を千歩か二千歩あるきなさい。次に、お偉方や貴族は常にミサを聞くが、これができなくて仕事に精を出さねばならない他の人たちは、お祈りをして神に仕えなさい。……食事をしに行く前に体を適度に動かしなさい。……テニスをするとか、……手にした鉛の重りか玉を持ち上げて、……毛穴を開けなさい。(14)

「健全な精神は健全な肉体に宿る」とはよく言ったものである。ホックリーヴ型のこの世の人間にとって、昨晩の夜食のあとから頭がずきずき痛んでいるのに、前述のような積極的で幅広い善行はとうてい望むべくもなかった。この種の道楽者は、その代りに頭を枕の上に置き、蒼白くなって次のように呟く。「頭がすっきりしないので私には断食も難行苦行もできません。教会にも行けないし、お祈りを唱えることも無理です。……もう一度酒を飲まないと気分が良くなりません。(15)」すると、愛想のよい悪魔は、直ちにベッドにどっかりと腰をおろし、この受難者に、「神聖なあらゆることのために体を健全にしておかねばならない」と、言葉巧みに御馳走を一口食べるよう勧める。それというのも、その日遅くなってから、より積極的に神に仕えるための力を維持するためなのである。(16) このことは常に群を抜いて良いことであり、また唯一の取るべき行動であるように思えたので、悪魔の誘いに応じて、力をつけるためのわずかな軽食を求めて、ベッド際の戸棚の中を善行よろしく捜し回ることが促された。ちなみに、タッサーは次のような辛辣な観察をしている。

不精者の中には、眠りから醒めるが早いか、
手は戸棚の中、鼻はコップの中、という者がいる。(17)

聖書の注釈家たちは、暴飲暴食の最初の項目の中の「遅くなって」食べることと、「然るべき時間よりも前に」食べる罪を、当然のことながらはっきりと結びつけた。

このような堕落は非難の目で見られたため、常習犯は法律の条文を守るのが得策であると考えた。たとえば、エラスムス(一三)は、『愚神礼讃』の中で、どうすれば人に与える不快さを最小限度に留め、それを実行に移せるかについて、その方法を示している。それによると、厳しい夜のあとで力を回復させる必要を感じた廷臣たちは、正午までずうずうしく寝たが、「彼らは、ほとんどベッドから起き上らないうちにミサを急いで通読できるよう、わずかな金で雇われた哀れな司祭一人をベッド脇に待たせておく、という手を打った。そして、彼らは目をさますと朝食をとりに行ったが、この朝食は昼食への呼出しの時刻を過ぎることはほとんどなかった。(18)」

このように、即席のミサと即席の食べ物を軽々しく結びつけることは、何もしないよりはましだとしぶしぶ認められたが、狡(ずる)くて当てにならない信徒のためにキリスト教会が意図したものではなかった。ちなみに、一日の最初の主な食事は、理想的には、何時間も厳しく、しかも真面目に働いたあとの九時課(一四)にとるべきものであった。このように、キリスト教会は日常生活の多くの面において影響を与えたが、中世の一日に特徴的な形式と区切りを与えたのも、やはりキリスト教会であった。たとえば、祈禱は二四時間のうちのある時間に発せられるか歌われるべきであると教会の掟に定められていた。この周

期的な礼拝という主な義務は修道院から生まれたものであったが、その影響は至る所で感じられていた。一方、時計は中世後期にかなりよく知られ、用いられていたが、それぞれの礼拝を告げるために鳴る鐘は、町や村の全住民にとって、依然として便利で親しみのある計時係であった。ちなみに、平信徒向けに作られ、たくさん残されている『聖務日課書』も広範囲な祈禱の人気を知る手がかりとなっている。(一五)

これらの祈りの時間は、定時課と呼ばれたものの、六〇分という単位には対応していなかった。すなわち、それぞれの時は、長さに融通性のある期間を含んでいるが、ほぼ三時間から成っていた。そこで、たとえば九時課(none)という時間は――noonという語はこれから派生したのであるが――夜明けから九番目の時間であり、したがって午後の前半に相当する。また、九時課は晩課(vesper)、すなわち日没時の祈りとある程度の隔たりを保たねばならなかったので、正確さが要求される場合には、九時課と他のすべての時間を、短い冬の日と長い夏の日に適合させるための不断の調整が必要となったことであろう。事実、九時課は正午から午後三時に及ぶものと考えられ、したがって季節と状況に応じて早い遅いの違いはあるものの、この時間の幅の中でそれに相応しい礼拝が行なわれた。

一日の主な食事は、修道院では常に九時課がすんだあとでとられた。したがって、夕食のために座っている時間は礼拝の時間に応じて移動した。祈禱は、日の出から計算して行なわれるため、夏に比べて冬の方は午後の遅い時間に行なわれることになった。なお、冬は九月一四日から始まり、夏は復活祭から始まった。一方、四旬節はそれ独自の規則をもった別個の期間とみなされた。そして、正餐は懺悔の気持ちを込めて午後遅くとられるべきものであった。

このようないわば移動する砂の真中に、一つの岩がしっかりと立っていた。すなわち、九時課がいつ行なわれようとも、正餐に相応しい時間は九時課であった。そして、社会は全体としてこの規則に従い、忠実な口先だけの礼拝を行なった。そのために、午餐（noonmeat）は食事そのものと同義となった。しかし、平信徒らは、キリスト教会の従順な息子として、教会の融通性のよさを真似ることを学んだ。そのために、九時課は今日の午後（noon）の意味を担うようになり、正餐の時間は午後三時よりもずっと一二時に近づいた。事実、一日の主な食事はかなり早くとられることが多かった。たとえば、大所帯の家では、食事する主な人びとが正午に席に着くことになっておれば、この人たちに仕えるのを任務としている者たちは、その時間よりも少し前か後で食べねばならなかった。一例をあげると、エドワード四世[一六]の宮廷では、二四人の従者が王と女王に仕えていたが、一四七八年に、このうち一二名は公式の食事より先に食べ、他の一二名は後で食べることが決められた。そして、このような侍者たちの「最後の食事」は、「いくら遅くても九時」までには食卓に出されねばならなかった[19]。

多分このように食事の時間が移動する制度のせいであろうか、フロワサール[一七]は、宮廷に滞在していた一三六七年一月六日に、次の記録から明らかなように、午前中の半ばに正餐をとっていた。「リチャード二世[一八]がお生まれになった時、私はボルドー[一九]にいて食事をしていた。王は水曜日に時計が一〇時を打った時にこの世に生を受けられた。その時間に、当時アキテーヌ[二〇]の大将であったポンシャルドンのリチャード卿[二一]が入ってきて、『フロワサールよ、女王陛下は立派な男児を出産なされたと書いて、記録に留めてくれないか』、と私に言った[20]。」

雇い主たちが準備した食べ物は自分たちの力でかち得た正当なものであると自ら認める決心をしたことは、全員が起き上ってから数時間たった時点に主な食事の時間を定めようとするキリスト教会の教えと結びついた。しかしながら、仕事は一般に日の出から始まるため、数時間仕事をして、まだ日の浅いうちに天地に恥じることなく正餐の席に着くことは可能であった。ちなみに、ある晴れた夏の朝、一五世紀の羊毛商人トマス・ベトソン(二二)は、結婚予定の英国の少女に宛ててカレーから長文の手紙を書き、次のような言葉で結んでいる。「海のこちら側の偉大なるカレーにて、六月一日書く。今、誰も彼も正餐をとりに出かけ、時計は九時を打った。そして、おまえの家族は全員私の名を呼び、『すぐ食事に降りてきなさい、降りてきなさい』と叫んでいる。」(21)

トマス・コーガン(二四)は、一六世紀の論文『健康の避難所』の中で、「朝食後四時間たったら安心して正餐をとることができる。正餐に最も都合の良い時間は正午より前の一一時頃である」と計算している。(22)そして、彼は他のどの時代とも同じように中世にも等しく当てはまる次の物語を引き合いに出して、この自説を正当化している。「哲学者ディオゲネス(二五)は、正餐に最も適した時間はいつかと尋ねられたとき、金持ちならいつでも、貧乏人なら食べられる時、と答えた。(23)」中世では、正午は正餐の時間として受け入れられていたが、食事の時間は午前中あちこちに動いた。そして、空腹の苦しみと夜明けの日の出は早めの食事の時間を促したが、説教者たちは遅めの時間を勧めた。一方、雇い主は仕事日に最も適した休憩を好み、しばしばこの休憩を強要した。

食事の理想的な数は日に二回、すなわち正餐と夕食であると考えられた。なお、毎日の夕食は、正餐よりもずっと軽いもので、日没までにとられた。事実、聖ベネディクトゥス(二六)は、六世紀に書いた修道士のための『会則』の中で、「修道士たちは食事の時間が昼間にくるよう常にやりくりせねばならない」と、その要点を強調している。(24)そして、節約家の戸主たちには、一つの指針となっているこの意見に異議を唱える理由は全くなかった。なぜなら、明りと熱を倹約するのは大いに勧めるべきことであったからである。

来客のための賑やかな夕食はかなり事情が違っていた。たとえば、一三世紀のフランシスコ会のバルトロマエウス・アングリクス(二七)は、理想的な夕食は「早すぎてはならず、遅すぎてもならず」とはっきり認めたが、「ろうそくの明りがたくさんあること」は楽しみの重要な部分であることを知り、食事はゆっくりとした速さで進行することが大切であると考えて次のように述べている。「というのは、仕事や旅がすっかり終ったあと、人びとは夕食の席で長く座っているためにろうそくを使う。……夕食の時にはゆったりと、しかも余り急がずに食べるべきである。(25)」

偉大な人物は当然のことながら独自の規則を作った。たとえば、フロワサールが語るところによると、ガストン・ド・フォア(二八)は正午に起き、午後に眠り、真夜中に夕食をとることを好んだ。しかし、このような習慣に対して、住み込みの司祭が大胆にも行なったであろうと思われる批判的な意見は全く記録に残されてはいない。(26)

中世において朝食がどれほど広く受け入れられていたかをはっきりさせることはむずかしい。理屈からすると、朝食は存在しなかった。すなわち、大人は然るべき時間まで我慢した。事実、中世には朝食は知られていなかった。しかし、大人も人間である。その結果、朝食はごく内密にその存在を記録されるに至る。そして、混乱を助長することにはなるが、食事の制度が確立するまで、朝食は全く適切な言葉として正餐に適用された。ちなみに、一五世紀になると、次の例から明らかなように、リッドゲイト(二九)の作品の中の旅人たちは、この意味で「朝食をとる」。

太陽があかあかと東の空に昇ったとき、
オスプリンジェ(三〇)に出かけ、
食事をすることだけを目当てに、
どの巡礼者もすぐに馬に乗った。(27)

これより少しのちのキャクストンは、『英語とフランス語の対訳(三一)』の中で、「臓腑を食って朝食としよう」という不気味な表現で献立の見本を示し、続いて、その他の食事の目玉料理として、雄牛の足、豚足、にんにくの結球、というように列挙し、そして、「これでわれわれの断食も終りとなる」と、明らかに満足げに結んでいる。(28) トーストやコーンフレークのような軽い淡白な食事に不当に感化されるのは危険であるが、キャクストンの食べ物の目録は、誰であれベッドから起きたてに目にするには恐ろしくなるほど内容の濃いものであるように思われる。ちなみに、この場合でもやはり、「断食をやめる」(break fast) という表現は正餐を意図したものであると考えてよいであろう。

しかしながら、これと同じ一五世紀に、breakfast はエドワード四世とその王室のために正餐と夕食の前に出される食事のことであると記されている。(29) 王室の朝食は、パン、肉、それにエール(三二)から成っていることから、これから始まる一日のための健全な基礎作りが意図されていたようである。しかし、その他の箇所で言及されていることから頻繁に受ける印象は、この朝食がたとえ実際にとられたとしても、あわただしくかきこまれたものであっただろうということである。少し前に述べたように、ベルシラクは狩りに出かける前に、ミサが終ると「スープ」だけを飲んだが、このスープと言うのは、細切りにしたパンをぶどう酒もしくはその他の何らかの液体に浸したものである。ちなみに、ジョロックス[三三]ならこんな朝食にはまず賛成しなかっただろう。

朝食は中世後期までは多分任意の特別な食事であったと言える。したがって、厳しい重労働をした者は、翌日の日中の食事の前に何か一口食べたいと思ったことであろう。もっとも、タッサーは、このような食事は特別扱いであり、当然の権利ではないとみなせ、と小気味よげに雇い主に次のように念を押している。

朝食は習慣として出されるべきでなく、
出すに値する者に限るべきである。[30]

一三五二年頃、ヨーク大聖堂[三四]を建てるとき、石工と大工のために規則が定められた。それによると、彼らは労働日は日の出と共に働き始め、正午に正餐をとらねばならなかった。そして、夜明けが早い夏には、「半リーグ歩くのにかかる時間だけ」、朝食のための休憩が認められた。一方、朝がずっと短い冬には、仕事場に着く前に食事を終えているよう要求された。[31]

時おり気ままに朝食をとってもよかった者は、老人、病人、それにごく小さい子供であった。そして、修道院でも、病弱な者と若い見習い僧は九時課以前なら何か食べてもよかった。社会全体としては、朝食をとる特権は多分当然視されていたことであろう。たとえば、一五世紀のある児童は、ごく小さくて甘やかされていた頃を次のようになつかしげに振り返っている。「自分がほしいと要求すればいつでも朝食がベッドわきに運ばれてきたし、着替える前にまず食事が出されることがしょっちゅうであった。(32)」この記憶の内容は、次の記述から明らかなように、そのごの彼の状況とは痛々しいほど対照的である。「今は、月明りの下を五時には教科書に向い、眠気と怠惰な気持ちを払いのけねばならない。……自分が言えば時々持ってきてくれた朝食は、この国から追放されてしまっており、二度と戻ってくることはないであろう。(33)」

このように朝食が幼年期と病弱さと連想が強かったためであろう、大人が朝食をとる時には弁解と当惑の気持ちが長いあいだすたれずに残った。そして、朝食をとることは弱点とみなされたために、たとえば「これは朝食ではなくて酒の肴だ」というように、できることなら全く別なものと偽られることが多かった。(34) ちなみに、一四世紀のプラートー(三五)のある実業家は、自分が毎朝外出前に焼き栗を食べるのはほかでもない、家内を喜ばせるためだ、「私が家内に好きなだけ食べさせているように、家内も私に好きなようにさせている」と、慎重にその理由を説明している。(35)

朝食をとる習慣はじわじわと社会に浸透し、その最後の勝利は守り手である人間の致命的な弱さによって確実なものとなったと思われる。すなわち、当時は現在と同じように、余りにも多くの人が空腹では体調が万全でないことを知っていたので、大手を広げてこの侵入者を歓迎したのである。たとえば、『ベリーンの物語』の序歌に出てくる主人役は、巡礼の一行の中で誰がその日の最初の物語を余興として話すかを決めようとする。しかし、彼はこの特権をくじ引きに頼ることを好まない。余興を行なう者は必要である。しかし、「断食をしている数名の者は全く楽しそうではない(36)」と彼も指摘しているように、くじ引きだと、全く相応しくないこのような者に当ることもありうる。そこで、このような場合、

いつも頼りになるアンデレ・ボールドは、朝一番にとるものとして、小さな新生姜を勧めている。(37)

職人たちは、一般に朝食をとるだけではなく、その日のうちに「軽食」(三六)をとることによって空腹を補った。もっとも、これらの簡単な軽食でさえ、一五世紀までは特別給付として受け取られ、当然のことながら俸給表に書き留められた。一例をあげると、一四二三年、ロンドンの醸造会社は雇い入れた自由労働者たちについて、現金と食べ物という二種類の支払い方法を記している。たとえば、「ペンキ職人のロバートは塗りの仕事に対して」四ペンスと「軽食」を受けとり、屋根の樋を作った二人の大工はそれぞれ八ペンスと「軽食」を得た。(38)

日常の仕事中の休憩と勤務中の食事に対する態度の軟化の様子は、中世に描かれた絵の中で明らかにされている。たとえば、「月例の早朝の労働」(early Labors of the Months cycles) という絵では、人びとは一生懸命働いている。また、「善行と悪業についての絵入り祈禱書」(illustrated manuals on the virtues and vices) では、畑でなまけて座っている百姓は擬人化された「怠惰」で表わされている。(39) しかし、画家は徐々にではあるが、寛大になることを学び、労働日に伴いやすい楽しみを時おり描いている。たとえば、ウェールズの聖ダヴィデ大聖堂にある一五世紀に作られた免戒室(三七)に描かれた船大工たちは、背後にある船が造船台の上で未完成のままであるのに酒を飲んでいる。一方、中世後期の八月の暦絵に描かれた多くの刈取り人夫たちは、刈りかけの穀物の陰の所でピクニックを楽しんでいる。(40)

仕事のきつい長い一日には、軽食は朝食と同様に職人にとって救いであった。そして、言うも悲しいことながら、そのような口実がなくても、彼らの上司が軽食の習慣を楽に得ようとすることを思いとどまらせることはなかった。事実、ホックリーヴは、女の子たちに甘いぶどう酒や「ぶ厚い薄焼きパン」

を御馳走するのに時間と手間をかけすぎたため、午後の残りの時間で重い足を引きずりながら役所に戻るのは不可能となることが時々あり、やむなくテムズ川をボートで行った(41)。一方、キリスト教会は、物言わぬ獣と同じように、時間前に食べ物へと走る者に対して怒りを爆発させた(42)。もっとも、多くの人はリッドゲイトの物語の中のねずみの例に喜んで従った。ちなみに、このねずみは、自分が巣を作っていた粉ひき場の麻袋の上でふんぞり返り、気むずかしそうにひげから穀物のかすを拭いとり、次のようにつぶやいた。

ここの生活は楽しい……
食欲がある時には、遅かれ早かれ、とにかく食べる(43)。

一六世紀になるまでは、道徳家たちは一日に二回の食事で十分であるとみなしていたように思われる。そして、当時の食事の実情は絵画や詩の中にそれとなく表わされている。たとえば、その頃の人びとは、庭、ベッド、あるいは図1のように風呂で、あるいはこれらを組み合わせた場所で、食べたり飲んだりした。一方、一六世紀初頭の「浜辺の一時(ひととき)」(三八)という五月のカレンダーの光景によると、四人の恋人がボートに乗ってセレナードを歌っている。この前景で目立つのは、水中で冷すために船縁に張り出した大きなぶどう酒のびんである。さらに、一五世紀の詩『花と葉』(三九)では、友達同士が太陽に焼かれ、雷雨でずぶ濡れになったが、用心深く木の下に避難していた見知らぬ人たちに助けられる。そして、空が晴れると、これらの人びとは遭難者たちを慰めるために親切にも次のように奔走する。

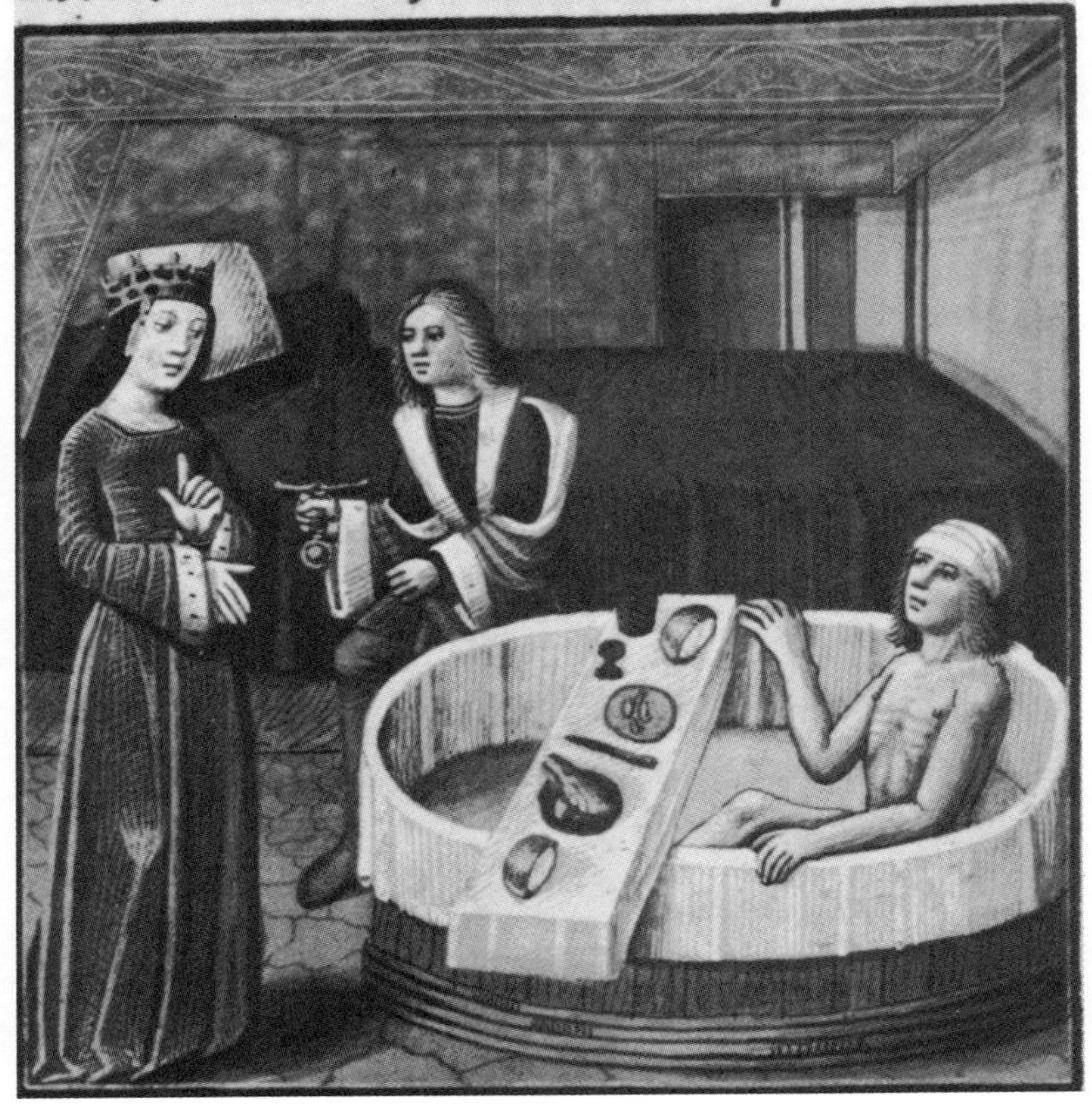

図１　入浴と食事
1494－95年にパリで書かれた『トリスタンとイズー』より．

彼らのひどく高い熱をさますため、
おいしそうなサラダ菜を集め、
それを彼らが食べられるよう調理した……。(44)

当時の生活と絵画が矛盾していなかったことは一通の手紙から推察できる。この手紙とは、一四八二年五月一三日、羊毛商人リチャード・セリー(四〇)が兄のジョージに宛てて書いたものである。それによると、嫁を捜し求めていたリチャードは、買いつけの旅の途中でいつも訪れる町コッツウォルズのノースリーチ(四一)で、一人の婦人にうまく引き合わせてもらった。彼はこの手紙の中で、夕食への招待を断わったことを入念に書き記し、ついでに、自分とこの婦人と二人の仲間の合計四人で、焼いたあおさぎ一羽、銘柄不明のぶどう酒一ガロン(四二)、それに「白ロムニー(四三)一ポットル(四四)」を飲んだり食べたりした、という情報もこっそりと記している。ちなみに、この飲食がすっかり終ったあと、リチャードは当然のことながらこの婦人が「とても気に入り、才気がある」と感じた(45)。

最初の出会いの席でまごまごしていたこの一行も、ぶどう酒のおかげで明らかに楽しく過ごせた。このように、今日の一杯の茶やコーヒーと同じく、ぶどう酒は暇をつぶすのに役立った。たとえば、『べリーンの物語』(四五)の中で、バースの女房はカンタベリ(四六)の宿で正餐をとり、庭をざっと一周りしたあと、愛嬌よく率直に、女小修道院長に次のように語っている。

ぶどう酒をお注ぎしますから、あなたも私に注いでくださいな。

それというのも、夕食をとりに行くまで外に何もすることがありませんから。(46)

夜食のために何かかじったり、すすったり、そして夜ふかしをしたそのあげく、「ああ、主なる神よ、今日は何を食べればよいのでしょうか？」と、その日の最初のお祈りを唱えながら起きてくる救い難い衆生の習慣に対して、キリスト教会は何をなしえただろうか？(47) 教会がとるべき唯一の手段は、客観的に、しかも根深い国民の好みに譲歩することなく、このようなわがままの決着をはっきりとつけることであった。ちなみに、警告を含んだ多くの物語の中で、次に示す運命を分けたチーズトーストの事件は際立っている。

私は古い話の中で次のように書かれているのを見つけた。すなわち、神は聖ペテロ(四八)をどのようにして天国の玄関番にしたかという話と、神が受難のあとすぐに、全く相応しくないのに天の王国にやってきた多くの者を正しくも罰したという話である。その頃、天国には大勢のウェールズ人がいて、わいわいがやがや騒ぎたてて他のすべての人たちを悩ませていた。そこで、神は彼らに我慢できなくなったことと、彼らを喜んで天国から追放してしまいたいことを聖ペテロに告げた。すると、聖ペテロは「主なる神よ、直ちにそうなさるべきです」と神に言った。そして、聖ペテロは天国の門から外に出て、「カウゼ・ボーベ（Cause bobe）！」と大声で叫んだ。これは「焼きチーズ！」と言ったのとほぼ同じ意味である。ウェールズ人たちはこのことを聞くと大急ぎで天国から走り出た。そして、聖ペテロは彼らが全員外に出てしまったのを見届けると、突然天国の中に入り、扉を閉めた。このようにして彼はウェールズ人を全員天国から締め出したのである。

みなさんは、この話をお聞きになると、人が天国の喜びと永遠の楽しみを失ってしまうおいしい物や世俗的な楽しみだけを望んだり、このような物だけに心を奪われるのは全く賢明なことではないと分ってくださるでしょう。(48)

3　断食と宴

中世の一年は黒と白の四角いチェス盤に似ていた。すなわち、一年は断食と宴の時期によって模様がつけられ、いずれも時間の区別と制限があるものの、その重要性と価値は互いに独立したものであった。そして、断食と宴が精神的な疲れを本当にいやすためには、季節と同様に交互に続かねばならなかった。キリスト教会の宴は断食の時期によってその到来が告げられた。一方、断食に対しては、この世での宴だけではなく、来るべき世での神聖な宴会の期待という褒美が与えられた。もっとも、断食も宴も、価値あるものであるためには、いずれも個人または社会による入念で意識的な神への献納でなくてはならなかった。したがって、裕福な者による果てしない思慮を欠いた飲み食いのもてなしは、ひどい道楽にほかならなかった。一方、「毎日が四旬節[(二)]であるような、何もない場所での」貧者の苦しい絶え間のない栄養不良というのは、惨めさ以外の何物でもなかった。

チェス盤の黒い目に相当する断食はさまざまな理由によって企てられた。たとえば、断食は自己修養の一つの形式、個人的な罪のための私的苦行、および社会の罪に対する大衆の苦行であった。また、断食は贖罪の個人的行為、魂を清新にして神の恩寵を喜んで受けさせる源泉、荒れ野でのイエスの断食の模倣、あるいはクリスマスと復活祭というキリスト教会の一年の大祝祭のために社会全体が行なう完全な準備でもあった。いずれの場合にも、断食はその精神的恩恵のために耐えられねばならなかった。ただし、精神力と厳格さを誇大に見せびらかすことは賛成されなかった。

一年の平常の日に誰でも禁欲に関する個人的な制度を実施することを決めてよかった。たとえば、一二八九―九〇年度の『スウィンフィールド家の勘定書』(*Swinfield Accounts*)によると、この司教の一家のうち数名は、一一月と一二月に、週に一日多く断食をすることに決めたと記されている。これらの人びとは「断食者(the fasters)」と呼ばれ、この特別な日には肉を一切食べないことに決めていたので、彼らのために魚を注文せねばならなかった[2]。

このような場合、執事と料理人は断食に関わる余分な仕事に対して内心苛立ちを感じたとしても当然のことであった。しかし、他の者は全員満足げに日常の食事をむしゃむしゃとたらふく食い続けた。そして、常に重々しく強調されたことは、私的な断食は他人への配慮と結びつけられねばならないということであった。したがって、倹約家の主人といえど、断食を耐乏生活と吝嗇（りんしょく）に対する天与の口実とみなしてはならなかった。そのために、食事に金を惜しまず、いつもの分量が用意され、貧乏な者に分配されねばならなかった[3]。

個人的に節制している来客が正餐の席に現われた時には問題が起りうる。なぜなら、食事をとるべき人が御馳走を拒む光景に接すると、多くの主人役は嘆かわしいほど精神的に打撃を受け、仲間の来客も憤慨してしまうからである。ところが、五世紀の聖アウグスティヌス[二]は大いに機転をきかせてこの問題を解決した。すなわち、彼は何年ものあいだ肉を拒否していたが、カルタゴ[三]で豪華な晩餐会に招待されたとき、自分に敬意を表わすために孔雀の焼き肉が食卓に運ばれてくるのを見た。即座に彼は科学的な実験を行なうことによって方針の変更を行なうことに決めた。というのは、当時のキリスト教会は、孔雀の肉は腐らないと信じられていたことを理由に、孔雀を永遠の生命の象徴として受け入れていたからである。したがって、この問題は難問であり、議論は白熱した。しかし、それと同時に、今回はこの問題をじっくり吟味する申し分のない機会でもあった。アウグスティヌスは次のように述べている。「私は胸肉のきれいな薄切りを取り、しまっておかせた。他のすべての調理した肉が腐りかけた状態、すなわち、ちょうど食べ頃になるのに要するのと同じ日数が経過したのち、その肉を自分の目の前に持ってこさせた。鼻を突く嫌な臭いは全くなかった。そこで、私はこの同じ肉片を一カ月以上保存させた。それでも、全く変化は認められなかった。そのご丸一年たったのちに生じてきた唯一の違いと言えば、幾分乾いて縮んでいたことであった(4)。」

アウグスティヌスは、十分に食べられないことはかなりきついものであることに自ら気付いたと、著述の中で何度か多少ほのめかしている。一方、ぶどう酒(四)には全く問題がなかった。しかし、おいしい食べ物はまさしく誘惑そのものであった。これは、人間がくる日もくる日も取り組まねばならない代物であるだけに、なお一層深い悩みの種であった。彼は節度を守ることが体の健康に良いという微かな慰めに望みを託した(5)。しかし、このような慰めは、より粗野で世間知らずの一五世紀の一人の説教作家によって手荒く払いのけられてしまった。すなわち、食養生というのは、精神を向上させること以外のいかなる理由のために、とりわけ健康や美容という筋違いの理由のために試みられた場合、「それでも、そのようなすべての手当ての甲斐もなく、おまえは死ぬ(6)」という嘲笑の的以外の何物でもなかった。

個人的で私的な食養生はどんなものでも立派な熱意の表われであった。というのは、このような節制は、キリスト教会が社会を浄化し鍛練することを試みた公的な断食日を補足するものだったからである。すなわち、毎週三日の断食日があり、このうち最も厳格に守られたのは、キリストの磔刑を記念した金曜日であった。これに水曜日と土曜日が加えられた。ちなみに、水曜日はユダ(五)がイエスを裏切る約束をして金を受け取った日に因んだもので、土曜日は聖母マリアとその処女性の賞揚に捧げられた日である。そして、世間がこれらの日を守ることが奨励された。もっとも、すべての断食の場合と同様に、相当の高齢者、ごく幼い子供、かなりの重病人、およびきわめて貧しい者は免ぜられた。もちろん例外はあった。たとえば、次の引用に記されているように、聖ニコラス(六)は生まれて間もない頃から水曜日と金曜日に二度以上も母乳を吸うことを拒み、その聖者ぶりを発揮した。

聖ニコラスは……
……こんなに幼いのにキリストを崇めた。(7)

水曜日、金曜日、土曜日に行なわれる通常の断食は、年に四回（すなわち、四旬節の初め、聖霊降臨祭(七)の直後、九月、降臨節(八)内の一二月）あり、格別真面目に守られた。ちなみに、一年の節目に当るこれらの日々は四季大斎日(九)と呼ばれた。一方、キリスト教会は、ローマ人たちが神々に援助を請うために農場暦に従って儀式を行なっていた習慣を引き継ぎ、適応させた。たとえば、ローマ人たちは六月には豊作を、九月にはぶどうの多量の収穫を、そして一二月には良い種蒔きの時期を祈願した。そして、キリスト教会は西暦五世紀までに四番目の行事を二月か三月に付け加えた。これらの日々は常に農場での行事予定と関わりがあり、これらの日々のために考え出された祈禱の日課の中には、種蒔き、刈り入れ、収穫の模様などがいっぱい詰めこまれていた。

しかしながら、キリスト教会は大地の産物には単なる部分的な関心しかもたず、その主な興味は魂の産物にあった。したがって、野での収穫という概念は精神上の収穫に包み隠されるようになってしまった。たとえば、ジョン・マークによる一五世紀初頭の説教は、四季大斎日の重要性に論評を加え、大地の四季と魂の四季の間の必然的な相似点を指摘している。すなわち、三月には身を切るような風が芝でおおわれた土を乾燥させ、耕しやすくする。断食は魂を浄化し、準備させる。夏には植物が芽を出すように、人びとは断食をして善徳を育成させる。九月には人びとは立派な労働の収穫物を刈り入れることを望む。一二月には体が縮むような寒さが大地の雑草を根絶やしにするように、断食は悪の雑草を滅ぼすのである。(8)

四季大斎日の Ember という名の起源は不明である。現在のところ、この語は四回を表わすラテン語の quatuor tempora が崩れてできたものであろうと考えられているが、マークははるかに興味をそそる説明をしている。それによると、四季大斎日にはたき火の燃えさし (embers) の中で小さなケーキを焼く習わしがあった。ケーキがちょうどよい時に引き出されるか、それとも熱の中で灰となってしまうかは常に運に関わる事柄であった。ひっきりなしに起る災害は、人間もまた灰になってしまうということを料理人たちに否応なしに思い起させた。(9) そして、この憂鬱な思いは彼らに黒ずんだパン(一〇)を食べて断食をしようという殊勝な気持ちを起させた。

最も長く、しかも最も重要な二つの断食は降臨節と四旬節であった。これらはクリスマスと復活祭という一年の最大の祝祭日の到来を告げるものであった。降臨節の期間は約四週間に及び、日曜日は必ず四回含まれている。また、降臨節は Advent Sunday と呼ばれる第一日曜日から始まる。そして、この日はキリスト教会暦の一年の始まりを印す。この時期はクリスマスの準備期間であり、人びとが心を入れ替えて再出発を計ろうと努める時である。たとえば、一五世紀のある説教作家は、キリスト教会が Advent Sunday から新たな出発をするのと全く同様に、「あなたがたも新たな生活を始めねばならない」と、キリスト教会と個人の類似を指摘している[10]。

しかしながら、四旬節は断食のことが心に浮ぶと直ちに思い起される季節である。六週間に及ぶその長さは、荒れ野におけるイエスの四〇日間の断食を真似て選ばれたものである。一方、四旬節は、気持ちの上では、罪の許しを求めて長く続けられる祈り、救済の叫び、そして人間が自分の愚行のために困っているのを救ってくださる神の慈悲を求める懇願である。そして、その最後の週では、磔刑にされたイエスを人間が裏切ったことについてもっぱら思いを馳せることから、この週は陰鬱なものとなる。すなわち、降臨節のための準備は、ちょうど始まりかけた降誕日の興奮と喜びで一杯であるが、一般的な傾向として、四旬節は、救済とイエスが死を克服するという約束によって時おり明るくされるだけで、全体としては重々しいものである。したがって、四旬節は苦行として耐えねばならない長くてわびしい期間、すなわち神の恵みに感謝して神に捧げられる相当重要な犠牲的行為、および人間の力量不足の悲しみそのものであった。また、農業暦の一年間に、[11]税として収穫高の十分の一を領主または教区の司祭に手渡さねばならなかった。ちなみに、一年の三六五日のうち、四旬節の四〇日間はその十分の一強に相当するため、「一年の十分の一税日」と呼ばれることもあった[11]。断食の形式は時代や時期に応じて大きく変化した。事実、聖職者以外の一般の俗人にとって、断食という言葉は普通の金曜日に用いられることはほとんどなく、また食事の量もいつもと全く同じであったと思われる。そして、予想される唯一の変化は、あとで取り上げるさまざまな理由により、献立の主な中身が肉から魚へと変ることであった。

四旬節は他の場合とはかなり事情が異なり、一年の主な断食日であった。この時期に耐えねばならない最初の試練は、毎日とる食事の回数の制限であった。すなわち、通常の二回（ただし、朝食をとる家庭があれば三回）の代りに、公的に認められた回数はわずかに一回だけであった。ちなみに、キリスト教会の歴史の初期に当る数世紀間は、この一回きりの食事は夕方の始まりまで、すなわち教会の一日の終りを告げる晩課[二]の時間が終るまで、とってはならないとする規則のおかげで、事態は改善されることはなかった。民間の信仰によると、この規則は四旬節の特色を強化する目的で、荒れ野でのイエスの断食を真似て作られたものである。もっとも、イエスは一口も食べずに四〇日間を何とかして生き延びようとしたのに対して、一般人にはこの規則は実行不可能であった。そこで、四旬節における正餐の時間は、一日の公的な終りと翌日の公的な始まりの間の、いわば忘れ去られた時間帯の中に設定された[12]。

何世紀もかかったが、正餐の時間は、一連の独創的で知的な方法によって次第に正午にまで押し戻された。しかし、正餐は依然として一日に一回の本来の食事であった。もっとも、正餐が唯一の食事であるからと言って、そのことが食事の量を増やすための正当な口実とはみなされなかった。人間の弱さに対する一つの譲歩は、軽食、すなわち飲み物と一切れのパンにすぎないきわめて軽い食事を就寝直前にとることであった。この食事は八一七年の布告の中で初めて公的に認可された。それによると、修道士は夕方定刻に朗読されるカッシアーヌス[一三]の『父祖の言葉』(*Collationes Patrum*)の一節を聞きながら、飲み物を口にすることを許された[13]。このように、今日ではおいしくて上品な軽い食事を意味する言葉は、エジプトの荒れ野に住んだ初期の隠者たちから得られた賢い意見を五世紀に集成したものに由来し、九世紀に人間の弱さをしぶしぶ認めたという経緯があって生まれてきたものである。

　毎日食べる食事の回数を四旬節になると急に減らすということは実に辛いことであったが、飲食物の質の変化はそれよりはるかに耐えがたいものであった。すなわち、六週間にわたりいかなる種類の肉も口にできなかったのである。その正式な理由は、この季節の重要性に基づくものであった。すなわち、四旬節はアダムの堕落にまで溯りうる人類の罪を反省する時期であった。神はアダムが何をしでかしたかを知ったとき、次のように言われた。「お前のゆえに、土は呪われるものとなった[14]。」このように、大地とその生き物は人類の失策によって台なしにされた。そして、この失敗に最も多くの関心が集まるこの時期には、その失敗の記念として、土の上で生まれ育った動物は一切口にされなかったのである。もっとも、他のすべての場合と同様に、とても貧しい者、幼い子供、老いた人、それに病める者は例外とされた。しかし、その他の場合には規則は厳しく実施され、真面目に守られた。それにもかかわらず、このことは思慮深い聖書の注釈家たちにある種の微妙な問題を提起した。すなわち、キリスト教会の教えでは、神の被造物はすべて良いものであった。したがって、すべての生き物が生まれつき邪悪で汚らわしいと述べることは異端であった。たとえば、聖パウロ[一四]は次のように言っている。「というのは、神がお造りになったものはすべて良いものであり、感謝して受けるならば、何一つ捨てるものはないからです。[15]」それゆえ、肉は良いものであり、また人類の堕落と神の怒りを毎日思い出させるものとして、四旬節で食べることは差し控えられたのである、ということが、絶えず、しかも慎重に強調されねばならなかったのである。ついでながら、肉はたいそう好まれたため、長いあいだ肉食を奪われるということはとても厳しい罰であった。

肉食の禁止は拡大解釈され、動物から作り出されるバター、チーズ、牛乳、卵に及ぶことも多かった。しかし、これらの産物についての規則は、肉そのものの場合ほど厳格に解釈されなかった。それでも、少なくとも卵は懺悔火曜日[一五]のあとはさっさと片づけられ、そして、復活祭日[一六]に堅くゆでられて再登場するのが慣わしであった。

食事をする人の心構えは、理屈のうえでは皿に盛られている食べ物よりも大切であった。たとえば、聖アウグスティヌスは次のように述べている。「私が恐れるのは不潔な肉ではなく、暴食という汚らわしさである。というのは、バプテスマのヨハネは、生き物の肉、すなわち食べ物として与えられたいなごによって汚されることはなかったことを私は知っているからである。一方、エサウ[一七]は一皿のひら豆[一八]に示した貪欲さのために詐取されたことを私は知っている。[16]」ちなみに、思考は目に見えないが、食べ物はそうではない。そこで、キリスト教会は、実際問題として、ほかに何もなければ、軽食は四旬節の苛酷な要求を満たすものであることを人びとに念を押そうとして全力をあげた。

最も信念の固い教会員なら、パンと水という厳格な食養生を社会に課すことを喜んだであろうが、実際はもっと穏やかな助言が行なわれた。ところで、肉、バター、チーズ、卵、牛乳がすべて禁じられたとしたら、一体他の何が肉体と精神を共に六週間も維持できたであろうか？　この答えは魚であった。

魚は幸いにも水の中に住んでいたために、神の土の呪いを逃れたのである。水そのものは特別な神聖さをもつ要素であり、ノアの洪水の際にはこの世の罪を流し去ったし、洗礼の折には個人の罪を洗い流し去るものである。水が産み出した生き物は、水がもつ美徳をある程度分ち持っていると言えよう。この選択がひとたび正当視されると、あとは容易であった。魚は豊富にいるし、安く、しかも四旬節の頃は最高の食べ物であった。

ありがたいことに、人の手の届く所まで泳いでくる魚はすべて断食日には歓迎された。しかし、少なくとも英国と北ヨーロッパでは、四旬節という行事が話題にのぼる頃に否応なしに頭の中に飛び込んでくる魚はにしんであった。すなわち、毎年秋になると大群となって北の海の沿岸を通るにしんは、捕えやすく、塩漬けが容易で、乾燥や貯蔵が簡単、しかもたやすく買えた。にしんは栄養豊富で、たくさん取れ、しかもとても安かった。この魚はまさに「にしん大王」であり、灰の水曜日(二〇)には玉座に登りつめ、家臣がどれほど不平を言おうとも、復活祭日までは玉座に留まった。たとえば、一六世紀にトマス・ナッシュ(二一)は次のように表現している。「にしんは魚の王であることの証拠として、実際頭に宝冠を戴いている。(17)」

人間の運がどうであれ、さまざまな贅沢を楽しもうと、あるいは六週間もの長いあいだあきらめて乾燥にしんをむしゃむしゃ食い続けねばならないにせよ、人びとの食習慣は四旬節の傲慢な要求によって滅茶苦茶にされた。そして、これらの要求はいろんな方法で社会に影響を与えた。子供の遊びでさえ、この季節のおかげで変えられてしまった。たとえば、アレクサンダー・バークレイ(二二)は一年の娯楽の巡回の様子を記しているが、それによると、秋には、冬に備えて豚が殺され、豚の膀胱から作られたフットボールを持って大通りで遊ぶ子供たちの姿が見える。一方、フロワサールは、自分の子供の頃を振り返り、四旬節の時に貝殻の山でよく遊んだゲームを思い出している。[18]しかし、より重要なのは、四旬節が家事と仕事の段取りにかなりの影響を与えたことである。すなわち、本来あるべき四旬節作りと同様、快適な四旬節作りに向けて入念な計画が進められたのである。

多くて、しかもさまざまな財産を所有している幸せな者たちは、楽な解決法をとり、たいていの魚がいる領地内の場所へと家族を移したがった。たとえば、シチリアのロジャー二世[二三]は、四旬節の間はファーヴァーラー[二四][二五]にある子供の遊び場となっている庭園へと移住するのを好んだ。なぜなら、魚の豊富な池がいくつかあることがその庭園の魅力の一つとなっていたからである。[19]これほど裕福でない者は工夫の才能を発揮せねばならなかった。たとえば、英国軍は一三五九年にフランスに出兵中、革製の小さなボートをたくさんの荷馬車に積み込んで各地を移動した。そして、水面が広がっていればどこでもボートは荷ほどきされ、魚をとるために水面に降ろされた。もっとも、フロワサールは次のように冷淡に批評している。「これは四旬節を含めたすべての季節において、彼ら、すなわち少なくとも領主や皇族にとっては大変頼りになる物であったが、一般の兵士は手に入れた物でやって行かねばならなかった。[20]」

生簀(いけす)あるいは池の所有者は、保存用の塩水魚に依存している食事を取れたての淡水魚によって明るくすることができたため、幸福であった。しかし、こういう特権は慎重に報われねばならなかった。たとえば、一六世紀のトマス・タッサーは、一二月は四旬節に備えて生簀に魚を貯える月である、と次のように記している。

あなたの池を新しくし、
生簀にうなぎを入れ、
四旬節まで置いておき、
その時がきたら使い尽くしなさい。(21)

四旬節のあいだ、大切な池は次の理由により貪欲な者たちから守られねばならなかった。

ならず者たちは後悔することはめったになかった、
四旬節に盗みをしたとしても。(22)

賢明な家長は、秋になると懐の許す限りたくさんの魚を買い占め、そして貯えた。本番の断食を目の前にして、数日間をうろたえながら待つことは、自ら求めて災いを招くことにほかならなかった。すなわち、買物客が魚が欲しくてたまらなくなると、値段は急騰する。一方、断食の間、確実に「魚屋はこの四旬節に稼ぐ。(23)」実際、先見の明のない者は、魚を探し求めるのが遅すぎると、一匹の魚すら手に入らないこともあった。たとえば、一二八九―九〇年の『スウィンフィールド家の勘定書』は、一〇月のある週のこと、通常の水曜日の断食は、その当日に魚が全く手に入らなかったため、木曜日に移さざるを得なかったことを記している。(24)

一五世紀には英国とアイスランドの間で貿易が盛んに行なわれた。英国船は二月から三月にかけてアイスランドに向けて出航し、七月から九月の間にたらを積んで戻った。たらは航海中に塩漬けにされるか、それとも天日で乾燥させて木のように硬い状態に変えられた。このように加工されると、たらは四旬節の御馳走の中では最も豊富であるが最も好まれない干物となった[25]。一方、にしん船団も秋になると収穫物を持ち帰り、燻製にしんも生にしんも共に売りに出された。生にしんは塩漬けにして保存されたが、燻製の方は二重に保護するために塩漬けと燻製を共に施された。ちなみに、タッサーは、魚の乾物をたくさん仕入れる最良の時期は、農場に暇があって魚の値段が安い刈入れ時のあとの数週間以内である、と彼の本の読者である農場主に助言している[26]。また、彼なら多分、初秋の天候は陸路または水路を運搬するのにほど良く、二月の場合ほど頭を悩まされることなく信頼できると付け加えたことであろう。

すでに貯蔵の用意ができている魚を買うのが最も便利であったが、実行できる場合には自宅で保存するのが最も安上りであった。たとえば、マージャリ・クレシィ[二六]は一一八〇年頃の遺書の中で、荷車五台分のはんの木[二七]を毎年一〇月最初の二週間以内に女子修道院の尼僧の元に届け、「にしんを乾燥させるために」使われるよう手はずを整えている[27]。

断食は、徐々にではあるが確実に、宴の時期へと移行して行った。そこで、賢明な家長は、復活祭の前日に一切の肉のために一銭も浪費したくなければ、四旬節の場合と同様に、復活祭の場合にも長期計画を立てねばならなかった。たとえば、タッサーは一一月一一日の聖マルティン祭[二八]は重要な期日であると位置づけた[28]。なぜなら、この日は家畜が大量に屠殺される好機であったので、肉は豊富にあり、値段も安かったからである。長い冬の数カ月にわたり煙突の中でいぶすためにその時に吊り下げられた牛肉は、復活祭の正餐のためのきわめて経済的な食卓の中央の飾りとなったことであろう。

長い断食の間の必需品は、策略に富んだ市民とそれに輪をかけたような商人との間の知恵比べを助長した。もちろん、商人の方は無数の口実をでっち上げたが、その多くはキリスト教会に関わるものであった。ところで、主婦がどんなに慎重に計画を立てたところで、四旬節には必ず魚を何匹か買わねばならなかった。アビンドン大修道院(二九)はこのことを熟知していて、四旬節の期間中にこの修道院の壁に沿ってテムズ川を遡って行く、にしんを積んだすべての平底の荷船に対して通行税を課し、その金庫をふくらませた(29)。一方、ベリー・聖エドマンズ寺院(三〇)は、ヤーマスからロンドンへの主な道筋にまたがっていることに気づき、塩漬けのにしんを積んだヤーマスからロンドン行きのすべての荷車に通行税を課する名案を思いついた。そのために、ロンドンの商人たちは、この案件が撤回されるまで、強硬な処置を取り、ベリーの大修道院長によってその年に建てられたばかりの何軒かの新しい石造りの家を引き倒すと威さざるをえなかった(30)。

断食日には魚で大きな商売ができた。事実、トマス・ナッシュが当意即妙の言葉で述べているように、「どのキリスト教国であれ、現金で手に入れようとして、燻製にしんを買い求めに行かない者はいない(31)」状態であった。そして、魚の需要は仕事を生んだ。すなわち、縄職人、縫帆手、網の織り手、おけ屋、掃除夫、荷造人、運搬人、塩漬け場の作業員などである。そして、これらの人びとの裕福な暮しは魚に対する社会の需要に左右された。一方、塩漬けの魚を食べると喉が渇くため、醸造業者さえ利益を得た。にしんは「ヘレネー(三一)の美貌がトロイに送りこませたよりも多くの帆船をヤーマス湾に引き入れた(32)」ので、金はヤーマスのような町に流れ込んだ。

厳格で節度のある断食が与えた経済上の影響は、エリザベス一世(三二)の統治下の英国の官吏を襲った憂鬱さによって推測できるかも知れない。当時は、宗教改革がカトリック教会による社会の支配をゆるめてしまっていた。すなわち、宗教改革ののち、断食日のいくつか、とりわけ金曜日と四旬節の季節は長いあいだ守り続けられたが、水曜日を含む多くの場合はもはや公の魚の日ではなかった。それに、四旬節でさえ、魚はかつてほど機械的に利用されなかった。その結果、海上での英国船の数は劇的に減少し、一五六三年の二月には、「水曜日を特別の魚の日として制定することに賛成する意見書」と題する政府の文書が作成されたほどである。そして、これには、「英国海軍を復興するためには、もっと魚を食べねばならず、そのために一週間にもう一日を魚の日として制定し、その日は水曜日でなくてはならないことを主張する根拠」という内容の説明が付せられていた(33)。この小論には、宗教改革という光明がやってくる以前の悪しき古き時代に国じゅうで守られていた魚の日の数の計算が口惜しそうにあちこちでなされ、そして魚の日の利点はすべて残すものの、迷信を軽蔑することによって、新旧両社会の最高のものを手に入れたいという願望が満ちている。

宗教改革のあと、断食はさまざまな世俗的な理由によって長いあいだ奨励された。たとえば農場主たちは、魚の日は国が肉を供給することの余りにも大きすぎる負担を緩和するのに役立つと信じ、次のように述べている。

大地は望み、海は欲する、
時には肉食を断ち、魚を食べることを(34)。

一七世紀のあの熱烈な釣り師アイザック・ウォールトン(三四)は、断食の規則の緩和は英国の医療問題の原因となっていると信じ、次のように述べている。「最も学識豊かな内科医の観察によると、四旬節や他の魚の日を放棄したことは、明らかに、寒気、震え、それに断続的に熱が出る間歇熱（ague）の多発の主な原因となっている。わが国は、現在、薬用植物、サラダ、それにたくさんの魚を常食としている賢明な国々よりも、この病にかかりやすくなっている。(35)」

このような追憶のさざ波が何世紀も経たのちも広がっているということは、断食が社会に絶大な影響を与えていたことを物語るものである。中世において人びとが断食の規則を深刻に受けとめていた証拠は、多くの物語の中にたやすく見出せる。たとえば、一三八一年、ゲント(三五)の市民は長い攻囲に苦しめられていた。食料の在庫は次第に底をつき、市民の苦痛は大変なものであった。しかし、餓死寸前の状態にありながらも、人びとは四旬節という新たな避けがたい重大な局面に身を引き締めるだけの余力は残し持ち、次のように記している。「そして、四旬節がやってくると、この行事のための食事がないため、彼らは大いに嘆き苦しんだ。(36)」一方、ジョワンヴィル(三六)は、一二五〇年、第七次十字軍の遠征途中にサラセン人たちに捕えられ、四旬節の日と期間が分らなくなってしまった。そんなある日、彼が夕食をとっていたとき、パリから来た味方の同郷人が一人、訪問者として彼の元に連れてこられた。「この男は私の所にやってくると、私に向って言った。『領主様、何をなさっておられます?』そこで、『おい、捕虜であるこの私に一体何ができるというのだ?』と私は答えた。すると、その男は、『神に誓って申しあげます。領主様は金曜日に肉を食べておられます』と言った。この言葉を耳にすると、私は直ちに茶碗を後に置いた。」哀れなジョワンヴィルは自分の過失を大いに恥じ、自分に次のような特別な罰を課した。「私はそれ以降、四旬節の金曜日はいつでもパンと水だけに頼る断食を止めることはなかった。」[37]

四旬節は相当長期間に及び、しかも雰囲気と食習慣にかなりの変化をもたらしたため、この季節に突入すると、人びとは必然的に相当意気消沈した。しかも、四旬節は徐々に忍び寄ってくるのではなく、また人がその厳しさに率先して直面する気持ちになるまで、一日、二日と引き延ばすことができないという事実によって、緊張が高まった。四旬節を短縮したり遅らせたりできるのは空想の中だけであった。たとえば、一五世紀のイタリアの物語には、復活祭と灰の水曜日の日付を計算しようとすると、勘定がどうしようもないほど狂ってしまう田舎の聖職者の話がでている。その物語によると、この男はある年、隣の町で一日の休暇を楽しく過ごしたが、自分が四旬節を始めてもいないうちに市民がしゅろの主日[三七]を祝っているのを知って狼狽した。彼はあわてふためいて教区に戻り、四旬節は今やっとあの山を越えたばかりだと市民に説明した。彼はこの山登りに疲れ果てたため、この年は復活祭のお祝いの前に断食をする力はわずか一週間分しかなかった。[38]

この男ほど幸運ではない教区民たちは、四旬節が灰の水曜日になると無情にも忍び入り、これまでの罪深い肉食生活がその前日にぱったりと終ってしまったことに気づいた。一方、懺悔火曜日には、新鮮な肉はかけらに至るまで食べ尽くされねばならず、そのために、次に記されているように、最後の貴重な時間は長い気ままな乱心状態の中で費やされた。「四旬節の前はいつでも、懺悔火曜日と呼ばれる太って大きな、内臓を摘出した下男がよろめきながらやってくる。……彼は六週間後にこの王国全土が消費するよりも多くの肉を一四時間以内にむさぼり食うのである。人間なら思いつくであろうありとあらゆる方法によって、すなわち、煮る、あぶる、肉を焼く、パンを焼く、シチューを煮る、飲み物を調合する、トーストを作る、揚げ物を作る、肉をきざむ、切る、切り分ける、むさぼり食う、でぶでぶ太るほどの大食をする、などして、人びとはコンスタンティノープルへと船出するかのように肉を胃に詰め込んだ[39]。」

卵も、肉の場合と同じように、ばかげたほど気ままにがつがつと食い尽くされねばならなかった。そして、何世紀もの間に、千個もの卵が一〇〇人の貪欲な喉をやすやすと滑り落ちるのは確実という、暴食の狂態が創り出されたのである。一方、砂糖を振りかけ、薬味を入れ、このうえなく見事に揚げられたウェハースのように薄いパンケーキは一つの発明品であった。そして、フレンチトースト[三八]はもう一つ別な発明品であった。このパンの場合、ぶどう酒とばら香水に浸し、よく泡立てられた卵の中で丸め、砂糖をつけて揚げ、そして再び砂糖をつけられると、このパンの薄切りは魔法にかけられたように高貴なおいしさへと変った。ところで、コットグレイヴ[三九]は、一六一一年に刊行した辞書の項目 pain の中で、「フレンチトーストの一日」‘Le Jour de pain perdu’という句を挙げ、「懺悔火曜日」(‘Shrovetewsday = Shrove Tuesday’) という英訳を与えている。この懺悔火曜日という呼び名は、動詞の「聞く、告白する」(shrive) に由来する。そして、この気ままな飲み食いのばか騒ぎは、懺悔が午前中に聴き届けられるようになったのちまで、公的には始まっていなかった。一方、人びとを教会へ呼び出すために響き渡る鐘の音は、その後に続く宴と不可分の関係にあった。そして、宗教改革のあと、本来の意義が忘れ去られてしまったのちも、この鐘の音は長いあいだ懺悔火曜日の朝に依然として鳴った。このように、懺悔は消滅してしまったが、自尊心の強い料理人は、「パンケーキの鐘」が聞こえるまで、フライパンを暖めようとはしなかった。

懺悔火曜日と灰の水曜日という際立った対照は、緊張と神経質な興奮という雰囲気を生み出した。たとえば、ピーテル・ブリューゲル長老[四〇]は、「謝肉祭と四旬節の戦い」(*The Fight Between Carnival and Lent*)(一五五九)という絵の中で、両者の対立を擬人化して描いている。この絵によると、謝肉祭[四一]は姿が大きく、ぶどう酒の樽に腰をおろし、焼かれた大きなパイを片方の目の上にのせている。彼は四旬節にはソーセージと鶏肉がいっぱい付いた串と戦う。彼のうしろでは、卵に囲まれた一人の女がパンケーキを作っており、その他の者はそれぞれ楽しくやっている。地面の上には、卵の殻、骨、トランプがかなり汚らしく散らかっている。一方、四旬節は不快で陰気なものとして、また彼の槍は先に魚が二匹刺さった櫂(かい)として、描かれている。紫貽貝(いがい)の殻は彼のそばの地面の上に散らばっている。貝とパンの入った大きな籠が近くに置かれている。うしろの方では、魚屋が大きな声で叫びながら商いをしており、乞食は情け深い人びとからの施し物を求めて行列している。

擬人化には、四旬節に対する人びとの態度、すなわち、その諸規則にうやうやしく従うことの背後に潜む単調さに対する嫌悪感がある程度うかがえる。たとえば、ラブレー[四二]の描く四旬節の王(King Lent)は、「巨大で貪欲な腸、えんどう豆の大食漢、指の曲ったにしん樽の破壊者、鯖のひったくり泥棒、……あの四旬節のごきぶり野郎[40]」なのである。一方、ノリッジ[四三]のジョン・グラッドマン[四四]は、一四四八年に四旬節の数カ月と季節の移行の様子を描き、それぞれに相応しい衣装を着せている。それによると、四旬節は「赤にしんの皮でできた衣服を身につけ、一方、牡蠣殻の飾りを付けた彼の馬は、悲しみ、歓楽の節制、および神聖な時間が後に続く証拠として、彼のうしろに従って[41]」行進している。

謝肉祭、すなわち懺悔火曜日とそれに先立つ数日間は、四旬節よりはるかに歓迎された。しかし、あまり贅沢な祝宴は最高の気分さえも損ないかねず、またこの季節は喧嘩と突然の暴力沙汰のために悪名を馳せていた。たとえば、一二二八年、数名の学生が飲食店の主を打ちのめし、店にあったぶどう酒を大通りに撒き散らした謝肉祭日の暴動のため、パリ大学はしばらくの間町から追放された[42]。

一方、四旬節そのものは人びとの気分を和らげることは決してなかった。灰の水曜日のミサの第二課は、来るべき数週間を上機嫌で迎えるよう、人びとに次のように促している。「断食をするときには、偽善者のように陰気な表情を見せてはならない[43]。」しかし、この注意にもかかわらず、耐乏生活と塩漬けにしんは人間の精神に荒廃をもたらした。たとえば、英国の托鉢修道士ロバート・ホルコット[四五]は、一四世紀初頭のある四旬節に、オックスフォード大学で説教をせねばならなかった。その説教の中で彼は、「夜は大騒ぎ、昼間はばか騒ぎ、なぐり合い、殺人、殺害、それに悪質な謀議[44]」と嘆いた。一方、一五四三年、サリーの伯爵[四六]は四旬節に窓をこわした罪でロンドンの海軍刑務所にぶち込まれた。彼がそこに入れられている間、自分は隣人たちを驚かせてその欠点を顧みさせるために窓をたたき割ったのだ、という敬虔な主張を行ない、彼らの血圧を一層高く上げさせた[45]。

四旬節は確かに緊張そのものであり、したがって直接声には出ない抗議の叫び声が中世の終りから次の時代にかけて聞かれた。たとえば、九世紀の初頭、シャルルマーニュは、「自分は長いあいだ食べ物なしにすますことはできないし、……断食をすると病気になりそうだ」と気の合った人たちに釈明している[46]。

一五世紀の一人の男子生徒は、自分の手帳の中で次のように不平を述べている。「私がどれほど魚に飽き、また肉が再びやってくることをどんなに強く望んでいるか、あなたは信じたくないでしょう。それというのも、この四旬節には、私は塩漬けの魚以外の何も食べていないからです。この魚のおかげで、私の体の中にたくさんの痰が出て、喉がつまり、話したり息をすることがほとんどできないのです。(47)」
犬は、当然のことながらこの季節、すなわち「四旬節による厳しい包囲と魚の骨(48)」を嫌い、この包囲網をかいくぐるために、次に記されているように全力をあげた。

だから、四旬節には羊の所へ行ってよく見張りなさい、
なぜなら、犬は是が非でも食べ物を手に入れようとするから。(49)

最も信心深い人びとは別にして、一般の者にとって四旬節は実際余りにも長すぎた。そして、灰の水曜日の朝になると、人びとは長すぎると感じ始めた。たとえば、ダンバー(四七)は、灰の水曜日にぶどう酒のグラスを握って互いに慰め合い、一口すすっては「長い四旬節のおかげでやせこけたわ(50)」と溜め息をついている二人のスコットランド婦人を描き、気弱な者たちをからかっている。
四旬節に関わるすべての事柄の中で、多分最も嫌われたのは燻製にしん(四八)であった。とても安く、しかも豊富にとれたので、燻製にしんはあらゆる献立に登場し、どの皿の上にものせられた。したがって、この燻製にしんに対して、「ではまた会いましょう」ではなくて、「さらば」と告げる工夫は、この時期のささやかではあるが素敵な慰みの一つとなった。たとえば、フランスの聖レミー寺院（St. Rémy）では、司祭たちは復活祭の直前の洗足木曜日(四九)に、ひもに結び付けたにしんを各人が引っ張り、目の前のにしんを何とかして踏みつけようとしながら、その一方では自分のにしんを後の人から守りながら、教会

まで行列を作って歩いた。[51] 一方、オックスフォード大学のクウィーンズ・カレッジ[五〇]は、一九世紀になるまで、この大学がにしんに別れを告げた記念の行事を残していた。それによると、復活祭日に学長らの主賓の食卓に運ばれた最初の魚は燻製にしんであり、次のように馬の背にのせて持ち去られた。「すなわち、のぢしゃ[五一]の上にのせられたにしんは、馬上の人に幾分似せて、調理師の手によって馬の背に置かれた。[52]」

六週間という長い耐乏生活のあと、復活祭は、キリストの復活という輝かしくも幸福な祝典として、また、食べておいしいあらゆる立派な品がお祝いとして列をなして戻ってくる日々の最高の一日として、歓迎されたのである。一方、キリスト教会は、四旬節が悲嘆と懺悔の季節であることを強調するために、この期間中は礼拝の際の楽しい「アレルヤ[五二]」を歌うことを禁じていた。しかし、復活祭になると、この「アレルヤ」の歌は再び鳴り響き、満足してほっとした溜め息と共に、世の中は次のように正常な状態へと戻った。

　復活祭になるとすぐアレルヤが始まる、
　バター、チーズ、タンジィ[五三]と共に。[53]

規則と規制を用いて最もこみ入った檻を造り、その中に自分を閉じ込め、それから同じような工夫と情熱を傾けて、いかにしてそこから再び意気揚々と抜け出すかという問題に頭を悩ますのが人間の性分というものである。四旬節はその一つの挑戦であった。このゲームの要(かなめ)は逃げ道を捜し出すことにあった。そのやるせない長さは無視されたり、短縮されたりすることはなかったが、その悲しみは酒に紛らすことができた。すなわち、早い時期から、飲酒は断食を破ることにはならないと受けとめられていたのである。たとえば、聖書をくまなく捜す決然たる検索者たちは、非のうち所のない典拠である聖パウロの「これからは水ばかり飲まないで、胃のためにぶどう酒を少し用いなさい」(54)という聖書の言葉を引き合いに出して、飲酒に関するキリスト教会の決定を支持することができた。

四旬節にあれほど多くの魚を消費したため、人びとの心は多分酒類に向けられたであろう。確かに、一五世紀の次の説教が示しているように、魚に対する思いやりが飲酒家の古典的な口実となった。「キリスト教会の掟と習慣に従って人びとが断食をする四旬節のこの時期に、暴飲を控えない人はきわめて少ない。それどころか、人びとは居酒屋に行き、そして『魚は泳がねばならない』と考え、またそう口に出しながら、四旬節以外の季節よりもたくさん酒を飲み、酔っ払う者がいる。」(55)

この口実は何世紀ものあいだ飲兵衛(のんべえ)の口からやすやすと出てきた。たとえば、あの『サテュリコン』(五四)の中の素晴しいローマ風の晩餐会の席で、トリーマールキオー(五五)は、「みなさん、この質のよいぶどう酒をご賞味くだされ。魚は泳がねばなりません。本当にそうなんですよ」(56)という、前述と同様の誘惑めいた理屈を言って、魚料理の次にぶどう酒を飲むよう来客に勧めている。

四旬節の飲食は塩漬けの魚が中心であるため、最も良心的な人にとって、当然のことながら喉の渇くものとなった。そこで、上流社会では、魚が来客に出される前に塩がしみ込んだ皮を取り除く配慮がなされたが、さらに肉の塩辛さもごまかす必要が感じられていた。(57)そこで、四旬節の後半に入るまでに、憎々しいにしんの味を消し去るための懸命の工夫が要求された。たとえば、芥子(からし)の大きな塊りは好んで用いられたごまかしの一案であった。そして、「燻製にしんとひげだら（ling）は、これらの侍女とも言うべき芥子がなければ決して食卓には出されなかった[58]」と記されているように、何世紀ものあいだ、両者は手を取り合って進んでいったものと一般に想像されている。このような、ひりひりする芥子と塩漬けにしんという恐るべき連携によって、醸造業者の祈りに対する答え、すなわち懺悔の季節は必ずもうかるという確信が生まれ出た。

多分、アルコールは空の胃を荒すという原則に基づいたのであろうが、教会筋は軽食で酒を和らげる習慣に目をつぶった。ちなみに、一年に食べられる食パンと何種類ものロールパンのうち、少なくとも次の二つは四旬節に特に関係が深い。すなわち、一つは小さい楔形のケーキ風のパン（wig）、もう一つは堅い二度焼きのビスケット風のパン（crakenel）である。いずれもそれ自体は全くつまらないものであったかも知れないが、どちらも幸いなことに固く、コップの中で浸して飲み物を吸わせて食べられるよう特別に作られていた。

これらの食べ物は貧者の慰めであったとも言えるであろう。しかし、貧弱な飲食にもっと魅力を添える物も許された。たとえば、四旬節のいかなる掟や規則といえど、砂糖菓子と薬味の使用を禁じることはなかった。したがって、食事とみなすには余りにも貧弱すぎる場合には、最もぜいたくでうまい物を吸ったりかじったりすることができた[59]。たとえば、ぴりっとするひめこうじ[五六]を何時間も口の中でころがすことができたし、結晶になった生姜の一切れや、粉にしたアーモンドを砂糖とばら香水で混ぜて固めて作られたアーモンドバターは、一口でも、朝食と夕食ぬきの長い時間によって損なわれた気分を和らげることができた。しかし、このようなおいしい慰め物の唯一の欠点は出費であった。砂糖漬けにしたすみれ草の一皿、二皿に大金を浪費するという考えは、堅実なすべての市民の心に訴えるものではなかった。たとえば、一四世紀にプラートーで大変な成功を収めた商人フランチェスコ[五七]は、その超人的な自制心のために友人から次のように叱られた。「一二ソルド[五八]節約するために、君は砂糖菓子なしに今年の四句節を過ごそうとしている。君は財布に金を貯め、胃の中に空腹を蓄えようとする類の人間だ。[60]」四句節の厳しさを和らげ、その献立を明るくするために、興味深く、しかも食べて差しつかえない食べ物の探求が期待をこめて絶えず行なわれた。ちなみに、すでに四世紀までに、聖ヒエローニュムス[五九]は、意志は弱いが決心の固い自分の同胞に対する歯止めの作戦に挑み、次のように述べている。「油の使用を差し控えながら、その一方で珍しくこのうえなくおいしい果実、たとえばカーリア[六〇]産の乾燥いちじく、こしょうの実、なつめやしの実、きめ細かい小麦粉から作られたパン、ピスタチオの実を同時に捜し出すなんて、あなたがたはどんな利益を受けたいと望んでいるのか？　天国への厳しい道から我々を踏みはずさせるおいしい珍味を供給するために庭が荒されている。断食をする者にとって、質素な普通のパンで満足いくはずである[61]。」

この探求は、とりわけ北ヨーロッパにとって、金のかかる仕事であることが分った。なぜなら、四旬節は毎年特に荒れて果物の乏しい時期に庭を訪れるからである。このように、その頃は自国の果物や木の実は季節はずれとなっているため、最もいい方法は、東洋や地中海の地域から乾燥した果物や木の実を輸入することであった。いちじく、なつめやし、干しぶどう、すぐり、アーモンドは、冬中、とりわけ四旬節には、容易にさっさと買い手がついた。事実、いちじくは四旬節の時期と密接に結びついていたため、コットグレイヴは、自分の辞書の「四旬節」の項目の中に、「四旬節のいちじく」という句を

「乾燥いちじく、……四旬節のいちじく」という訳をつけて載せている。しかしながら、輸送費は明らかに障碍であった。そこで、商人は船荷を時機に合わせるのに苦心せねばならなかった。四旬節の時には喜んで支払われた代価も、ひとたび復活祭がやってくると、とんでもないことと考えられたからである。ちなみに、一五世紀のブリストル[六一]の商人ニコラス・パーマー[六二]は、南スペインまで航海し、乾燥果物の荷を積み込んだが、悪天候のため、船は四旬節の市場に一、二週間遅れ、復活祭後にのろのろと英国に戻った。そのため、果物を売ってもうけることは不可能となり、投機はすべて財政的に大失敗であった[62]。

海辺に住む人びとは最も幸運だった。彼らは、たまには、うなぎ、かわかます、その他の川魚、というように変化に富んだ魚を食べられたため、四旬節の六週間を燻製にしんをかじりながら過ごす必要はなかった。その代り、素晴しく多様で新鮮な塩水魚を食卓に運ぶためには、彼らは好天を願わねばならなかった。一五世紀の一人の生徒が事の不公平さを次のように嘆いている。「神様、私が海辺の住民になれますようお願いします。海辺では海の魚がたくさんいるし、それに私は淡水魚よりも海の魚の方が好きなのです。それなのに、今は否応なしに淡水の魚を食べねばならないのです[63]。」

お気に入りの、しかも豪奢な食料があれば、肉がなくても気が晴れたかも知れない。しかし、四旬節、とりわけ断食日に、大声で叫び求められたものは名調理師であった。彼の技と霊感を受けた想像力[六三]は、退屈な苦行を不思議にも類稀な歓喜へと変えることができた。そこで、東方教会は、厨房に才能のある者がいなければ、断食の苦行が強化され、それによって断食の精神的価値が高められるという思い切った立場をとった。そのために、憂鬱な食事のあとでビザンティウム[六四]の修道士たちに許された唯一の慰めは、無能さの赦免を懇願するためにひざまずいている調理師たちの姿を眺めることであった。[64] 一方、西方教会のほとんどの聖職者たちは、このような光景を著しく軽視し、彼らの信仰を柔軟な外交戦術に用いた。たとえば、一〇八二年、ウィンチェスター[六五]の小修道院長に任ぜられた最初のノルマン人は、任地に着いた修道院では、全員が肉を食べ、掟に従っていないことを知った。そこで、彼は絶妙に工夫された魚の調理法を用いて同僚を説得し、再び元のあるべき状態へと戻した。[65]

キリスト教会の側で指導する用意ができていると、平信徒は必ずそれに従った。たとえば、一四世紀の中世騎士物語『ガーウェン卿と緑の騎士』の中で、主人公はクリスマス・イヴ、すなわち降臨節の断食日の最後の日に城に着いたため、正餐は公式には肉抜きでなくてはならない。それにもかかわらず、調理師たちはクリスマスの祭礼の目もくらむばかりの前祝いを計画し、魚を主題にして、焼き魚、蒸し魚、煮魚、さらに百種類もの薄いソースを添えた魚などを霊感にまかせて料理した。この「苦行」に対する主人役の弁明は、単なる丁寧な言い訳にすぎなかったが、その謙虚さは勝利者に似つかわしいものであった。このように、断食は勝ち誇ったように宴へと形を変えていった。[66]

ねじをもう一回転させて、四旬節で認められていた食べ物までも、いつもより食欲を減退させるものにする公的な努力が時おりなされた。たとえば、一四一七年に、ロンドンではこの年の四旬節には上等のパンは焼くことができないと定められた。そこで、粗末なパンだけが売りに出されることとなった。[67] キリスト教会のこのようなおせっかいな熱意は、一般の考えに反するものであった。なぜなら、多少のわがままと飽きるほど食べて過ごすことの励みを必要とした普通の人間にとって、四旬節の掟の条文に従うのはむずかしすぎたからである。この点で、四旬節の六週間を愉快なものにすることのできる調理師たちは、擬人化して述べられている次の例から分るように、いわばキリスト教会の秘密兵器であった。「私はシュロウヴ・タイド氏と御馳走を食べるのと同じように、喜んで四旬節のジャック氏（Jack a Lent）と断食をする用意がある。というのも、ジャック氏には、さまざまな料理で編成された軍隊、種々の魚の軍勢、それにサラダ、ソース、砂糖菓子、ぶどう酒、エール、ビール、果物、根菜、干しぶどう、アーモンド、薬味が控えているからである。私は断食をするためにしばしばこれらをうまく利用した。」(68)

中世の調理法の本によると、四旬節における調理師の主な関心事は、ありふれた料理の中の禁じられた材料に代りうる満足のいくものを探すことであったことが分る。バターも卵も、そして肉製品も使えなかったので、調理の技法に大幅な変更をせねばならなかった。たとえば、練り粉製食品は卵黄で固めることはできなかったし、食べ物は動物の油ではなくて植物油で揚げねばならず、またシチューやソースを作るために、肉の煮出し汁の代替品を探さねばならなかった。これらのことができる調理師は、アーモンドに頼ることが多かった。木の実は肉ぬきの食事に栄養と量を増やした。木の実は漂白され水に浸されると、「アーモンド乳液」、すなわち単なる水よりも興味深く、独特の香りのする液体となった。ちなみに、南部イタリアではアーモンド乳液（latte di mandorla）は今日でもお気に入りの飲み物である。この乳液はシチューやスープの主成分として、それから練り粉製品を固める材料として用いられた。たとえば、一五世紀の調理法の本は、「帽子のような形」をしていなくてはならないために「帽子」（hat）と可愛い呼び名のつけられている小さな練り粉でできた二重パイ（turnovers）の作り方を二通り併記している。すなわち、肉食が可能な日に作られた「帽子」の場合、練り粉は卵黄でこね固められたが、魚の日にはアーモンド乳液が卵黄に取って代っている。[69]

アーモンドは経済的なことに二、三回液体に浸せば何回分もの乳液が取り出せた。すなわち、粉にひいたアーモンドを入れて濃くなった液体は、より内容の豊かなもの、すなわちピューレ[六七]となり、「アーモンドクリーム」と呼ばれた。卵黄や牛の骨髄は、肉の日にはソースを濃くするために用いられたが、魚の日にはこのクリームで代用することができた。そこで、「ロンバルディア風カスタード」の作り方の終りの部分には、「次に、四旬節の場合にはアーモンドクリームを使い、卵と骨髄を除外しなさい」という文がくることになる。[70]

調理師は緊縮財政の下ではあまり費用のかからない代替品を探し求めねばならなかった。たとえば、パンの皮用の練り粉の代りにイーストを入れたこね粉が用いられ、パンくずはアーモンドの粉の代りをした。また、「四旬節用のフリッター」[六八]のために、小麦粉、塩、サフラン、[六九]イーストのこね粉が考え出され、四旬節用のスープは水とぶどう酒を混ぜて蜂蜜と一緒にとろ火で煮て、薬味を多めに入れ、そしてパンくずで濃くして作られた。[71]

魚は肉の歴然たる代替品であった。したがって、前述の「帽子」の二通りの作り方の中でも、二重パイは四旬節には肉の代りに魚だけが詰め込まれたと記されている。[72]断食日には、次の文から明らかなように、果物の詰め物も肉の代りをした。「『四旬節用のフリッター』は明らかに『肉のフリッター』を真似たものであるが、りんごが入っている。[73]」

このような工夫と細かな配慮にもかかわらず、追放された楽しみに対する熱望が時おり心の中に沸いてきた。このような瞬間がくると、腕利きの調理師は重大な危機を迎え、待望の御馳走を霊感によって真似て作り、ものほしげな人びとを慰めた。調理法の本から判断すると、最も需要の多かった特別料理は「卵もどき」（Mock Egg）であった。多くの調理法の中の最も簡単なものでさえ、この計画の実施に費やされた労苦を知る一例となるであろう。すなわち、漂白され、粉にされたアーモンドは沸騰する湯の中で煮られ、次にこの液の水分が切られ、軟らかいピューレは砂糖で甘くされ、そして二分割される。一方は白いまま残されるが、他方はサフラン、生姜、シナモンで黄色く染められる。それから、本物の卵の中身が吹き出され、殻はぬるま湯で洗われる。次に、この殻に白と黄のアーモンドの混合物が詰め込まれ、灰の中で蒸焼きにされ、そして硬ゆで卵として堂々と食卓に出された。(74)

調理師長は、自由な立場におかれると、断食の数々の掟は、目がくらむほどの妙技でくり広げられる壮大なスラローム競技(七〇)の障害物と同じだとみなすようになった。豊かでわがままな修道院には一年中肉を断つという誓約があり、掟は一つたりとも破られることはなかった。しかし、上手に食べるということについての問題を熟考する時間が認められたため、断食を宴に変える技術は最高点にまで達することができた。たとえば、一一七九年、ジラルドゥス・カンブレンシス(七一)は、ケント(七二)のカンタベリの修道士たちに招かれた肉抜きの晩餐会に、彼自身は賛成できなかったものの、感動し、次のように語っている。「そこにはとてもたくさんの種類の魚が焼かれ、煮られ、詰め物をされ、揚げられていた。腕利きの調理師たちが卵とこしょうに工夫をこらして作ったたくさんの御馳走があり、さらに同様の器用さで混ぜ合わされた、大食漢を満足させ食欲を喚起するとても多くの調味料と香辛料、……ぶどう酒、ウェールズ産の蜂蜜酒、クラレット(七三)、発酵前のぶどう液、蜂蜜酒、桑の実のジュース、……など、英国で、とりわけケント全土で最も良い状態で作られるビールでさえ占める場所がないほど選りすぐられた飲み物もあった。[75]」

絶えず厳しい制度の下に置かれていた修道士たちは、細かな区別立てをする技を、すなわち禁止条項の一覧表の中に一つずつ抜け穴を捜し出す特殊な技を発達させた。たとえば、一三世紀のフランスの説教者ジャック・ド・ヴィトリは、[七四]狩猟で得られた獲物以外の肉は一切食べることを許されなかった数名の修道士の話を引き合いに出して、修道士たちの性癖を次のように例証している。すなわち、一人の頭の良い人物が数匹の猟犬をそっと持ち込み、修道院の牧場で育てられた豚を回廊じゅう犬に追いまわさせ、そしてあっという間に豚を獲物にしてしまった。このように、修道院の掟は巧みに修道士たちの都合のよいものへと変えられてしまった。[76]一方、思索の材料としての食べ物は、西洋の修道院制度に形式と気品を与えた六世紀の規約『ベネディクトゥス会則』にさえ見出せる。すなわち、聖ベネディクトゥスは、創始者の潔癖さから、修道士は「四足獣」の肉を食べてはならないと規定したのである。そのために、鷲のような鋭い眼の持主は、直ちに彼の言葉を見つけ出し、また厳しい精神の持主は、最も厳密な解釈でさえこの言葉を拡大しても鳥を含めることはできないと直ちに指摘した。[77]

肉食に関する掟は、最も厳格な修道院以外では何世紀にもわたって巧妙に骨抜きにされていた。すなわち、この掟はどんな場合でも病気の修道士に対しては加減されたため、すべての修道士は病人を元気づけるために肉が与えられていた施薬所で、輪番で毎日食事をすることが一三世紀までに習慣となってしまった。そこで、修道院全体の食事は食堂でなされ、掟はこの部屋の中でのみ適用されるという理屈が出てきた。当然のことながら、食堂で[七五]肉を食べることを避けるためのあらゆる努力がなされた。たとえば、同じ一三世紀に、ロチェスターでは、食料品係は食堂の下の部屋で食卓についていたし、多くの修道院では免戒室というまい名前のつけられた特別室が番外の食事のために取っておかれ、多くの修道士たちは毎日そこで休日を楽しんだ。一方、一二八七年、ブライスでは警告と分担金はあっさりと捨てられてしまった。その年、大司教ロメイン(七七)は修道院を訪れ、機転をきかさず晩餐時に到着し、食堂は空っぽで、全員が免戒室で食事をしていることを知った。掟に対するこのような露骨な侮辱は、修道院に難儀をもたらすだけであった。したがって、より賢明な修道院では慎重に行き過ぎを是正した。たとえば、マームズベリ大修道院(七八)では、一二九三年に、修道士の約四分の一は毎日食堂で食べ、したがって各修道士は毎月七、八日は食堂での困苦に耐えねばならないことを保証する計画を作りあげた(78)。ちなみに、ダンテは、当然のことながら、最初のキリスト教伝道者たちのやせて空腹そうな表情と、一三世紀の彼らの後継者たちの何不自由なく太ったお腹を対照させ、次のように述べている。(七六)

近頃の司祭は馬の両側での支えを必要とし、
しかも、一人は馬を引いていかねばならない。
(それほど彼らの体重は重いのだ!)……(79)

キリスト教会は、自らの耐乏生活を大目に見ることを学んだだけに留まらず、平信徒を自分たちの耐乏生活から切り離すことによって経済的報酬が得られると考えるようになった。したがって、肉に関わる掟は、四旬節や降臨節には決して緩められることはなかったが、中世後期になると、バターや他の酪農製品を食べる許可を得るために、平信徒が教会に現金を支払うということは十分ありうることであった。たとえば、ルワーン大聖堂[七九]の見事な一五世紀の塔の一つは、その費用が四旬節の時のバターの特免状に対して支払われた金でまかなわれていたため、今でも「バターの塔」と呼ばれている。また、のちの教会員たちも、分担金のこのような進んだ使い方に明らかに満足していたため、キリスト教会はこのような甘くて金もうけ本位の免罪符[八〇]の販売をひどく後悔することとなった。ルター[八一]は、宗教改革に火をつけるのを助長した一五二〇年の三論文の一つの中で、自らを改革することを拒んだキリスト教会を改革するよう、ドイツの皇族や知事らを激励し、バターの問題を教養豊かなヨーロッパを憤慨させ怒らせた悪弊の一例だとみなし、次のように述べている。「福音書で示されているとおり、断食は人びとの自由に関わる問題であり、あらゆる種類の食べ物は自由にされるべきである。というのは、ローマでは人びとは断食を嘲笑し、自分たちの靴にすら塗ろうとしない油を我々外国人の食用にさせ、そのあげく、バターや他のあらゆる種類のものを食べる自由さえ我々に売りつけているからである。」[80]

断食日に肉を禁じる掟は、最も厳格に実施され、忠実に守られたが、肉と魚の定義に対しては全くひどいこじつけが適用された。たとえば、不本意ながら容認されたことは、ビーバーは哺乳動物であり、一生の大半を水の中で過ごすが、その尾はうろこで包まれており、紛れもなく魚のように見える、ということであった。したがって、ビーバーの尾の料理を加えて魚の献立を豊富にすることが認められた。ちなみに、一五世紀には、ジョン・ラッセル[八二]は、その著書の「魚の切り分け方について」と題する章の中で、この件を考慮すべき課題として挙げている。[81]

断食日には、小鳥は、それに水鳥でさえも、動物の中に入れられたが、これはきわめて特殊な小鳥、すなわち、「かおじろがん」(barnacle bird) であると主張することにより、涼しい顔をして食べることができた。この鳥についての流言は、アイルランドとブルターニュのケルト人が住む土地から発生したらしく、これまでに発見された最も古い文書の説明は、一一八七年のアイルランドについて記しているジラルドゥス・カンブレンシス[八三]によるものである。彼の主張するところによると、この小鳥は海の流木に付着している貝の中で生まれ、小さくて未熟な鳥は、その殻をこじ開け、羽が成長し、翼が強くなるまでくちばしで流木にしがみつき、そのご海の中へと姿を消し、飛び去る、ということである。ちなみに、のちの版では、貝は水際に生えている木にぶら下がっている。[82] この物語は、ヨーロッパの海を越えて毎年現われる渡り雁が、なぜ現地で繁殖するのが見られないのかを説明するための一つの説として展開されたものであろう。この鳥は食用になると言った人たちの論拠は、この鳥は通常の方法で生まれないため、並の鳥ではありえないという主張にあったことは確かである。もっとも、誰もがこの話を軽々しく信ずる気になれたわけでは決してない。たとえば、一三世紀中葉、皇帝フレデリック二世[八四]は労を惜しまずにえぼし貝[八五]を調査し、次のような辛辣な見解を示した。「これらの貝は鳥類の体と似たところは全くない。したがって、確証となる根拠がないため、私はこの伝説の信憑性を疑う。私の意見では、この迷信は、かおじろがんがとても遠く離れた所で繁殖するため、巣作りをする本当の場所を知らずに、人びとがこの話を作り上げたという事実に由来するものである。[83]」

しかしながら、この件に関してフレデリックのような詮索好きな気質の持主はほとんどおらず、したがって、この話は長く旺盛な寿命を持ち続けた。たとえば、一五九七年、ジェラード[八六]は、著書『植物誌』(*Herball*) の第一八八章を「かおじろがんの木」(Barnacle Tree) に当て、ランカシア[八七]での「かおじろがん」(tree goose = barnacle (goose)) の時価は三ペンスであると読者に伝えるだけではなく、彼自身が「ドーヴァー[八八]とロムニー[八九]の間」の海から拾い上げた貝の中にはまっていた木について記している。彼は貝をいくつかロンドンの家に持ち帰り、調査にとりかかった。「貝を開けてみると、……鳥のような姿をした毛の全くない生き物を見つけた。他の貝では、これらの鳥は柔らかい羽毛におおわれ、貝殻は半開きになり、鳥がいまにも外に出ようとしていた……この話の最初の部分、すなわち木に関するすべての様子を無条件に正しいと主張するつもりはない。……とは言え、自分がこの目で見て、この手で扱ったことは、あえて自信をもって公言し、真実であるとはっきり記しておきたい。」[84]

シェイクスピア[九〇]がどのように考えたにせよ、ボヘミア[九一]には海岸線はない[九二]。この町の人びとがかおじろがんに馴染みがなかったのは多分そのせいかも知れない。ボヘミア市民の一人、ロズミタル[九三]のレオ[九四]は一四六五[九五]—六七年に使節として英国へやってきた。そして、彼の秘書は、彼らがソールズベリでクラレンス公爵に招待された断食日の晩餐会の様子を困惑気味に次のように書き記している。

他の料理に交って、彼らが我々に食べるようにと出してくれたものは、魚という触れこみであった。しかし、その魚は焼かれてあり、あひるのように見えた。それには翼、羽毛、首、それに脚もついていた。この魚は卵を産み、味は鴨に似ていた。我々はそれを魚と思って食べねばならなかったが、私の口の中では獣肉に変った。それなのに、彼らはそれは実際魚なのだと言い張る。その根拠は、この魚は最初海の中の虫から生じ、大きくなるとあひるの姿となって卵を産むが、その卵は孵化しないし、何も生み出すことはない。また、食べ物を求めるのは海の中であって陸の上ではない。したがって、これは魚と呼ばれるべきである、というものであった。[85]

この公爵は明らかに一皮むけばヘンリソンの動物寓話詩に出てくる狐と兄弟の間柄であった。この狐は、罪深い一生の償いとして、四旬節には肉を食ってはならないと命ぜられる。狐はこの判決をおとなしく受け入れたが、町角を足走に回ったかと思うと、子山羊を捕え、川べりまで運んで行く。狐は優しい声を出して体を水の中に浸し、てきぱきと次のように洗礼をとり行なう。「小山羊殿、降りなされ、鮭の旦那、やって来なされ。」[86] このように礼儀作法にかなったお辞儀をしたあと、この罪深い狐はほほ笑みながら夕食にとりかかるのである。

現代の読者は、不愉快な規則を出し抜く人間の大胆な才能の見事さに眩惑されて、そのような堕落にほほ笑み、堕落を避けがたいものにした掟の基準の高さを忘れるかも知れない。しかし、四、五世紀の初期の隠者によって語られた話は、形勢を逆転させ、実行に移す試みがなされなかったがゆえに高かった基準を持っていた人びとを嘲笑することになるであろう。たとえば、エジプトの修道士の一行は、数名の隠者の日常生活を学ぶため、隠者のいる砂漠へと旅して行った。彼らは称賛する心づもりで出かけたが、信仰心の厚い老人たちが夕食事に食べ物をむさぼり食うのを見てぎょっとした。訪問者たちには分らなかったが、隠者らは一週間に及ぶ厳しい断食を行なった後なので、飢え切っていたのは理解できる。隠者の一人は、批判的な眼差しのエジプト人に教訓を垂れることにし、そこに留まって二日間共に断食をするよう促した。その結果は次のとおり興味深いものがある。

土曜日になってエジプト人たちは老隠者と食事をとるために腰をおろした。そして彼らはむさぼり食おうとして食べ物に手を出した。すると、一人の老人がその手をさえぎって次のように言った。

「修道士のように規律正しく食べなさい。」一人のエジプト人は制止する手をはねのけて言った。「放してくれ。死にそうだ。この一週間調理した物は食べてないのだ。」すると、老人はこの男に言った。「わずか二日の断食の後で、食事時にこれほど弱音を吐くのなら、なぜあなたはいつでも一週間も精進する修道士たちに憤慨したのか？」(87)

断食という言葉はどうにでも解釈のできる言葉である。したがって、この言葉を拡大解釈して、単なる節制だけではなく、パンと水だけの厳しい食事から、愛情、技巧、それに多額の費用を投入して作られた見事な宴に至るまで、多種多様の消費の仕方を含めることができたのである。このようにさまざまな晩餐は、懺悔という公的な目的によってのみ互いに結びつけられていた。事実、どの断食日も罪の回想と悔恨の機会として設定されていた。そして、どのような不自由さも人を激励し、その人の魂をきれいにしたのである。

「宴」というのは、断食と共通の基本方針をもつ多くの祭典を含むが、断食とは異なる言葉であった。また、宴は、クリスマス、復活祭、聖霊降臨祭など、キリスト教の年間の暦の中の重要な日の一つであり、収穫や羊毛刈りといった農耕牧畜の循環行事の最重要項目の一つであった。一方、宴は、聖人の日のこともあったり、全く世俗の出来事を祝うために開かれることもあった。さらに、宴は、とても盛大な公の催しであったり、あるいは単に友人同士の楽しい集いのこともあった。このように、宴の形式と時期はともかく、目的はいつでもお祝い、すなわち、ある出来事やある人物の楽しい記念の祝典であった。そして、断食はいかに贅を尽くしたとしても大切な目玉が抜け落ちているという欠点があったが、宴は特別上等な御馳走を伴った。

しかしながら、一方の食事を祝宴にし、もう一方の食事を単なる晩餐にしたのは、物質というより精神であった。したがって、断食日でさえ、禁じられた食べ物を献立表(九六)に一つ付け加えなくても祝宴になりえた。たとえば、四旬節の中間点を印すためにMid-Lent Sundayと呼ばれている日は、緩んだ気分を元気づけ、復活祭へと駆り立てるために、キリスト教会によって慎重に祝祭日として扱われた(88)。そして、この日のミサの中で、パンと魚の奇跡の話を語る福音書の朗読によって、また、「エルサレム(九七)と共に喜び祝い……喜び楽しめ、喪に服していたすべての人よ」(イザヤ六六・一〇、一一)という入祭文によって、幸福な調べが人びとの心を打った。この日の雰囲気は和らいでおり、食事はほんのわずかではあるが贅沢な特別の食べ物によって楽しいものとなった。同様に、しゅろの主日、すなわち復活祭の前日の日曜日には、特別の御馳走のことで陽気な興奮がみなぎっていた。この日は、緊張からの解放と、まだ耐えねばならない憂鬱な一週間の準備として、キリスト教会によって促されたものである。この日曜日には、エルサレムへのイエスの勝利の入場が祝われ、その日の礼拝では、人びとは十字架上でのイエスの勝利を楽しみに待った。また、この日には再び祝祭の雰囲気(九八)がみなぎり、調理師たちは全力を尽くした。たとえば、一二八九－九〇年のスウィンフィールド司教の召使いたちは、この日のために薬味用の戸棚を開け、アーモンド、砂糖(九九)、生姜、芥子を用いて、義務となっている魚料理を一変させてしまった(89)。一方、聖マリア・ヒル教会の一五一〇年の勘定書には次のような項目が記載されている。「復活祭の前日の日曜日の花の咲いたしゅろの木とケーキ代として五ペンス(90)。」

宴は中世のお気に入りの娯楽であった。当時は気持ちよくわがままができる機会が年中いくつもあった。そして、さまざまな団体が独自の年中行事として晩餐会を開いたし、競技者たちは宴を開いて勝利を祝った。たとえば、一四七八年八月一七日、カレーに住む英国商人の中の既婚の男たちは、未婚の男たちに、一チーム一二名、二六〇ヤードの射程で、射撃競争を挑んだ。試合が始まる前に、敗者は一人当り一二ペンスは下らないその日の宴の代金を支払わねばならない旨、文書で真面目に協定した(91)。

仕事が満足のいく状態で完了すると、それを記念する宴が乞い求められた。たとえば、一四九七年の夏、新たに任命されたロンドン金細工師組合の四人の警備員たちは、前任者が正式に退職し、報告書を手渡す日に、これらの前任者に敬意を表わすために晩餐を用意した(92)。一方、もっと巧妙な祝賀の口実がパリ市立病院(Hôtel Dieu)ででっち上げられた。この病院ではどのベッドも寝台かけは毛皮でできていた。そこで、衛生上の理由により、毎年七月になると三〇名の毛皮商人が呼ばれ、寝台かけの手入れをし、しらみや蚤を除去し、穴を繕った。たたく、打つ、それに一インチごとの検査という大仕事は完了するまでに丸一カ月はかかった。そこで、患者も含めた病院の全員がこの作業に加わった。そして、立ちあがるほこりがやっと消え、静けさがいつの間にか戻ったころ、専門の業者と有志の者は共に病院側が用意した盛大な宴会の席に着いた(93)。

中世の暦には聖人祝日がぎっしり詰っていたため、個人がどこかで祝福を受けるということは全く不可能であった。幅広い階層からの祝福が期待できたのは、バプテスマのヨハネのような最も重要な数名の聖人だけであった。生命の神秘は天国で神の選民に明らかにされることが期待された。さもなければ、厳格で有名な預言者ヨハネは、愛情がこめられているが著しく不適切な彼への献げ物として、毎年六月二四日の彼の生誕日に開かれる宴会や酒盛りによって、何世紀もの間ずっと困惑させられたに違いない。

彼ほど偉くはない聖人たちは、格別の親密さでつながっている村や町で忘れられずにいた。彼らが祝われる時には、その日の祭典は特別立派な晩餐と伝統的な御馳走によって盛り上げられた。たとえば、ブリストルの市長らは、聖カタリーナの祝日の夜、当地の織工会館で開かれたその年の式典に出席している。その時は、「飲み物と香料のきいた菓子パン」が出された(94)。

暦に名前の出てくるすべての聖人のうちで、聖ニコラスは世界的に最もよく知られ、尊敬されている聖人の一人である。すなわち、難破船の乗組員や子供を救った評判、および、年頃の娘がいるが持参金がない父親に対して示した気前のよさによって、彼はとても思いやりがあり、どこでも愛され、尊敬される人物となった。フロワサールは、この聖人の日にガストン・ド・フォアが開いた祝典は、彼が復活祭のために定めた祝典と同じくらい素晴しかった、と述べている(95)。ニコラスが一身に引き受けた多くの責任のうちで、真先にあげられるのが学生の保護者である。そして、彼の祝日はフランスでも英国でも、大学の年中行事の中で重要な位置を占め、特別の呼び物として贅沢な晩餐が出される。たとえば、一二一四年、都市オックスフォードは、ニコラスの日には大学との不和を忘れ、一〇〇名の貧乏学生のために無料で夕食を出すことに同意した(96)。

聖ニコラスは世界中でとても評判がよかったので、あるロシアの民話によると、天国ではニコラスを妬む同僚の間で暴動が起った。彼らは、地上で彼を記念して開かれた祝宴の噂を聞き、はっきりと不快感を表わしたのであった。そして、聖ヨアンネス・カッシアーヌスは、不平家を率い、このような見え透いたえこひいきについて、勇気を奮って神に不平を訴えた。しかし、その結果は満足のいくものではなかった。神は聖ニコラスを呼び出し、弁明させようとしたが、彼はどこにもいなかった。そこで、二人の天使が彼を捜し出すために地上に派遣された。そして、天使たちが彼を天上に連れ戻したとき、彼は溺れて死にかけている男を腕に抱えて神の前に姿を見せた。そこで、「神は聖ニコラスに何をしているのかと尋ねた。すると、聖ニコラスは、海の上で難破船から船員を救出しようとしていました、と答えた。神は険しい表情で聖カッシアーヌスの方を向き、次のように言った。『人びとの尊敬と贈り物を得るために、おまえは人びとに一体何をしてきたというのか？　おまえの生意気な言動を罰するために、おまえの祝日を二月二九日に定めよう。そうすれば、おまえは四年に一回しか宴席を設けて祝福されないことになろう(97)。』」

修道院の暦には、公的な飲食の単調さを緩和するため、小規模のお祝いの催しが詰っていた。そして、一二世紀の初頭までに、各人がまとまった金を修道院に預けることが習わしとなっていた。これには、修道士が毎年その人の命日に供養をし、その日は預けられた財源から支出される特別な料理を食べ、晩餐時に故人を偲んでほしいという願いが込められていた。この寄進はあてがい扶持(ぶち)と呼ばれ、この名前はすぐにそれに基づく食事にも用いられるようになった。今日では、この語は乏しい食べ物、もしくはがっかりするくらい少量の食べ物を意味するが、全盛期にはおいしくて素晴しいもの、豪華な御馳走を表わした。たとえば、イーヴシャム(一〇二)では、前修道院長のウィリアム・ド・ウォルコット(一〇三)の記念日の献立表には鮭の料理と最高のぶどう酒のあてがい扶持が追加された(98)。

有名な修道院は多くのあてがい扶持を受けとり、職員が一人任命されてこの財源の運用と祝祭日の食事のやりくり算段をした。あてがい扶持の大きな魅力は、これが主な料理ではなく、いつでも余分に出される料理であるという事実にあった。財源の乏しい修道院では、食事の楽しみをあきらめ、必要をまかなうためにあてがい扶持の収益金を時おり使うことを決めた。たとえば、イーヴシャムの教会の塔は、一二〇〇年頃にこのあてがいで建てられたものである(99)。

すべての修道院がそのような素晴しい状態に至るとは限らなかった。たとえば、一一九八年六月二三日、ベリー・聖エドマンズの大修道院にある聖エドモンド聖堂で火災が発生した。大修道院長サムソンは、修道士たちが飲み食いに夢中になっていたことに起因するこの災禍を咎め、あてがい扶持の財源は聖人の遺体が安置されている厨子の修復に使われるべきであると提案した。この一瞬、当惑した雰囲気となったが、修道士たちのすばやい機転が、次のようにその一日と楽しい晩餐を守った。「私たちはあてがい金をこの目的のために割り当てることに同意しました。しかし、この計画は破棄されました。なぜなら、聖エドモンド(一〇三)様はそのような援助がなくとも御自分の厨子を簡単に修復なさるでしょう、と聖堂納室係が言ったからです(100)。」

尊敬される聖人と供養される寄進者は地方や国によって異なっていたが、農耕暦の一年と教会暦の一年の中には、大事な時期を印す大きな祭礼がヨーロッパ中にあった。また、一つの国の重要な仕事が終ると、それに従事した人びとのために宴席が設けられた。そして、何カ月かたつと、ゆっくりではあるが着実にやってくる祭礼によって、一年の区切りが示された。また、羊毛刈り、穀物の収穫、ぶどうの取り入れ、および種蒔きには、それぞれ定められた季節と昔からの伝統的な料理があった。

キリスト教会にとって、最高にうれしい季節はもちろん復活祭とクリスマスであった。いずれもたいへん大きな喜びを伴う時期であったので、両祭日は喜びそのものを集約するものとなった。たとえば、ゴットフリート・フォン・シュトラースブルク(一〇四)が一三世紀初頭に書いた詩『トリスタンとイゾルデ』(一〇五)の中で、リヴァリーン（Rivalin）がブランシェフルール（Blancheflor）の燦然と輝く美しさを心に描くとき、彼は「彼女の目の中に微笑みながら潜んでいる楽しい復活祭の日」を思い出すのである。(101) 二つの祭典の教義上の重要性と精神上の満足感は、苦心の跡がうかがえる立派な礼拝の式だけではなく、贅沢な祝宴にも表われた。そして、これらの祭典に先立つ断食の長い期間は、祝宴に格別の喜びを付け加えた。トレヴィーサのジョン(一〇六)は次のような単純明快な定義によって問題の核心を摑んでいる。「復活祭の日はうれしい御馳走と食事の……時である。(102)」

一二八九―九〇年のスウィンフィールド司教家の所用経費によると、受苦日(一〇七)の憂鬱な厳しさから、復活祭日の抑制のない楽しさまでの間に、劇的な大変動が表われている。すなわち、受苦日の欄の執事の覚え書きには、パン、ぶどう酒、魚だけが印され、しかも、このうち、何匹かの魚には手がつけられていない。ところが、復活祭日には、八〇名の集団が次に記す飲食物を食べ尽くしている。すなわち、塩漬けの牛肉一・五胴体（carcase）分、ベーコン一頭分、生の牛肉一・七五胴体分、去勢していない雄豚二頭、豚五頭、子牛四・五頭、子山羊二二頭、太った鹿三頭、去勢した雄鶏一二羽、鳩八八羽、卵一四〇〇個、パン、チーズ、計り知れない量のビール、それにぶどう酒六六ガロン。(103) 受苦日と復活祭日のこのような鋭い対照は、ヘンリソンの寓話の中の都会のねずみが田舎の従妹に町の食料品室の見事さを印象づけるのにも用いられている。すなわち、都会のねずみは次のように勿体ぶって叫ぶ。「わが家の受苦日は君の家の復活祭よりも立派だよ。(104)」

スウィンフィールド家の勘定書の中には、一四〇〇個もの卵がどのように調理されたか、その方法を知る手がかりは全くない。しかし、中世の記録の中には、復活祭用の卵が知られていなかったわけではない証拠が散在する。すなわち、堅くゆでた四旬節の卵を復活祭日に教会に持っていって祝福してもらうのが習慣となっていた。そして、一二二一年、ウィカム[一〇八]において、この町の司教代理は教会に贈られた卵とチーズの十分の一を受け取る権利を与えられている[105]。また、英国のエドワード一世[一〇九]の治世の間、復活祭日には四〇〇個の卵をゆでて皇室に届ける命令が下されている。ちなみに、卵のほとんどは植物染料で色付けされたが、宮廷の特別の寵臣のために金箔で包まれた卵もあった[106]。これは現代の習慣に匹敵するものがあったことを最も強力に示す証拠である。なお、卵を彩色するという考え方はきわめて古くからあるものであった。たとえば、ドイツのヴォルムス[一一〇]にある紀元三二〇年頃のローマ人とドイツ人の間に生まれた子供の墓の中に、筋と点で色付けされたがちょうの卵が二個見つかっている[107]。一方、十字軍戦士ジョワンヴィルは、アラブ人も色付けされた卵を楽しんでいたことを発見している。すなわち、彼と仲間の囚人たちが一二五〇年に釈放されたとき、彼らを捕えていたサラセン人たちは、彼らのために次のように楽しい送別会を準備してくれた。「彼らが我々に出してくれた食べ物は、うじ虫よけに天日で焼いたチーズのフリッターと、我々に敬意を表して殻をさまざまな色で塗り、三、四日前に堅くゆでられた卵であった[108]。」

クリスマスは言わば手のほどこしようのないほどのわがままさの縮図であった。そして、これに付けられたさまざまな名前は楽しい生活と同義であった。ヘンリソンの物語に出てくる二匹のねずみは、食料貯蔵室で酒盛り[109]をしながら、「万歳！　お祭りがやってきた！　万歳！」と叫んで自分たちの好運を祝って乾杯する。

復活祭の場合と同様に、クリスマスには幸福感、すなわち、断食の後の素晴しい解放感があった。キリスト降誕祭とそれに引続く一週間は喜びにあふれていた。事実、一五世紀のある説教作家が単純明快に要点を表わしているように、「……クリスマスの一週間には……断食をする時間は全くないのだ。」[110] 一方、ベン・ジョンソン（一一一）の『クリスマスの仮面劇』（一一二）（一六一六年）の中で、登場人物の一人がクリスマスに向って次のように言っている。「金曜日の大通り（一一三）から誰かがこちらに入ってこようとしています。」すると、クリスマスは答えて次のように言う。「絶対だめだ。魚の大通り（一一三）からも誰ひとり入らせてはいかん。魚と断食日だと！　そんな奴らはクリスマス向きの生き物じゃない。[111]」

キリスト教会の祝祭日と心地よく結びついたおいしい食べ物と飲み物は、単なる付随的な楽しみのつもりであった。事実、キリスト教会によって制定された祝祭日は、聖日 (holy day) であり、敬虔な祝典に捧げられた。そして、聖日は、礼拝への出席を促すために、通常の平日が削られて祝日となった。しかし、人間がこの余暇のために一千もの嘆かわしい使い道を見つけたため、この日の神聖さはいくぶん薄れた。すなわち、一五世紀のある説教が鋭く指摘しているように、クリスマスの一週間は神聖な喜びと控え目な感謝の時であるべく意図されたが、次の記述からもうかがえるように、全く異なるものになってしまった。「今やクリスマスは変ってしまった。さまざまな衣装によって自慢へと、……嫉妬へと変った。なぜなら、ある者は他の者よりもいい衣装を身につけるからである。また、さまざまな種類の肉と飲み物のはんらんによる暴飲暴食へと変化した。さらに、法外に夜遅くまで起きているため、朝は長々とベッドに横たわり、礼拝に対する無精さへと変ってしまった。[112]」

祝祭日に仕事をした者は、「一般の売春婦、賭博者など、および祝日労働者[113]」と記されているように、理屈の上では社会の最下層の賤民の中に入れられた。実際、規則は都合に合うよう曲げられた。なぜなら、雇い主も労働者も、年間の祝祭日の数の多さは喜びではあるが、かなり問題でもあると感じたからである。そして、雇い主たちは仕事日が中断することに苛立ちを覚え、その名に相応しい祝祭日となる日を彼らなりにてきぱきと勝手に決めてしまった。事実、封建時代の領主は農民の支配権を握っており、彼らの祝日の数は領主の気まぐれに左右された。たとえば、一三世紀に、ヘンリーのウォルター[一一四]は農場経営に関する論文を書き、農民の祝日を徹底的に削減する方法を、読者に便利なように次のように明らかにしている。「御承知のとおり、一年には五二週間ある。このうち八週間を祝日とその他の妨げとなる場合のために取っておけば、四四週間は労働のために残る。[114]」この八週間というのは気前のよい分量のように思えるが、これは年間の日曜日の五二日と、その他に四日を許可するだけのことである。

腕の立つ職人は自分たちの権利を守るには農民よりも良い立場にあった。しかし、彼らは祝祭日のために戦うことができたものの、これらの日々に関してはとても複雑な感情を抱いていた。なぜなら、一年中続く決まりきった仕事の中でのこのような息抜きは、原則としては楽しいものであるが、働かないことは無報酬を意味したため、実際には収入の大幅な減少をもたらしたからである。そこで、労働者と雇い主双方を満足させる妥協が徐々にでき上っていった。たとえば、一四七四年にカレーの石工と大工のために作成された契約の中では、祝祭日はその重要性に応じて格付けされていた。そして、仕事の終了時間はその日の重みによって決まった。したがって、正月元日のようなキリスト教徒にとって重要でない祝祭日は祝日とは認められず、仕事はいつもの時間、すなわち午後五時に終った。一方、カンタベリの聖トマス[一一五]のようなより重要な人物の祝祭日には、仕事は午後三時に終ったが、クリスマスのように最大の祭日には、朝一一時に道具は下に置かれた。このように特別な仕事を持つ人びとはクリスマスでさえ数時間働くことが期待されたが、クリスマスおよび復活祭の一週間の数日は休日として取るのが一般の習慣であった。たとえば、一三二七年、（一一六）ヨークではすべての仕事は一二月二四日から二八日まで休みとなった。一方、一三三一年にウェストミンスター（一一七）では、休暇は一二月二三日から三〇日まで続いた。労働者には、祝祭日に働いた時間に対して賃金が支払われた。そして、雇い主は全員に酒をふるまうか、それとも晩餐をおごるかして、その日の喜びに趣を添えようとしたこともあった。たとえば、一四二一年、ロンドンの橋の監視員たち（一一八）は、「いつものように、灰の水曜日前の三日間のお祭りのために、石工と大工全員に」三シリング四ペンス支払った。一方、一三世紀半ばには、英国の王室の建物で働く人びとと一つの妥協が成立した。それによると、全く仕事をしないどの祝祭日でも、二日に一日の割合で彼らに賃金が全額支払われた（115）。

祝祭日が関係者にどのような経済的な心配事をもたらそうとも、中世の社会においては祝宴そのものの重要性に何の疑いもなかった。理屈の上では、祝宴は愛と協力の縮図であった。そして、現実はこの理想を反映させられないことが多かったが、儀式としての晩餐は、主人役と客を結ぶ権力、依存関係、および相互の義務というきずなを、目に見える形で表わしたものであった。主人役が気前よく見せるのは賢明であった。というのは、食卓の豊かさは主人役の財政状態を知る手がかりを与えてくれたからである。自分に頼っている者を手厚くもてなし、しかも主賓をうまく選択できることは賢明なことであった。なぜなら、宴会場の客の数と質は主人役の重みと力を如実に示すものであったからである。トマス・ナッシュは次のように述べている。

祝祭日を守り、厳粛な饗宴をとり行なうことは、
貴族社会の名誉である。
だから、これらの素晴しさを披露し、
好きな物を食べて陽気に騒ぎ、
隣人を最大限に優遇することも名誉なことだ。(116)

祝宴はいとも容易に社会という車輪に油をさした。主人役はお返しの恩恵を期待してお客に好意を示した。親切なもてなしの効き目についてのタッサーの詩の行は、次のようにきわめて簡潔に要点を述べている。

その他すべての仕事の中で家政は最も大切である。
というのは、家政は毎日貧乏人を救うからである。
隣人、見知らぬ人、仕事を必要とするすべての人、
これらの人びとはあなたの仕事の能率を一層よくする。(117)

葬式の宴会のための費用を遺言で残す習慣の中にも、自分の名前を生かしておいて名誉なものとし、自分の財力の証拠を残したいという人間の欲望を見てとることができる。(一一九) たとえば、次のような遺言がある。「皆様方にお願いがあります。私の教区の貧しい人にあげるために麦芽酒を一〇ブッシェル(一二〇)醸造し

てください。それから、小さな半ペニーのパンを小麦粉六ブッシェル分焼き、男女を問わず、なるべく多くの人に、パン一切れとエール一ガロンずつあげてください。[118]」

主人役が客を必要としたように、客は招待される必要があった。客は主人役の家族の一員であり、主人役の保護のお陰で安心していられることを示したがった。したがって、客の一覧表から省かれることはとても大変なことになることがあった。事実、ベリー・聖エドマンズの大修道院長サムソンは、一二世紀後半に、町の住民を自分に従わせるため、この手段を現実に用いた。すなわち、ある時、この町の住民が一二月二六日に自分の召使いたちと争っているのを見つけた彼は激怒し、クリスマスの最初の五日間、自分の家で食事をするのに招待していた習慣をやめにすると住民らに通告した。この恐ろしい脅迫は住民をひどく意気消沈させたので、彼らは許しを乞うた。その結果、彼らは次のような褒美を得た。「すべて元の平和な祝福された状態に戻り、市民はその後の数日間、大修道院長と大いに楽しく祝宴を続けた。[119]」

主人役と客、すなわち与えられる好意と受けとられる好意の相互作用は、ジョンソンの『クリスマスの仮面劇』の中のクリスマスの二人のお供の者たちの新年の贈り物と御進物という名前に暗示されている。新年の贈り物は、友人や同僚の間で交されるか、それとも主人から召使いへの、または権力者から依存者への贈り物であるかのいずれかであった。一方、御進物は目上の人への献げ物として提供される贈り物であり、一五世紀の辞書には次のようにそっけなく定義されている。「御進物とは、クリスマスなどの折に主人に渡す贈り物。[120]」断食の時には、裕福な者はそれほど幸福でない者に対して特別気前よくなることが期待されたが、これには精神的な利得以外の意図はなかった。もっとも、祝宴の時には互いの必要性がからみ合って、相互の交換が成立した。

記憶に残る祝宴に出席できることは愉快なことであったが、最も気持ちのよい満足感は、そのような楽しみを計画した主人役のものであった。ちなみに、キングズリン(一二一)にある聖マーガレット教会(一二二)の中に、一四世紀中頃にこの町の市長を二度務めたロバート・ブラウンシェ(一二三)の真鍮製の記念牌がある。彼がある時開いた祝宴はとても印象深かったので、彼はその時の様子を描いた絵を足許のその牌の台に刻ませた。この大祭典は、聖マーガレット(一二四)のための祝宴か、それともブラウンシェが市長であった時に彼が開いた晩餐であったのか、あるいは一三四四年にエドワード三世(一二五)がキングズリンを訪れた時に、この王に敬意を表わすための祝宴であったのかは不明である。ただ一つはっきりしていることは、自分の記念碑の一部となることを望むほどの誇りをもって、ブラウンシェがその祭典を記憶に留めていたということである(121)。

4　調理師と台所

中世の調理師[一]が仕事をしている様子をちらっと見ようとして時間のトンネルをのぞきこむと、最初のうちは絶望的なくらい見えてくるものがほとんどない。当時は、調理師もその道具も、舞台の中心位置を占めるのに相応しいものとは考えられていなかった。したがって、これらを見ようとすると、美術や文学を隅から隅まで辛抱強く追跡せねばならない。台所の様子はほとんど見当らないが、多くの大鍋が風変りなものを背景にして煮立っていたり、悪魔が最後の審判の日に地獄の火の上で深鍋の番をしていたり、さらに図2のように料理人が鯨の背中の上で夕食をかき混ぜていたり、あるいは、ある写本の縁に描かれているように、放蕩な怪物が頭の上にシチュー鍋をのせられていたり、ベンチの端に刻まれたずんぐりした小さい男が等身大のひしゃくをしっかりと摑んだりしている。これらは、第一印象といういわば寄せ集めの掛け布を作り上げる切れ端のようなものである。

このような行き当りばったりの手がかりが示すところによると、当時の調理師は非常に気むずかしく、台所は絶えず大騒ぎであった。犬は至る所にいて、夕食を捜し回っていた。一六世紀に記録された諺によると、「犬が雑炊なべに頭をつっ込んだからといって、調理師がすぐに飛んでくるわけではない。」こ

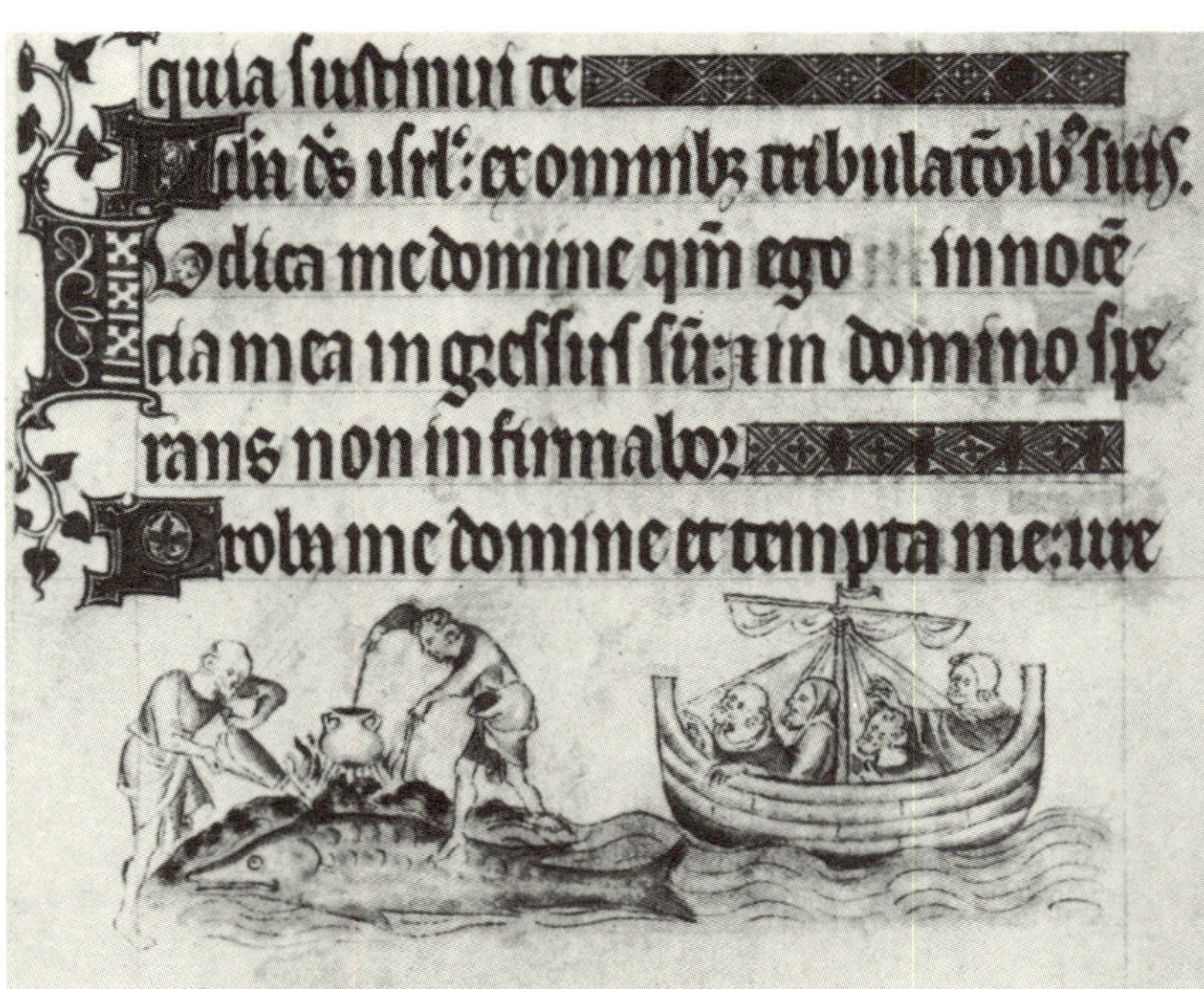

図２　、間に合わせの台所
14世紀前半に英語で書かれた『聖母マリアの祈禱書』から.

のように、中世の犬は決して誇りを捨ててまで、人が背を向けるのを待とうとはしなかった。[二]たとえば、ウィンザーの聖ジョージ礼拝堂[三]の免戒室には、四匹の大きな猟犬が、まさにひしゃくを投げようと構えた調理師には目もくれず、大鍋に頭をつっ込んでいる絵が描かれている。一方、グロスターシア州[四]のフェアフォード（Fairford）にある聖処女マリア教会[五]では、とてもよく太った犬が深鍋に頭をつっ込んでおり、一方、シャーバン大修道院(六)のベンチの端には、一人の婦人が不公平な争いをあきらめ、犬になめさせるためにやさしくどんぶり茶碗を差し出している様子が描かれている。(1)

犬が問題とならなくても、狐は雌鶏をくわえて逃げ、取り乱した主婦は全力で追いかける。そして、後に残されたこの家の豚は、深鍋と平鍋をのんびりと捜し回る。(2) 一方、一五世紀の版のイソップの寓話の中では、二匹の丸々と太ったねずみが食料置場の在庫調査に出かける。(3)

動物は台所にはありがちな癪の種であったかも知れないが、調理師の心を乱す主なものは自分の仲間である人間であった。すなわち、絵画に最も頻繁に現われる光景は、調理師が下宿人を追い払ったり、大切なシチュー鍋の回りに味見とつまみぐいの期待を抱いてうろつく者を撃退する姿である。しかし、手なれた浮気男なら、調理師の守りを崩す方法はちゃんと心得ていた。たとえば、一四世紀の『スミスフィールド法令集』(七)の写本の縁の絵によると、図3のように、男は片腕を調理師の腰に当て、もう一方の腕で彼女の大鍋から巧みに大きな肉片を引き揚げている。

恋人同士だからこそ、そのような恥ずべき略奪品の持ち逃げができるのである。それが亭主なら、細君の守備範囲内に入り込んだとたん、ぶちのめされてしまうだろう。たとえば、ブリストル大聖堂(八)の免戒室の一部に描かれている絵では、亭主はなんとかしてシチュー鍋の蓋を持ち上げるところまでは近づくが、細君は亭主のひげをしっかりと摑んでいる。一方、深鍋はこの哀れな男の耳のそばを半ば逃げ去りつつある状態で描かれており、女の不機嫌さ、および男が狙う目標としてはシチュー鍋よりも深鍋の方が不向きであることがよく表わされている。(4) ノートルダム寺院(九)の彫刻家たちが不和という悪を表現したとき、彼らは単に男と女が口論している様子を示したにすぎなかった。しかし、アミアン大聖堂(一〇)の場

図３　台所での戯れ
14世紀の後半に英国で彩色を施された『スミスフィールド法令集』から．

合、ここに刻んだ一三世紀の彫刻家たちは、悪徳と美徳の像の集大成のための着想はノートルダムから得たのであるが、彼らはひっくり返った料理用の鍋をその場面に付け加えた[5]。このように、台所は男女の伝統的な葛藤の場であった。もっとも、どちらが侵略者とみなされるかは当然見方によって左右された。たとえば、『スミスフィールド法令集』の上下左右の余白に描かれた一連の場面には、夫は妻を喜ばせようとして、水運び、皿洗い、粉ひき、パン焼きをして骨を折るが、これらいずれの仕事の場合も、夫が無情な妻に後でさんざん打ちのめされる姿が示されている。(6) 一方、一五世紀の詩『若い夫の愚痴』(一一)では、妻の尻に敷かれっぱなしの被害者は、この詩のどの一節においてもどなられて台所から追われ、夕食を催促するといつでも頭をひっぱたかれている。(7) また、一二世紀に処女性を称えて書かれた詩では、次のように日常生活が偏見をもった妻の目を通して眺められている。「妻が台所に入ると、子供が悲鳴をあげているのが聞こえ、猫は塩に漬けて燻製にした豚のわき腹肉(flitch)を、そして犬は獣皮を狙っているのが見える。ケーキは炉の石の上で焦げ、子牛は牛乳をすべて飲み尽くそうとしている。ポットの湯は煮えくり返って火の中に流れこみ、夫は何やらぶつぶつ小言を言っている。(8)

女性のためのこの特殊な論考は、独身生活に対する紛れもない誘いであり、家庭内の憎悪すべき事柄を僧院での生活の甘い静けさと厳しく対立させている。しかしながら、他の証拠が信ずるに足るものならば、家庭という舞台が不機嫌なことによって容易に不愉快なものとなるのと同様に、修道院の台所の静けさも不機嫌なことによって破壊されることであろう。事実、ラングランド(一二)が『農夫ピアズの夢』の中で「憤り」を擬人化するために相応しい状況を捜していたとき、まさにそのような台所を選び、「憤り」を修道院の調理師に仕立て上げた。果たせるかな、部屋は悪意に満ちた陰口で騒然となり、尼僧たちは激しく相争う。(9) ちなみに、調理師は伝統的に酒に弱いため、酒で気分が和らぐことはなかった。しかし、世間は調理師が酔っ払うことを当てにしていた。(一三) したがって、「調理師たちの節酒主義」という中世の言葉には皮肉が込められており、チョーサーに出てくる調理師は酒を飲みすぎて馬からころげ落ちる点において、この典型的な例である。(10)

調理師たちは、実際に喧嘩をしていない時には、驚くべきユーモアの感覚と自由に使える多くの時間を持っていたように思われる。たとえば、ノルマンの征服者たち(一四)に対するサクソン人(一五)の無法者ヘレワルド(一六)と彼のゲリラ兵たちの戦闘について一二世紀に書かれた種々の物語の中で、彼が陶工に変装して王の陣営に忍び込んだ話について語っているものが一つある。それによると、彼はまず自分の陶器を見せるために台所に立ち寄った。そこでは、調理師たちが王の食事を作りながら、例によって仕事中に酒を飲んでいた。気分がよくなってきた時に、そのうちの一人が、こま切り庖丁で陶工のあごひげを剃り落とそうという素晴しい考えを思いついた。そこで、ヘレワルドはかみそりのように鋭い道具で完全武装して、台所の調理師たちによる突然の威嚇的な包囲から逃れる路を見出さねばならなかった。しかし、彼は単なる行商人ではなく、変装した勇士であったので、その場から逃れたのみならず、調理師数人を打ちのめした。そして、言うまでもなく、台なしになった夕食のために、王を不機嫌に怒鳴り散らさせた(11)。

これらの調理師たちは不心得なユーモア感覚のおかげで、頭を怪我し、敗北感を味わったにすぎなかったが、せっかちは命とりになることもあった。たとえば、パリのマタエウスは、一二三八年の欄に、ローマ教皇の使節オットー枢機卿(一七)がオックスフォードを訪問した時の様子を次のように記録している。学者の代表団が彼の宿を表敬訪問した折、一人の学者が任務と娯楽を混同して、食べ物を所望するために台所の戸口までわざわざ出かけて行った。彼はその場で調理師長にばったり出会ってしまった。この調理師長は、たまたま枢機卿の弟であり、「枢機卿がとても恐れていた毒が盛られることがないように(12)」との配慮から、オットー自身が慎重に毒味役として人選していたのであった。この調理師は学者に残飯すら与えるのを拒否したに留まらず、彼は大鍋の油の混った熱湯をこの男にたっぷりとぶっかけた。これは確かに判断の誤りであった。そして、別の学者は事の次第を目撃し、弓を引いて彼を射殺してしまった。

すべての調理師が争いの最前線で位置に着かねばならないというわけではなかった。しかし、台所の内と外でぶらぶらしている前途有望な居候たちと自分の台所でひんぱんに起るもめごとには、全員が対

図4　味見
14世紀の最初の四半世紀にフランドル語で書かれた『祈禱文』より.

処するよう求められた。たとえば、一五世紀のバーガンディの豪胆公チャールズ(一八)の宮廷の調理師長の役割について記しているマルシュのオリヴィエ(一九)は、自分の必需品は長い木製のひしゃくであり、これは二つの用途、すなわち、出来上った料理を味見するため、および、深鍋に群がる少年たちを打ちすえるために使われると語っている。(13)しかし、下宿人を撃退するこのような決心は、調理師がきわめて真面目に味見をして自分の義務を果たす妨げとはならなかった。老兵は死なず、と同様に、昔からのお笑い草はすたれることはない。たとえば、プラウトゥス(二〇)のローマの喜劇『小鍋劇』(二一)の中で、客は調理師たちが祝宴を開いている間じゅう断食をしていると言われているのと同様に、一三世紀にフランス語で書かれた中世騎士物語の中で、主人公は調理師たちが骨つき肉を切り分ける音を聞いて、「彼らは最も良い部分を自分たちのために切り取っているのだ」と思う。(14)ちなみに、図4は、一人の調理師がスープを慎重にすすっている様子を示している。

　一四世紀末の台所用品の一覧表(15)の中に刑罰用の手枷（てかせ）が一対あり、また図5に見られるように、三本足の鞭が大鍋のそばでピシッと音を立てている図があるため、多くの台所では調理師たちの感情が高ぶったという印象を強くうける。このような断片的な証拠でも、リッドゲイトの「熱い火と煙は多くの調理師を怒らせる」(16)という警句が正しいことを確信させてくれる。事実、調理師は生まれつき怒りっぽくて気まぐれであるという伝統は何世紀ものあいだ栄えた。一方、フィリップ・マシンジャ(二二)の戯曲『古い借金の新しい払い方』(二三)（一六二五年）の中では、調理師の名前は「かまど」といい、「いらいらしてくる」という彼の最初のせりふはすべてを端的に表わしている。そこで、仲間の召使いは次のように彼の怒りを静めようとする。

ねえ君、まだ一二時になってないじゃないか、
それに正餐の準備にも取りかかっていないし、
その時になれば、調理師は持ち場で癇癪をおこしても許されるんだから。

しかし、かまどは不機嫌さをある程度に留めておくことを拒否し、

図５　台所での折檻
13世紀初頭の『柄見本帳』より．

次のように言う。

> いつでもどこでも、わしは腹を立てる。
> わしがお祈りをしている時に、このようにじらされると、
> わしは頭にくる。
>
> （一幕二場）

しかし、もっと平穏で、楽しい静けさがみなぎっている台所の光景を見つけることもできる。もっとも、このような光景は、調理師しかおらず、怒りを招く者たちが全員我慢できる距離にまで遠ざかっている場合に限られる。たとえば、月ごとの労働者絵巻の中の一

図6　家庭の光景
14世紀の最初の四半世紀にフランドル語で書かれた『祈禱文』より．

月か二月の絵では、調理師は冬の炉の火の上でつま先とおいしい食べ物を一口分暖めている。一方、キリストの降誕祭(二四)の絵の中には、ヨセフ(二五)が自ら台所の仕事を引き受け、隅にあるシチュー鍋の上の方で、幸せそうに何やら考えごとをし、また他の人物は全員赤ん坊の世話をしている、というものが何枚かある。時には仲のよい共同作業も実現した。たとえば、図6のように、写本の縁の絵では、一人の婦人が鍋をかきまぜながら腕に抱いた赤ん坊をあやし、少年は火を吹いておこしている。一方、ある免戒室の絵では、男女が一人ずつ大鍋のそばに座り、そのうちの一人はふいごを吹き、もう一人はシチューをひしゃくですくっている。そして、もう一枚の絵では、二人の女性が楽しそうに一緒にがちょうの羽をむしっている。(17)

一日の中には、最もごったがえす台所でさえ穏やかになり、緊張がほぐれ、気分も和らぐ時もあったに違いない。たとえば、アルベルトゥス・マグヌス(二六)は、一二四五－四八年の間にパリを訪問した折の話の中で、まさにそのような時について、次のようにそれとなく言及している。すなわち、カスティリア(二七)の王の息子も同じ頃パリにいた。そして、ある日、調理師たちは彼の晩餐用にと大きなひらめ(plaice)を買い求めた。このひらめを料理したところ、中にきわめて珍しい牡蠣殻が入っているのが見つかった。彼らはこれは面白いと思い、料理を中断して、それを王子に見せた。すると、王子は驚いたが、気前よくその牡蠣殻をアルベルトゥスに渡した。不思議な自然現象についてのアルベルトゥスの好奇心は有名だったからである。このようにして、ひらめ、貝殻、調理師たち、および彼らの主人は全員、『鉱物について』(二八)の中で、予期せぬ不朽の名声を勝ち得たのである。(18)

中世美術の中で写実的に描かれた台所の最初の絵なら、最高の台所ならすべて持っているに違いないくつろいだ幸福感を多分捕えているであろう。たとえば、アッシージ[二九]の低教会[三〇]にある、一三三〇年以前のある時にピエトロ・ロレンツェッティ[三一]の全面的な協力によって描かれた『最後の晩餐』[三二]のフレスコ壁画には、食堂の脇に小さな台所が見える。そして、食料の貯えが十分な戸棚、燃える火、皿を拭いている二人の召使い、皿をなめている一匹の犬、それに自分を暖めている一匹の猫、これらは平穏な光景を作り上げている。[19]

調理師とその同僚たちに対する中世の態度は雑多であった。すなわち、明らかに繁雑な仕事を持った者に対するある種の軽蔑は常に存在した。このような嘲弄の根は深く、すでにローマ時代にペトローニウス[三三]によって次のように表わされている。「このように食養生中にたらふく食った少年は、調理師が悪臭を放つのを止められないのと同様に、味を覚えることはできない。[20]」一方、一三世紀の初頭、ある生まれのよい隠者の精神上の相談役は、謙遜の必要性について書き記しているが、その中で彼は、この女性隠者が誇りを押さえ、台所の少年の無礼な行為を受け入れることは素晴しい訓練の一つであると考え、次のように述べている。「もしもあなたが台所で皿を洗って乾かしている調理師の息子スラリーから軽蔑されるようなことがあれば、あなたは心の中で幸せだと感じるに違いありません。[21]」また、一四世紀の本の収集家リチャード・ド・ベリー[三四]は、自分の貴重な掘り出し物が、「シチュー鍋から離れていても悪臭を放つ汚らしい皿洗い[22]」によって手荒く扱われるのではないかと想像してぞっとなり、家に飛んで戻った。

調理師と紳士の間の社会的な隔たりは大きく、容易に行き来できなかった。たとえば、一四七一年、グロスター公リチャード[三五]は、アン・ネヴィル[三六]と結婚したいと思っていたが、彼の兄のクラレンス公はこの少女が自分の家に住んでいたため、妬みから、個人的な理由をでっち上げて結婚を妨害しようと心に決めた。そこで、彼はアンを女中に変装させ、自分の居候の台所係の一人として彼女を隠すという計画を思いついた。リチャードが自分のフィアンセを探してそのような場所を覗き込むなどということはとてもありえないように思われたので、クラレンスは悦に入った。しかし、リチャードにとって嬉しいことに、噂のおかげで彼はまさに兄の計画に気づいた。そこで、彼はロンドン中の台所を徹底的に捜索し、ついにアンを救い出し、意気揚々と彼女を結婚式へと連れ去った。(23)一方、クラレンスは、数年後自分のお気に入りの甘口赤ぶどう酒(三七)の大桶の中で溺れ、自分の性分に合った、人びとから惜しまれない最後をとげた。

調理師に対する紳士の態度を知る手がかりは、一五世紀の文書に記されているような英国の騎士道の儀式の詳細から得られる。すなわち、騎士であることの二つの特別な象徴は金めっきを施された一対の拍車であった。これは、王によって騎士であると宣言されると、その騎士のかかとに付けられたものである。この儀式が終ると、新しい騎士はお祈りに出かける。そして、礼拝堂から出てくると、騎士は調理師長と出会う。すると、この調理師長は拍車は自分のものだと言い張って持ち去る。最初、このような栄誉ある象徴が調理師の手に渡るなんてとんでもない話だと思われるが、年代記作家は次のようにこの場面の意義を説明している。「その理由はこうである。この儀式のあと、騎士が騎士道の礼法に対して名誉を汚したり非難されたりするような事を行なった場合には、調理師長は調理用の大きなナイフを使って騎士のかかとからその拍車を叩き落とす。したがって、この記念として、新しい騎士の拍車は調理師長の財産となる。(24)」すなわち、拍車は、調理師自身の名誉としてではなく、相応しくない騎士に対してなされることを思い出させる物として、調理師によってその所有が主張されるのである。このように、騎士道の象徴は台所のナイフによって、すなわち、最も不名誉でしかも屈辱的なものによって、切り取られるのである。

調理師に対する社会の蔑視は他の理由によって増幅された。すなわち、調理師というのは、まさにその本質からして精神的な必要性に劣る肉体の必要性に仕えたのである。ちなみに、イエスは主婦マルタ[三八]と思慮深いマリア[三九]を共に気に入っていたが、彼の好みがどちらに傾いていたかは次の言葉で全く明らかとなった。「マルタ、マルタ、あなたは多くのことに思い悩み、心を乱している。しかし、必要なことはただ一つだけである。マリアは良い方を選んだ」（ルカ一〇・四一－四二）。一方、西洋の修道院制度の基本である六世紀の『ベネディクトゥス会則』は、台所での仕事を有益な精神的鍛練であるとみなし、次のように述べている。「誰も台所での義務から逃れられない。……修道士はこの仕事から慈善行為を学び、より大きな功績を得る。[25]」しかし、食べ物に関わるどのような仕事でも、精神的に潔癖な人間にとっては何がしかの汚点があった。たとえば、一二世紀前半の厳格で魅力あふれるシトー修道会[四〇]の修道士リーヴォーのアイルレッド[四一]は、回廊のことや、彼が食事の計画を練る手助けをし、晩餐の席で控えていたスコットランド王室の執事であった若かりし頃の数年間のことを、かなり困惑して回顧している。そして、彼と同時代の伝記作家は、アイルレッドが食卓で肉などを切り分けていたあいだ、「彼の思いは別の世界にあった[26]」ということを読者に慎重に強調している。

一四世紀末から一五世紀にかけてのオランダでは、「共同生活の同胞」と自称する敬虔な集団が小さな共同体を組織して共に暮らし、一部の時間を勉学と祈りに、一部を手仕事に費やした。理屈の上では、全員が同じ資格を持っていたが、ここですら、最も尊ばれた仕事は著作活動であり、料理は最も名誉の度が低かった。そして、読み書きできる者だけが文献を写すことが可能であったため、教育は当然この栄誉の一翼を担った。したがって、無教養な会員は台所へと回された。彼らは愛情をこめて処遇されることが多かったが、彼ら自身は二流の住民だと感じた。そこで、一人の調理師が教養を身につけるために大学に逃げ込んだが、授業について行けず、失意のうちに自分の鍋や釜のある所へと戻った。(27)

調理師は社会の評価ではとても高い地位にはつけないという事実があったが、それにもかかわらず、自尊心を抑えて調理師という自分の肩書きを主張するのに困難を感じないという状況が一生のうちで少なくとも一回はあった。それは、台所での奉仕(四二)によって自分の土地を所有した時である。

serjeanty という語はラテン語の servus「奴隷」に由来する。そして、このラテン語から servitium「奉公、奴役」、serviens「奉仕する〔現在分詞〕」という語も出てきた。王がある特定の奉仕に対して人に土地を授ける方法の一つに、土地保有権を与えるというのがあった。英国におけるこの習慣の全盛期は一一世紀末と一二世紀であり、この頃は手持ちの金が不足していたので、王はこの習慣によって賃金よりも土地で支払うことが容易となった。このような報酬に値する奉仕の種類は、王の鷹の世話から、王が海峡を渡る時に王の頭を支えるという役まで、きわめて多様であった。そして、時には台所での奉仕に対してもこのような方法で土地が与えられた。

一〇八六年の『ドゥームズデイ・ブック(四三)』では、二人の調理師が名前を挙げられ、その奉仕によって得た土地の保有権が記録されている。すなわち、一区画の土地はエセックスのウォルター(四四)(Walter)に与えられ、もう一区画はサリーのテゼリン(Tezelin)に与えられた。しかし、これら二カ所の土地の保有権の歴史をたどると、これらの土地のために要求された奉仕が時の経過と共にどのように変化したかが分る。たとえば、『ドゥームズデイ』に名前がのっているウォルターは調理師と記されているが、一三世紀初頭まで、彼の後継者の義務はもっと厳しく制限されている。すなわち、この人物は王の焼き串を回す者でなくてはならない、となっている。これより少し後になると、当該の人物は、クリスマス、復活祭、および聖霊降臨節(四五)という一年の三大祝祭日に、王室の台所で仕事の始業時間を記録することが求められたにすぎない。しかし、この世紀の中頃までに、このささやかな労働も年一回の兵役に取って代ったため、もはや必要とはされなくなった。一方、そのご、一二九四年か九五年まで、この土地のために毎年お金が支払われている。このように、奉仕で得た土地の所有者は次第に台所からは遠のいていった。もっとも、この土地に対する権利は依然として「王の焼き串回転者」という公的な肩書に基づいていた(28)。

『ドゥームズデイ』に記されているもう一人の調理師テゼリンは、サリーのアディントン（Addington）という領地を与えられた。そして、一三世紀初頭まで、彼の後継者に要求された唯一の料理は、即位式の日に一品だけ、すなわち、ギルント（Girunt）とマルピゲルヌーン（Malpigernoun）という二つの不可解な名をもつ料理を作ることであった。そして、一三七七年まで、この領地の保有者はもはや自分の料理を作る必要はなかった。その年の記録によると、ウィリアム・バルドルフ（William Bardolf）は、「即位式の日にディルギルント（dilgirunt）と呼ばれる料理を作れる人物を見つける」という奉仕によって、アディントンを保有している。そのご、一八二一年に開かれたまさに最後の即位式の宴会において、アディントンの保有者は、次の記録から明らかなように、依然この義務を遂行していた。

「副官は閣下の許可を得てカンタベリの主教をバルドルフもしくはアディントンの領主に任命し、王の調理師長によって作られたディレグルート（Dillegrout）という料理を出した。」ちなみに、バルドルフと呼ばれる料理法が一五世紀の写本の中に見つけられており、その名前のお陰で、これはディレグルートの秘密を明かすことになるかも知れないと言われてきた。それは、酢、アーモンド乳液、砂糖、薬味からできた辛いソースにつけた鶏肉のことである。これは面白そうな組み合わせであるが、王の食卓がその国の各地から寄せられた同じような贈り物の重みに耐えかねている即位式の折に、どの王であれ、そのような食べ物をつまんでみる度胸や時間があったという証拠は何もない。事実、チャールズ二世は一瞥し、そして「慎重に箸を置いた[29]」ということしか我々には分らない。

これら二つの土地保有の場合、保有者に課せられた奉仕は、料理の痕跡が全く消滅してしまったり、あるいは、仕事の世話をする代理人を任命するのが認められるようになって、結果的により紳士的になった。それにもかかわらず、台所での務めは軽蔑されたものの、「王の焼き串回転役」や「王のディレグルート長」といった称号は、それだけが土地に対する権利を立証しえたため、大切にされた。

理論と実際の間には常にうんざりするほどの隔たりがある。そして、社会における階段のどの公的な地位にあろうとも、調理師は自分の実際の価値について鋭い見方を持っていた。たとえば、調理師は自分が不可欠な存在であること、自分の主人のために毎日毎日を地獄にでも天国にでも変える力を持った魔術師であることを知っていた。ちなみに、すでに紀元前一九一年までに、プラウトゥスの喜劇『プセウドルス』[四六]の調理師は、「わしは人類の救世主である[30]」と自慢しているが、このせりふは事の正しさを端的に表現したものである。自尊心のある調理師なら誰でも、自分が利用されていると思った時に感じる不快感をどうすれば解消できるか、そのすべを知っていた。たとえば、一四世紀のプラートーの金持ちで有能な商人フランチェスコは、軽率にも準備が整わないのに人を招待したことで、次のようにすぐにも後悔するはめになった。「私は晩餐を一緒にとるために市長とアントニオのマッテオ（Matteo d'Antonio）を連れて戻った。しかし、調理師は、ステーキも魚もすでに調理し終えていたため、これ以上何もすることがなかった。ところが、今日これらの二名が私と食事を共にすることになったこと、また、魚が少し残ってしまったこと、さらに、調理師がどんぶり二杯分の豆を余計に料理せねばならなくなったことにより、調理師は仕事の量が多すぎると不満を言った。(31)」

有能な調理師は、次に述べられているように、食欲を満足させ、自分の思う通りに指図し、巧まざる技を花火のように披露して、すなおな一家の者の目を奪うのである。

調理師たちは、新たな思いつき、刻み方、すりつぶし方、それと粉のひき方によって、毎日多くの新しい調理法を工夫し、見つけ出している。(32)

調理師はまた自分特有の専門用語を神秘的に使って、次のように一家を眩惑することもできた。「サフランの花で『飾る』と言われるが、それと同様に、パセリで『料理につまを添える』と言われる。そして、これは調理師たちの呼び方なのである。(33)」

道徳家たちは当然のことながら少なくとも紙の上には不満を表わした。たとえば、リヴィウス(四七)はローマの道義心の不幸な弱体化を紀元前一八七年に至るまでたどっている。この年は、ローマの一軍団が次のようなきわめて好ましからざる新しい見方を抱いてアジア遠征から勝利を収めて戻った年であった。「というのは、外国の贅沢品が初めてアジアから軍隊の手によってこのローマの町に持ち込まれた。その当時、調理師というのは、古代のローマ人にとって、彼らの価値判断および使い途からして奴隷の中でも最も値打ちのない者であったが、それが価値を持ち始め、そして、単に必要な奉仕活動にすぎなかったものが技術とみなされるようになったからである。[34]」リヴィウスが取り組んだ課題を悲観的な角度から取り上げる中世の道徳家はたくさんいた。しかし、事の真相は、人類の大部分にとって自明なことであり、そして、「神は人間においしい肉を送ることができるが、悪魔はたちの悪い調理師を送る[35]」という一つの簡潔な諺の中に要約されている。一方、一四世紀の中世騎士物語『ガーウェン卿と緑の騎士』では、主人公は、手がこんでいて大いに洗練されたどの晩餐会においても、眼のこえた客である。そして、文明の慰め物から引き離されて、冒険を求めてしぶしぶ荒れ野を旅しなくてはならなくなったとき、彼が耐えねばならない試練の一つは、「そこでは、彼の好きな食べ物は自分の目の前に全くなかった[36]」と記されているように、自分のいつもの基準より劣る食べ物であった。

　荒れ野の隠者についての次の話が証明しているように、聖人だけが謙虚で不屈の精神を受け入れることができるのである。「この聖なる老人が病気になったので、弟子は師の食欲を試そうとして小さなパンをいくつか作ることに決めた。しかし、残念なことに、禁欲生活のために調理の微妙な点において技術が身についていなかった。そこで、この若者は混ぜ合わせた材料の中に蜂蜜の代りに亜麻仁油[四八]を注いだ。老師はやっとの思いでこのパンを一つ口にし、黙ってかんで食べ、二つ目も食べた。そして、三つ目になってためらい、『君、もう食べられないよ』と小声ではっきりと言った。そこで、若者は一口かんで自分のしでかしたことを知り、恐怖の余り震えた。そして、彼はひざまずいて許しを乞うた。すると、老人は次のような立派な言葉で若者を元気づけた。『こんなことで悩んではいけない。なぜなら、もしも私がおいしいパンを食べることを神が望まれたのなら、君は実際に注いだこの油ではなく、蜂蜜を入れようとしたであろう。』[37]」皮肉屋の耳がこの言葉の中にどのような厳しさを聞きつけようとも、一般人の中にはこれほどの高さに登りうる者はほとんどいないということは認めねばならない。

一二世紀後半のラーヤモン[四九]の英国史『ブルート』[四九]の中に、アーサー王[五〇]の宮廷の栄華の数々が描かれている。その一覧表の中で主なものは、「アーサーは、きわめて優秀な一流の調理師でない者は一人も召し抱えてはいなかった」[38]という自慢である。ロマンティックな歴史のかすみの中に失われた宮廷の場合、これで十分なのかも知れない。しかし、当時の人びとが自分たちの台所で望んだものは、兵士ではなく、いつでも喜んで一握りの材料に魔法をかけて、王に相応しい料理へと変えてくれる魔法使いであった。これができる調理師は誰でも、自分の価値を指定し、しゃもじに生計を支えられ、そして懇願されるのを待った。一方、一五世紀には、ジョン・ファストルフ卿[五一]の調理師は、親切な主人が与えてくれたばらとブラッドハウンド[五二]のびっくりするような模様で飾られた寝台かけにくるまって眠りについた。また、一二〇四年、英国王妃エリナ[五三]は、忠実な召使いで調理師のアダムとその妻ジョウン (Joan) に終身という条件で土地を少し与えた。さらに、一二八四年、大司教ペッカム[五四]は、調理師と醸造者に「法外でかつ法規に反する」給料を支払ったことで、オックスフォード大学のマートン校[五五]の評議員を非難した[39]。また、一三九〇年、ダービー伯[五六]は、晩餐の時を快適なものにするのに貢献した者全員（すなわち、吟遊楽人、聖餐用のパン作り人、および台所の係員）を含む彼の家の者に、クリスマスの贈り物をした。さらに、黒太子(五七)の調理師を務めたことのあるトマス・ビーチェフ（Thomas Beauchef）について、彼が「老人であり、しかもかつてのようには仕事ができない」という理由で、終身給料を全額支給されるという条件をつけて一三八三年に退職が認められねばならないと記録している公式文書には、親切な配慮が感じられる。しかも、彼は「好きなときに気晴らしのために出かけ、そして戻ってくる」(40)のが自由にできた。

調理師を最も優しく処遇しているのは中世騎士物語『デーン人ハヴェロック』(五八)（一三〇〇年）の中においてである。すなわち、主人公ハヴェロックが不運のどん底にあるとき、彼は台所の一員として働かねばならなくなった。しかし、調理師のベルトラム（Bertram）は、寒さに震え、餓死しそうなこの少年に対してとても親切で、自分のポケットから金を出して彼のために「真新しい」服まで買い与えた。そのために、この物語の終りの所で、主人公ハヴェロックが王位につくと、彼は調理師に褒美としてコーンウォール(五九)の伯爵の地位を与え、親しみをこめて彼を「友達」と呼んだ。(41) また、次の例のように、あちこちの遺言書の記載事項をみると、主人と召使いの間には同じような良好な関係があることが分る。「私はこの遺言書の中で、台所のジョン（Iohn）・ウィルキンソンには六シリング八ペンス、……同じく台所のジョン（Ion）にも六シリング八ペンス与え、新しい衣装を誂えてやり、……そして、わが調理師トマスは、私に二〇シリング借りているが、私はそれを免除してやりたい。」(42)

特別な利点や特別な報酬の証拠がない場合でも、調理師は平穏無事で裕福な生活が期待できたという形跡はある。たとえば、一四三三年に書かれたウォルター・マンイェアルド（Walter Mangeard）の遺言書『ロンドンの市民および調理師』（Citesen and koke of London）を見ると、彼は、妻が不自由なく暮せるよう配慮し、フリート大通り（Fleet Street）にある教会とロンドンの調理師共済組合、および

図 7　調理師長ロバート
1380年に書かれた聖オールバンズ修道院の『寄進者名簿』より．

「彼の名付け子で召使いの可愛いワトキン」に金を残す余裕があったことが分る。また、彼はいくつかの借金を免除してやり、ハーストピアポイント（Hurstpierpoint）のサセックス[六〇]村で彼が所有していた家畜の一部を売り、それで得られた金をそこの教区教会に寄付する手はずを調えた。一方、一三九〇年に死んだヨークの調理師ジョン・イザベル（John Isabell）は、その町の大通りに食堂を所有し、二つのぶどう畑がある庭園を郊外に持っていた[43]。

一三八〇年、トマス・ウォールシンガム[六一]は、聖オールバンズ修道院[六二]の生存者と故人を含む寄進者全員を列挙した本を編集した。それによると、王、教皇、貴族、大修道院長、および騎士からの寄付が記されたあとで、これらの人びとより身分の低い寄進者が一団となって名を連ねている。その中に、大修道院長トマス・デ・ラ・メア（Thomas de la Mare）（一三四九―九六）の調理師長ロバートの名前がある。このロバートは、忠実な召使いと記されており、図7では、聖オールバンズ修道院で使っていた重い調理用の庖丁を掲げた姿で描かれている。彼のそばには果断な女性である妻ヘレナがいる。彼女は、この本を出すのに必要な費用に近い三シリング四ペンスを支払ってまで、夫ロバートの肖像画が掲載されるよう手はずを整えた。一方、もう一人の調理師長ジョン・ブローディ（John Brodeye）は、不朽の名声を得るために金を支払う必要はなかった。それというのも、[六三]一二九〇年のエドワード一世の娘マーガレットの婚礼の際に、彼は王の食卓を飾るために手の込んだ城を作り、この本の著者の目を引いたため、彼の名前が年代記に残されることになったからである。[44]

熱くて悩まされるにせよ、大切にされて平静でいるにせよ、自分は孤独ではないことを知っているという慰めが調理師にはあった。すなわち、調理師の仕事の進行を容易にするために、台所の外からの援助がある程度要求できた。また、特別な設備や特殊な技術を必要とする多くの仕事は、賃金を支払って賄（まかな）われた。たとえば、中世の食事の二つの主要品であるパンとエールは、共に大半が専門の職人によって作られた。大所帯の家では職人のグループがいくつかできており、消極的なグループの場合は、その土地のパン屋や酒屋に頼った。たとえば、チョーサーの『代官の話』[六四]では、不意の一行が製粉所を訪れると、粉屋の主は次のように娘を買い物に送り出す。

> この粉屋は娘を町に送り出す、
> エールとパンを買うために。そして彼らのためにがちょうを焼いた。[45]

この二行を読むと、この家には炉火と焼き串があり、がちょうを捕えて調理することはできたが、パンを焼いたり酒を造る設備はなかったことが分る。

たいていの家庭には天火（oven）がなかったので、パン屋はパンだけではなく調理されたパイも焼いた。一五世紀の『ベリーンの物語』の序歌はカンタベリの宿「希望荘」の出納係の話から始まる。そして、この宿では女中が客の一人とふざけている。女中は男を喜ばせるためにおいしい物を買おうと町へひょいと出かける。

彼女は町へと飛び出し、あつあつのパイを持って帰り、
それを免罪符売りの前に置いた。(46)

一方、一五世紀半ばのドーセットのブリッドポート（六五）の二人の礼拝堂付き司祭の話によると、一四五五年の一月、彼らは数名の大切な客のために盛大な晩餐会の準備をした。そして、彼らはこの時のために買ったすべてを一覧表にしている。それは、最高のエール、豚の乳児（丸焼き料理用）、がちょう、雄鶏二羽、卵、干しぶどう、であった。そして、パン屋のウィリアムに、小麦粉代、工賃、それに図8に示したような「パイの加工」賃として五ペンス支払ったことを書き留めている。(47)

香辛料は、中世の人びとの心臓を高鳴らせ、また、中世の人びとの顎（あご）を喜びで震えさせたが、一方では、中世の台所の少年を嫌気でぞっとさせた。というのは、香辛料は自然な状態で買い求められた場合、これを貴重な刺激性の粉末に変えるためには、すり粉木と乳鉢を用いた相当退屈な粉砕作業が必要であ

図 8　パイを焼く
14世紀の第 2 四半期にフランス語で書かれた『祈禱文』より．

ったからである。そこで、たとえばエドワード四世の召使いたちは、この作業が必要な時は、食時の時間中仕事しながら、すなわち、間に合わせの食べ物を頬張って、香辛料をこつこつと粉にした(48)。ところで、香辛料の補給をいつでも商人に注文できるほど豊かで気配りのできる主人がいる家庭は幸せであった。たとえば、きわめて裕福な聖職者であり、グロスター伯(六六)の兄弟であったボーゴー・デ・クレア(六七)の執事は、一二八四―八六年度の出納を記録し、それは現在まで伝わっているが、これを見ると、注文された香辛料は出荷される前に粉にされ、選り分けられて羊皮の小袋に入れられている(49)。そして、薬種商たちはこの作業を行なうのに十分な知識を身につけていた。事実、ゲントの薬味薬草商業会館には、乳鉢と二本のすり粉木という組合特有の紋章が飾られている。(50) 薬種商たちは、たいがいの家庭がぜひ所有したいと思ったものより豊富な道具を持ち、時には、最もつらい仕事に取り組むために、天井から吊された重いすり粉木を買い入れたこともある。(51)

ソーセージの皮に詰め物をする場合には、肉をつぶす作業と切り刻む作業をずっと入念に行なう必要があった。そこで、たとえば、一四世紀末のパリのかなり年配のある夫は、若い妻に次のように簡便な方法をとるように言いつけている。「豚を殺したら、ソーセージを作りたい分量だけ、他の部分と同じように、肋骨の肉、……および最高の脂を取りなさい。そして、それをパン屋に頼んでごく細かく切刻んで混ぜ合わせてもらいなさい。(52)」この夫は、妻の調理師がこの混ぜ物を自分で皮に詰め込むことを望んだが、出来上ったソーセージを買い求めることも可能であった。ちなみに、図9は肉屋が皮の準備をしているところである。一方、小麦の粒から最初の殻を取り除く脱穀は、もう一つ別なたいくつな雑用であり、そのために町中では、次に記されているように、料金を支払って誰か他の人に請負ってもらうこともできた。「脱穀された小麦は、一ポンドにつき銀貨一ペニーで香辛料屋から時おり買い求められることもあった。(53)」

ソースも薬味と同じように賞味された。たとえば、前述の夫はさまざまなソースのいろんな作り方を入念に記している。そして、彼は、大きな晩餐の場合になすべきことで最も気のきいたことはソースを専門家に注文することであるということを知っており、次のように述べている。「ソース作りの職人に、晩餐のためにあまなずなを一クォート、(六八) 正餐のために芥子を二クォート (六九) 注文すること。(54)」

祝祭日は特別な料理と特別な技術を必要とした。たとえば、大所帯の家では、御抱えの薄焼きパン職(七〇)

図9　ソーセージの皮の準備
14世紀の第1四半期にフランドル語で書かれた『祈禱文』より.

人と菓子職人に豪華な菓子類を作らせるか、あるいは、もっとつましい家庭の例に倣って既製の菓子類を買い求めることもできた。たとえば、ボーゴー・デ・クレアの執事は、ある年のキリスト昇天祭(七二)の祝祭のために、ばらとすみれの香りと味のついた砂糖を注文した。(55) 一方、一四〇六年、プラートーの金持

図10　晩餐会
14世紀の第１四半期に英語で書かれた『聖母マリアの祈禱文』より．

ちの商人フランチェスコに対して、フィレンツェ[七二]の薬種商たちが送ったのは「マジパンのパイ」のための勘定書であった[56]。ちなみに、図10では、二人の客が食卓の上の花のような物をまさに小さく折り取ろうとしている。これは菓子職人の頭（かしら）によって作られた精巧な造形の菓子か菓子パンを表わしているのであろう[57]。

すべての珍味の中で多分最も広く好まれたものは、バターを用い、油を塗られて熱せられた二枚の鉄板で焼かれ、完璧なまでにもろく、しかも、ぱりぱりの状態に作られた薄焼きパンであった。図11では、一人の女性が焼き上った薄焼きパンを鉄板から取り出して眺め、満足げに微笑んでいる。ちなみに、薄焼きパンはチーズを入れて味を良くしたり、生姜を入れてぴりっとした味にすることができ

図11　薄焼きパン作り
14世紀の第１四半期にフランドル語で書かれた『祈禱文』より．

たが、標準的なものは砂糖か蜂蜜で甘くされた。このパンの愛称（すなわち、星雲、雲、天使のパン）は、これが中世人の心にいかに大切であったかを表わしている。[58] そして、砂漠のイスラエル人たちの上に降り注いだマナ[七四]の性質について、学問的な議論が沸騰した場合、いつもの結論は、それは薄焼きパンに違いないということであった。そして、「この味は蜂蜜の入った薄焼きパンに似ていた」[59]と聖書に記されているため、これよりも真に神々しい物が思い浮んだ時には、人びとの心はひるんだ。一方、一四世紀の宗教論『未知なるものの雲』[七五]の著者は、未熟な神秘主義者は悪魔に簡単に惑わされ、精神的な心地よさは実際には天使の食べ物である薄焼きパンのように彼らの上に降ってくると考えるようになる、と痛烈な見方をし、次のように述べている。「彼らが蠅でも捕えたいかのごとく大口を開けて座る習慣は、そういう理由からである。[60]」

薄焼きパンを家庭で作るのはむずかしいことではなかったが、出来合いのものを買い求める容易さは魅力的であった。たとえば、一三世紀のガーランドのジョン[七六]は、『辞書』の中で、パリをぶらついていて見られる光景を記述し、薄焼きパン売りに言及している。この男は新しいナプキンが詰ったバスケットを持ち、客に試食用に自由に提供し、一口食べれば財布のひもがゆるみ、食欲がでてくる、と自信満々の様子である。[61] 一方、四〇人の客のいる念入りの結婚式の祝宴の場合、次のように、素晴しい薄焼きパンの詰め合わせが注文された。「薄焼きパン職人には次のものを注文するのが適切である。すなわち、……チーズ入りゴーフル[七七]を一・五ダース……大きな棒菓子を一・五ダース……ポルトを一・五ダース……エストリエを一・五ダース……砂糖入りのガレットを一〇〇個。[62]」

自分の家の台所の負担を軽減するために、より多くの品を配達してもらう手配も可能であった。たとえば、四〇名の客の場合、家禽商に「五〇匹の若いうさぎ、すなわち、晩餐用に四〇匹（これは丸焼きにする）、肉ゼリー[七八]用に一〇匹」を調達してもらうことができた。[63] ちなみに、図12は家禽商の店の看板の下で焼き串一本分の鶏が丸焼きにされている様子を表わしている。一方、図13にはパン屋の配達係の少年が描かれているが、彼らはパリの大橋の上をパイ用の盆を運んでいる。

このような食べ物の往来は全く一方通行というわけではなかった。というのは、多くの大所帯の家庭

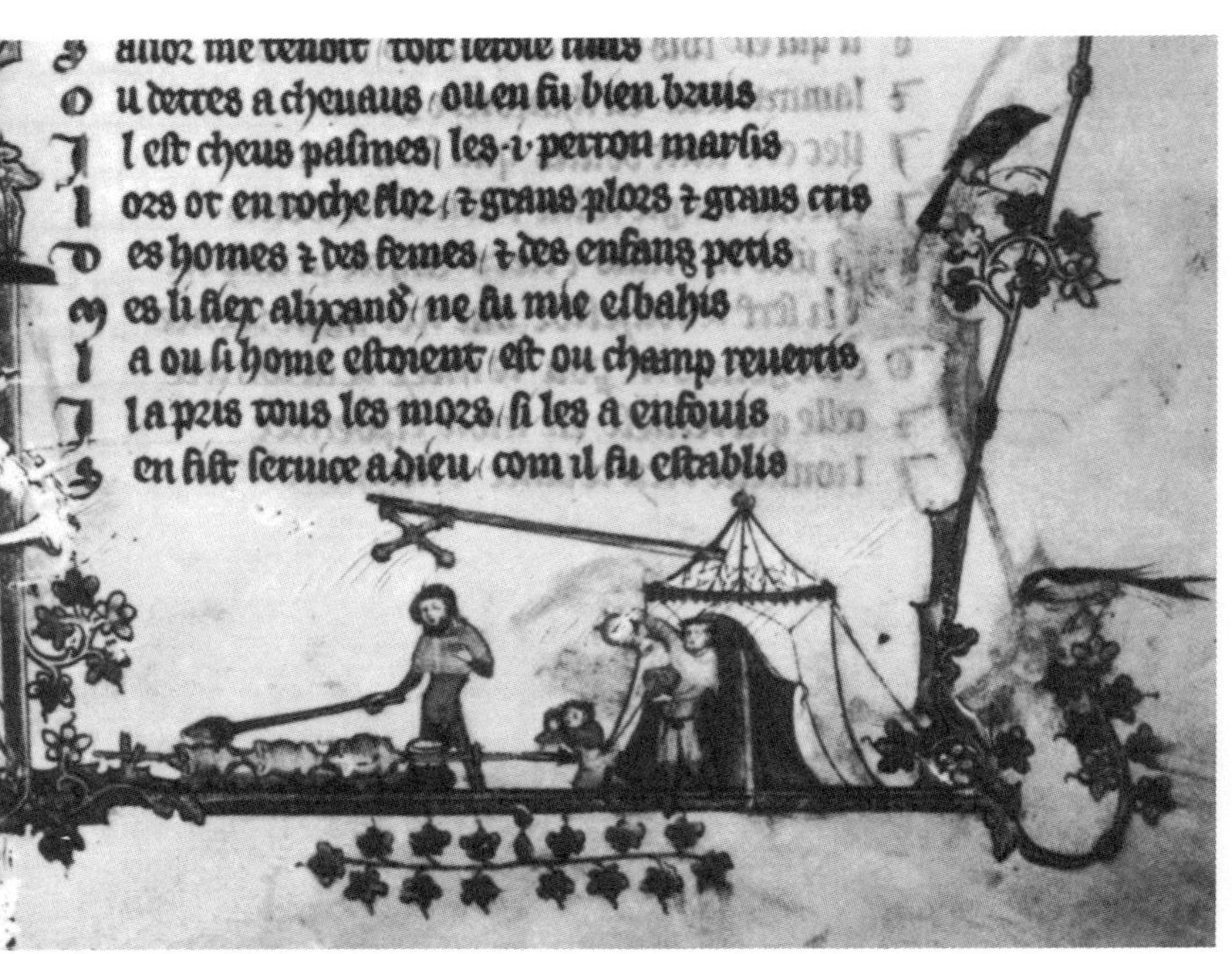

図12　料理屋
1338－44年にベルギーのブリュージ（Bruges）で書かれた『アレクサンダー物語』より．

の調理師たちは、台所の残り物をパン屋に売るという内職によってわずかな金もうけをすることを望み、一方、パン屋は喜んで残飯を持ち帰り、それをすばやくパイに変えたからである。そして、この商売はとてもよくはやり、きわめて多くの汚染したパイを作り出したので、当局は一三七九年にこれを禁じる次のような法令を通さざるをえなくなった。「ロンドンのパン屋はこれまでうさぎ、がちょう、残飯を肉入りパイに入れて焼いてきたが、これらは相応しいものではなく、

図13　販売用の果物入りパイ
1317年にフランス語で書かれた『聖ドニの生涯』より．

図14　パン屋
1338－44年にブリュージで書かれた『アレクサンダー物語』より．

また時には悪臭を放つものもあるため、……上記の商品のいずれも買ってはならず、……また、貴族や貴族の調理師の家では、パイに焼いて売るための去勢した雄鶏、雌鶏、がちょうのくずを売ってはならないことを命ず[64]。」

　このような食べ物の供給網に頼る利点は全く明白であった。すなわち、便利なこと、熟練した技術の結果を味わう機会があること、および自分自身の騒々しくて混乱した台所の仕事を軽減できること、である。一方、食中毒などの危険はすぐには明らかなほど減少しなかったが、苦い経験から否応なしに次の三点が現われてきた。すなわち、無能さ、不正直、それと出費である。

パンは社会のすべての階層によって買い求められる重要食品の一つであった（図14参照）。そこで、パン屋と消費者の知恵比べは激化した。すなわち、パン屋は、当然のことではあるが、自分たちの技術を磨くことと社会に対する無私無欲の奉仕にかなり精を出した。たとえば、シャルトル[七九]のパン屋は大聖堂の数枚の窓のためにかなりの代価を払っている。そして、その窓の絵を見ると、彼らはこね粉をかき回し、丸くて白いパンをありがたい世間へとうやうやしく運び出している。しかしながら、一二世紀のシャルトルのチャンセラー[八〇]の一人ギルベルトゥス・ポレターヌス[八一]がソールズベリのヨアネス[八二]に対して述べているように、自分の経験からすると、パン屋はたやすい仕事だと考えられているために、この町のすべての無能な者と失業者が、いつの間にかパン屋になってしまう傾向があった[65]。そして、このような誤った楽天主義の結末は、仕上った製品に反映されることがほとんど毎度のことであり、数世紀に渡って事態は目立って改善されるということはなかった。事実、「無精なパン屋の天火の中では練り粉が凍る」[66]という中世の諺は、「奥様、菓子パンを召し上りますか？　でも、まだこね粉のままなんですよ。パン焼き職人が天火を熱したとき焼いてくれればよかったのに[67]」というエリザベス朝[八三]の一人の女主人の悔しい叫び声にそのまま反映している。

無能さは財布と誇りを怒らせることがあるが、詐欺はこれらを傷つける。すなわち、すでに粉砕され、選り分けられた香辛料を注文し、これらの取引すべてに満足した者もいたが、それほど運のよくない者もいた。たとえば、一三九五年、グロスターシアのある商人はロンドンの薬種商に粉末の生姜、セメンシナ、[八四]乳香[八五]を注文した。そして、その通り三つの小さいきちんとした包みが送られてきた。しかし、中を開けてみると、入っていたのは代替品であった。すなわち、生姜の代りに菜種と大根、セメンシナの代りにタンジィの種子、そして乳香の代りには松やにが入っていた。この客は当然面白くは感じなかった[68]。このような出来事は、「彼らは自分たちの心の豊かさを全く意に介さないから金持ちになれるのだ[69]」と言われているように、香辛料を扱う商人のイメージを良くすることはなかった。

熱いパイを買うためにそっと家を抜け出せば、不意の客があった場合の問題は首尾よく解決できるが、代金を支払うパイと食べるパイは別物というのではじれったい。ちなみに、一三七九年、ロンドンでは、この町のパイ作り職人は「販売用の練り粉に牛肉を入れて焼き、それを鹿肉入りと称して売る[70]」ことを禁じるという法令を通過させねばならなかった。

最も謙虚な家の主人だけが自ら食べ物を求めて外出する夢をよく見たものである。威厳は保たれねばならず、召使いには買い物の一覧表を持たせて送り出さねばならない。しかし、詐欺は、無限に多様な偽装ができるカメレオンと同じであり、その得意の芸の一つは、主人の言いつけを真面目に、しかも熱心に果たそうとする未熟な小姓の役である。たとえば、一三世紀の説教作家ヴィトリのヤコーブス[八六]は、パリの貧しくて無知な四人の学生たちの小間使いがどのような方法で買い物に出かける度に相当のもうけを得ていたかを次のように記している。「私は自分の主人たちのための野菜[八七]、ろうそくなどを供給してくれる業者から芥子も買うが、私が芥子を手に入れる度に、一ファージング分の芥子を四等分し、それぞれを一ファージング分と書いておく。そのうえ、私は常連の客であるため、業者は一包み分のおまけを入れてくれる。そいつも一ファージングと勘定して、結局一ファージングで四ファージングもうかることになる。[71]」

パン屋は天火を備えていたため、パンを焼くための基本的な労力を提供した。しかし、客の多くは、こね粉は自分で準備し、それを焼いてもらいにパン屋に持っていく方が賢明であり、また経済的であると考えた。しかし、このような配慮も業者によっては十分ではないことがあった。たとえば、一三二七年のロンドンで次のようなことが発覚した。すなわち、ジョン・ブリッド（John Brid）というパン屋の店員は、客に自分たちのこね粉を「こね台」に置かせ、天火の所で順番を待つよう頼んだ。この台は一枚の板のように見えたが、実際は一部が円形に切り取られ、それを蓋のようにして元の位置にそっと戻してあった。そして、その下には召使いが一人隠れていて、こね粉がその円形の板の部分にのせられる度に、円板を引き降ろしてこね粉を少しつまみ取っていた。厳しい朝の仕事が経過するうちに、かなりの量のこね粉が集まり、これらは直ちにブリッドによって主人の元へと回され、そしてこの店の主人が作ったパンとしてたくさんの客に販売されていた。[72]

自分のパンの目方が軽くなっていることが分ったとき、中世の家庭を支える者たちの怒りは爆発した。というのは、パンの目方と値段の関係は当局によってきわめて厳密に決められていたからである。たとえば、図15では、こね粉がパンの形に作られる前にパン屋が一つずつ重さを測っている姿が描かれている。ちなみに、一三八七年、ストラットフォード・アット・ボウ[八八]のある奉公人は、主人のこね粉が軽すぎるのに気づいたため、ロンドンの当局が調査し、販売用として合格させる前に、主人を守るために検査用のこね粉の中に小さな鉄片を差し込んだ。[73]というのも、捕えられて有罪を宣告されたら、罪深いパン屋は、図16に描かれているように、首の回りに練り粉の塊をぶらさげられ、ロンドン市庁舎から自宅

図15　パン焼き
15世紀中頃にフランドル語で書かれた『クレーヴェスのカタリーナの聖務日課書』より.

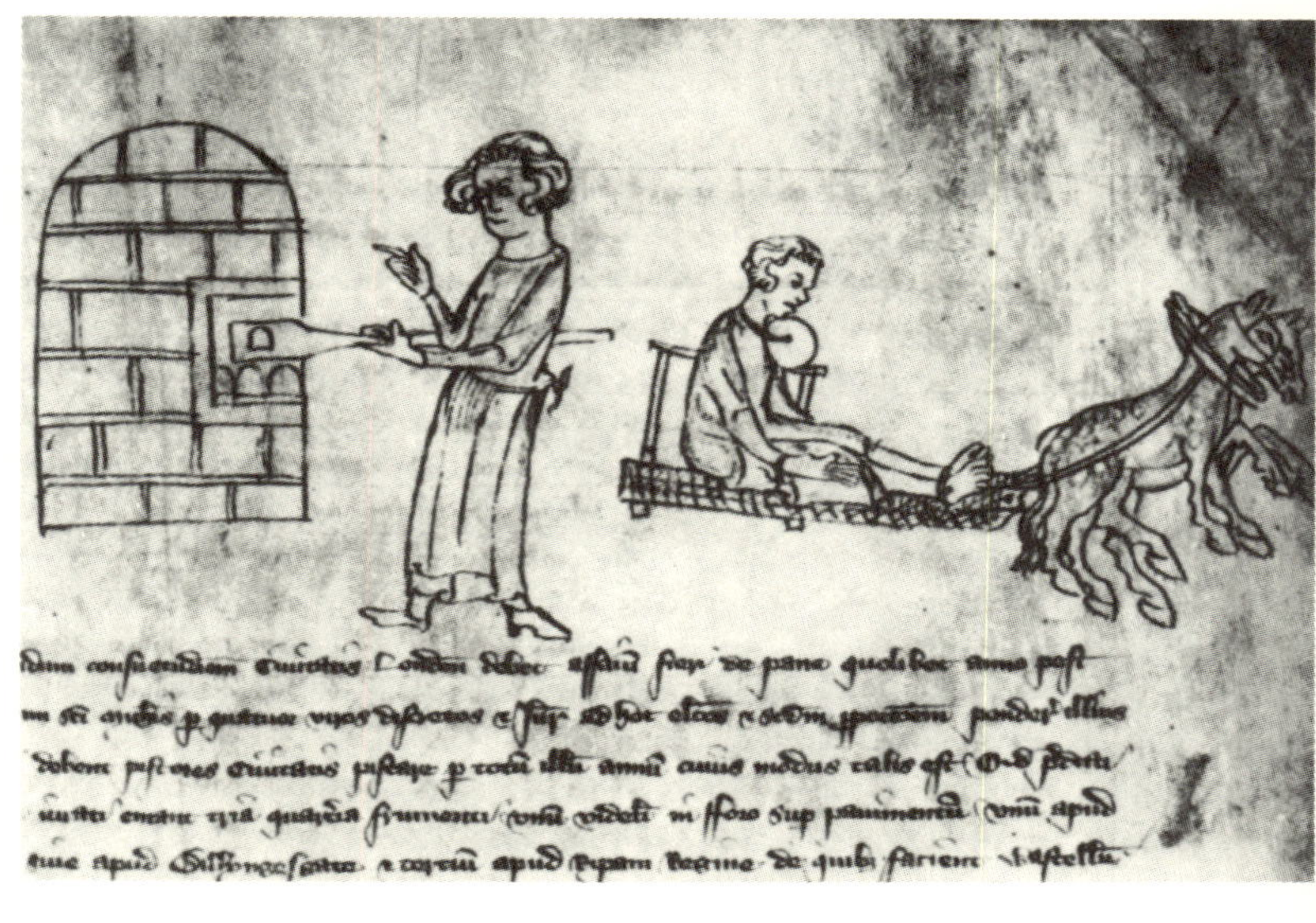

図16　不正なパン屋に対する罰
1293年にパリで書かれた『アッシージの食べ物に関する文書』より．

まで、「最も汚い大通りをいくつか通り抜けて」、だらだらと引っ張られて行くという屈辱を受けねばならなかった。したがって、激怒した被害者の方はこのような光景に満足したが、罪人の方は肩身の狭い生活をすることとなった。もっとも、彼らは機会があり次第許されて、突然再び姿を現わし、緑の月桂樹のように活躍した。

　このように、出来合いの料理を買うのは危険なこともあった。したがって、驚くべきことではないが、便利さを見合わせる方を好む者もいた。彼らは生の材料を選んで、それを新鮮なうちに料理した。たとえば、チョーサーの『カンタベリ物語』の序歌の中には、巡礼の一行の中にいたギルド[八九]の組合員らは調理師を一人雇い、サザクからカンタベリへの道中、彼らの食事を作らせた(74)という指摘がある。彼らが選んだ男についてのチョーサーの記述は余り信頼が置けないかも知れないが、組合員の一行は話をするのに忙殺されて、調理師の腕前を試すことができない。一方、一四八三年、エルサレムからシナイ山(九〇)へ旅する巡礼の一行の中にいた三人のドイツ人貴族は、ジョンという名の彼らの「腕利きの調理師」を連れて行くことによって、この旅の厳しさを和らげた(75)。

多くの地域では、宿屋の主人は旅人に対して宿だけを提供することが許された。そして、近所の親しい商人が食料と飲料の専売権を握っていた。ちなみに、一三九六年にベリー・聖エドマンズで書かれた仏語会話の手引書には、旅人が宿屋の主人と夕食の問題について議論しているところが示されている。多分、自分の寝室の中でたった今気付いたねずみとはつかねずみの軍勢の戦略によって考え込まされたのであろう、旅人は宿の主に部屋から出ていくよう指示し、そして鶏を数羽買い求めて自分の召使いに食事の支度をさせる(76)。

自分で材料を選び、これを料理してもらうために調理師の所に持っていけば、自分が食べることになる物が何であるのかが分り、しかも自分の金を少し有効に活用できるという二重の満足が得られた。ちなみに、一三七八年のロンドンのパイ職人が課した値段の一覧表を見ると、職人がすべてまかなって作ったパイと、客が中の詰め物を持ち込んだパイとでは、次のように価格の違いがあることが分る。すなわち、「練り粉に入れて焼かれた去勢した雄鶏の最高のパイは八ペンス、……練り粉、燃料、および工賃だけの場合には一・五ペンス(77)。」

主人役の悩みの種は尽きず、客の印象を良くするために、苦心して作った料理ばかりではなく、臨時の特別なテーブルクロスと特別に大きなシチュー鍋も必要であった。たとえば、一四世紀末のパリで四

○名の客が出席した結婚披露宴の勘定書を見ると、次の品物が借り出されていることが分る。すなわち、「リンネル製のテーブル掛け……六脚分、銅製の大きな深鍋三個……深鉢一六個……煮沸器二台、漉し器二個、乳鉢一個、すり粉木一本、台所用の大きな布六枚、ぶどう酒用の陶製の大びん三本、ポタージュ用の陶製の大びん一本、鉢四個、木製のスプーン四本、鉄製の平鍋一個、取っ手のついた大きな手桶四個、食卓用三脚台二つ、および飾り穴のある鉄のスプーン一本。」(78) 一方、ロンドンの醸造業者が一四二三年(九二)に晩餐会を開いた時には、費用の項目の中に「焼き串の借り賃として三ペンス」と「ピューター製の器の借り賃として六ペンス」の支払いが記載されている。(79)

一方、人手を雇うことも可能であった。たとえば、前述の醸造業者の晩餐会は、細部に至るまで格別の配慮をして計画されたものであったが、事実、この勘定書が作成された日の夕食のために支払われた金額さえ記録されている。なお、この晩餐の成功を請け合った臨時の人手の一群の中には、「パルチヴァール（Percival）という名の吟遊詩人が一人」、焼き串を回す者二人、テーブルクロスとナプキンを洗う洗濯女が一人、「糞の運搬」という絶対必要な仕事を任されている男が一名、含まれている。(80)

このような入念な準備をするには貧しすぎるか、身分が低すぎるか、それとも思慮が浅すぎる者にとって、目の前に横たわるのは苦しみ以外にはなかった。たとえば、パリのマタエウスは、一二五一年の項に、ヘンリー三世の娘がクリスマスにヨークでスコットランド王と結婚したとき、客は整わない王室から別な場所へと移動させられた、と記している。一方、ヨークの大司教は、目立たない所で奔走し、もてなしという見かけの裏で、「ある時は旅行者のための滞留する場所を提供し、またある時は馬に飼い葉を与え、別な時にはさまざまな家財道具、燃料、金銭の贈り物を提供することによって」、割れ目を取りつくろわねばならなかった。[81] もっとも、一五二〇年代の終り頃、ウルジ[九二]はもっとずっと手ぎわよく対応した。たとえば、彼がハンプトン・コート[九三]でフランス大使をもてなすことになったとき、彼の部下は最初から外部の応援を求め、そして、「今回の宴席の見栄えをよくするために……英国で見つけられる限りの最も熟練した調理師全員を」迎えにやらせた。[82]

それほど身分の高くない主人役の場合でも、豪奢な晩餐会の準備を得意とする調理師を雇うことができた。たとえば、一四二三年、ロンドンの醸造業者たちは、職人にがちょうを一羽とうさぎを二匹焼いてもらうのに代金を支払っただけではなく、トマス・ボーン（Thomas Bourne）という調理師も雇った。[83] この調理師にはいつも助手の一行が伴っており、彼らには自分の途方もない高額の俸給から手当てが支払われることになっていた。それで、たとえば、プラートーの裕福な商人フランチェスコが娘の結婚披露宴を開いたとき、彼がこの一回の盛儀のために雇った調理師に、女中一名の一年分の賃金の半分が支払われた。[84]

家長はそのような高額の出費に恐怖の悲鳴をあげたが、調理師長はいい気分であった。事実、特別な盛儀は特別な料理を必要としたため、専門家だけがそのような料理を提供できた。したがって、パリのある家長は、妻のために料理法を一つ書き記しているが、メモの末尾では、次のように肩をすくめて絶望感を表わしている。「詰め物をした鶏、着色またはあんかけ。[九四] まず、鶏を膨らませて中の肉をすべて取り出す。次に、他の肉を一杯詰めて、それから着色するか、あんかけをする……しかし、やるべきことが多すぎるため、一庶民もしくは一介の騎士の調理師がする仕事ではない。したがって、私はこの料理は作らない。[85]」このように、人間はひとたび不可能な夢に溜め息をつくことを覚えると、「わが家の調理師ができないことでも、都会の調理師ならやってのけるであろう」[86]と、次の重要な晩餐会で自分が頼むことのできる最も高くつく調理師を呼ぶ機が熟することになる。

外からの援助の範囲がいかに広かろうとも、仕事の大半は住み込みの調理師によってなされねばならなかった。そして、助けになろうと、邪魔になろうと、この調理師には一組の補佐役がいて、調理師がソースのことで思案しているあいだ、彼らは、順調に進まねばならず、手間のかかる、しかも、繰り返して行なう必要のある仕事のすべてに取り組んだ。たとえば、パリの市立病院では、調理師長には三名の助手がいて、野菜の準備、焼き串の回転、皿洗いを行なった[87]。一方、一五世紀の羅英辞典は、次のようにやけに整然と台所での階級を定めている。

一、調理師長
二、調理師
三、皿洗い[88]

この階級の底から頂点に至る階段を駆け登るためには、技術が習得されねばならなかった。そこで、この大志を抱く台所の少年は、調理師の奉公人となり、長期間の契約で仕事をすることができた。たとえば、一五世紀のロンドンの商人は、遺言の中で、「台所の少年ジャックは、奉公の年季が明けるので」[89]と、多少の金を残してやっている。一方、エドワード四世の宮廷の薄焼きパン職人は、自分で薄焼きパンが作れる訓練がすでにできている助手をつけてもらうことを当てにしている[90]。

食器洗い、薪割り、水汲み、といった仕事の多くは、特別な訓練を必要とせず、単に多量の労力と厳しい労働を要するだけであった。そこで、このような仕事の場合には、常勤の台所要員を助けるために臨時の労働力を雇うのがごく当り前であった。たとえば、中世騎士物語『デーン人ハヴェロック』では、主人公は、臨時の労働者として雇い入れられることを期待して城門の周囲をうろついている少年の群れの一人である。そして、調理師は買い入れたばかりの魚の荷を屋内に運ぶための人夫を探している。ハヴェロックは肩で対抗者を押しのけて、この調理師の目にとまり、魚が山盛りになった巨大な籠を頭にのせて、難なく城の中へと足を踏み入れる。このように、機敏さと力を誇示したあと、彼は台所での普通の雑用係として即座に雇われる。(91) ハヴェロックは変装してはいるが、主人である調理師にかなり好意的に扱ってもらう。しかし、他の台所の同僚の運命は彼ほど良くはなかったかも知れない。ところで、ローマ教皇の度重なる禁令にもかかわらず、多くのキリスト教徒の商人(九五)は東方で奴隷を買い、イタリアやドイツで売るために連れて帰った。たとえば、ヴィージェヴァーノウの練り粉菓子職人は、一四六三年、自分の仕事の助けとなるようにと、このような奴隷の少女一人を手に入れた。(92)

ダービー伯ヘンリー(九六)の出納簿の一三九〇―九一年の項の中で、台所の事務職員は、二〇〇匹の魚の干物を金槌で叩いて調理できる状態にする仕事のために、或る者に特別な賃金を支払ったことに触れ、「二〇〇回叩いたことに対して八ペンス」(93) と書き留めている。このように、干物、すなわち乾燥させたたらは、すべての人の食事に必要であるが好まれない品であった。そして、この準備の退屈さは、一四世紀末の調理法の中で次のように十分述べられている。

たらが遠洋で取れ、それを一〇年か一二年間保存したい場合は、はらわたを抜き、頭を取り、空気と太陽で乾燥させるが、決して火で乾かしてはいけない。燻製にしてもよい。この作業が終ると、たらは「干物」と呼ばれる。そして、長い間保存されるが、食べたくなった時には、木製の槌で一時間は十分叩くことが必要である。その次に、二時間以上暖かい湯に浸す。そうして、牛肉と全く同じように水洗いをして料理する。食べる時には芥子をつけるかバターをぬる。(94)

台所の梯子の最下段の横木の上にいる人びとにとって、焼き串を回す、香辛料を粉砕する、かき回してバターを作る、といった毎日せねばならない仕事はたくさんあった。そして、「一口も味わうことのない者が焼き串を回す」(95)という諺が表わしているように、いずれの仕事もたいくつでしかも感謝されないものであった。このように、いずれの仕事も、家人が寝ている夜の間に気持ちよくやってくれる妖精を期待をこめて召使いに夢みさせる類のものであった。ちなみに、ウェールズのブロゥニー(Brownie)という女中は、深鉢一杯のクリームを作るのに一塊りのバターをよくかきまぜようとした。しかし、フィンランド人のパラ(Para)は、それよりもずっと量が少ないのに、他人の攪乳器からすでに出来上ったものを盗もうとした。そこで、ウェールズ人のおかみさんは何が起ったかに気づき、ブロゥニーなら仕事を全部やらせても賃金を要求しないだろうと信じて、倹約するために女中を全員解雇した、という話がある。もっとも、ブロゥニーは、社会の改革をもくろんでいたため、この機会に立ち上り、女中たちが仕事を取り戻すまでストライキを行なった。(96)

重い道具を用いたこのような骨の折れる毎日の仕事は体にきついものであった。そして、このことは、台所で、人を雇うことができる場合には、男と少年が好まれた一つの理由となっている。ちなみに、トマス・モア卿[九七]は、その著『ユートピア』（一五一六年）において、制度にいくつかの修正を施してよくなりそうな理想的な社会を描き、次のように述べている。「骨の折れる労苦と用務を伴うすべてのいやな仕事、すべての卑しい仕事、および単調な仕事は男の奴隷がやる。しかし、どの家庭でも、女には当然のことながら調理……およびそれに関わるすべての物を注文するという仕事と責任がある。[97]」

すべての仕事の中でもっとも重要なものは火を焚き付けることであった。これができなければ、楽しみは消え、晩餐は出されなくなる。ちなみに、一九世紀の美食家は優しく丁寧に次のように述べている。「台所の火の明りは暗黒時代には多分最も輝かしい所であったであろう。[98]」そして、たくさん散在する微量な光は、その光を明るくしかも暖かく輝かせ続けねばならないという中世の最大の関心事を引き出すことになる。たとえば、一三世紀末のウォルター・ド・ビッベスワースは、フランス語を上達させたい英国婦人のために論文を書き、自分の授業をより面白くするために、語彙の練習を家庭生活を描いた小さな挿し絵に変えた。そして、火を焚き付ける説明の所では、炉の灰受け石をブラシではき、冷たい灰を片付け、オーク、とねりこ、ぶなをうまく混ぜ合わせた木を積み重ねる仕事に大わらわの台所の少年四人を示す。[99]これらの木はいずれも素早く火が付き、絶え間なく燃えるという独特の良さがあり、こつは、それぞれを適切に用いる点にあった。ちなみに、ハヴェロックは良い火をおこして燃え続けさせる方法を知っていることを自慢している。[100]一方、チョーサーの『聖堂参事会員の従者の話』[九八]の中では、錬金術師のるつぼが熱しているうちに爆発する。そして、互いの罪のなすり合いの中には、火の具合のどこが悪かったかについてのずいぶん意地の悪い分析がある。たとえば、ある者は火が熱すぎたと言い、また別の者は火のつけ方がまずかったと言い、そして三人目は「ぶなの木で火がおこされなかったのが原因だ」(101)と言う。

ウォルター・ド・ビッベスワースは火を焚くために臆病な解決方法をとり、すでに火がおこされた木から燃えさしを持ってくるか、それとも、もしも木が乾いていない時には真赤な燃えさしを詰めた容器を持ってくる、と指示している。一方、他の作家たちは、「二本の木の棒をこすり合わせることから始めねばならない」(102)という第一原理を信じた。しかし、たいていの家庭では、その代りとして炉辺鉄具(fire irons) を買い入れ、それで最初の大事な火をおこすことができた。ちなみに、ガーランドのジョンは、一三世紀のパリの市場の売店について述べているが、そこでは、針箱、かみそり、砥石、鏡の次に、このような炉辺鉄具が見られる。(103)

次の引用例に述べられているとおり、一度火花が得られると、直ちに点火することによって火花を大きくし、木に火が付くのに十分な強さの炎に変えられねばならなかった。

> 四〇〇年もの間、火打ち石から火花を得てきた。
> しかし、そこから火を取るために、点火、木片、トウ(九九)がなければ、
> 火おこしの作業と長い努力はすべて無駄になる。(104)

誰も彼も、乾いた羊歯（しだ）、藁（わら）、藺草（いぐさ）から、トウ、乾燥きのこ(一〇〇)、焼け焦げた布に至るまで、大切な点火材を持っていた。(105)しかし、これらいずれの点火材も、前述のパリの家長を満足させることはなかった。事実、

彼は妻のために火おこし用の愕然となるような計画を作っている。それによると、堅果をつける古い樹木の皮をはがし、これを「少なくとも」二日と一晩のあいだ灰汁の鍋の中で煮る。そのご、太陽の下もしくは煙突のわきでゆっくり乾燥させ、「海綿のようになるまで」槌で叩き、そのご乾いた場所に保存せねばならない。もっとも、幸いにも、このような忍耐のいる準備はそれほど頻繁に繰り返されねばならないということはなかった。というのは、「火を焚く時には、豆粒大の分量を手にとり、それを火打ち石に付けなさい。そうすれば、すぐに火が得られる(106)」と述べられているように、一度に必要なのはごくわずかの分量の材料だったからである。

炎を引き寄せるには空気の流れを与えねばならなかった。幸運な場合には、台所の少年にはふいごが与えられた。そうではない場合には、「私は卒倒するまで火を吹く(107)」と書かれているように、少年は口で火を吹いた。さらに、チョーサーの主人役は、失礼にも聖堂参事会員の従者になぜあなたの顔はそんなに奇妙な色をしているのかと尋ねるが、この従者は溜め息をつき、仕事のせいでそうなったのだと次のように説明する。

わしは火を吹くのが習慣になってしまったのだ。
それで顔の色が変っちまったんだよ……
……わしの顔はいきいきとして血色がよかったが、
今じゃ青ざめ、鉛色になっちまった……(108)。

また、一四世紀の『ホルカム聖書絵本』(一〇一)の挿し絵には、イエスの弟子の一人がひざまずいて、イエスのために網で魚を焼く火を吹いている姿が描かれている。

火をおこすには、技術、上手な管理、それに多少の幸運が必要であったので、自分たちの火を完全に消すのを好まない者は多かった。それで、燃えさしは夜は積み上げられ、朝まで眠らせておかれた。もっとも、台所を偶然全焼させてしまう危険を減らすために、通気孔のついた素焼きの陶器の蓋が火の上に置かれた。なお、この蓋は火種覆い (couvre-feu) と呼ばれた。そして、町中では、すべての火が消されるか蓋をされねばならない時間を告げるために、夜の八時か九時になると、couvre-feu または curfew と呼ばれる消火消灯のための特別な晩鐘が鳴らされた。(109)

ろうそくは台所でのもう一つ別な火に関わる偶然の出来事をもたらした。というのは、一日の主な食事は正午ごろ出されたので、調理師たちは早朝から仕事に取りかかり、ろうそくの明りの下で働くことも多かったからである。事実、彼らは時には前の晩に準備をすることもあった。たとえば、ランドリー塔の騎士(一〇二)は、何年も海外で過ごしたのちのある晩遅く不意に帰宅した旅人について教訓的な話をしている。それによると、この旅人は二人の姪の一人一人にと思って、毛皮の縁どりをした素晴しいローブ(一〇三)を持ち帰った。しかし、一人は彼に会うために外へ出る前に、鏡の前での身仕度に余りにも長くかかりすぎ、贈り物をもらえなかった。しかし、もう一人はおじさんに再会するのがとても嬉しくて、「パンを鉄板の上でひっくり返したり作ったりする仕事をやめ、練り粉がまだ一杯ついている手のまま出てきて、彼に抱きついた。」このような可愛い衝動的な行為に対する褒美は、全く相応しいことであるが、毛皮のコートが二着であった。(110)

台所でのろうそくの使用は会計簿にも時おり記されている。たとえば、エドワード四世の宮廷のパン焼き場では一年中ろうそくが必要であった。また、ある年の秋、聖マルティン祭での家畜の屠殺のあと、動物の脂肪から八〇ポンドのろうそくを作るために、ろうそく屋がスウィンフィールド司教の家に来ている。このような火に関わる偶然の出来事についてはかなりの配慮が必要であった。たとえば、一二九九年、グッドリッチ[二〇四]城の調理師は、台所の窓のランタンの中に無事ろうそくを入れた[111]。しかし、偶然燃え上る炎に対する恐怖はとても大きかったので、家長の中には常夜火の便利さを捨て、燃えさしに水をかけ、そして「物を運び出すための」一二枚の大きな袋と、緊急時に安全にすべり降りるための長いロープを、いつでも取り扱える状態にして置いてあるという安心感を抱いて、床に着くことを好んだ[112]。

火の番をしたあと、台所の少年にとって最も大切で、絶え間なく繰り返される仕事は、図17に示したように、食器洗いであった。事実、この二つの仕事は密接な関係があった。というのは、「藁一束と灰を取って、この鍋を磨きなさい[113]」と述べられているように、炉火からとれた灰は、焼き串や料理用の鍋を磨くのに用いられたからである。もちろん、容器は内側が問題となる場合にだけきれいにされ、外側は火で黒ずんだままにされた。このように変色した多くの鍋がウェアラム[二〇五]城で掘り出された。この中には、首の回りのきれいな帯状の部分を除いて他は真黒なものが一つ含まれており、これは、バイユー[二〇六]壁掛けの一場面に描かれた大鍋のように、ロープで火の上に吊されたことを示している[114]。一方、あの恐るべき修道女ロスヴィータ[二〇七]の手になる一〇世紀の戯曲『ドゥルチティウス』では、悪者が三人のキリスト教徒の処女を捕え、台所の近くの部屋に閉じ込めた。そして、夜遅くなってから、この悪者は彼女たちをいじめようとしてこっそりと戻ってくる。しかし、間違って食料貯蔵室に入り込み、深鍋と平鍋を

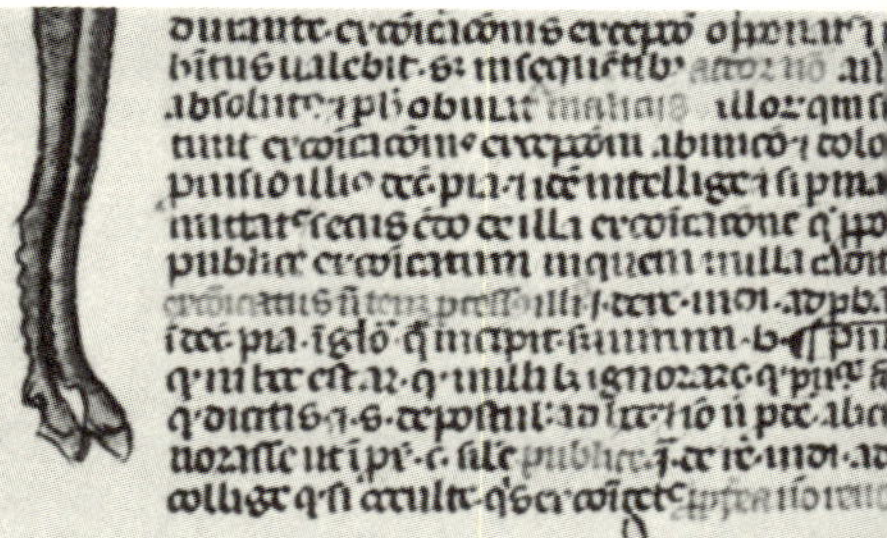

図17　食器洗い
14世紀の第２四半期に英国で彩色された『スミスフィールド法令集』より．

相手に熱心に料理に取り組む。そして、彼は頭から爪先まですすにまみれ、うなだれて姿を現わす。[115]

絶えず使用する用具の手入れをするには大量の熱湯が必要であった。たとえば、ガーランドのジョンは、その著書『辞書』の中でこの手入れの様子を次のように念入りに記述している。「調理師は暖かい湯の中で、大鍋、真鍮の深鍋、平鍋、フライパン、鉢、広口の水差し、びん、乳鉢、大皿、木皿、ソース入れ、スプーン、深鉢、焼き網、おろし金、および〔肉を鍋から引き上げる〕鉤を洗って片付ける。[116]」なお、大鍋は外側は黒ずんだままでもよかったが、食卓の陶磁器類は隅から隅まで洗わねばならず、「テーブルクロスを汚さないように、底の汚れ」も残してはならなかった。[117]

鋭い庖丁があれば今日の台所では重宝する。一方、中世ではかなりの重労働が家庭で行なわれたため、このような庖丁は必需品であった。ちなみに、驚くべきことではないが、古墳の発掘作業中に、大小さまざまのたくさんの砥石が台所で見つかっている。小さいものは上部に穴が開けられており、多分持主がナイフを研ぎたいと思った時はいつでもすぐに扱えるよう、ベルトに吊されていたのであろう[118]。

自分の料理を誇りに思う調理師は、きれいに道具を使い、きれいな物の上で仕事をせねばならない。そして、中世の調理法の本は、調理師たちにこの点を痛感させるために、次のように全力を尽くして説いている。すなわち、「『それをきれいな板の上に置きなさい。』『天火は……きれいに掃除しておきなさい。』『きれいなフライパンを使いなさい。』『それをきれいで乾いた汚れのついていないリンネルの布の上に降しなさい[119]。』」そして、皿と手を拭くために、たくさんの布とタオルが台所にしまわれていた。ちなみに、「これらの布切れは、台所用の布に役立つ[120]」と書かれているように、古き良き時代に見られた食卓用リンネル (table linen) から作られることが多かった。一方、一二世紀のアレクサンダー・ネッカム（一二〇八）は、「食料貯蔵室では……普通の手拭いを置いておくのがよいが、はつかねずみから守るために棒からぶら下げる[121]」と述べ、これらの布類は床の近くには絶対に置いてはならないと警告している。

はつかねずみは問題を投げかけたし、高い所にぶら下げられるのはタオルだけとは限らなかった。そこで、食べ物の袋を被害から守るために、たとえば特殊な棚や張り出し棚が作られた[122]。もちろん、果断な猫は台所では不可欠な要員であった。たとえば、ドイツ人の後援者たちのために作られた一五世紀後半の写本の一枚の絵を見ると、一匹の猫がはつかねずみを口にくわえており、その近くには、この被告の罪の証拠であるかじりかけの西洋梨がころがっている[123]。一方、ねずみ取り器も台所での防御物の一つとして役目を果たした。たとえば、サマセット[一〇九]の北キャドベリ[一一〇]にあるベンチの端に一つ刻まれており、また一三世紀の説教は、「いい匂いを出させるために[124]」えさのチーズは焼くのが望ましいと勧めている。

蠅も厄介者であった。肉は蠅帳（meat safe）に入れられたが、これは空気が循環するようにと側面に穴が開けられるか、メッシュ状のもので作られるかのいずれかであった[125]。そして、夏になると蠅が穴からそっと入って食べ物を台なしにするのを防ぐために、これらの蠅帳は布で覆われた[126]。ちなみに、台所では衣類を守るために誰もが長いエプロン[一一一]を身に着けた。そして、大所帯の家庭では、新しいエプロンを作るためのリンネルが年に四回、すなわち万聖節（一一月一日）、クリスマス、復活祭、および聖霊降臨節の折に支給された[127]。

清潔さに対する関心は新鮮さに対する関心と仲よく歩んだ。したがって、食べ物の材料は注意して用いられねばならなかった。たとえば、揚げ物をする場合、うるさい調理師は同じ油を何度も何度も使う誘惑に打ち勝ち、その都度「新しい油」を用いた[128]。

気付かぬうちに隅で何か腐っていないか確かめるために、食料品室の棚には鋭い目を注いでおかねばならなかった。そして、食べ物が食欲をそそらないように見え始めたら、次に記されているように、脇に置かれねばならなかった。「食卓に出すには、きれいで白いベーコンは黄色いものよりもずっと良かった。というのは、黄色いベーコンは、それがどれほど良いものであれ、余りにも不適切なものであり、見る人をがっかりさせるからである[129]。」一五世紀の家政婦が、「食べ物がどれほど速く腐敗するかを述べるのは余りにもいやなことである[130]」と溜め息をついているように、食べ物は当惑するほどの速さで腐った。ちなみに、食べ物が腐った時には、全くの損失として記されねばならず、台所での無能ぶりを示す恥ずべき証拠であった。そのために、浪費の心配は用心深い家政婦の夢の中にたびたび現われた。また、この点に関する不注意は、一人の隠者にとって、次のように懺悔すべき事柄と考えられた。「あらゆるありふれた罪……たとえば物をかびさせる、さびさせる、あるいは腐らせる……あなたが使う物や注意すべき物を大切にしない……これらすべてについて懺悔しなさい。[131]」

食べ物を腐らせることは一種の浪費であり、また貴重な材料を不経済に使うのは、種類は異なるが、やはり浪費であった。とりわけ、香辛料は台所の戸棚の中では最も高価な品であったので、調理師とその助手は香辛料を全部絞り出すよう促された。そこで、たとえば乳鉢の中でパンと香辛料を粉にすることを要する料理法は、香辛料の方を先に砕くようにと、次のような気のきいた指摘をしている。すなわち、「まず、香辛料をすりつぶして乳鉢から取り出す。こうすると、このあとですりつぶすパンは香辛料の残り物を付着させるため、この逆を行なった場合に失われるであろう物が全く失われることはない。[132]」一方、香料入りぶどう酒の場合、別な料理法によると、香りを出すために何日間もぶどう酒の中に浸された香料は、「香辛料の沈澱物を無駄にするなら、主人に報いることにはならない[133]」と述べられているように、取り出して再びシチューに用いることができる。

中世のもてなしの理想は贅沢さにあった。たとえば、初期のウェールズの中世騎士物語の中で、アーサー王の宮廷の門衛は、見知らぬ訪問者に対して、「あなたの犬には肉を、馬には穀物を、そしてあなたにはこしょうをかけた肉の厚切りを差し上げます[134]」と約束している。このように、人びとは物惜しみしない気前のよさと無頓着な奔放さを期待し、歓迎した。そして、大衆の前での演技は事情の許す限り、十分に陽気に行なった。しかし、場面の裏手では、舞台係はきびきびとして経験豊富であったし、支配人は勘定に鋭い眼を向けていた。

すべての出費について、こまごまと詳細な記録がつけられた。すなわち、臨時のほうきを賃借りする費用から、それぞれの客に薄焼きパンを何枚準備するかの決定に至るまで、入念な計算は盛大な晩餐会の準備の一つとなった。そして、日々の出費も同じような正確さで書き留められた。ちなみに、決算書を記入するのは調理師の仕事ではなく、調理師はその日に何が使われ、消費されたかを報告せねばならなかった。事実、「食卓のすべてのコースについて執事に毎日計算書を提出するのが調理師の義務である[135]」と記されているように、この仕事は、一二九〇年頃の法律の教科書の中で言及するに値するものとみなされている調理師の仕事としては唯一のものであった。なお、この本は、一二九〇年から一二九二年の間に、ロンドンのフリート監獄(一二)での快適な拘留生活に身を委ねた法律家マシュー・ド・シャッカリオ(一三)によって書かれたと信じられている。彼は勘定と財産管理に特に興味を抱き、したがって、完全に執事の見地からこの本を書いた[136]。ちなみに、所帯が小さい場合、調理師は直接主人に報告したが、大所帯の場合には、調理師がまず台所の事務職員に伝え、そしてこの職員が出費を記録し、次に上司である執事に報告した。

一日ごとの記録は最も好評であったが、時には週ごとの決算書も満足のいくものとみなされることもあった。たとえば、一四五〇年代のドーセットのブリッドポートの、寄進で維持される二人の聖職者は、自分たちのわずかな出費は週末ごとに計算すれば十分であると考えた。その典型的な項目は次のように詳しく列挙されている。「パン五ペンス、エール八ペンス、肉九ペンス、魚三ペンス、豆とバター一ペニー、あら塩二ペンス。職人が一人ここで一度食事をした。合計二シリング四ペンス[137]。」ところで、主人と召使いは毎日作成する簿記の効能について見解が常に一致するとは限らなかった。たとえば、一四八四年、マーガレット・パストン[二一四]は、夫に緊急の書状を送り、次のように助けを請うている。「お願いですから、食料貯蔵室を管理するために、カイスター[二一五]で誰か一人確保してください。というのは、私の所に置いてくださった男は、あなたの言いつけどおり毎日勘定書を作成する仕事を引き受けようとしませんので。この男が言うには、パンにしろエールにしろ、これまで週末まで勘定をする習慣がなかったそうです。[138]」

出費を意識することと浪費を気にかけることは、財布のひもを握っているすべての者にとって、絶えずつきまとう大切な任務であった。そして、これらの任務は大所帯の家庭の執事にとっても特別な重荷であった。しかし、かといって、二日続いて同じであることは決してない増大し変化する集団に対して、いかなる種類のものであれ、財政的負担を課すのは苦しく困難なことであった。聖職者であれ平信徒であれ、大物は食べ物を与えねばならない訪問客の行列を受け入れた。事実、彼らは全員腹をすかしており、しかも期待を抱いた召使い、馬、それに犬を連れていた。たとえば、カーナヴォンのエドワード王子[二一六]の家では、一二九二年のある一週間はありがたくない客のため、窮地に陥り、毎日の勘定書は次のような憤慨した短評で満ちている。「彼らは滞在中である。……あの人たちはまだここにいる。……あいつらはまだこんな所にいるのか。……今日の仕事は苦痛だ。[139]」

また、大物は一年中領地を移動し、一家の一部の者を連れ回した。そのために、この移動の費用、地方の市場での食料品の調達、および移動の途中でこわれた備品の常時の交換は、毎日の出費を簡単に急上昇させた。そして、このような仕事は、流動的な生活の仕方、すなわち執事が舵を取って進み、風と浪の変化を巧みに利用しなくてはならない刻々変る海を創造するのに手を貸した。

もしもこのことが台所などを管理する者にさまざまな問題を提起したとすれば、それは調理師にとって、台所から台所へと走り抜ける悪夢であったに違いない。しかし、それでもなお、調理師はほぼ時間通りに食卓に正餐を準備することを要求された。そして、調理師とその助手は、通例大切な集会に先立って、荷車一台分の道具類と共に派遣された。たとえば、一三世紀のスウィンフィールド司教家では、台所の少年の一人には、このような旅のための深鍋と平鍋の荷造りという特別な仕事があった(140)。この路上での生活、家財道具の取り扱いと運搬、途中の厳しい状況、これらはすべて力、機敏さ、そして自由自在の行動を要求した。そして、このような必要条件は、大所帯の家の台所の要員はなぜ少年から成り、女は含まれていないのかという説明に一役買っている。

調理師たちが奇跡を行なうことになっていた台所は、特別な場合に大至急作られた頑丈で便利で十分に計画された丸太小屋か、それとも、取るに足らぬ間に合わせのものか、いずれかであった。たとえば、この種の木製の台所が一二七三年のエドワード一世の戴冠式の祝宴のためにウェストミンスターで建てられている。一方、一二三二年、王の訪問のために建てられた台所は、強風の中ですっかり飛ばされてしまい、調理師たちの気分は和らぐことはなく、また晩餐の品質が良くなるということもなかった(141)。

このような建物は、旅をして回る調理師たちにとって職業上の宿命であるように思われた。そして、期待される台所というのは、配慮の行き届いた建物のことであり、中で成される仕事をかなり理解したうえで設計されたものであった。ちなみに、少なくとも数名が苦心して設計したことを示す断片的な証拠がある。そして、うまくいったものは、他の場合の手本の役目を果たしたものと思われる。たとえば、一三八六年、ケンブリッジの王宮の新しい台所の設計の責任を負った男は、この台所は「ドミニコ修道会の台所と同じ良質の木材とすぐれた技術で」建てられねばならない、と明記している。一方、ロンドンの生地及び仕立て商組合が一四二五年に台所を建てることに決定したとき、組合は設計図の作成料として大工のゴールディング・メイピルトン（Goldyng Mapylton）に対して七シリング四ペンス支払い、そして彼とその同僚らが詳細について検討している間に、彼らに気を配ってぶどう酒とエールを出している。(142)

出来の良い台所には何らかの特色があることが期待される。まず第一に、果てしない量のごみくずの処理のために何らかの設備が必要であった。この場合、「去る者は日々にうとし」が指導原理であった。たとえば、ランカシアのファーネスにある一三世紀の大修道院にはごみの投下設備があり、下を流れる川に何でも投げ込まれた。そして、最も立派な施設には下水溝があった。ちなみに、骨などを引っかけるために、この溝の上に鉄格子を取りつけたのは賢明であった。なお、この設備を節約した者は、絶えず通路が詰まるという罰金を支払うことになった。たとえば、一三一三年にロンドン塔では、四名の男が「この塔の大きな台所から出ている下水溝を掃除し、修理する仕事に」一週間費やしている。この下水溝は、「台所から出てくるすべてのごみを吸い込んでいたが、そのごみで完全に詰まり、止まってしまった」のである。一方、オックスフォード大学のカンタベリ校の評議員らは、明らかに彼ら四名から教訓を学んだ。というのは、一四四〇年に彼らは台所の流しを掃除させ、その通路の上に鉄格子を取りつけさせるのに代価を支払っているからである。(143)

たいていの台所は単に土を踏み固めただけの床となっていた。舗装されたまれで贅沢な床のある台所では、清潔さを保つのはずっと楽であった。ちなみに、一三九三年、エルタム宮殿[二一九]では、床は「一、一〇〇フィートにわたって……『オーネル[二二〇]』と呼ばれる石で」おおわれた[144]。

たくさんの光を供給するために、窓が壁に据えつけられた。そして、この窓は暖炉の上のかなり高い位置に付けられることが多かった。一般に、窓は全く飾りがなく、実利的であったが、一四世紀のグラストンベリ[二二一]の大修道院長の台所では、窓はトレーサリー[二二二]を施された。ちなみに、ロンドンにある貴族の大邸宅コールドハーバー[二二三]において、ハーマン・グラスイェール[二二四]は一四八五年に「台所の窓に取り付けた三枚の装飾ガラス」の代金の支払いを受けている[145]。

料理は熱と煙を出すため、その結果、換気の必要性が出てくる。換気の最も簡単な方法は屋根を打って穴を開けることであった。そして、このような煙の穴について多くの言及がなされている。たとえば、両側を突き外された樽が改良品として屋根の隙間の上に置かれた。しかし、これでは換気という問題に対して貧弱で粗雑なままであった。一方、装備の完全な台所には、換気の役目を果たす独自の精巧なルーバー[二二五]があった。ちなみに、louver という語はフランス語の l'ouvert「開いたもの」に由来し、この構造物はランタンのように屋根の穴の上に固定された。そして、この頂上部は閉ざされており、煙は側面の隙間から出た。これらの隙間は、よろい板とぴったりと適合し、天気の良い日には開けたままにされたが、雨や雪を締め出す場合にはひもをぐいと引いて閉められた[146]。ちなみに、この「台所のルーバー用のひも」が一三七〇年にクリップストーン[二二六]で買い求められている。

ルーバーをひゅーひゅー通り抜ける冷たい風はきわめて不快なこともあったので、一三六九年にエルタムでは、「どのような風向きにあるのかを知るために」、台所の屋根の上に風見が取り付けられた。これをちらっと見れば、よろい板を調整し、どれを開けたままにして、どれを閉じるかを決定するのは簡単であった[147]。

　このようなよろい板のついたルーバーは木で作られていたが、面白さと酔狂から作られた、開閉できず、便利さに欠ける陶製のものもあった。そして、多くの場合、これらは顔の形に作られた。たとえば、目と口から煙を吐き出す王や、舌を突き出したオックスフォードの学生の顔があった[148]。ちなみに、エセックスのグレート・イーストン[二一七]で発掘された一四世紀の見事なルーバーは、頂部に装飾を施された小さな城に似ている[149]。

　ルーバーは台所の屋根の中央に据えつけられた。これは本来火の真上に設置されるものである。また、火はできるだけ壁から遠ざけておくために床の中央でおこされた。もっとも、これは建物が木造の場合にのみ賢明な方法と言える。しかし、石の炉、石の飾壁、あるいは炉の背壁が次第に整えられるようになると、火は壁の側面に沿ったところか、それとも壁の隅でおこせるということが分ってきた。このような予防措置が講じられると、たくさんの火が同時に使えるし、台所の中央は他の仕事やあちこち急いで飛び回るために空けておける[150]。ちなみに、一四世紀のグラストンベリの大修道院長の台所は、外側は四方形であるが、内部は四隅にある壁炉によって八角形に変えられている。そして、どの炉にも煙突がある。今日でも時おりこの名残りと思われる煙突をちらりと見かけることができる。たとえば、バークシア[二一八]のアビンドン大修道院には、一三世紀の素晴しい煙突が立っている。最初、これらは無謀な虚勢から木で作られた。しかし、結局は用心が行き渡るようになり、一四世紀初頭のロンドン市の法令は、すべての煙突は石、タイル、またはしっくいで作られねばならないと規定した[151]。

台所は中世を通して木で作られ続けたが、資力のある家長はより安全な素材として石か煉瓦を選んだ。たとえば、一五世紀のゲインズバラ古城[二二九]では、広間は木材でできているが、台所は煉瓦である。一方、グラストンベリの大修道院長の台所とダラム[二三〇]の修道院の台所は、いずれも一四世紀のものであるが、石の屋根である。また、リンカン宮殿[二三一]では屋根は木で作られ、鉛板で葺かれている[152]。

初期の頃は、大部屋一つが台所と食堂を兼ねていたが、一三世紀までに、金と空間が許せば、両者を分離し、それによって火の危険および騒音と臭いの不快感を減少させるのが習慣となった。もっとも、この変化は幾分早く始まったに違いない。なぜなら、一二世紀末に建てられたフォントヴロー[二三二]の美しく堂々とした台所は、食堂と切り離されているばかりではなく、確かで洗練された設計がなされており、一連の実験が進んだ段階のものであることを表わしているものと思われる。

中世の終りまでに、十分な成功を収めた者は誰でも、何らかの方法で母屋とは隔てられた台所を建てていた。時にはこの台所は完全に切り離され、独立の建物となっていることもあった。また、時には台所は家の端に作られ、品物が配達できる中庭から出入りした。所帯が大きくなればなるほど、部屋の数や台所を補うための離れ家が多くなる。なお、この離れ家には、流し場、製パン所、醸造所、貯蔵室、および一四世紀のロンドンのある商人が所有していた「家禽類を閉じ込めておくための小さな厩（うまや）」のような家畜用の檻、あるいは「魚が洗われる」部屋があった[153]。まさにこのような一連の仕事部屋のついた中世後期の台所がダービーシア[二三三]のハッドン・ホール[二三四]に今なお残されている。

教区司祭や礼拝堂付き司祭が住んでいる小さなささやかな家では、場所がないために台所は母屋の一部となっていたとはいえ、台所は、少なくとも配膳用の廊下のようなものによって、あるいは時には食料品貯蔵室や食器室によって、食堂とは切り離されていた。事実、そのような家にある部屋は今でも現存し、考古学者によって現在は「台所」と仮に呼ばれているが、これは実際には物置であったかも知れない。一方、本当の台所は、かつては別個に建てられたものの、数世紀を経るうちにこわされるか、それとも母屋に組み込まれてしまったのかも知れない。[154]

家の内部を見ると、廊下は台所から広間へと通じている。もしも台所が屋外にあったなら、屋根付きの通路のようなものが召使いたちや彼らよりもっと大切だと思われる熱い食べ物を寒さと雨から守ったであろう。また、料理を出す直前に食べ物に触れて手直しをするために、この場所に食卓が置かれることも多かった。たとえば、プレストベリ（一二三五）では、スウィンフィールド司教の土地管理人が司教の訪問に備えて一台作るよう注文している。また、一二六一年、ギリンガム（一二三六）では、「王の晩餐を整えるために、王の館と台所の間には、ベンチ」があった。[155] ちなみに、配膳窓は食堂と廊下の間で開けられていることがあった。そして、これらはダラム城やハンプトン・コートでは今でも見られる。しかし、カンタベリのクライスト・チャーチ（一二三七）の古い設計図の中では、二カ所に印が付けられ、「料理が出される窓」と「皿を洗うために出す窓」は区別されている。[156]

相当大きくて重要な家では、台所が二カ所にあっても不思議はなかった。このうち、一つは大切な客をもてなすため、そしてもう一つはその家の主人や仲のよい友人などを楽しますためのものであった。したがって、たとえば、グラストンベリの素晴しい台所でさえ、修道院全体に配膳することはなく、大修道院長とその客だけのためにあった。一方、一四九〇年には、ウェストミンスターの「私用の台所」は、「主だった調理師たちがおいしくて手の込んだ料理を作る所」と記されている。[157]

このような仕事の区分は、食事をする人が同じ時に共に席に着いたものの、献立は同じではなかったことを強く示すものである。なお、彼らが何を食べ、そしてどのように調理されたかについては次の章で考察することにする。

5 調理法と献立

食事の特徴は多くの物によって形作られる。そして、食事をする時の喜びの大きさは状況に左右される。たとえば、厳しい一日の旅のあと、ひとたびしばしの宿に落着くと、誰でもパンの厚切れと肉の一切れをありがたく思うものだ。一方、フロワサールは、自著の年代記の一三二七年の項の中で、スコットランドの兵士たちが英国を略奪した際に、彼らは決して深鍋や平鍋のことで思いわずらうことはなく、オートミールの袋と、鞍と鞍敷き(一)の間に革ひもで結びつけられた平たい石を携えて満足げに馬に乗っているように思えた、と記している。そして、彼らは盗んだ家畜の食事に飽きると、オートミールの練り粉と水を混ぜ合わせて小さなパンを作り、野営のかがり火の燃えさしの中に置いた石の上でそれを焼いた(1)。一方、聖アウグスティヌスの『神の国』(二)の写本に彩色を施した一二世紀の彩飾師ヒルデベルト(三)は、この本の最後のページに自分の仕事場の絵を描いている。それによると、仕事について議論するための晩餐用に食卓が広げられ、そして、大きなはつかねずみがロールパンをかじりながら鶏肉の皿をちょうどうまくひっくり返したところである。頭にきたヒルデベルトは、図18に見られるように、「しょっちゅう腹のたつことをやりおって、この汚いねずみめ、くたばれ！」と叫んで、スポンジを投げつけよう

図18　邪魔された食事
1140年頃ボヘミア語で書かれた聖アウグスティヌスの『神の国』より．

としている。

このような間に合わせの食事はこの章では出る幕がない。同様に、不幸な貧者も、歴史の陰の中に取り残され、自分で食糧を探し求めることがしょっちゅうであったため、出番がない。その代りとして、裕福な家庭の調理師が歩み出て、舞台の中央にやってくる。そこで、我々は、この調理師が財布には金があり、食料品室には貯えがある雇い主をどのようにして喜ばせようとしたかについて考察してみたい。そして、調理師が全力を尽くそうという気持ちになった時に、どのような料理を作ったかについても調べてみたい。

現存する一四世紀末ないしは一五世紀以降の英語とフランス語で書かれた料理法の本を二、三冊ぱらぱらとめくってみた最初の大ざっぱな印象は、色と複雑さと値段に関するものである。たとえば、豚肉のパイの場合、練り粉はサフランで色付けされ、濃い黄金色になるまで焼かれた。これを切って開くと、中に詰められた肉が現われるが、これは黒光りのする干しすももと硬ゆで卵から作られた明るい平円形状のもので模様がつけられている。一方、ゼリー状の牛肉のスープは、大切な客に対する上品な敬意の表われとして、紋章の楯形に変えられる。すなわち、「香辛料貯蔵室から紫色素を二オンス取ってきて、これを良い色になるまでゼリーと一緒に煮る。そして、ゼリーの上に紋章の形を付けたければ、自分の最も好きな金貨か銀貨を取り出し、羽の先につけた卵の白身で紋章の形を描く。次に、ブラシで一かきしてからその上に金貨をのせる。」(2) 一方、ソースに関するほんのわずかの言及からでさえ、中世の調理師の心の中に潜んでいる狂人性を引き出せる。すなわち、調理師は、荒々しく虚勢を張って、蜂蜜から在庫品の魚に至るまで、自分が手にすることのできるすべての物を得体の知れない混合物の中にほうり込む。そして、その上に多種多様の香辛料をたっぷりと蒔き散らすのである。

このようなあふれんばかりの豊かさは、批評家たちを狼狽させ、学問上の理解をかなり乱してきた。たとえば、一七九一年に初期の頃の調理法の本を編集したリチャード・ウォーナー(五)は、次のような厳然とした非難を表わして中世の調理師を退けている。「リチャード二世の治世ですら、フランスの調理師たちは流行の先端を行っていたことを我々は知っている。そして、彼らは、香辛料の種類と食べ物の性質を変えて単純な食べ物を複雑でかつ口で言い表わせないほどに混ぜ合わされたものにする力において、今日の彼らの子孫に比肩していたように思われる。(3)」

このようにウォーナーは嘆いているが、そのときの彼は、「食べ物の性質を変える能力が自分たちにはあるのだ」と調理師たちが最も誇りにしていた料理の質そのものを厳密に攻撃しているのである。豊かな時代には、資力のある者なら誰でもローストチキンを食べることができた。しかし、このことはとりたてて論評するには値しない。興味ある唯一の問題は、そのような単純な料理がどのようにして賛美されたのか、という点にある。たとえば、一二世紀の注釈家のラルフ・ディチェト(六)は、ポワトゥー(七)の人びとが用意された牛肉をどのようにして味わったのかについて次のように語っている。「ポワトゥーの人たちは日々の食べ物として牛肉を好む。こしょうとにんにくが乳鉢の中で混ぜ合わされると、新鮮な肉に香辛料として必要となるのは野生のりんごの汁または若いぶどうの芽かぶどうの実の汁である。(4)」

この時代の他の芸術家たちと同様に、調理師は自分のことを製作者、技術家と呼ぶことを誇りにしていた。特殊な技術、専門的熟練、および目もくらむような妙技は、優雅な料理にとって複雑さは必須の要素であるという信念に影響を与えた。

もちろん、どの時代にもあるように、時には生活の中の単純なものを称賛しようとする立派な試みがいくつかなされることもあった。たとえば、田園生活という主題に対する情熱が一四世紀のフランスの宮廷に向けられたとき、モー[八]の司教フィリップ・ド・ヴィトリ[九]は、宮廷びとの退屈な生活と農民であることの喜びについて、きわめて広い人気を博した詩『ゴンティエ物語』を書いた。それによると、宮廷びとはくよくよしながら衰弱していくが、健康的で元気なゴンティエとその恋人は、野外で果物や木の実を食べて暮す。そして、「二人にはにんにくと玉ねぎ、皮が硬くて厚い黒パンの上にのせるみじん切りにした青玉ねぎ、それに喉が渇くあら塩がある。」しかし、それから一〇〇年後、フランソワ・ヴィヨン[一〇]は『率直なゴンティエに答える』を書き、次のように述べて、荒々しく読者に現実を直視させ、現実へと呼び戻させた。「彼ら二人には一年中大麦とオート麦で作られた粗末な黒パンを食べさせ、水を飲ませろ。ここからバビロン[一一]まで飛んでいくどんな小鳥だって、一日たりとも、いやいや朝一回たりとも、このおれにそんな食事を受け取らせようとはしないだろうよ。[5]」

しかしながら、農民の生活と農民の好みからなるべく遠ざかろうとして、あらゆる努力がなされたというのが真実である。白いパンよりも黒いパンが好きであるとか、濃いソースよりも生野菜のサラダがいいというのは、きわめて現代的な気まぐれである。ところで、すべての中世の芸術において用いられている材料の質と進歩した技術は、主題と時機の重要性をはっきりと示している。たとえば、金、美しい絵の具、宝石、エナメル、それに象牙は、それぞれ独特の得がたい美しさを神や聖人あるいは後援者に与えている。これと全く同様に、調理師は、珍しくて高価な材料、よく知られたものと風変りなものとを大胆に組み合わせたもの、および神秘的で人を魅了するソースを用いて、神や聖人、後援者に敬意を表わしたのである。調理師の目的は、味、作り、および外観から判断して、芸術品と呼べるものに作り変えられた料理を食卓に運ぶことであった。もしも調理師がこれまでに立ち止まってこの問題について考えたとしたら、その具体例と霊感の源として、聖餐用の薄焼きパンを取り上げたとしても当然のことである。なぜなら、そのパンのもろさの極致は、イエスが最後の晩餐の時に二つに割った粗末で素朴なパンにとことんまで改良を加えて出来上ったものであるからである。

手がけている仕事が手紙の作成であれ、鹿の腸(わた)抜きであれ、物事を行なう正しい方法に鋭い注意が向けられていた玄人(くろうと)の時代に、調理師が抜け目のない博識の観客を前にして、いわば魔法の手品を披露していたことを知っても、別段驚くに値しない。しかし、『パリの家長』(一二)という本の題目によってのみ今日の我々に知られている富裕で年配の人物が一四世紀末に若い自分の花嫁のために書き留めた調理法と有益な助言がなかったなら、中世の料理に関する我々の知識は嘆かわしいほどに貧弱なものとなっていたであろう(6)。一方、一三世紀前半のリンカンの司教であり真面目な学究グローステストでさえ、「ソースに入れるには生姜より純粋なこしょうの方がよい(7)」と述べている。また、一四世紀に最も力のあった英国貴族の一人、ランカスター公ヘンリー(一三)は、一三五四年に書いた『聖なる医療の書』(一四)の中で、鶏肉スープとばら水の詳しい作り方を紹介している(8)。

ヘンリーは、この本の中で自分自身の過失を特別に、しかも興味深く引き合いに出し、七つの大罪について熟慮している。そして、暴飲暴食を省みるとき、彼は中世を覆うカーテンの隅を持ち上げ、申し分のない晩餐によって与えられた喜びを我々にちらっと見せてくれる。彼の場合、五感のすべてが刺激に反応している。すなわち、彼はおいしい食べ物の味と同じ程度に、匂いも好きである。また、彼の足は「宴会の方に向って走り」、招待状をもらっていない場合には、好運な客から得た献立表の詳細な内容を見て楽しむ。もっとも、他人の晩餐会について論じるのは楽しいが、自分の晩餐の計画を練り、栄養豊富な食べ物を注文し、新しいソースを創り出したりするのはずっとおもしろい。(9)

ヘンリーは自分の貪欲さをずいぶん嘆いているが、自分の心の健康のための宴会に対して完全な禁止令を提案するにはとうてい及ばない所で立ち止っている。この課題に対する彼の答えは、中庸という気楽な考え方である。すなわち、貴族は「分相応に」適度に御馳走を食べ続けるのが相応しいと彼は考える。(10) この無邪気とも言える短い表現の中に現われた階級の原則は、料理に関するこの時代の考え方の中を地下水のように流れ、そして調理法や覚え書きの中に時おり姿を見せる。すなわち、大所帯の家には、一つは王や大修道院長用、もう一つはその他の残りの人びと用に、二つの別個の台所があるのと全く同じように、中世のどの晩餐会でも、何人かは他の人より身分が近かった。また、全員が準備された特別の珍味を味わえたわけではなかった。たとえば、エドワード四世の宮廷の薄焼きパンの指南書の中では、毎日このパンを食べる偉い人と、一年の主な祭日にだけ味わえる地位の低い人の区別がなされている。(11) そして、出席者全員が同じ料理を味わえる場合でさえも、ひと盛りの大きさは客の階級に応じて微妙に変化した。事実、「閣下にはかわかます一匹丸ごと出し、一般客には四分の一を出す」とか、「並の客には切り分けた鶏肉を出し、閣下には丸ごと出す」というように、いくつもの調理法の中にこの目安が明記されている。(12)

階級は食べ物の材料を選び、決定するのに役立った。(一五) たとえば、ある典拠によると、「えんどう豆を何度も食べると頭が鈍くなる。……したがって、ヴァロは、司教はこの豆を食べるべきではない、と言っている」[13]ため、ある司教は、あの庶民がありがたがる間食用の乾燥豆には手を出さないという信者に対する重大な義務があった。

富はもっとずっと決定的な要因であったことが分る。たとえば、一二世紀のサレルノの内科医コーフォー[二六]は、金持ちに対しては高価な香辛料から薬を作り、貧しい者にはありふれた薬草から作るよう同僚[二七]に助言している。そして、彼は次のような快い説明を付け加えている。「我々は一般に物に対しては物を与え、言葉には言葉を返す。空虚な話に対しては、それと引き換えに山で採れた薬草を返すが、貴重なお金に対しては、我々は香辛料を与える。」[14]

これと同じ原則は料理にも適用された。すなわち、控えめな優雅さという概念は中世人の心にたやすく入ってくるものではなかったし、また主人役は高価な材料を使いたがり、そのうえ、客に対する敬意と自身の富の証しとして、使っているのを見せたがった。そして、人目につく使い方をするという目的にとって、香辛料はまさに天の賜物であった。

何はさておき、香辛料は贅沢品であった。事実、香辛料は東洋からヨーロッパにもたらされたため、長い航海そのものが値段を押し上げた。したがって、物が物だけに、香辛料は容易に台所の最も貴重な品となった。そして、ウィンザーの聖ジョージ礼拝堂の免戒室の絵の調理師のそばに見られる箱のように、香辛料は鍵をかけられた箱に注意深く取って置かれた。

値がはるということだけでも香辛料はかなり魅力的であったが、これらがやってきた国々の人知れぬ遠さも特別な魅力を付け加えた。そして、香辛料が地上の楽園でどのように生育し、そこからどのようにしてナイル川を漂流して下り、網で採取されるに至るかが、多くの話に語られている。たとえば、

「うわさによると、風が我が国の森の中の枯れ木を吹き倒すようにして地上の楽園からやってきたそうだ。そして、このようにして倒れて川に流れこむ楽園の枯れ木は、商人によって我々の手にもたらされたのである」(15)と。しかし、一三世紀のバルトロマエウス・アングリクスは、「こういう輩は物を貴重で高価なものにするために話をでっち上げているのだ」と厳しい言葉でそのような一連の思いつきをこきおろしている。(16)

市場で値切られるような香辛料の出所についてはうさんくさいところがあったかも知れないが、中世のどの作家も香辛料が取れる植物のない楽園を想像することができなかった。彼らが描く幸せに満ちあふれた庭が聖人たちのためのものであったにせよ、恋人たちのためのものであったにせよ、あたりの空気はシナモン、にくずく(一八)、生姜、ちょうじ(一九)の人をじらせるような妙なる香りで満ちていたことであろう。(17)そして、このような連想のおかげで、香辛料は、最も厳格で自制心のある友人同士でさえ、特別な愛のしるしとして贈ることができた。またそのために、たとえば七四五－四六年にドイツに伝道したルルス(二〇)は、遠く離れた英国のサネット(二一)にいるいとしい文通相手の修道女にシナモンを少し荷造りして送っている。(18)しかし、このような禁欲的で熱烈な聖ボニファーティウス(二二)の信奉者たちが自分たちの食事を香辛料で見栄えのあるものにしようとしたとは考えられない。多分、香辛料は神への献納品および人間への愛を思い出させる香として用いられたのであろう。

もっと世俗的な社会の場合、香辛料は贅沢と貴族にふさわしい申し分ない気品の象徴となった。たとえば、ヘンリー五世(二三)はリチャード・ホィッティングトンにかなりの借金をしていたが、ホィッティングトンはロンドンの市長に推挙されたとき、王を大宴会に招待し、集まった客の面前で証文をただ燃やしただけでなく、シナモンとちょうじの火の中で全く思うがままに焼却してしまったのである。そこで、王は感動して「ほかのどんな王にだってあれほどの臣下はおるまい」とつぶやいたそうである。[19] 一方、一五世紀の中世騎士物語『身分の低い従騎士』[二四]では、王は自分の娘に、「おまえが寝ると香りが漂ってくる」ようにと、部屋の空気を香辛料で一杯にするため、彼女の寝室用に香炉を与えたのをはじめ、思いつく限りの贅沢品を与えている。[20]

夢の中で香辛料の香りを味わうのは楽しかったかも知れないが、目が醒めているときに味わう方がもっとずっと満足のいくものであった。そこで、一日の主な食事のあと片付けがすんだら、自分で香辛料を出して味わうのがはやった。たとえば、裕福な家庭では、客は、幸運な場合には私室にさがってぶどう酒を一杯飲み、糖菓の詰め合わせの中から気に入ったものを少し選ぶことができた。なお、砂糖そのものも同じ類のものとみなされたため、「応接室の香辛料」と呼ばれるものの中には、すべての香辛料と砂糖漬けにした生姜や香水入りの砂糖の塊りのような贅沢な砂糖菓子が含まれていた。ちなみに、一四世紀末にパリで四〇名の晩餐会が開かれた時に、次の食べ物が準備され、「香辛料はほとんど残されなかった」[二五]というメモが残されている。[二六]「応接室の香辛料、すなわちオレンジの皮の砂糖漬け一ポンド、……シトロン一ポンド、赤アニス一ポンド、[二七]……ばら砂糖一ポンド、……白糖菓三ポンド。[21]」そして、香料入りぶどう酒、すなわち甘味を強くし、香料をたくさん入れた赤ぶどう酒は、これらの一口菓子と共に出された。ちなみに、薬味は、まず、ぶどう酒に浸され、その次にこの薬味入りぶどう酒が熱せられて漉(こ)された。そして、さまざまな薬味が用いられたが、例のパリの家長は、「砂糖とシナモンが優っているに決まっている」と、最終結果について確固たる自信を示している。[22] これらの砂糖菓子を味わう場合、香辛料はキャンディのように吸って、少しずつかじられることが多かった。そして、次に記されているように、長もちするものが好まれた。「誰が香辛料を食べようと、その時は、甘い香りと味が口の中に残るようにするため、口を閉じるべきである。(23)」

調理師は、画家と同じように、料理を飾り、その色を変えたり鮮やかにするために香辛料を用いた。たとえば、白い鶏肉のシチューはおいしかったが、風味がないように見えた。そこで、次の引用例からもうかがえるように、単調さを打ちこわすために、目は鮮やかさを必要とした。(二八)「このシチューを出したら、薄い赤色のコエンドロの香辛料をその上に振りかけ、そしてどの深鉢の縁の周囲にも糖菓と油で揚げたアーモンドと一緒にざくろの実を並べなさい。(24)」

色の中では、深くて濃い黄色が中世の晩餐の客にとって最も好ましいものであった。そして、この満足感を与えることのできる香辛料はサフラン、すなわちクロッカスの雄しべを乾燥したものであった。一方、「えにしだという名の料理があるが、これはえにしだの花と同じように黄色いからである。(二九)これは卵の黄身とサフランで色付けされ、この仕事は夏に行なわれる(25)」と記されている。誰でもサフランが好きであった。事実、一二世紀のジラルドゥス・カンブレンシスによると、ウェールズの妖精たちでさえサフランを食べて成長したらしい。すなわち、彼は、妖精の宮殿に連れて行かれ、そこで宮廷の者は全員「肉も魚も食べず、サフランを入れて混ぜ物にしたミルクの食事を食べて生きている」ことを知った少年の話をしている。(26)一方、一五世紀末のヘンリソンの詩(三〇)『クレシダの遺書』の終りのところで、貧乏なハンセン病患者クレシダは、トロイラスの恋人であった頃の栄光の日々を振り返り、自分の物乞い用の深鉢の中のかび臭いパンを、かつては当たり前だと思って受け取っていたきれいな皿やサフランのソースと悲しげに対照させている(27)。

植物のサフランはギリシャと小アジアで最初に見つけられ、中世を通じてレヴァント(三一)はその主な供給地の一つであった。しかし、のちに西ヨーロッパではこの植物はずっと近くの家のあちこちですみやかに生育することが分り、スペインやイタリアの一部の地域では大量に作られるようになった。一方、英国では一四世紀以降、「自国に利益をもたらす目的で」冒険心に富んだ一人の英国の巡礼が、精神的な満足感よりも私利私欲をもくろんで、「わざと前もって穴を開けておいた」巡礼用のつえの中にサフランの球根を隠してレヴァントから密輸して以来、サフランはもうかる商売としての地位を確保した(28)。ちなみに、サフラン・ウォルデン(三二)という町は、かつてはエセックスの産業の中心地であり、そしてその名が示すとおり、この植物が市民にもたらした富に感謝して、一四九五年頃に建てられたその教区の教会の身廊（nave）の中には、弓形の門と数カ所の屋根の装飾部にサフランの花が飾られている(29)。

香辛料が料理に与える色よりもはるかに重要なのは、味に加える風味であった。中世人の舌は、花が夏の雨に反応を示すように、生姜の風味やシナモンの微妙な味に反応した。しかし、現存する調理法からは、いずれの香辛料であれ、特定の料理にどの程度の分量が加えられたのか判断するのはむずかしい。なぜなら、この指示は、たとえば、「粉にしたこしょう、シナモン、生姜、粉にしたちょうじをそれに加えよ(30)」というように、簡潔だからである。このように、調理師の手加減にゆだねられた部分は多かったが、ある会計簿によると、調理師は見込み半分で不器用に「これを一つまみ、あれを一つまみ」と加えていたことが分る。一方、例のパリの家長は、四〇名の晩餐会のためには何が買い求められねばならないか書き留めている。それによると、ある種のソースは既製のものを注文しているが、次の量の香辛料は必要であるとしている。すなわち、「粉にした生姜[三三]一ポンド、……粉にしたシナモン半ポンド、角砂糖二ポンド、……サフラン一オンス、……ちょうじとパラダイス[三四]の種粒を混ぜ合わせたもの四分の一ポンド、……長こしょう[三五]四分の一ポンドの半分、……ばんうこん[三六]四分の一ポンドの半分、……メース[三七]一ポンドの四分の一の半分、……緑の月桂樹の葉一ポンドの四分の一の半分。」[31]これほどの量だと、どんな香辛料であれ、香りを出させる予定の料理の中に跡を残さずにしみ込むとは考えにくいが、この家長は、自分のスープに香辛料を加えることによって、ぴりっとした辛さが調理の際に失われないよう、最後の一瞬まで念には念を入れることを好んだ。[32]

手に入るすべての香辛料の中で、こしょうは最も親しまれ、しかも最も安価なものであった。しかし、これはインドとセイロンに生育していたため、ヨーロッパでは十分な量を手に入れることができなかった。したがって、貧乏人でさえこしょうをかけた厚切りの肉片を夢見た。そして、商人の所ではいつも簡単に在庫がなくなった。そこで、たとえば一五世紀半ばには、商売人のために、「いかにして多くの商品に精通するか」という題のイタリア語の案内書が作られた。この本には、最高の品質の香辛料を選ぶ場合に必要な項目が列挙されており、また、販売の間違いと棚に残された高価な品物という二つの失敗を避けるために、市場の大きさを計算する名案についての議論が記されている。たとえば、だいおう[三八]の需要を推測するには長い経験年数を要した。しかし、「販売しやすいこしょうやその他の同じような品物については、いくらでも購入できる」[33]と書かれているように、こしょうは初心者の夢であった。そして、一五世紀に召使い一人とつましく暮し、週に一、二名の客を迎えていたドーセットのブリッドポートの二人の礼拝堂付き司祭は、年俸の一部として半ポンドのこしょうを支給されたが、それでも時々

自分たちの小使い銭からさらに買い求めねばならなかったという事実から、この調味料に対する情熱が推測できる。(34)

こしょうのために目から出た涙は、全く同じように、楽しく、しかもそれほど費用をかけずに、芥子菜の種子によって出すことができた。この植物はヨーロッパで容易に育ったため、貧乏人の香辛料となり、大いに好まれ、気前よく用いられた。ちなみに、中世人の舌は鍛えられていたが、いつもと同様に人によりけりであった。たとえば、フランスの宮廷詩人ユスターシュ・デシャン(三九)は、エノー(四〇)とブラバント(四一)における食事の仕方の厳しさについて激しい抗議書を書いている。それによると、芥子は彼が口にするどの食事にも入れられており、そのために「芥子抜きで飲食はできなかった。彼らは魚を煮る水にも芥子を混ぜる。それに、彼らは焼き肉から出た水を芥子に入れ、そして混ぜるということも私は知っている。……そこでは頼まなくても芥子はいつでも利用できる。(35)」

芥子でさえ小使い銭で手に入らないことがあった。しかし、強い風味と魅惑的な臭いに対する願望をいつでも満足させてくれる野菜は多種多様にあった。たとえば、玉ねぎ、にんにく、西洋ねぎ、およびえぞねぎ(四二)はたくさんあり、しかも安価であった。そして、これらはすべて中世の台所でせっせと用いられた。今日と全く同様に、誰も彼もこれらの野菜を手に入れ、フライやシチューにしたり、チーズと一緒に生で食べたり、という風に使った。事実、ソース用ににんにくをたくさんつぶすことが続いたため、「乳鉢はいつでもにんにくの臭いがする(36)」という諺を生み出すほどであった。

慣れ親しんではいるが刺激的な味を我慢して控えることのできる者はほとんどいなかった。たとえば、七世紀のノーサンブリア(四三)の聖人クスベルト(四四)は、自分の最後の厳しい断食のあいだ、生の玉ねぎをかじることを自ら認めた。彼の修道士たちは、ファーン島に上陸して彼が死にかかっていることを知り、さらに彼の部屋には食べ物が全く見当らないことに気付いてぎょっとなった。そのとき、彼はベッドの掛け布を折り返して彼らに五つの玉ねぎの貯えを見せた。このうち、一つは半分食べかけの状態で、他の四つはまだ手がつけられていなかった。[37]

克己無私の聖人たちは美食家たることはまれである。しかし、彼らより世慣れた人びとは、食事の際に玉ねぎの攻勢にあって身悶えすることが時々あった。そこで、たとえば一四世紀のアヴィニョン[四五]で大変な成功を収めたイタリア商人フランチェスコは、プラートーにいる家族にあてて手紙を書き、帰還の予定を告げると共に、自分の歓迎会のための基本原則を二、三示し、「私の前には、にんにく、西洋ねぎ、根菜類を置いてはならない。歓迎会が私にとって天上の楽園のように思えるようにしてくれ……」[38]と述べている。一方、五世紀のフランスでは、滅亡前のローマの文明化した生活を憧れの目で回顧しながらも、自分の司教管区を侵略した荒々しい半野蛮人のブルグンド族[四六]となんとかして親しくなろうとしていた司教シードニウス・アポリナーリス[四七]は、体が大きくて玉ねぎをかむ新しい自分の支配者たちについて、次のような哀れな詩を書いている。

私の女神を恐がらせるものは何だか知りたいかい？
彼女は何に不満なのか知りたいかい？
支配者の七歩脚の詩行を使って、
彼女はどのようにして六歩脚の詩行を書けるのかしら？

おお、素晴しい眼よ！　おお、素晴しい耳よ！
余りにも素晴しく立派な鼻よ、
彼女の鼻からは一日中玉ねぎの臭いはしない。
にんにくは彼女のために生えるのではない！(39)

このような反逆心を込めた不満はどの時代にも時おり聞かれた。しかし、玉ねぎは家庭菜園の王様であり続けたのである。

薬用植物（herb）はより微妙な香りと風味を料理に付け加えた。しかも、この植物の種類はきわめて豊富であった。たとえば、「ソースとシチューを作るために用いられる薬用植物」という題目の一五世紀中頃の園芸に関する英語の論文では、八六種類が挙げられている。(40)これらのうちの一、二種は今日ではレタスやはつか大根と同じようにサラダ用の野菜の中に入れられるであろう。一方、たんぽぽ、ばら、ジギタリス、百合となると、これらは花の部類に入るであろう。このように除外しても、まだかなりの種類が残り、これらは日頃親しんでいるはっか（mint）やたちじゃこうそう(四八)から、ねずみの耳(四九)、はなやすり(五〇)、およびえぞデンダ(五一)に及ぶ。しかし、この論文の著者は、次の引用から明らかなように、紙面と時間があったら薬用植物の一覧表にさらに追加をすることができると思ったであろう。

これ以上私は進めるつもりはないので、薬用植物についてはここで止めておきたい。(41)

香りを楽しんだり、葉をかじったり、あるいは指の間に挾んでこすったり、というように、薬用植物が与えた喜びは、多くのものからうかがい知ることができる。たとえば、ロンドンの大邸宅コールドハーバーでは、一四八五年に、台所ではなく私室に薬用植物の壺用の鉄製の台を二つ作るのに、職人に賃金が支払われている。[42] 一方、聖人の中でも最も厳格な、あの聖フランチェスコでさえ、横たわって死にかけている時に、突然パセリの小枝が欲しくなり、自分で一枝請うている。[43] しかし、薬用植物が食卓の格を大いに上げたかどうかは別問題である。香辛料と張り合ったら、薬用植物は一般的すぎ、たやすく生育しすぎ、さらに安すぎる、という難点があった。事実、これらの植物はどこでも繁茂し、それがまた当然と考えられた。たとえば、一一七九年に、ジラルドゥス・カンブレンシスはケントのカンタベリの修道士たちが楽しんだ贅沢な御馳走の内容を説明しているが、その中で彼は、出された飲み物の種類について記し、興味深い比較を行なっている。すなわち、「英国、とりわけ全ケントで最高の状態で作られる類のビールでさえ出番がないほど、飲み物は選りすぐられていた。また、香草（potherb）が取り合せ料理[五二]の中に入っているのと同じように、そこではビールは飲み物の中に入っていた。[44]」

この言い回しを見ると、ジラルドゥスは薬用植物をサラダの材料と考えていたことが分る。そして、この用途だと、薬用植物は舌の肥えた人びとの目には特に不利な立場にあった。すなわち、これらの植物は調理されず、したがって必然的に「取り合せ料理」ほど興味をひかなかった。サラダは、確かに食べられ、そして疑いもなく楽しまれたが、百姓の質素な食べものや修道院の簡素な食事に近すぎて、楽しむ気になれなかったように思われたのかも知れない。一方、一一六八年にシチリアから追放されたブロワのペトルス[五三]は、生野菜に対するこの島の住民の強い好みには嘆かわしいものがあると感じ、次のように述べている。「あなたの国の人びとの食事の貧弱さは間違いのもとである。というのは、彼らはセロリとういきょう[五四]がほとんどすべての滋養物を成すほど、これらの食べ物に依存して暮しているからである。そして、このことが体を腐らせる体液を生み出させ、体を病気や死という極端な状態に至らしめるのである。[45]」そして、彼の疑いは、コットグレイヴの『辞書』（一六一一年）の「サラダ」の項目に引用されている諺「ぶどう酒抜きのサラダは生で、健康によくなく、危険である」と呼応する。

そのような単純な料理を味ききが喜ぶものへと変えられる最も見込みのある方法は、材料の組み合わせをできるだけ面白く、かつ並はずれたものにし、そしておいしいドレッシング[五五]を作ることであった。また、すでに見てきたように、薬用植物と野菜の選択の幅はきわめて広く、その方法は冒険に富むものであった。たとえば、すみれの花弁、玉ねぎ、およびレタスからはとてもすてきなサラダが作られたが、一五世紀の「サラダ用の」薬用植物の一覧表には、パセリ、はっか、芥子菜、さくら草の蕾、ひなぎく、たんぽぽ、あぶらな、赤いらくさ、るりぢしゃ[五六]の花、赤ういきょう、はこべが含まれている。[46]ちなみに、サラダの素材は融通し合うのが礼儀に叶っていると考えられた。そこで、たとえば一二世紀の英国の隠者マークヤートのクリスティーナ[五七]は、隣人のけちに相当腹を立て、次のように言っている。「しばらくの間、彼女は隣の菜園からとれたものは一切食べようとはしなかった。それというのも、彼女が先日チャービル[五八]を一枝請うた時に、菜園の持主はしみったれてその申し出を断ったからなのである。[47]」ちなみに、一四世紀末の、パセリ、セージ[五九]、にんにく、玉ねぎ、西洋ねぎ、るりぢしゃ、はっか、ういきょう、芥子菜、ヘンルーダ[六〇]、まんねんろう[六一]は、今日でも用いられている油、酢、塩でできた古典的ドレッシングと共に出される。[48]

生ではなく調理された料理の場合、薬用植物は薬味として、また飾りのために用いられた。たとえば復活祭では、この頃は卵が再び本領を発揮し、植物がまだ若くて繁っていたため、よく好まれた料理はタンジィであった。この場合、すっぱくて特有の香りのあるオムレツを作るために、タンジィの葉を乳鉢の中でつき砕き、その汁をよく泡立てた卵に加えた[49]。一方、煮た豚肉は、セージ、硬ゆで卵、こしょう、生姜、塩、それと酢で作られた緑色のソースを添えて出された。また、料理用の去勢した雄鶏には、パセリ、セージ、ヒソップ[六二]、まんねんろう、たちじゃこうそうが詰められた。さらに、アーモンドクリームと砂糖から作られた真白なプディングは、るりぢしゃの葉で飾られた。また、ミートボールは、緑色にするためにパセリの中で転がされた[50]。

中世の調理法の中で薬用植物と野菜を区別するのはむずかしく[六三]、また多分不必要であろう。事実、この境界線は微妙で、食べられるすべての種類の植物は wort という包括的な名詞の下でまとめられていた。当時は手の届く所に生えている青物を組み合わせて、多くの満足のいく料理が創り出された。たとえば、キャベツ、ビート[六四]、るりぢしゃ、すみれ草、ぜにあおい[六五]、パセリ、かっこう草[六六]、西洋ねぎの白い部分、および若いいらくさの先の部分を混ぜたものは、あくを抜き、水気を切り、細かく刻み、そして野うさぎの肉入りシチューに加えられた。もっとも、野うさぎそのものは入れなくてもよかった。ちなみに、調理法には、がちょう「それとも他のどんな新鮮な肉」でも全くうまくいく、と指摘されている[51]。

多くの調理法の中には、野菜をたくさん入れ、なるべく水分を取り除く配慮をした勇気づけられるような証拠がある。たとえば、「バターでいためた野菜」の場合、水でゆでられる「手に入る限りのあらゆる種類の良い薬用植物」と「かなり多くの壺に入れられたバター」が要求される[52]。一方、キャベツの場合、葉は洗われ、あく抜きがなされ、水気が切られ、そして刻まれる。これらの準備がすむと、調理は肉汁の中で続けられ、特別に汁を多く出すために髄入りの骨が一、二本入れられる。そして、このピューレは出される前にパンくずで濃くされ、塩をふりかけられ、そしてサフランで色付けされる(53)。

フランス王ジャン(六七)が英国で投獄の身にあるあいだ、一三六〇年に王のために買い求められた種(たね)の一覧表を見ると、どのような植物が菜園での必需品と考えられていたかがある程度分る。すなわち、どの家庭でも好んで用いられるキャベツ、玉ねぎ、西洋ねぎ(六八)を筆頭に、レタス(六九)、山ほうれん草、一、二の薬用植物、パセリ、ヒソップ、るりぢしゃ、すべりひゆ、こしょうそうがこれに続く(54)。この一覧表にある他の野菜はビートだけである。したがって、ビートは根よりも葉を取るために育てられたものと思われる(55)。なお、他の根菜類、すなわち、かぶ、にんじん、はつか大根は知られており、時おり用いられたが、キャベツや玉ねぎと同じように、定期的に食卓に現われることは多分なかったであろう。ちなみに、パリの家長が自分の若い花嫁のために付け加えるのが必要だと感じた「にんじんは、一摑み一ペニーの値段で、市場で一摑みずつ売られている赤い根菜である(56)」という説明調のメモから判断すると、最も馴染みの薄いものはにんじんであった。一方、はつか大根は生のまま塩をつけて食べられたが、かぶは、今日と同じように頭と尻尾が切り取られ、水か肉汁の中でゆっくりととろ火で煮られた。なお、かぶを多少特別な料理にするためには、最初に頭と尻尾を取ってから、薄切りにして油で揚げられ、香辛料で味付けされるか、それとも蜂蜜の中で保存された(57)。

花は飾りだけではなく、料理にも用いられた。たとえば、ミートボールを盛った皿は食卓に出されたが、それぞれの皿の上には花の小枝がのせられた。すみれの花弁はまずゆでられ、水を切られ、そして乳鉢ですりつぶされ、次に甘いミルク入りプディングの中に入れてかきまぜられた。さらに、もっと大胆な色の組み合わせが別な調理法の中に示されている。それによると、すみれの花弁がサフランで色付けされたプディングに加えられると、次に新鮮なすみれ草が黄金色の表面に蒔き散らされた。なお、ばら、さんざし、さくら草も同じように用いられた(58)。

花弁は飲み物に独特の香りを与えた。そこで、香りが良くてぴりっと舌に感じるカーネーションはこの用途に最もよく使われた。この花の愛称はいくつもあるが、「ぶどう酒用のソップ(七〇)」はその一つである。そして、花弁はかなりの程度の歓楽と浮気と結びつけられた。たとえば、スペンサー(七一)の『羊飼いの暦(七二)』には次のように招集が行なわれている。

愛人たちによって使い古された花ども、
「戴冠式」と「ぶどう酒用のソップ(59)」〔を連れてこい。〕

一方、一五世紀の劇『マグダラのマリア(七三)』の居酒屋の場面では、主人公は、当然のことながら改宗の前のことであるが、「好奇心」と呼ばれる派手で嘆かわしい男とふざけ合う。そして、二人がダンスをしている時に、男は彼女の耳もとで、「ぶどう酒用のソップは好きかい?」とささやく。すると、彼女は「あんたが好きなら、私も好きよ」と挑発的な答え方をする(60)。

人生のより大切な瞬間において、薬用植物と花は薬効成分を評価され、一連のコーディアル(七四)とシロップにすべて用いられた。たとえば、フロワサールの『年代記』の写本の一つに、一三五七年のレンヌ(七五)の攻囲戦についての話が記されている。それによると、英国軍はこの町を包囲したときは田舎に野営した。そのため、諸事万端行詰まり、誰も彼も退屈してしまった。そこで、ボルトンのジョン（John of Bolton）という若い騎士は、一、二時間ぶらぶら過ごそうと、町の守り手の一人オリヴィエ・ド・モーニ（Olivier de Mauny）に決闘を申し入れた。この戦いは上機嫌で始まったが、ジョンの敗けに終り、彼は捕虜としてレンヌの中へと連れ込まれた。彼を捕えたオリヴィエは深手を負っており、薬草が必要であったが、馬に乗って町の門から出ることはできなかった。そこで、彼はジョンを自分の馬にのせて英国軍の野営地まで送り届け、そこで安全な処置を施してもらうことを思いついた。この案に同意が得られたので、オリヴィエはレンヌの外へ運び出された。彼は英国側の指揮官ランカスター公ヘンリーによって丁重に扱われ、また兵士たちは必要な薬草を求めて付近を探し回り、おかげで彼は専門的な傷の治療を受けて元気になった。事実、誰も彼も立派に行動した。そして、この物語は、オリヴィエが完全に体調を回復し、自分の捕虜を連れずに、馬でレンヌに戻るところで終っている。オリヴィエは感謝の意志表示としてジョンを自由な身にして置いて帰ったが、ランカスター公ヘンリーは、この客人は立派だと、次のように呟いたと言われている。「私の側での安全な処遇とわずかな薬草のお返しとして、羊一万頭分の金貨の身代金を受け取れる捕虜を手離すとは。」(61)

乾燥したえんどう豆とそら豆は内容のある食事を提供した。今日のじゃがいもと同じように、これらの豆類は暖かくて元気の出る食事の量を増やした。そして、これらは、一般にパンくずや卵黄によって一層濃くできるピューレの状態へとゆっくりと煮られた。もちろん、パンくずは安いため、ある料理の本は、同じ調理法を（日常用の）パンくずを入れた「若いえんどう豆」と、（特別な場合の）卵を入れた「大きく立派な若いえんどう豆」の二通りに分けて紹介している。まず最初の場合、えんどう豆はしばらくの間水の中でゆでられ、次に水を切られる。このうちの半分は牛肉の汁の中で煮られるが、もう半分は、パン、パセリ、ヒソップ、および少量の塩と共に、乳鉢の中でつぶされてどろどろの状態にされる。次に、二番目の場合、すべてがより高価なものとなった。今度も、豆は二分される。そして、一方が薬用植物と少量のパンと一緒につぶされているあいだ、もう一方は、さらに豪華さを加えるために、スプーン一、二杯の肉汁の中といったものではなく、丸々一匹のうさぎと共に煮られる。そして、このシチューは、次に卵黄によって濃くされ、砂糖または蜂蜜によって味付けされ、サフランで色付けされる(62)。

一般に、野菜は肉または魚の汁の中で煮られたが、時には玉ねぎも少し加えられたし、あるいは、たまには甘いプディングになることもあった。ちなみに、ある調理法によると、白い豆はまず水に浸され、次に牛乳と蜂蜜の中でとろ火でぐつぐつ煮られた。ちなみに、この料理は出される前に香りをよくするために塩が加えられたが、多分ごくわずかであっただろうと思われる(63)。

豆を用いた好みの料理は、今日作られるものときわめてよく似ており、えんどう豆かそら豆にベーコンが入れられた。まず、豆は水につけて軟らかくされ、次に水が切られ、そしてベーコンの汁の中で煮られた。この料理が出来上るころ、ベーコンが一切れ深鍋に加えられた。ちなみに、「ベーコンを豆の中から取り出したら、このベーコンに……豆の皮やくずが付かないように、肉の汁の中でベーコンを洗わねばならない(64)」という最後の指示には、仕上げと見栄えに対する中世人の配慮がうかがえる。

薬用植物や野菜と同じように、果物も喜ばれたが、舌の肥えた人びとの間では当り前のものとされた。

自国産の果物は食卓にのるものとしては豊富すぎ、心地よい羨望の眼で見られるようなことはないため、虚勢ぬきで満足そうに食べられた。しかし、遠い国からやってきた異国情緒あふれる高価な果物の場合は全く事情が異なっていた。小粒の種なし干しぶどう、普通の干しぶどう、なつめやし、いちじくは冬のために、とりわけ四旬節用に輸入されたため、かなり親しまれていた。しかし、オレンジとレモンは貴重品であった。たとえば、エドワード一世の妻であるカスティリアのエリナ(七六)は、多分故国の夢を見ていたのであろう、一二九〇年にポーツマス(七七)に停泊したスペイン船からレモン一五個とオレンジ七個を買い求めている。一方、スウィンフィールド司教の執事は、一二八九年のクリスマスの祝祭日のためにレッドベリ(七八)で購入したレモンについて、もったいぶって記録している(65)。ちなみに、オレンジとレモンは一五世紀までには多少量が豊富になっていたに違いない。なぜなら、これらの果物は、次の引用例に記されているように、ある不機嫌な児童の復讐の夢の中にも出てくるからである。「父さんは兄と私に二〇〇個の梨を送ってくれた。ところが、私の留守のあいだに兄はいい方を選んで私にはかすを置いておいた。でも、父さんは、ざくろやオレンジが売り出されれば、きっと私たちに送ってくれると思う。そうしたら、兄さんには同じように仕返しをしてやる(66)。」とは言え、これらの果物はまだ高価な贅沢品とみなされていた。一方、これと同じ一五世紀のちょうど終りごろ、ロンドンのある呉服商が裕福な未亡人に求愛していた。しかし、彼が三年間も精一杯尽くし、際限なく贈り物をしたにもかかわらず、この夫人は彼との結婚を拒否したため、彼は激怒した。彼が勘定書を前にしてくよくよと思案し、計算したところ、この口説きのために六ポンドも使い果たし、「いちじく、干しぶどう、なつめやし、アーモンド、干しすもも……ざくろ、オレンジなどのさまざまなおいしい物(67)」にも相当の金を費やしていたことが分った。

果物に対する好みは幼児期から始まる。たとえば、ランカスター公ヘンリーは大人の貪欲さと子供の見方を対照させているが、彼は単に祈禱に関する文書によく引用されている「子供は三つの王国の富よりも赤いりんごを好む(68)」という比較を借用したにとどまる。一方、一五世紀の詩人リッドゲイトは、自分の少年期を振り返り、自分がどのようにこの時期を過ごしたかを次のように思い出している。

私は庭に駆け込み、そこでりんごをこっそりもぎ取った。
果物を取るためには垣根や壁を物ともせず、
他人のぶどうの木からぶどうを取ることは
朝の祈りを唱えることよりずっと楽しかった(69)。

ちなみに、一三世紀のビッベスワースのウォルター(七九)は、とっても小さい子供のためにどうやってりんごを食べさせるかについて、楽しく着実な説明をしている。それによると、まず柄を引き抜き、次に皮をむく。果肉を食べ終ったら、種子を芯から取り出す。そして、この種子は今日の幼稚園で行なわれているのと全く同じように、外に植えられる(70)。

果物は個人的な非公式の楽しみと結びついていた。ある種のりんごや梨は冬用に保存できた。そして、長い暗い夜の娯楽の一つは、次の引用例に記されているように、炉辺の灰の中でこれらの果物を蒸焼きにすることであった。「よくおいでくださいました。火のそばでしばらく座られますか、それとも立っておられますか？　このところ夜空はきれいですが、寒いですね。焼きりんごというきょうの実をお出ししましょう。もっとも、これ以上のおもてなしはできませんが。[71]」一方、チョーサーが『粉屋の話』[八〇]に出てくるアリスーンの息を「枯草の中に貯蔵したりんご[72]」のように甘いと表現したとき、彼は食料貯蔵室の押さえがたい良い香りを喚起させている。

　王室の会計簿には、果物に対する味覚を満足させるために果物を買い求める者の決意のほどがうかがえる。たとえば、一二二三年にヘンリー三世はフランスを通ってロンドンまで旅して戻ったが、どの停泊地でもりんご、梨、木の実が配達されている。一方、一二九二－九三年にエドワード一世はベリック[八一]に滞在していたが、この王のために荷車二台分のりんごと梨が果物商ニコラス（Nicholas）に注文されている。[73]ちなみに、一五世紀のエドワード四世の菓子製造部の係員の義務の中には、王室の果樹園から「夏期用として、大小を問わず、チェリー、梨、りんご、木の実、それから四旬節用のウォーデン[八二]、まるめろ[八三]の実など[74]」を安定して供給できるよう取り計らうことがあった。

　このようなごくわずかの参照文献の中でも、りんごと梨は他のどんな種類の果物よりも多く言及されている。一二世紀の都会の人間なら、この件についてこの辺りで止めておくだろうが、中世の舌の肥えた人なら、そのようないい加減な態度に不信感を抱いて眉をつり上げるであろう。そして、このような人はそれぞれが独自の季節、特別な用途、特有の名前をもつ多くの美しいものに心を向けるであろう。たとえば、りんごの中にはコスタード[八四]、ポームウォーター[八五]、リカードン、グラウンドレル、ビタースウィートがあり、梨の中にはカイユー[八六]、レギュール、パスピュセル、黄金クノープがある。[75]すべての梨の中で最もよく知られていたのはウォードン[八七]であり、この種類は熟す時期が遅く、料理に向いており、しかも冬じゅう保存できた。ちなみに、銀色の平原に黄金色に輝く三つの梨は、ベッドフォードシア[八八]のウォードン[八九]にあるシトー会大修道院[九〇]の紋章となっている。そのために、この梨は最初この地で成長したのではと言われてきた。しかしこれは、シュガー博士[九一]の栄誉を称えて一四八五－九〇年の間に建てられたウェルズ大聖堂[九二]の中の礼拝堂が博士の帽子の下に小さい三つの角砂糖の紋章をつけた楯で飾られているのと全く同様に、紋章上のしゃれが意図されたにすぎないと思われる[76]。ちなみに、ウォードンという名前は、単にこの梨の品質の持ちの良さを指しているのであって、「守る、防ぐ、保存する」を意味する動詞 ward から派生したものであろう。

　冬期用の献立表の中でもう一つ頼りになる好物はまるめろの実であった。しかし、夏の果物は、別の文献ではよく言及されているものの、調理法の本の中にひんぱんに登場することはない。一方、チェリーはずいぶんと好まれた。また、リッドゲイトは自分の詩の中でロンドンのいちご売りの呼び声に触れており[77]、チョーサーは『ばら物語』[九三]（一三七三－七五行）の翻訳の中で、良く知られた木の一つとしてプラムを挙げている。また、西洋花梨（medlar）、桑の実、西洋すぐり（gooseburry）、桃は、詩、会計簿、あるいは園芸書に時おり姿を見せる。ちなみに、一九七〇年、西洋すもも[九四]の果実[九五]の仁であると一時的にみなされたものがヘレフォード[九六]の一五世紀の建物の中に埋め込まれているのが見つかった。この発見以前は、西洋すももはずっと後でフランスから英国にもたらされたと考えられていた。なお、この種子が発見された建物は司教の庭の隣りにあり、しかもヘレフォードの司教が数名、一四、一五世紀に仕事でフランスに旅していることから、彼らの誰かがそこの主人役の庭からこの木の挿し枝を持ち帰ったのかも知れない[78]。一方、ロンドンの食料雑貨商会館の一五世紀の庭には、いちじくの木が一本、こけもも[九七]の木が数本、小さなぶどう畑、メロンの苗床、ラベンダー(九八)のやぶ、ばら、洋弓の射的場、および、「小鳥が水を飲むための錫製の水がめが六個」あった。(79)したがって、中世のきわめて多くの庭が「喜び」というような愛称を持っていたことは驚くに値しない。

たくさんの種類の果物が記録の中で言及されているものの、調理法の本の中ではまれにしか用いられていないという事実は、生の果物に対する幼年期の味覚を人びとが失っていないことを示すものである。事実、ドイツのウルム(九九)から聖地へと一五世紀に巡礼した托鉢修道士フェーリクス・ファブリ(一〇〇)によって生の果物というテーマについて書かれたどの行にも、見事なほどの貪欲さが目立つ。たとえば、ガザ(一〇一)を立つとき、彼とその仲間の者たちは「大きくて新鮮そのものの」ざくろの実にかぶりつく。そして、カイロでは彼はバナナを発見し、次のように記している。「この果物は一つずつ大きくなるのではなく、多くのぶどうが一塊りになっているのと同じ様に、二〇本以上も一房となって大きくなる。その色は薄い金色で……私はこの果物をあきあきするほど食べた。(80)」

どの時代でもそうであるが、食養生の理論について書いている人たちは、生の果物を食べるという軽率な方法の危険性を指摘することに陰気な喜びを見出している。たとえば、生の果物は健康に良くないため、いちごをゆでることが勧められている。(81)一方、コットグレイヴは自著の『辞書』(一六一一年刊)の「ポワレ(一〇二)」の項の中で、その当時広く行なわれていた見方を要約する「風邪をひいたら梨酒か坊さんを」という諺をあげている。もっとも、桃とエールの暴飲暴食のあとジャン王を襲ったひどい病気のような出来事の場合には、専門家が満足そうにうなずくような手当が施されたに違いない。(82)

調理法の本の中では果物に関する言及は少ないが、知られている用途は多種多様ある。たとえば、濃い赤色の桑の実は料理の彩りをすることが多かった。また、ある調理法の本によると、子牛の挽き肉、パンくず、それに卵黄を混ぜたものは、砂糖と香辛料で味付けされ、出される前に桑の実の汁の中に浸された(83)。中世人の味覚は甘ずっぱい海草から肉料理に至るまで広く、また食欲を刺激するために多くのソースや詰め物が考え出された。たとえば、新鮮な豚肉は軟らかくなるまでぐつぐつ煮られ、皮をはがされ、骨を抜かれ、そして小さく切られる。これに一握りの干しぶどう、刻まれたいちじく、パンくず、砂糖、サフラン、塩で味をつけた豚の油が加えられる。この混ぜ物は卵黄と牛乳でつなぎをされ、一頭の豚の中に詰められる。次に、この豚は縫い合わされ、焼き串にさして焼かれ、生姜のソースをつけて出された(84)。なお、若い去勢した雄鶏用のソースは、夏期にはチェリーとまるめろで作られ、シナモンで味つけされた桑の実酒の中でぐつぐつ煮られ、パンくずか卵黄で濃くされた。一方、晩秋の頃にはチェリーの代りにりんぼくの実が用いられた(85)(二〇三)。

デザート用の果物の調理法はたいてい、長く、ゆっくりととろ火で煮るか焼くことを要求している。しかし、一、二冊の本の中では、この果物は油で揚げられるか焼き串であぶられている。たとえば、四旬節の退屈な一日を明るくするために「四旬節用フルーツ」が試みられることがあったが、これはりんごの皮をむいて薄切りにし、バターに漬け、油で揚げ、そして砂糖をふりかけたものである(86)。一方、焼き串で焼く場合には、もっときめ細かい判断が要求された。すなわち、なつめやし、いちじく、干しぶどう、それに漂白されたアーモンドが、「人間の長さの」糸に通された針で交互に刺され、次にこの糸は焼き串の回りに巻きつけられて、火の上にかざされた。そして、生姜、砂糖、サフラン、ちょうじで味付けされたバターは、このフルーツにくっつく程度に、薄すぎず濃すぎないよう、強くかきまぜられる。ついで、垂れ落ちる汁を捕えるために焼き串の下には皿が置かれ、調理師は料理を始める。焼き串が回されると、「フルーツがバターで隠れるまで長く」、このバターがスプーンで一杯ずつフルーツに注がれる。そして、ぱりぱりとした、金色の完成した状態に達すると、糸が焼き串から抜かれ、小さな長さに刻まれる。このうちの一、二切れが一皿ごとに置かれ、「あつあつの状態で」出された(87)。

天火の中で丸ごと焼かれた果物は、一般に皿に置かれたのではなく、棺桶という当惑させられるような呼び名の練り粉入れに置かれた。まず、まるめろか梨が皮をむかれ、芯を抜かれ、そして砂糖または蜂蜜および粉にひいた生姜が詰められ、二、三個がこの棺桶に置かれ、そして天火の中へとするっと入れられた(88)。

りんごは軟らかくなるまで煮られ、それから裏漉しされて、きめ細かく滑らかなピューレとなる。このピューレはアーモンド乳液、蜂蜜、少量の塩と混ぜられ、パンくずで濃くされ、そしてサフランとびゃくだん(二〇四)で着色される。次に、この料理は出される前に急いで熱せられる。もう一つ別の調理法の場合、生のりんごは細かく刻まれ、煮て作った米のプディングに加えられ、そしてこのりんご入りのプディングは、甘味をつけられ、香辛料を入れられ、そしてサフランで色が付けられた(89)。今日、アップルソースは肉に用いられるので、対照的な香りが口の中で混る。ちなみに、ある調理法の本によると、これら二つは一緒に料理される。すなわち、りんごのピューレは肉汁で薄められ、サフランで色付けされ、砂糖と香辛料で味と香りを出され、スープとして出される(90)。

固いまるめろの実のジャムは「コティニャック(二〇五)」と呼ばれ、今でもフランスで作られている。これは少なくとも中世まで遡りうるもので、この調理法は現存する一四、一五世紀の料理の本に出ている。まず、まるめろの実は皮をむかれ、芯を抜かれ、ごく軟らかくなるまで赤ぶどう酒の中でとろ火で煮られる。次に、まるめろは乳鉢の中でたたき潰されて軟らかくされ、蜂蜜と混ぜられ、そして濃くするために再び火にかけられる。この段階での作業は、深鍋にこびりつくのを防ぐために絶えずかきまぜねばならないので退屈であった。また、この混ぜ物は、冷たくなった時に薄切りにできるよう量を減らされねばならなかった。最後に適度の濃度になると、香辛料が加えられ、固まらせるために箱の中に置いておかれる。この時点で、著者は「そうすればこの料理は人間の体にとって、すなわち胃にとって快適なものとなる」(91)という満足げな注釈を付け加えている。

ウォードン梨は、ぶどう酒で煮て、液を漉(こ)して除き、乳鉢で果肉をつき砕くことによって、とても濃いピューレに変えることができた。この軟らかい塊り状のものは、砂糖か蜂蜜とシナモンを加えて深鍋に戻され、しばらく煮られる。そして、この混ぜ物はしばらく冷されたのち、卵黄で一層濃くされ、ちょっぴり生姜をきかせて一段と辛味を与えられる。なお、この調理法の末尾の注には、「そして、御飯を出す時と同じようにこの料理を出しなさい」とあり、望まれる最終的な濃さが示されている。一方、シチューにされる梨の簡単な調理法は今日でも親しまれている。すなわち、梨は一個ずつ二つに切られ、砂糖、シナモン、生姜、それに色をよくするための一つまみのサフランを入れて、赤ぶどう酒の中でとろ火で煮られる。「辛く、かつ甘くなるよう心がけなさい」というこの段階での著者の注釈は、中世の調理師の目的を集約して表わしている。(92) これよりもっと楽しい調理の仕方の場合、梨が丸ごと対象となる。すなわち、まず梨が煮られ、次に皮をむかれ、そして芯が底から慎重に抜かれ、葉柄は付いたまま残される。それから、この梨は一個ずつ香辛料を混ぜたものが詰められ、次に果肉に軽く刻み目がつけられる。その結果、この果物が香辛料の中で転がされると、粉は側面にべったりとくっつく。この次に、葉柄にはごく薄い金箔がかぶせられ、梨は〔前述の〕棺桶の中のアーモンドクリームを厚く敷いた上に立てて置かれる。(93)

このような抜粋から推測できることは、たいがいの調理法が冬に手に入る果物、すなわち、りんご、梨、まるめろ、干しぶどう、いちじく、それになつめやしを用いていた、ということである。このことは、夏のさまざまな果物はごく単純に、すなわち栄養士に逆らって多分生のまま食べられたことを示している。たとえば、ロンドン金細工師組合(一〇六)の役員たちは、一四九七年の夏に上流階級の人びとを選んで夕食会を開いたが、そのときの献立表にいちごがのっており、その項目には「いちごに砂糖」と書かれている。(94)もう一つ別な調理法の本では話は一変する。すなわち、この本ではいちごは赤ぶどう酒で洗われ、そして漉(こ)される。次に、このいちごは小麦粉を入れて濃くされたアーモンド乳液の中でとろ火で煮られ、これに干しぶどう、サフラン、こしょう、砂糖、生姜、シナモン、およびばんうこんが加えられる。次に、少量の油を入れてかきまぜられ、酢で香りが強くされる。このプディングは、植物の根から得られた赤い染料のアルカンナ(一〇七)で着色され、ざくろの実で飾られる。(95)いちごの変質が誇らしげに完了するこの段階がきて初めて、この料理はテーブルに運ばれる。(一〇八)一方、いちごは、「時期に合えば」、牛肉の髄やなつめやしを入れた香辛料のきいたカスタード・タルト(一〇九)の中で、甘酸っぱい装飾音(一一〇)として用いられた。(96)

ぶどうは、果物として食べられ、しかもぶどう酒にも変えられるため、独自の範疇を形成している。英国におけるぶどうの歴史は長く波瀾に満ちている。すなわち、まずローマ軍が最初にこの島を征服したとき、彼らはぶどう酒そのものを輸入した。しかし、紀元二八〇年、皇帝プロブス(一一一)は英国でのぶどう栽培の許可を出した。ちなみに、全く適切なことであるが、一六世紀初頭になって、プロブス帝のテラコッタ(一一二)製の円形浮彫り胸像が、ローマの地図では「ぶどう酒の館」(Vindomis)と呼ばれているハンプシア(一一三)で建てられた、チューダー朝(一一四)の邸宅ヴァイン(Vyne)に設置された(97)。一方、ハートフォードシア(一一五)のボックスムアのローマ人(一一六)の別荘地近くの南と西に面する坂の上で、ぶどうの木の幹が何列も見つかっている。ぶどう酒に対する興味はローマ軍撤退後の動乱期には明らかに弱まった。しかし、六世紀のキリスト教の伝来はミサのためのぶどう酒の必要性ももたらした。そこで、サクソン人たちはたくさんのぶどうの木を植えた。事実、八世紀のビード(一一七)は英国の天然資源の概観の中でぶどうに言及している(98)。豊かな家庭では、一〇六六年のノルマン征服よりずっと以前から、規則的にぶどう酒が飲まれた。そして、この征服ののち、ノルマン人たちは、故国でのぶどう畑の楽しい思い出と英国での新しいぶどうの栽培の決意を抱いてやってきた。

一四世紀直前まで、ぶどうは英国で、主に南部と西部で繁茂したが、ヨークの近くのアスカム(一一八)のような北のすばらしい辺境の地でも育った。また、グロスター(一一九)の谷は、国際的ではないにせよ、ぶどうによってその名が各地で広く知られていた。ちなみに、イーリーはノルマン人たちによって愛情をこめて「ぶどうの島」と呼ばれた(99)。

このような華々しい外観の素晴しさにもかかわらず、英国はぶどうが快適に成育しうる地域の北限にきわめて近い所に位置していた。そして、一四世紀に、わずかではあるが感じとれるほどの気候の変化が起き、以前より寒く、湿った夏となった。そのために、大規模なぶどうの栽培はそれほど魅力的な事業ではなくなった。[100]

ぶどう畑を荒れさせ、消滅させてしまう決定が、英国産のぶどうからは英国産のぶどう酒しかできないという、識者には数百年にわたって明らかであった事実(一二〇)によって、全く事もなげに行なわれた。もっとも、愛国者なら、一二世紀のマームズベリのウィリアムのように、グロスターのぶどう酒は「甘さではフランスのぶどう酒に負けないため、辛くて口に合わないというようなことはない」と強情な主張をしたであろう。[101] しかし、英国以外の人びとはもっと厳しい判断の基準を持っていた。たとえば、同じ一二世紀のブロアのペトルスは、英国産のぶどう酒は「飲むというより、篩にかけるべき」代物だと苦々しそうに述べている。もっとも、次の世紀には、イタリアのサリンベーネ(一二一)は「英国人は自分の国にはぶどう酒があまりたくさんないため、おいしいぶどう酒が飲める時には喜んでそのおいしいぶどう酒を飲んでいるというなら、我々は英国人を大目に見なければならない[102]」と、親切な見方をしている。

サリンベーネの見方は全く正しかった。英国人は事実おいしいぶどう酒を喜んで飲み、またそうあるようにと懸命に努力した。自国のぶどう酒は味では外国産のものに歯が立たず、ぶどう畑の所有者は真先にこのことを認識していた。たとえば、一四世紀初頭に、リンカン伯(一二二)は英国のあちこちにいくつもの農園を所有しており、その中にはロンドンのホウルバン(一二三)の私有地の農園も含まれていた。しかし、彼はラインラント(一二四)、ロシェル(一二五)、およびガスコーニュ(一二六)から自分の家庭用に大量のぶどう酒を買っていた。[103] ぶどう酒はローマ軍の占領時代から英国に輸入されており、その質の良さは十分称賛されていた。中世人の舌にはギリシャやキプロス産の甘くて濃いぶどう酒が合っていたが、英国向けの大半のぶどう酒はフランスのもの、とりわけガスコーニュ産が主であった。なお、この地方は最も都合のよいことに、一一五二年に英国の領有するところとなり、一四五三年まで英国の手中にあった。

莫大な費用、危険と遅延、戦争による中断、海賊行為、および悪天候にもかかわらず、ぶどう酒の取引きは熱心に続けられた。フランスから英国への輸送の手はずは繁雑そのものであった。おまけに、酒樽が無事に陸揚げされても、国内に分配する問題は依然侮れないものがあった。なぜなら、荷車による凸凹道の上の運送は遅く、費用がかさみ、しかもぶどう酒のために良くないものであったからである。そこで、可能な限り内陸の水路によるより速やかな運搬が好まれた。たとえば、ブリストルに向けて船で送られたぶどう酒は、そこで荷が降ろされ、ウスター[一二七]まで川の上を運ばれるためにボートに積まれた。そして、ウスターにおいて、ウォリック[一二八]とコヴェントリ[一二九]までの最後の段階となったとき、ぶどう酒は初めて荷車に乗せられた。一方、ウォリック伯リチャード・ビーチャム[一三〇]は、自分の宴会のための物資がなるべく最良の状態で搬入されるのを確実にするため、自分の城の入口まで川を航行できるようにする計画を立てたことがあるが、これによって熱狂者の決意の程が分る[104]。もっとも、政治上の乱れのために、細部の詰めを行ない、この計画を実行に移すことはできなかった。

舌の肥えた外国人は英国のぶどう酒造りを冷笑したかも知れないが、自国の擁護者は人びとの舌がそれほど肥えていない国が少なくとも一つはあることにわずかな慰めを見出した。すなわち、ブリストルからアイルランドにぶどう酒が船で送られたが、それには「英国では飲まれない」というラベルが普通は貼られていた[105]。もっとも、ぶどう酒の品質が向上されないまでも、維持されることを確実にするために厳しい措置がとられた。たとえば、一三六四年に腐ったぶどう酒を販売した罪に問われたロンドンの居酒屋の主(あるじ)は、樽から一杯分のぶどう酒を飲み、残りを自分の頭にかけ、そして居酒屋の認可を取り消される、という判決を受けた[106]。

大規模なぶどう畑は一四世紀に姿を消したものの、中世の残りの時期を通して、教会や個人の庭にはまだたくさんのぶどうの木があった。たとえば、一三九五年、フロワサールはエルタムのリチャード・スターリ卿[一三一]の庭を散歩し、ぶどうの木陰の道を通っている。一方、一五世紀のロンドンの場合、すでに述べた例の食料雑貨商組合所有の庭にはぶどうの木があり、ぶどうが熟しているあいだ、組合員なら誰でも一日に二、三房取ることを許された[107]。

ぶどうにはさまざまな料理の用途があったが、その目的はただ一つ、すなわち料理に甘く酸っぱい刺激を与えることにあった。たとえば、ぶどうは詰め物に加えられることも多かったが、がちょうか去勢[一三二]した雄鶏の詰め物の場合、パセリ、セージ、ヒソップ、および短時間肉汁に浸したスエット、それに硬ゆで卵の黄身、刻んだ玉ねぎ、香辛料、塩、およびぶどうを混ぜたものが必要とされた[108]。この場合、詰め物をされた鳥は火であぶられたが、もう一つ別な調理法では、鶏には単に薬用植物とぶどうだけが詰め込まれ、サフランで濃い金色に着色された肉汁の中でとろ火で煮られた[109]。なお、三番目の調理法の場合、詰め物はソースに変えられた。すなわち、パセリ、ぶどう、にんにく、および塩が、まず、がちょうの中に入れられる。そして、この鳥は火であぶられ、肉汁でおいしそうな香りが出てくる頃までに、これらの詰め物は引き出され、三度硬くゆでられた黄身と一緒に乳鉢の中でつぶされ、酸っぱい果汁で薄められ、そして料理を出す直前にスプーンでがちょうの上にかけられた[110]。

前述の酸っぱい果汁というのは、この語[一三三]（verjuice）が示すとおり、まだ青く、熟していない果物——たいがいはぶどうで、時にやまりんご——の汁であった。この汁はとても辛く、酸っぱく、口をすぼめたくなる程の味がするが、調理師の最も信頼のおけるとっておきの代物であった。それ自体は飲めないが、甘口の材料と一緒にすると、ひりひりする刺激性の隠し味を出し、食事をする人に満足の微笑を浮べさせた。この汁はありとあらゆるソースに用いられたが、ここではそのうちの一例だけを挙げる。まず、ブリーム[一三四]が焼き網の上で焼かれる。この間に、酸っぱい果汁、ぶどう酒、生姜、それと塩から、薄いソースが作られ、とろ火で煮られる。そして、食堂に運ばれる時にこのソースがブリームにかけられた[111]。

ぶどう酒そのものは料理に頻繁に用いられ、「おいしいぶどう酒」の必要性が調理法の中で慎重に強調されているが、素晴しい高価な輸入品は執事の監視の下でしっかりと保存され、料理用には国産品が十分満足のいくものと考えられていた。ミサの儀式には、キリスト教会が指定した明細に応じて作られたぶどう酒が必要であった。そして[一三五]、可能な時はいつでも、ぶどう酒は英国のぶどう畑から供給された。たとえば、ぶどうはケンブリッジシアのウェストリ・ウォーターレス[一三六]の聖メアリ教会[一三七]の近くで栽培されていた。そして、一四世紀初頭に年に一回収穫されたこの果物の房について、この教会の壁に次のような落書きが記されている。すなわち、「神に捧げられたいくつかの房から、最初のものは八粒、二番目のものは二粒」などと、上から下に書かれ、そして最後に「十一番目のものは七粒」と記されている[112]。

木の実は調理法のすべての段階で惜し気もなく用いられた。木の実からは他の材料を揚げる油が取れ、また木の実は出来上った料理の傑作を飾った。たとえば、豚の胃から精巧に作られた「はりねずみもどき」(mock-hedgehog)は、まず、肉と香辛料を豚の胃に詰めて焼き串にさし、そして火にあぶられた。次に、油で揚げたアーモンドで作られた針をつけて食卓に出された[113]。一方、これほど大がかりなものではないが、油で揚げられ褐色に輝くアーモンドは白い米のプディングにふりかけられた。また、漂白されたアーモンドは鶏の挽き肉と木の実の粉でできた色の薄いピューレ用に指定されていた[114]。この場合、調理師は軟らかい肉のプディングと硬くてぱりぱりする木の実の間の舌触りの変化に興味を抱いたが、色の対比にはそれほど関心はなかったかも知れない。しかし、この双方の効果は他の調理法、すなわち豚肉のプディングの中では実現された。まず、豚の挽き肉、粉にして漂白されたアーモンド、それに米の粉が一緒にとろ火で煮られたあと、薄切りにして油で揚げられたアーモンドがこの煮物の中へと入れられてかきまぜられ、次にスプーンで料理の上にかけられ、粉にした生姜と木の実で飾られた[115]。

色と舌触りの対比に対する同じような配慮は豚肉パイの調理法にも現われている。豚の挽き肉は、まず、卵でつなぎをされ、サフランや他の香辛料で着色され、練り粉の箱に詰められた。次に、黒い干しすもも、硬ゆで卵の明るい黄身、油で揚げられた暗褐色の松の実、および干しぶどうがこの金色の混ぜ物の中に入れられた。そして、このパイが天火に入れられる前に、このパイのふた状の練り粉は卵とサフランで濃い黄色に塗られた[116]。

例のパリの家長は、木の実の砂糖菓子のための文句のつけようのない調理法を知っていた。それによると、七月二四日の聖ヨハネの祝日以前に摘まれた新しい木の実は、皮をむかれ、突いて穴を開けられ、そして九日間水の中に浸しておかれる。なお、この間に水は毎日変えられる。次に、この木の実は水を切られて乾燥され、突いて開けられた穴には生姜とちょうじの小さい砕片が詰められる。こののち、この木の実は蜂蜜の中でゆでられ、出来上った甘くてねばり気のある香り高い混ぜ物は、壺に入れられ、特別な場合やとても好運な客のために保存された[117]。

粉にひいた木の実は時おりソースに粘り気を与えるのに用いられた。たとえば、四旬節の献立表のあの最も侘しい料理、すなわち魚の干物も、粉にひいたくるみ、にんにく、こしょう、塩、およびパン粉でできたソースを魚の肉汁で薄めたものによって慰めを与えられた。一方、ゆでた鶏肉の場合、酸っぱい果汁、生姜、および粉にして漂白されたアーモンドで作られたソースが合うと言われていた(118)。

アーモンドは、調理法の中で再三再四言及されているアーモンドクリームとアーモンド乳液という二つの料理の中核を成していた。このクリームを作る場合、漂白されたアーモンドはまず粉にひかれ、そして少量の水が加えられた。ちなみに、この調理法の一案では、親切なことに、この混ぜ物は「凝乳(一三八)と同じくらいの固さ」がなければならないと詳しく記されている。次に、これは火にかけられ、沸騰して固くなるまでかきまぜられた。それから、深鍋は深鉢の上に広げられた布の上で空にされ、余分な液のほとんどを取るために布の下側がひしゃくでなでられた。次に、布の四隅を寄せ集め、間に合わせに作られたこの袋は、最後の一滴まで絞り出させるために一、二時間吊された。そして、後に残ったものは、薄く軟らかく、ふくよかなソーセージであった。これは、砂糖をふりかけられ、赤いアニスの実か緑のるりぢしゃの葉で飾られ、期待している客の元へと運ばれた(119)。

アーモンド乳液はその名前が示すとおり、クリームそのものよりも薄く、それほど贅沢な代物ではなかった。粉にひいた木の実は、水、ぶどう酒、エール、肉または魚の汁など、どんな液にでも浸され、用いられるアーモンドの量に応じて濃度が「薄い」ものから「どろどろ」に至るまでのさまざまな「乳液」が作られた。これに香辛料か砂糖が加えられ、そして二度焼きのぱりぱりのパンと一緒にそのままスープとして出されることもあった(120)。しかし、もっとよく用いられたのは、調理法の中の多くの材料の一つとしてであった。たとえば、鶏の挽き肉、煮た米、アーモンド乳液から、あるいは米の粉で濃くされたアーモンド乳液のソースの中に浸された香辛料を加えたミートボールから、香りのよいプディングが作られることがあった。一方、アーモンド乳液で煮た米を甘くして香辛料を加えたプディングの場合、まずとろ火で煮られ、次に三つの部分に分けられる。すなわち、一つは白いまま残し、次のものはサフランで黄色くされ、三番目のものはパセリで緑に着色された。そして、それぞれをスプーンですくって、食べ物をよそう皿に優雅に盛られた。(121)

木の実はおいしくて栄養に富んでいる。したがってこのミルクは四旬節の間はまさに天の賜物であった。事実、木の実のスープを作るためのある調理法は、「それから、この料理は……特に四旬節に出しなさい(122)」という指摘をして終っている。一方、クロイランド大修道院〔一三九〕の台所の係員ローレンス・チャタレス (Lawrence Chateres) は、特別な賛同を得て、この大修道院の年代記の一四〇五年の項の中で言及されている。なぜなら、彼は「魚の日〔=四旬節〕に修道院を活気づけるためのアーモンド乳液を調達するのに四〇ポンド出した」からである。(123)

酪農場の製品はもっと好まれた。そして、これらの製品は、晩春と初夏、すなわち、厳格な慣行ではこれらの飲食が禁じられていた六週間もの長期に及ぶ四旬節のすぐあとの季節の間は、最も豊富に手に入れられた。酪農製品は、次の引用に詠われているように、窮屈な規則と規制からの解放の象徴、善行に対する褒美、復活したわがままのための手段であった。

復活祭にはすぐアレルヤがやってくる、

バター、チーズ、それにタンジィを伴って。[124]

酪農製品はまた驚くべきほど適応性に富み、他の材料とよく合い、そしてそれだけでもおいしかった。

　酪農製品の中で卵は大いに気に入られた製品であった。そして、卵は誰にでも、どんな料理にも勧められた。事実、「バターを加えた卵はかなり効き目がある」[125]ため、食欲を失くした病気の猟犬にさえ与えられた。卵は、ゆでる、油で揚げる、ポーチ[一四〇]にする、炒る[一四一]、あるいは混ぜ物のつなぎにしたり、ソースを濃くしたりするのに用いられた。ちなみに、卵の白身をどろっとした泡状のホイップ[一四二]にする技術だけは調理師にも秘密のままとなっていた。したがって、調理師は、台所から広間までの長く隙間風の当る道のりにスフレ[一四三]が確実に耐えうるようにするのに工夫が課せられたが、彼はその劇的な魅力を評価したことであろう。

　料理を飾る優雅な方法は卵黄で金色に塗ることであった。たとえば、練り粉製品は焼くために天火に入れられるが、その前にブラシで卵が塗られ、鶏はちょうどよい状態になるまで焼き串で焼かれ、そしてぱりぱりと歯ざわりのよい外皮となるよう最後に卵黄が塗られた[126]。一方、卵は大そう好まれた薄焼きパン、パンケーキ[一四四]、オムレツの要となった。もっとも、現代のパンケーキの練り粉は卵を全部用いるのに対して、中世の調理書は時おり白身だけを要求している[127]。このようなごく軽いパンケーキは砂糖をふりかけただけで出された。もっとも、オムレツはより内容に富み、干しぶどう、魚、挽き肉など、手元ですぐ使えるあらゆるものが詰められた[128]。ちなみに、オムレツの別名をフロイゼ[一四五]というが、ガウアー[一四六]は寝ている男の小さなしゅーしゅーといういびきを次に例示した音にたとえる時にこの語を使っている。

修道士のフロイゼ、……
これが平鍋にほうり込まれるとき。(129)

強くかきまぜた卵とパンくずを材料にし、これをだんごの形に変え、そしてセージの葉で香りをつけ、サフランで色付けされた鶏の肉汁の中でとろ火で煮ることによって、楽しくて軽い料理ができた。一方、もっとずっと中身のあるゆでたプディングの場合、卵、クリーム、パンくず、および挽き肉に、こしょうと香辛料を入れ、リンネルの袋に詰め、そして水を入れた大鍋の中でゆでられた。この混ぜ物がゆで上ると、袋から取り出され、焼き網の上ですばやく焼かれ、褐色の外皮に変えられた。(130)

卵黄と牛乳から作られたカスタードはとてもよく親しまれていた。この作り方と、そのむずかしさは今日でも同じである。すなわち、卵と熱した牛乳を一緒に煮て、ベルベット状のなめらかさにせねばならず、塊りだらけでは完全な失敗であった。これを避けるには、「この混ぜ物を火にかけて熱するが、沸騰させてはならない。そして、いくぶん濃くなるまでよくかきまぜる」(131)ことであった。

この調理法の場合、カスタードは砂糖と塩が入れられ、指形の小さなパンと一緒にスープとして出された。しかし、多くの場合、カスタードはタルトの詰め物として用いられた。すなわち、まず、何も詰められていない練り粉のパイがよく焼けた状態になるまで天火の中で焼かれ、次に、この料理に要する時間の最後の数分の間に、甘味をつけ、サフランで着色されたカスタードが詰められた。慣れた手つきの熟練した調理師なら、この作業を行なうのにタルトを天火から引き出す必要はなく、パイを天火の中心に押し込めたり押し出したりする長柄の木べらに皿を固定し、その皿に混ぜ物のカスタードを入れておき、焼く時にそれをそれぞれのパイに注ぎ込んだ。ちなみに、甘味をつけるには、蜂蜜か砂糖のどちらかが甘味料として用いられた。蜂蜜は自国の蜂から作られたため安価で豊富にあったが、砂糖は高価な輸入品であった。それでも、これらの調理法の本が書かれた一五世紀半ばまでに、砂糖は頻繁に勧められるようになり、蜂蜜の方は、「次に、砂糖をたっぷり取り、——砂糖がない場合には蜂蜜を——それに加えなさい(132)」と書かれているとおり、このカスタード・タルトの場合のように二番手とみなされることもあった。

ミルクはほどほどに楽しまれ、カスタードやパンケーキの場合には卵と連携することが多かった。ミルクは羊、山羊、乳牛から供給された。多くの調理法の中では単にミルクと指示されているが、中にはもっと詳しく、「乳牛のミルクか羊のミルクを使いなさい」、「取れたての乳牛のミルクを用いなさい」、「ごく小さく切られ、肉汁または山羊のミルクに少し浸した肉を子犬に与えて食べさせなさい」と記されている(133)。ちなみに、自分で乳牛を飼っている者は、自分のミルクジョッキに何が注がれたか正確に分ったが、都会の住人は、「牛乳を売りにくる女に、水を入れたのなら売るなと言いなさい。というのは、水を入れて牛乳の量を増やすことは彼らのよくやることであるし、水が入っていたら鮮度が落ちるから(134)」と述べられているように、このごまかしを見破ることを仕事とせねばならなかった。

販売されたミルクは、その代金が支払われた瞬間から鮮度が落ちてゆくのが分る、というのは腹立たしいが、酸っぱいミルクで作られた凝乳は現実に中世のお気に入りの御馳走であった。そして、酸化を促進させるために、すっぱい果汁、エール、ぶどう酒のような酸味のあるものが暖めたミルクにわざと入れられることが多かった。凝乳はさじですくってリンネルの袋に入れ、(二四七)乳漿を逃すために深鉢の上で

一、二時間吊しておかれた。こののち、袋は皿の上で空にされ、凝乳は、塩をつけるかそれとも砂糖と生姜をふりかけるというきわめて単純な形で食卓に出されるか、あるいはもっと豪勢に、いくつかに分け、そして、薬用植物からは緑色、サフランからは黄色、紫檀からは赤色、というように、それぞれに異なる色がつけられた。[135]

卵はミルクと一緒にさっと熱せられると、カスタードに必要なしゅす織りのような滑らかさを失い、軟らかくてふわふわした塊りができる。これをかきまぜたものは凝乳のようにさまざまな料理に使うことができ、とても人気があった。ある調理法では、次の引用例に記されているように、この混ぜ物にベーコンが加えられた。

牛乳または羊の乳を用意し、それを火にかけて沸騰させ、ベーコンを数枚とサフランを入れる。次に卵、すなわち白身と黄身を準備し、十分にまぜ合わせ、それをかき回さないで一気にほうりこみ、一緒に沸騰させる。次に、これを火から離してさます。……そして、冷えたら、これをリンネルか薄い布切れにうんと強く包みこみ、絞って、平たいか長いかどちらか好きな形に整え、大きな石をその上にのせ、一晩中調理台の上で冷す。そして、翌日それを切り刻み、鉄製の平鍋で油で揚げる。好みに応じて油をつけるかつけないかすればできあがる。次に、ベーコンの切れ端のように皿か深鉢に盛りつけ、ちょうじと松の実を突き刺す。[136]

バターは調理法の中ではそれほど多く言及されてはいないが、バターの生産国ではパンにつけてごく簡単に、かつ自然に食べられたに違いない。たとえば、一五世紀がまさに終る頃の英国において、主に油を用いていた国からやってきた一人のヴェネツィアの男は、ロンドンで見かけた細かな光景を書き留めている。すなわち、彼は小鳥がごみを食べて大通りをきれいにするのに一役買っていると指摘し、続けて、「とんびはとてもよく人に慣れていて、母親が与えたフランドル風[二四八]にバターが塗られたパンを小さな子供の手から奪うことが多い」と述べている[137]。

バターは調理法の中では揚げ物、とりわけ卵料理に用いられた。たとえば、玉ねぎのオムレツの場合、玉ねぎは細かく切り刻まれ、バターでいためられ、そして最後の瞬間に、よくかきまぜた卵が上にかけられた[138]。

フレンチトーストは一五世紀と全く同様に今日でも作られているが、古いパンを使い果たすための非常におもしろい方法である。すなわち、薄切りにしたパンは、よくかきまぜられた卵に浸され、バターでいためられ、そして砂糖をふりかけて食卓に出される[139]。

もっと手の込んだ焼いて作る調理法では、パンとバターは連携した。すなわち、まず、甘いこね粉が練られて焼かれ、そして少しさめると上部が切り取られて脇に置かれる。下半分の内部は慎重にさじですくい取られて小片にされるが、パンの皮の部分は全く手をつけられずに残される。これらの小片は、澄まし[二四九]バターと混ぜられ、皮の中へと戻され、パンの蓋で覆われる。次に、このパン全体が天火に戻されて数分間焼かれ、素敵で意外な食べ物として、「熱いうちに」すぐ食卓に出せるよう天火から取り出される。ちなみに、このパンは外側はぱりぱりとした褐色であるが、内側は金色のバターがにじみ出ている[140]。

たいていのバターは春と夏の数カ月の間に作られ、冬用に保存するために塩漬けにされた。そして、この塩のほとんどを取り除くために、バターは新鮮な水で洗ってこするか、それとも、今日行なわれているように、澄ませるために火の上で熱するかのいずれかの方法が取られた(141)。

一五世紀の英羅語彙目録の中の諺、すなわち、「チーズと玉ねぎは食卓によく運ばれてくる(142)」が信用できるものであるなら、当時チーズは人気があったことになる。もっとも、生のチーズをむしゃむしゃ食べることは、その楽しみ方が田舎者の流儀とテーブルマナーに近すぎるとして、上流社会では多分顔をしかめて見られたことであろう。ちなみに、今日まで残されている調理法の本の中ではチーズはそれほど多く現われることはなく、多くの材料の中の一つとして言及されているにすぎない。その場合、肉、乾燥果物、木の実、卵、砂糖、香辛料に加えて、細かくすりつぶしたチーズを必要とする挽き肉パイのためのいくつかの調理法の場合と同様に、チーズはその特有の風味をちょっぴり加えるためであった(143)。

時おり、チーズと薬用植物を加えて香り豊かな卵のカスタードが作られたが(144)、チーズはタルトと薄焼きパンの場合にのみ主な材料としてその本領を発揮した。まず、目のあらい生地のタルトの場合、練り粉の外枠が作られ、天火で焼かれるが、その際には、ぷっとふくれて盛り上る混ぜ物が詰められるように、その側面の高さが一インチを越えるよう配慮されねばならない。これが焼けると、サフランで着色したミルク、すりつぶしたチーズ、およびバターの混ぜ物が詰められ、天火に戻される。そして、食卓に出す前にタルトに砂糖がふりかけられる(145)。一方、薄焼きパンの場合、練り粉が油を塗られた二枚の鉄製のパン焼き板の間で押しつけられる前に、すりつぶしたチーズがバターに加えられるか、それとも薄切りにしたチーズが堅練りのバターの二つの層の間に挟まれるか、いずれかであった(146)。

もちろん、よく整った晩餐の場合、このうえない食卓の栄光の材料は、食事の中心を成す獣肉、猟鳥類の肉、家禽類の肉、および魚であった。味の幅は広かったので、えぞばい貝(一五〇)から鯨肉に至るまで、あるいは鶏の足から雄豚の頭に至るまで、たまたま手近にあるすべての物が食卓に出された。そして、いつものことではあるが、異常なまでにうまい物や珍しくて高価な食べ物は貪欲な目を特別な満足感で輝かせた。ちなみに、一五世紀の甘やかされた児童の次の告白を聞けば、二人以上の者が同意してうなずいたことであろう。すなわち、「ぼくは牛肉や羊肉のような毎日食べる肉をおいしいとは思わない。やまうずらかこれに似たもの、それからぼくがとても好きなごく小さな小鳥だけを食卓に出してほしいな。」(147)ところで、舌の肥えた者なら、いつでもスプーンですくい、すすり、賞味できる濃くて液の多い髄が一杯ついた骨一本と交換に、自分の肉の分け前を喜んで差し出すであろう。たとえば、ラブレーは、自分の飼い犬も同じ好みを持っていることに気づき、次のように述べている。「あなたはこれまで犬が髄のついた骨を食べ始めるのを見たことがありますか?……私の犬をごらんになったことがあるなら、この犬がどれほど強くこの骨を摑み、どんなに慎重に食いつくか、いかに熱心に砕き、どれほど精出してすするか……思い出されることでしょう。何が……この犬にそのような行動をさせるのでしょうか?……わずかな髄以外何もないのですよ。しかし、このわずかな物は外の多量の肉よりも確かにおいしいのです。というのは、……髄は自然によって念入りに作られた最も申し分のない食べ物であるからです。(148)」

最も高級な晩餐でさえ、その時間の大半は獣肉と魚の単調な連続に甘んじなければならなかった。したがって、この退屈さを喜ばしい驚きに変え、客の目を色と飾りで魅了し、口を詰め物とソースで楽しませるのが調理師の仕事であった。たとえば、単純な骨付きの牛肉を完全にあぶって焼く秘訣は料理の本には見当らないものの、どの調理法も、ミートボールの作り方、すなわち、いずれのボールにも香辛料をつけ、ぱりぱりとした状態の皮で包みこみ、そして赤、金、または緑に着色する方法を順を追って明らかにしている。

香辛料とソースに対する情熱は少し腐った肉の風味を隠す必要から出てきたと言われてきた。しかし、中世の新鮮さの基準は現在のものと違っていたかも知れないが、多くのヒントが示すところによると、当時の人びとは、今と同じように、香辛料が入っているいないにかかわらず、新鮮ではなく体によくないと判断した物には全く手を出さなかった。たとえば、一二世紀の外食の常習者であるブロワのペトルスは、大蔵大臣をしていた頃のトマス・ベケットの食卓の上のうまそうな食べ物の質の良さと豊富さを、パンは半焼け、肉は病気の牛から切り取られ、魚は少なくとも獲れてから四日はたっているというヘンリー二世[151]の晩餐のむかっとする薄汚さと苦々しく比較している[149]。一方、一六世紀のモンテーニュ[152]が「私は肉なら悪臭を放つようになっていても大好きである」と述べたとき、これは彼個人の好みであって友達にも共通するものではないことを彼は示唆している[150]。また、中世人の心にはとても大切と思われるほどのあっぱれな頑固さについてのよく出来た物語の一つに、父親が選ばれた求婚者と無理に結婚させようとして娘を土牢にぶち込み、パンと水だけの食事を続けさせた、というのがある。娘の抵抗力を弱める処遇を数日行なったあと、彼は求婚者を呼び、娘を口説かせることに決めた。しかし、父親はその前に、まず彼女の貧弱な献立に煮た雌鶏を加えて元気づけ、頬に赤味が戻るようにと考えた。しかし、この女主人公は屈することなく、皿から鳥肉を二切れひったくって腕の下にしまい込んだ。そして、若者がやっと到着したときには、腐りかけた肉の臭いが牢の中に充満していた。そのため、彼は少女が死の床にあると確信して、求婚を撤回し、よろめきながら立ち去った(151)。そのすぐ近くに待機していた女主人公は彼より分別があったのだ。

あちこちに散在するこのような本が指摘しているのは、中世の晩餐の客は食欲をそそらないものをすべて見破り、嫌悪する十分な力を持っていたということである。特別な機会には、中世の客は、芸術品、すなわち美化された肉であるという理由から、半焼けの肉の薄切りよりも、巧みに香辛料をきかせたハンバーガーの方を好んだ。もっとも、これは、単純に肉をあぶったり焼いたりすることがなかった、と主張しているのではなく、調理法の本の力点が日頃見慣れたものを喜ばしい物に変える魅惑的なソースや詰め物にある、と言っているのである。事実、どのページも、「羊の肩肉のための」、「雄鶏用の」、「真鴨の肉のための」、「干物用の」という風に、考えられる限りのあらゆる種類の肉や魚のためのソース作りに割り当てられている(152)。また、ゆでた蟹または伊勢えびの場合には、「ソースは酢」というように、命令的に言い渡されていることもある。一方、ポーチをかけたひらめの場合、「ソースではなく塩、もしくはお好きなものを」という手ぬるい一言をそえただけのものもある(153)。ちなみに、牛肉または鹿肉の薄切りは、焼き網の上で焼かれ、シナモンをふりかけ、酸っぱい果汁、ぶどう酒、生姜、およびこしょうを混ぜて作ったソースをスプーンでかけて出された(154)。一方、かれいは焼き串に刺され、焼く時に塩がふりかけられ、酸っぱい果汁、ぶどう酒、生姜、シナモンの混ぜ物をかけられた。なお、焼き串の下に置かれた皿でしたたり落ちる液を受けとり、これらの液は調理の最後の段階で暖められ、料理をよそう皿の魚の上にかけられた(155)。

肉と魚はすべての部分が料理に用いられた。たとえば、肉からしたたり落ちる液は料理用の主な油となったし、肉と魚の干物は無数の料理の土台となった。一方、魚の卵、はらわた、および頭は、きれいに洗われ、とろ火でゆっくり煮られ、次に細かく切り刻まれて香辛料をかけられた(156)。羊の内臓の場合、まずとろ火で煮られ、こま切れにされ、味を付けられ、パンを入れて濃くされ、そしてミルクと卵黄でつなぎをされた。次に、この混ぜ物は羊の胃に入れられ、そしてこの胃は、縫い合わされて水を入れた大鍋の中で煮られ、ハギス〔一五三〕と呼ばれる料理となった(157)。さらに、シチューは、鶏の足、頭、肝臓および砂囊を肉汁の中で煮て、パンくずで濃くし、塩を入れ、そして少量の酸っぱい果汁で刺激を強くしたものから作られた(158)。

あの格別な御馳走である髄は無数のタルトを豊かなものにした。たとえば、ある調理法によると、小さな練り粉の外枠は、焼かれて豚または鶏の挽き肉を煮たものと数片の髄、砂糖および香辛料を混ぜたものが詰め込まれ、天火の中に戻されて焼かれた。もう一つ別な調理法では、髄は骨からつつき出され、骨の方はアーモンド乳液の土台として用いられる濃い肉汁を作るために水の中でとろ火で煮られる。一方、髄の数片と干しぶどう、および刻んだなつめやしは、焼かれた練り粉の外枠の中に入れられ、その上に、砂糖で甘くし香辛料を入れたアーモンド乳液と卵黄からできたカスタードをかける。このタルトは、「詰め物が盛り上ってきたらそれで十分。その時に食卓に出しなさい(159)」と書かれているように、詰め物がふくらんで固まるまで天火の中に戻されて焼かれる。

肉や魚を練り粉の中に包み込む料理は人気があった。そして、料理法の中には、練り粉そのものは食べられず、単に入れ物として用いられるものもあった。たとえば、焼き八つ目鰻のパイの調理法は、この魚は練り粉の入れ物から引き揚げられて食べられ、パイの中に残っている肉汁はパンの薄切りで――パンくずでは駄目――拭い取って食べられるべきである、とはっきり述べている。[160]もっとも、今日では目の細かい生地はパイの主な誇りであるが、中世のものは油を含んでいないことが多かったため、幾分固めであったに違いない。パイは、「小麦粉、水、サフラン、それに塩を用意して、きれいな練り粉を作りなさい」[161]と記されているように、砂糖と香辛料で香りと色がつけられたかも知れないが、混ぜられたのは水だけであった。なぜなら、中世の大型のパイは、「強い練り粉を準備しなさい」[162]と書かれているとおり、その外皮は硬くなければならないが、油を混ぜると、こってりとした感じは出せたものの、もろさも同時に付け加えたからである。

手の込んだ多色のタルトも肉か魚を用いて同じように作られた。まず、パンケーキを四つ作っている間に、四角いパイの外枠が焼かれた。そして、これに肉を詰める調理法の場合には、鶏と豚の挽き肉がパンくず、チーズ、塩、および卵と混ぜ合わされ、四つに分けられ、そして白、黄、緑、黒の色がつけられた。次に、それぞれをスプーンですくってチェス盤の目のように外枠に並べる。この場合、パンケーキはパイの層と層を分ける役目を果たしている。[163]

詰め物はいつもの焼き肉に興味と驚きを与えるのによく用いられた。たとえば、脂肪の少ない牛のヒレ肉には、スエット、薬用植物、塩、およびこしょうが詰められ、くるくると巻かれ、焼き串に刺して焼かれ、そして最後の仕上げとして卵黄が塗られた。[164]一方、雄鶏の場合には、まず骨が抜かれ、豚肉、鶏肉、および香辛料を混ぜた物が詰め込まれ、しばらくとろ火で煮られ、焼き串に刺して完了する。そして、最後に、サフランで色付けされたこね粉が塗られる。[165]一方、スエット、パンくず、塩、こしょう、およびサフランを卵黄でつないだ詰め物が豚の焼き肉用に作られた(166)。

このような混ぜ物はそれだけで出されることもあった。すなわち、ゆでた豚の挽き肉は、塩、香辛料、パンくず、チーズ、および生の卵黄と混ぜられ、長い土製の水差しに満たされた。この水差しの口はズックできちっと蓋をされ、そしてこの容器は詰め物が中まで煮えるまで大鍋の中に吊してとろ火で煮られた。次に、この水差しは取り出され、長くて硬いソーセージを出すために壊して開けられる。最後の段階として、このソーセージは焼き串に刺され、次に、甘く、香辛料のきいたこね粉のたれが付けられ、火であぶられる。そして、外側がぱりぱりとした金色になり、内側が軟らかくなると、晩餐の食卓へと運んで行かれた(167)。

次のような方法で堅く閉された外枠の中で調理すると、汁を逃さずにおいしいしっとりとした肉が出来上る。すなわち、パセリ、セージ、ヒソップ、まんねんろう、たちじゃこうそうが雄鶏に詰められ、サフランで色付けされる。次に、この雄鶏は深鍋の中に置かれるが、鍋に触れないようにするために木の切れ端の上にのせられ、薬用植物と「手に入る最高のぶどう酒」をその回りを囲むように注ぐ。そして、深鍋の上の蓋は念のために小麦粉と水で作られた厚い練り粉で封をされる。次に、深鍋は炭火の上の台に置かれる。この鶏が煮えたと思われたら、深鍋は火から離し、鍋が冷たい床と接触して割れないよう藁の上に置かれる。そして、鍋がさめると、蓋が外されて鶏が引き上げられる。脂肪分は鍋の中の香り高い肉汁からすくい取られ、ぶどう酒のシロップ、砂糖、小粒の種なしぶどう、それに香辛料が最後の仕上げとして注ぎ込まれ、この混ぜ物はスプーンですくって鶏の上にかけられる(168)。

種類の異なる多くのシチューが作られた。たとえば、鹿の肉を用いた場合、肉は水だけでとろ火で煮られ、薄切りにされ、そしてフルーメンティ[一五四]と一緒に出された。ちなみに、フルーメンティというのは、ずいぶん好まれた料理で、籾を摺られて煮られた小麦を牛乳の中でごくゆっくり煮て、甘味をつけ、サフランで色をつけ、最後に卵黄で濃くしたものである[169]。一方、牛肉を用いた場合、まず数切れの牛肉が、刻まれた玉ねぎ、香辛料、パセリ、およびセージの入った肉汁の中でとろ火で煮られた。そして、出来上ったこのシチューは肉汁と酢に浸したパンくずで濃くされた。なお、最後の味見の時には塩と酢の助けを借りたが、これは、調理師の気がかりな夢の中でこだましていたに違いない「十分刺激が強くなるよう注意しなさい[170]」という熱心な警告があったからである。一方、野うさぎやがちょうの場合、髄つきの骨数本、刻んだキャベツ、および西洋ねぎと一緒に、さらにこのシチューを濃くするオートミールと共に、肉汁の中で煮られた[171]。ちなみに、英国では飼いうさぎというのは、一二世紀後半になってやっと飼う習慣が定着したために、一五世紀に入るまでは高価な贅沢品であった。したがって、うさぎの飼育場を所有するというのは高貴さの象徴であった。事実、一四世紀中頃のホランドとウェークの領主トマス[一五五]の紋章の意匠は、うさぎの飼育場から生え、王冠を被った兜を枝と根に付けた木を表わしている[172]。したがって、うさぎの調理法の多くは料理の本の中に盛り込まれてはいない。しかし、そのうちの一つによると、うさぎは、肉汁の中で煮られ、そして肉汁とぶどう酒で作られ、ちょうじ、にくずく、生姜、および砂糖で味と香りをつけられたうさぎの料理に相応しい高価なソース、すなわちアーモンド乳液を添えて出される、とある[173]。

香辛料を入れたミートボールは非常に人気があった。このミートボールは、単に肉汁の中でとろ火で煮られるだけのこともあったが、お気に入りの方法は「りんごのように丸く」作り、小麦粉の練り粉、砂糖、およびアーモンド乳液に浸し、それを焼き串に刺して焼くことであった(174)。一方、雄豚の肉、すなわち、いのししと家畜の豚の双方の肉は、しばしば小さく刻まれ、香辛料とアーモンド乳液を混ぜられ、そしてこの混ぜ物は濃くなるまで深鍋の中で煮られる。次に、これはリンネルの布の中に入れられ、強く縛られ、そして冷される。それから、包みがはがされてでてきた長いソーセージは厚切りにされる。ちなみに、中世の料理の出し方の好みによると、この料理は、肉を取られ、ぎらぎら光るいのししの肋を中央に据えた皿に盛られる、という指示がなされている(175)。一方、「王様の雄豚の肉」(Brawn Royal)と呼ばれている調理法の場合には、厚切りの肉が着色された。すなわち、すりつぶした西洋ねぎで緑に、シナモンと生姜によって茶色に、そしてひまわりの葉や茎で青くされた(176)。

肉と魚を共に食卓に出す優雅な方法は、それぞれがゼリーの中で微かに光っているようにして出すことであった。そして、この方法は、魚の場合、自然の水の中で泳いでいるように見えるため、特に効果的であった。「透明なゼリー」は、魚を白ぶどう酒でポーチにして、その液を冷所に置いておくだけで出来た。もっと手の込んだ調理法の場合、鯉の仲間の魚を例にとると、まず赤ぶどう酒の中で魚をとろ火で煮て、次に平鍋から引き上げ、皮と骨が取り除かれる。もっとも、この皮は先程の煮汁に戻して煮られ、味に適度の刺激を与えるために香辛料と酸っぱい果汁を加え、次に全体が漉されて魚の回りにふりかけられる。そして、鯉に突き刺した漂白された一、二粒のアーモンドは最後の仕上げとなる(177)。一方、肉のゼリーは子牛の足や幼牛の足肉をぶどう酒の中でとろ火で煮ても作れた。これらの足や肉が取り除かれると、今度は豚と鶏の肉片がこの肉汁の中でぐつぐつ煮られた。そして、これらの肉もまた取り出され、汁は全くきれいになるまで何度も布で漉された。次に、塩、香辛料、酢が好みに応じて加えられ、

「きれいな飴色」にするために十分な量のサフランが入れられた。この金色のゼリーは漂白したアーモンドと生姜の薄切りで飾られた(178)。

最も盛大な宴会と最も豪胆な調理師たちのために取っておかれた最も壮観な肉料理は、疑いもなくこういう場合に特別に作り上げられた途方もなく巨大な料理であった。すなわち、雄鶏と豚は、いずれも半分に切られ、骨を抜かれ、そして鶏の前の部分は豚の後の部分と、あるいはその逆に、縫い合わされた。次に、胴は詰め物で一杯にされ、焼き串に刺して火にあぶられ、そして卵黄、サフラン、生姜で色がつけられ、緑色のパセリの汁で縞が入れられた。なお、この調理法は、「次に、この料理を王様の肉として出しなさい(179)」と穏やかに敬意を示した短い注釈で終っているが、これはもっともなことである。

このような料理を可能にしたのは、焼く、あぶる、揚げる、ゆでる、煮る、およびポーチにするという方法であった。これらの方法をすべてうまく行なうには火の上手な扱い方が不可欠であった。たとえば焼く場合、火は天火の中でおこし、天火全体がちょうどよい熱さになったら、火は片付けられねばならなかった。ちなみに、一三世紀のビッベスワースのウォルターは、すばやく火をおこすために馬小屋のわらびか麦藁を用いることを勧めている(180)。また、調理法の中には、「天火を使ったら、きれいに掃除しなさい(181)」という助言が時おりみられ、焼く面をきれいにしておくために、天火の掃除は適度になされねばならなかったことが分る。ところで、天火は徐々にその熱を失った。そこで、熟練した調理師は一回分のパイが焼けたら、その暖かさを最大限利用した。すなわち、たとえば梨料理の場合、「パンが天火から出されると、梨料理をその中に入れ、そこで……固まらせる(182)」と記されているように、梨は次第に冷めていく天火の中で調理と仕上げが行なわれる。

どんな調理であれ、特定の料理のためにちょうどよい火の状態にするには、慎重に火を調整することが大切であった。たとえば、ミートボールをあぶる時には、「煙を出さないで火をおこせ」、一方、「オムレツを作る時には、「火の上で平鍋に油を引き、この薄い油が熱くなりすぎないように注意せよ」と書かれている。[183] もっとも、広い炉の石の上なら、調理用の深鍋をあちこちに、すなわち、その時の必要に応じて火の中心から端まで移動することができた。たとえば、フルーメンティを作るには、小麦は牛乳と一緒にゆっくりと煮られるが、この時に砂糖、塩、および卵黄が加えられた。そして、この段階で皿を暖かくしておいて、間もなく食卓に出される鹿肉のシチューを待ち受けねばならなかった。もっとも、卵黄が固まってしまわないよう、皿は熱すぎてはならない。これを防ぐには、「これ以上鍋を煮立てずに、汁が冷たくならないよう、少しの石炭の上に鍋を置きなさい」と記されているように、石炭か燃え木を一つか二つ炉の脇に近づけることによって、この深鍋のために小さな火を特別に作ることができた。同様に、魚のスープが煮えると、「それから、鍋を火から離し、二、三個の石炭の火の上にのせ、ひとりでに固まらせなさい[184]」と述べられているように、わずかな火の上でひとりでに固まるように置いておかれた。

深鍋とフライパンは火の真上に置かれることはなかった。その代りに、これらの鍋は作りつけの脚を付けて作られるか、それとも携帯用の三脚台の上に置かれた。このような脚や台は、鍋をしっかりと支えることによって不慮の出来事の危険を減らし、鍋の底を直接の炎から遠ざけることによって材料を焦がすのを防いだ。たとえば、図19では、〔大きさの異なる〕三つの大鍋が炉の上で煮えたぎっており、いずれも炎から離れた所に置かれている。ちなみに、図5では台はもっとはっきりと見える。

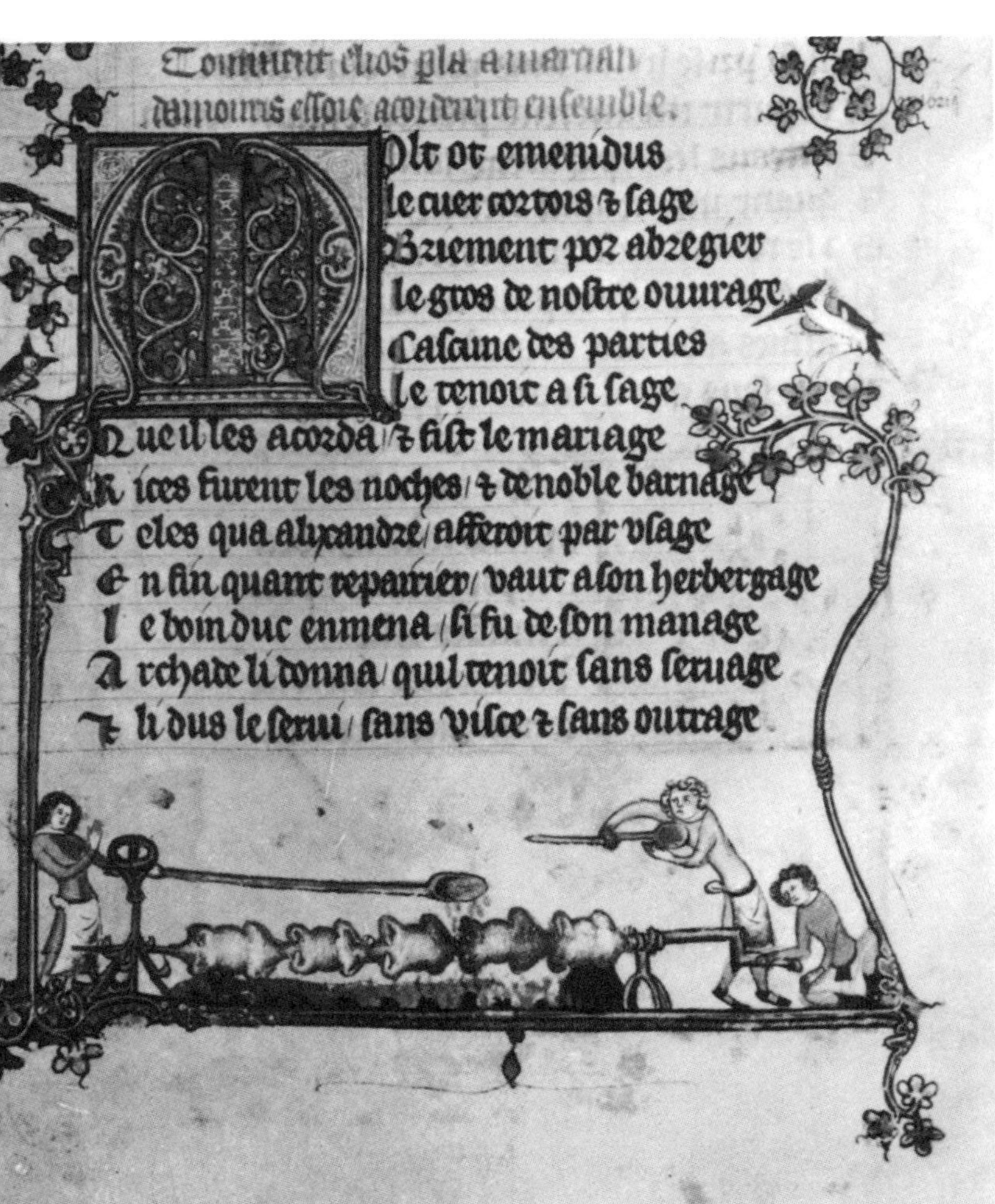

Molt ot emenidus
le cuer cortois ⁊ sage
Briement por abregier
le gros de nostre ouurage
Cascune des parties
le tenoit a si sage
Que il les acorda / ⁊ fist le mariage
Rices furent les noches / ⁊ de noble barnage
Teles qua alixandre / afferoit par usage
En fin quant repairier / vaut a son herbergage
Le boin duc enmena / si fu de son manage
Archade li donna / quil tenoit sans seruage
⁊ li dus le serui / sans visce ⁊ sans outrage

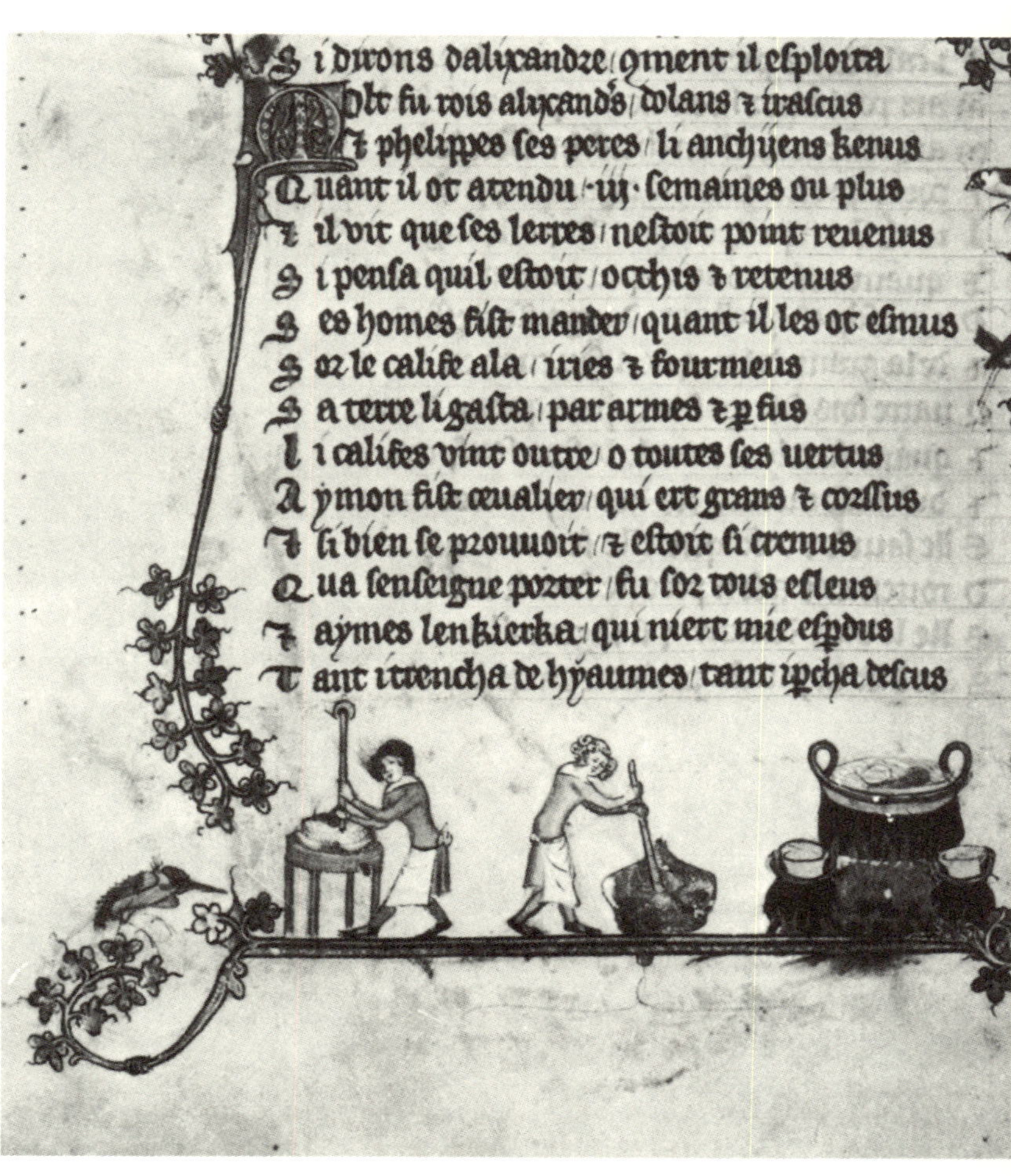
Si dirons dalixandre qment il esploita
Molt fu rois alixandres dolans & irascus
Et phelippes ses peres li anchijens kenus
Quant il ot atendu .iij. semaines ou plus
Et il vit que ses lettres nestoit point reuenus
Si pensa quil estoit occhis & retenus
Ses homes fist mander quant il les ot esmus
Sor le calife ala iries & fourmeus
Sa terre li gasta par armes & par fus
Li califes vint outre o toutes ses uertus
Aymon fist ceualier qui ert grans & corssus
Et si bien se prouuoit & estoit si cremus
Qua senseigne porter fu sor tous esleus
Et aymes lenkierka qui niert mie esperdus
Tant i trencha de hyaumes tant ypcha descus

図19　台所での仕事
1338－44年にブリュージで書かれた『アレクサンダー物語』より．

熱を加減するもう一つ別な方法は、食べ物を火の上のちょうどよい高さに吊すことであった。そのために、深鍋に取っ手が付けられていたり、ロープで吊されることもあった。たとえば、ドーセットのウェアラム城の本丸の台所付近で大型の大鍋が発掘されたが、ロープが結びつけられていたためにきれいな帯状になっている首の周囲を除いて、鍋の外側は煙で黒くなっていることが明らかになっている(185)。一方、一一世紀のバイユー壁掛けでは、シチュー鍋は杭で上方に支えられた棒にロープで縛られている。しかし、もっと世間によく知られた台所では、深鍋は加減できる鉤か刻み目のついた鎖から吊され、そのために火からの距離は調節が可能であった(186)。また、一四世紀の『ホルカム聖書絵本』の最後の審判の場面では、二通りの調理の方法が見事に表わされている。すなわち、呪われた魂が一杯入れられた一つの大鍋は、台の上で煮えたぎり、一方、不正直なパン屋と居酒屋のおかみが入れられたもう一つの大鍋は、鎖で吊り下げられ、悪魔の調理師たちは騒ぎ立てながら、慣れた手つきで二人を突いたり刺したりしている(187)。

大鍋が大きくて広々としている場合、別々の料理をいくつか同時にその中で調理するのが経済的であった。たとえば、味の濃い肉のソーセージの調理法は、混ぜ物を土製の水差しの中で詰めるための指示を与え、その次に「大鍋の中にこれを入れ、大きな肉と一緒にとろ火で煮なさい(188)」という注を添えている。

たくさんのおいしい料理が煮えたぎるシチュー鍋から出されたが、これらいずれの料理より、ほとんどの人の心を強く捕えたのは、焼き串で焼かれ、それに合った特別なソースをかけて出された肉であった。事実、カール大帝の九世紀の伝記作家は、提案された食養生の変更に対して皇帝が示した苛立ちを

図20　焼き串で肉を焼く
14世紀初頭にフランドル語で書かれた『聖務日課書』から．

次のように記録している。「医者たちは、皇帝に対していつもの焼き肉を食べるのを止め、シチューにした料理を常食とするよう進言したが、そのご皇帝は明らかに彼らを嫌悪するようになった。[189]」ちなみに、肉を完璧な状態に焼くには焼き串の高さを加減する必要があった。そして、設備のよく整った台所では、図20のように焼き串が据えられているジャッキ、すなわち支柱には刻み目がいくつかあり、それぞれの場合に最も適した高さが選ばれた。一方、焼き串を回す少年のそばでその他に必要な道具は、肉汁を受ける平鍋とたれをかけるための長いひしゃくであった。これら二つの道具は図21では大変はっきりと見られる。なお、この図では、少年は火から顔をそらし、手をかざして熱さから顔を守っている。ちなみに、

図21　焼き串を回す少年

15世紀中葉，フランドル語で書かれた

『クリーブズのカタリーナの祈禱書』より．

図22　台所用具の目録
1497年，ドイツのフライブルク・イム・ブライスガウで書かれた『賢者の集団の規約』より．

多くの串は鉄製であったが、木製のものが勧められることがあった。たとえば、ミートボールを作る場合、「少年たちには、はしばみの木で作られた細い串を渡しなさい[190]」と記されている。

もう一つ別な技術は、小さな間に合わせの天火を工夫して作り、それを火の燃えさしの中に埋めることであった。このことは調理法の本ではほとんど言及するに値すると思われていないが、自宅に適当な天火がない家庭では、特によく用いられていたことであろう。ちなみに、一つの調理法はこの作り方についてその概略を与えてくれる。すなわち、二つの土製の皿に油が塗られ、これを暖めるために炉の上に置かれる。練り粉が一枚の皿に垂らされ、もう一枚の皿は蓋としてその上に置かれる。そして、石炭がその上

図23　仕事中の調理師たち
1340年頃，英国東アングリア方言で書かれた『ラトレル祈禱書』より．

に積まれる。したがって、熱は上から下へとやってくる。練り粉が固まり始めると、蓋をはずして肉の混ぜ物を加え、同じ手順で繰り返す。そして、最後に、香りをつけられ、強くかきまぜられた卵がその上にかけられ、練り粉が焼けるまで蓋は元の状態に置いておかれる[191]。

図22では家庭用道具の一覧表が作成されている。すなわち、皿、フライパン、焼き串、脚つきの深鍋、三脚台が見える。しかし、この絵では調理師の仕事を可能にした一〇〇一個はあるであろう小道具は全く見られない。調理師のしるし、すなわち身分証明書に相当するものは、ウィーンにある一三世紀の写本[二五六]、すなわち図6やケントのメイドストーンの一五か一六世紀の免戒室の絵のように、肉吊し鉤とひしゃくであり、調理師はこれらの

図24　小麦粉をふるいにかける（左），薄焼きパンを作る（右）
1340年頃，ボヘミア語で書かれた『ヴェリスラフ絵入り聖書』より．

道具がよく見えるようになるべく離して高く掲げている。[192] 一方、図23では、調理師はこれら二つの道具を携えて、三つの深鍋の辺りを行ったり来たりしている。また、図19では台所の少年たちは臼でひいたり、乳鉢で潰したりしている。さらに図24では、ボヘミアでキリスト教を国教と定めたヴァーツラフ王[二五七]が——彼は相当位の高い調理師でもあったが——聖晩餐用の薄焼きパンを作るための小麦粉を入念に篩にかけている。ところで、不可欠な道具である塩入れは、一五世紀のドイツの版画とその忠実な複製、すなわちマンチェスター大聖堂[二五八]の一六世紀の免戒室の絵の中に出ている。この版画の場面の題名は「うさぎの復讐」（*The Rabbits' Revenge*）と呼ばれ、その主題は、自然の秩序の意気揚々たる大逆転、すなわち、

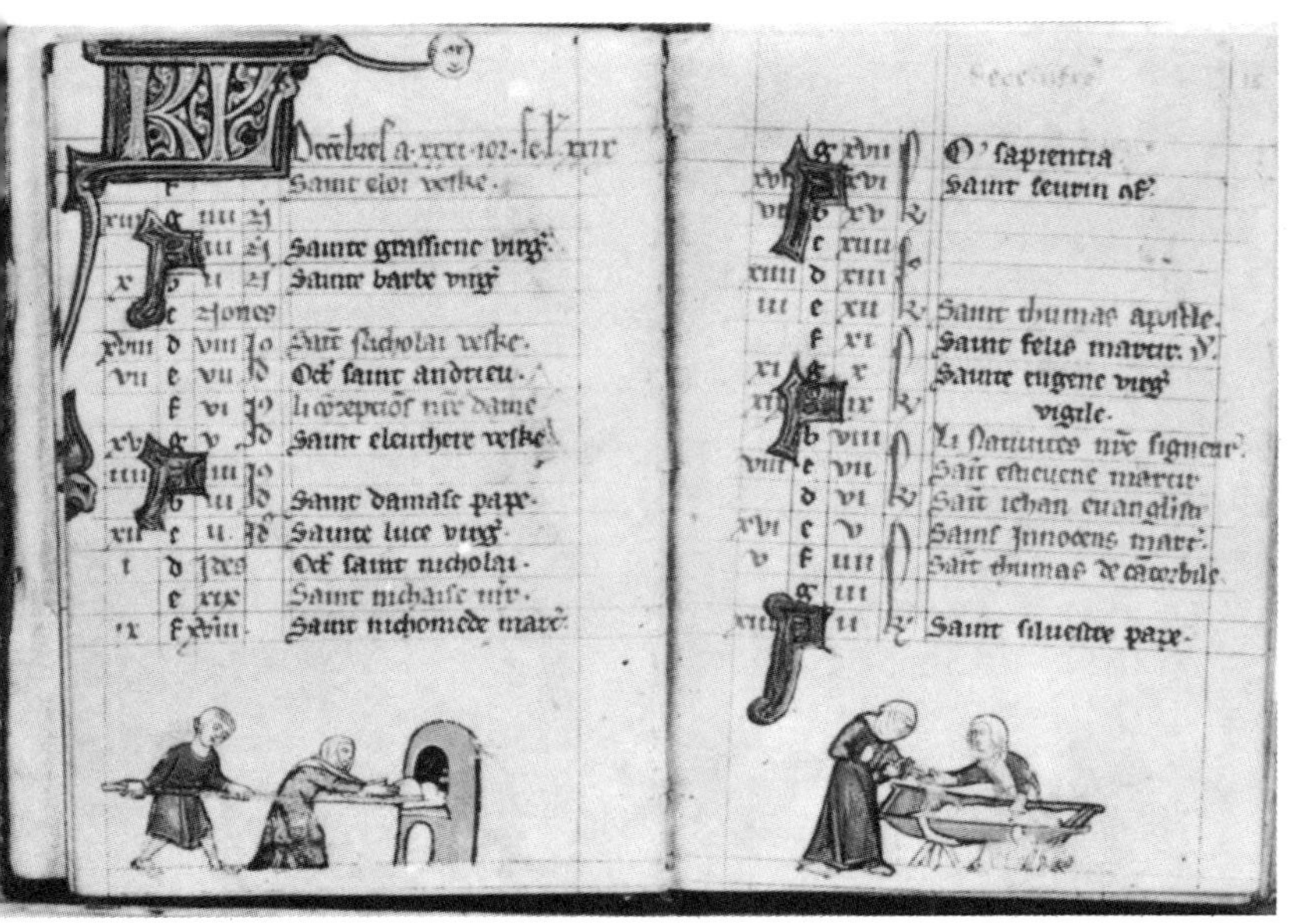
Saint eloi vesque
Saint grassiene virg
Saint barbe virg
Saint nicholai vesque
Oct saint andrieu
li concepcions nre dame
Saint eleuthere vesque
Saint damase pape
Saint luce virg
Oct saint nicholai
Saint michaise mir
Saint nichomede mart
O sapientia
Saint severin ab
Saint thumas apostle
Saint felix martir
Saint eugene virg
vigile
Li nativites nre signeur
Saint estievene martir
Saint iehan euangliste
Saint innocens mart
Saint thumas de cantorbile
Saint silvestre pape

図25　パンを焼く（左），練り粉を作る（右）
14世紀初頭，フランス語とフランドル語で書かれた『聖務日課書』より．

狩人は焼き串に刺されて焼かれ、彼の猟犬は一列に並べられた深鍋の中でぐつぐつ煮られ、そして調理師であるうさぎは近くに吊された箱から塩を一つまみ取っている、というものである(193)。

どの絵も使われた道具についてわずかな様子しか伝えてくれないが、書き留められた記録はもっと役に立つ。たとえば、ダービー伯ヘンリーの一三九〇―九一年の間の出納簿は、洗練された台所の物資について生き生きとした印象を与えてくれる。ジャッキ、焼き串、および大鍋を筆頭に、凝乳

図26　食べ物を器に盛って出す
1340年頃，英国東アングリア方言で書かれた『ラトレル祈禱書』より．

の水気を切る布に至るまで、いずれも注意を引かないものはない。ナイフ、ひしゃく、上皮をすくう道具、パン用のおろし金、乳棒と乳鉢、重りと秤、干物を叩くための金槌、小麦粉用の篩、焼き網とフライパンがある。一方、食料品は麻袋、籠、革袋、および樽に貯えられた。あらゆる形と大きさの皿は金属、陶土、あるいは木で出来ていた。ちなみに、この出納簿は、彼がこの期間に英国からエルサレムへとのんびり巡礼をした移動中の家庭のものであるため、一層注目すべきものである。[194]

　放置された台所の、口が開いた空の貝殻を見ると、現代人の心は沈む。また、忘れ去られ、捨てられた深鍋から顔を出した黒ずんだ陶器の破片を見ると、心は動揺する。絵や偶然書き留められた記録がこの忘れ去られて久しい世界に触れて、これを再び生き返らせてくれるまで、すべての物はそれ自身が経験したことと疎遠であるように思われる。

写本の縁には、悪魔からグリフィン[二五九]に至るまで、思いつく限りのあらゆるタイプの仕事中の調理師と共に、あぶる、煮る、焼くという調理法についての多くの絵が描かれているが、台所での他の作業も時おりいくつかちらっと見られる。たとえば、図25では、練り粉がこね鉢の中で練られており、調理師は相棒にもう少し水を注ぐよう言っている。一方、図26では、焼かれた骨つき肉が食堂に運び込まれる直前にソースが付け足され、最後の仕上げがなされている。

眼の鋭い観察者が時おり挿し絵の中で台所を写生している。また、ダンテは地獄の二人の罪人を次のように表現している。

炉辺で暖めるために置かれた二つの平鍋のように、
背中と背中を合わせて座っている。

一方、他の者たちは罪のために狂い、次のように錯乱状態で体をひっかいている。

爪はむけながらふけだらけの泥板岩の下へと落ちて行った、
台所の下働きの庖丁が鯉のうろこを剝ぐのと全く同じように、

あるいはその他のいろんな魚の大きな粗いうろこをはぐように。[195]
『ボードゥのヒューアン』[二六〇]という物語の中で、妖精のパン屋たちは突然台所に訪問客の姿を目撃したが、彼らの反応はどの人間の調理師の反応とも全く同じであり、ねばねばする指に気づいて指から練り粉をこすり落とそうとし始める。[196]

これまで我々の気持ちを楽にしてくれたのは、概して調理法の本そのものである。すなわち、わずかの助言、それと、勧めてくれた手っ取り早い調理法は、共通の問題を理解し、共通の解決法に賛成して料理する調理師を何世紀たっても微笑させてくれる。

肉ゼリーを漂白したアーモンドで飾る場合、アーモンドは「ゼリーが冷める前に[197]」所定の位置に並べられねばならない、という助言がある。一方、ゼリーが全く固まらないというよくある災難を防ぐためには、「ゼリーを冷やすために一晩地下室に置きなさい[198]」と記されている。また、いったん何かを固めることにした場合、その容器からそのまま損なうことなく取り出すにはどうすればよいか？　その方法は、「深鍋の外側を熱湯で暖めるか、それとも容器を火のそばに置くことである[199]」と書かれている。

材料の中には、特に平鍋が熱くなりすぎると、調理中に簡単に焦げたり、こびりついたりするものがある。これを防ぐには、次に記されているように、材料をひっきりなしに徹底してかきまぜねばならない。

> 深鍋を火にかけているとき、燃えている木が鍋の底に触れると、えんどう豆やそら豆のポタージュ

の類は簡単に焦げるということをよくわきまえておきなさい。同じく、ポタージュが焦げる前に、また焦がさないようにするために、深鍋の底でポタージュをよくかきまぜ、ポタージュが底にくっつかないように、底をスプーンでかき回しなさい。さらに、ポタージュが焦げているのに気がついたらすぐ、ポタージュを動かさずに直ちに火から離し、別の深鍋に移すよう注意しなさい。(200)

平鍋の中で火がつくものもあれば、火の中に煮こぼれるものもある。このような危険に対して、予防は手直しよりもはるかに厄介なことが少ない。ちなみに、「火にかけているどんなポタージュでも、塩と油が入れられる前は一般に煮こぼれやすく、その火の上に落ちやすいが、塩と油を入れたあとはそうなりにくいことに注意しなさい」と記されている。(201)

熟練者でも、調理師が異なれば失敗の手直しの方法も異なる。たとえば、「もしも深鍋があふれたら、少量の冷水で落着かせなさい」という助言があるが、一方、大失敗をして、かなりの手直しが必要な場合、「燃え木を引き出しなさい。そうすれば煮え方が衰えるでしょう」と書かれている。(202)

昨今の調理師たちを結ぶ共通の習慣の細い糸としては、濃くする媒体として卵を用いる中世の方法に優るものはない。たとえば、牛乳と卵を混ぜたものから、作り手の経験に完全に左右されて、たちまちのうちに、申し分のないカスタードかそれとも腹立たしい失敗作がでてくる。中世では、次の引用に記されているとおり、現在と同じように、卵黄が突然熱せられて凝固することを確実に防ぐためには、卵を牛乳でゆっくりと暖めるのが秘訣であった。「最も安全な方法は、少量の暖かい牛乳を用意して、深鉢の中で卵とまぜる。そして、卵黄がスプーンでたくさんの牛乳と十分まぜ合わされるまで、これを何度も何度も繰り返す。次に、これを火から離した深鍋の中に入れる。そうすればポタージュは固まらない。[203]」また、当時は今と同様に、「固まりそうだと分ったら、深鍋を手桶一杯の水の中に入れなさい[204]」と記されているように、困った徴候が現われたら、成すべき唯一のことは、できる限り素速く混ぜ物の温度を下げることであった。

簡単で満足でき、何世紀経てもお気に入りのもう一つ別の料理はチーズオムレツである。この調理法はたやすく、問題は一つしかない。すなわち、次の引用に述べられているとおり、溶けたチーズが平鍋の中でこびりついたり焦げたりすることをいかにして防ぐかである。

まず、油、バター、あるいは好みの油脂でフライパンを十分に熱する。そして、全体がかなり熱くなったら……フライパンの上で卵を混ぜ、広げ、そして平たいこてで何度も何度もひっくり返す。そして、その上によくすりつぶしたチーズをふりかける。なお、このチーズはよくすりつぶされていることを確認しなさい。というのは、薬用植物と卵を混ぜてチーズをすりつぶした場合、オムレツを油で焼く段階になると、底のチーズがフライパンにくっつくからである。卵オムレツを作る場合、卵をチーズに混ぜると、このような問題が生じてくる。したがって、まず卵をフライパンに入れ、次にチーズをその上にのせ、それから四隅を卵で包む。このようにしないと、チーズはフライパンにべったりとくっつく[205]。

中世の調理法が当惑するぐらい馴染みがないと思われる場合、その原因は量と時間に関するその本の指示にある。もちろん、売買に用いられる公の液量と乾量があり、たいていの家庭には所定の、既知の容量の容器がいくつかあった。たとえば、一五世紀のある遺言書では、「一ガロンの真鍮の深鍋」が言及されており、もう一つの遺言では、「二クォートの深鍋と一クォートの深鍋」、さらに三番目のものでは、「ピューター製の二クォートの深鍋」が話に出ている(206)。そして、「それから、もし深鍋が四ガロン用であれば、生卵の黄身一二個分をそこに入れなさい」、あるいは「乳鉢の中で四〇個の黄身をつぶし……そこに……一オンスの砂糖と一オンスのシナモンを入れなさい(207)」というように、分量が承知のうえであったことが調理法に時おり反映されている。一方、「卵の黄身は少なすぎず、多すぎない程度に用意しなさい(208)」と述べられているように、調理法はすべての責任を調理師の裁量に委ねることが現在よりもっと頻繁で、はるかに特徴的であった。そこで、たとえば米と野菜の料理の場合、加えるべき蜂蜜の量は指定されず、唯一の目安は、「甘すぎないようにするため、多すぎることがないように(209)」という注意であった。

量の場合と同じように、標準的な長さも時おり用いられた。たとえば、練り粉は、「いずれも二インチ四方に(210)」切られねばならなかった。しかし、これよりずっと多かったのは、身近な日常の事物との比較に助けられて、熟練した目に独自の判断をさせることであった。たとえば、練り粉は、「転がせられる程度に薄く、受け皿の大きさ(211)」に作られねばならなかった。一方、混ぜ物は、「はしばみの実のように」、「西洋すももと同じ大きさに」、「りんごのように」、あるいは、「たいせい(二六二)の実に似せて(212)」と書かれているように、小さな球状に形作られねばならなかった。また、ヘット(二六二)は「さいころのように小さく」切り、フリッター用のりんごは「聖餐式用の薄焼きパン(213)」のように切られねばならなかった。

時間について触れると、中世の調理法が書き留められるようになった時期までに、すなわち一四世紀末および一五世紀において、公の時計はすでに町の景色の一部となりかけており、「水を二、三時間滴下させなさい[214]」と書かれているように、時間を計算することは一つの可能な事柄となっていた。しかしながら、時間の計測にもっと頻繁に用いられたのは、古い伝統的な方法、すなわち、手元の仕事と、あるお祈りを唱えるとか、ある距離を歩く、といった馴染み深い日常の活動を比べることであった。たとえば、料理のある段階で時間を数えている調理法が、別の段階にくると、事もあろうに、この混ぜ物は「ファーロング[一六三]歩くのに要する時間」休ませよ――しかも、あとで考え直して、軽々しく――「あるいはその倍」と指示している。ちなみに、このような軽率な度胸のよさは再三再四現われている。たとえば、練り粉は「一人か二人が疲れ果てるくらい十分長く」打たねばならないとか、あるいは、木の実は、「ミゼレーレ[一六四]を読む時間のあいだ」、あるいは著しく物分りのよい制限をつけて、「それとも、あなたが見た限り必要だと思われるあいだ[215]」煮られた。

料理の成功は正確な指示ではなく経験豊富な調理師の目や判断に依存していた。したがって、中世の初心者でさえ、現代の調理の本の指示よりずっと確信を抱いて、このような隠れたヒントに従ったことであろう。というのは、素人も、玄人と同じように、自分のすべての行動の時間を計ることに慣れていたからである。たとえば、一三七〇年にヨーク・ミンスター[一六五]で仕事をしていた職人たちは、午後「半マイル歩くのに要する時間[216]」続いた休憩をとり、飲み物を飲むことを許されている。一方、狩人頭は、狩猟の終りの時に「アベマリアの祈りを半分[217]」唱えるのに要する時間のあいだ角笛を吹いた。また、パルマ[一六六]の印刷業者は、前述の調理書の比較を無邪気にも逆転させた格好で、自著の新版に当り、次のような出版者の自己宣伝を添えて批評家たちを出し抜いた。「この作品にどんな難点を見つけられようと……軽蔑は止めてくだされ。というのは、リヨン[二六七]のステファヌス・コラルス[二六八]は、なんとかして同じ本を印刷しようとしたある嫉妬深い者の悪意に触発されて、アスパラガスが煮えるよりも早く、その本を印刷し終えたからである。[218]」

調理法の本を研究すると、中世の調理師により近づけるように思われるが、当時の調理師がこれらの本をどのように参考にしていたかほとんど何も分っていないということは認めねばならない。たとえば、当時の調理師は自分でこれらの本を読んだのか、それとも人に読ませたのであろうか？ 調理法には実際上のヒントと見識のある短評が満ちあふれており、これを見ると、これらの調理法が研究のためではなく、台所で用いられるのが意図されていたと分るが、調理師たちがどれだけ厳密にこれらの本に従っていたかは謎である。多くの調理法は中世後期から英国やフランスに残されている少数の料理の本に共通しているが、写本でも同じように、特定の家庭の特徴や個人的な好みよりも、むしろある人が表現しているように、「立派な人たちの料理法」に見られる満足のいく習慣の主な伝統が守られているようである。[219]

ある程度の確信を持って言えることは、せいぜい、調理師はその日の献立を自分で決定することはなかった、ということである。すなわち、小さな家庭の場合、調理師は主人や女主人と詳細を検討し、そして大所帯の場合には、このような任務に当る職員と相談したのである。一方、例のパリの家長が自分の若い妻のために妻としての務めについての本を書いたとき、彼は本の一節を生活用品の注文の仕方と晩餐のやり方に当て、他の一節は調理法に当てた。これは、彼女が自分の召使いたちに対して行なう指示とその方法を正確にわきまえた経験豊かな主婦となれるように、との配慮からである。すなわち、彼は次のように書いている。「第四条は、おまえが自分の家の最高の女主人として、晩餐、夕食、および料理とコースを指図し、肉屋と家禽商が関心を持つことに博識となり、さらに香辛料の知識を持つことである。第五条は、おまえがあらゆる種類のポタージュ……ソース、および他のすべての肉を注文し、品定めをし、工夫し、そして作らせる術を学ぶことである……。(220)」

一五世紀の第三四半期のエドワード四世の王室に目を転じてみると、食べ物の準備と給仕の全般的な責任を担う職員、すなわち監督官がいることに気づく。彼の仕事は、「調理師長と共に、……きれいに扱うためのあらゆる正しい方法、および勤勉に保存と包装を行なうことと合わせて……最高でしかも最も安全なあらゆる種類の食料品を監視すること(221)」であった。一方、晩餐会の会場で食事が出されるのを指揮する職員は、毎日監督官と調理師が何を食事として準備したか、たとえば「どんな肉を、どれだけの料理を?(222)」というように、尋ねなければならなかった。

調理師とその良き指導者たちが座って、客を宴会に迎える計画を練るとき、宴会のキャンペーンの計画全体についての議論は全くなかった。なぜなら、目を奪われた客が次のように認めざるを得なくなるまで、次々と料理が食卓に出てきて、可能な限り多く、しかも異なる料理があるという気前のよい豊かさが客の心を打ったからである。すなわち、「大宴会の席や客の中にいると、しばしば……見事でおいしそうな肉を見て目を奪われ、いざ食べようという段になると、飽きてしまって、おなかが一杯になっている。(223)」

宴会を成功させる術を心得たかつての家長は、台所の係員を総動員することなく、また金庫を空にせずに、客を感動させる料理の選択に自分の気概を示した。たとえば、一四世紀のプラートーの裕福な商人フランチェスコは、ある日仲間の来訪を待っていたとき、「余り苦労せずにこれらの人たち全員に敬意を表するために[224]」、主な料理の一つは豚肉のゼリーに決めた。一方、例のパリの家長は、前述の「はりねずみもどき」の作り方を妻に語り始めるが、この計画は割に合わないと決意し、次のように結んでいる。「はりねずみは羊の胃から作られるが、費用と労力がかかりすぎ、しかも余り名誉と得にはならない。それゆえ、ここには何も書かないことにする[225]。」

中世の献立の配列は現代のものとはっきりと異なっていた。すなわち、後者の場合、理想的には、違った料理の風味と性質を釣り合わせるために、何らかの試みがなされ、一品一品の料理が全体の一部となるよう計画される。しかし、前者の場合、料理が単に多量にあるだけで、一品一品は孤立した、それだけで完全な料理とみなされ、それ独自のソースか添え物と一緒に出され、しかもそれ自身の真価に基づいて良し悪しが判断された。たとえば、ごく簡単な例をあげると、一四九七年の夏にロンドン金細工師組合の四人の理事によって開かれた夕食会の場合、最初のコースとして、焼き鶏、かわかます、鹿の焼き肉、二番目のコースとして、アーモンドクリーム、うさぎと鶏肉、かれい、鳩、それにタルト、という献立が選ばれた。なお、それぞれのコースにはいちごと砂糖も出された[226]。

中世のこのような献立の大きな利点はその融通性にあった。すなわち、晩餐の微妙な釣り合いを損なうことなく、どんな物でもすぐに追加でき、また減らすことが可能であった。ちなみに、贈り物、家賃、あるいは十分の一税などのあらゆるものが、たとえば生姜を深鍋一杯、雌鶏一羽、子豚三頭、一かえし分の卵[二六九]、というように、食べ物という形で差し出されることがあったため、一家の主（あるじ）は食卓に一体何が現われるか常に確信を持てるとは限らなかった。ちなみに、『修道士ユースタス』(一七〇)という物語の中の一つの出来事はこのことをよく示している。すなわち、ユースタスは商人に変装して意地の悪い伯爵を訪れ、近々予定されている訴訟で彼を贈賄するふりをして、焼きたてのパイ一籠分をうやうやしく差し出す。貪欲な伯爵はこれを受け取り、そしてこのパイは当然その日の晩餐の食卓に出された。そして、主人公たちが満足したことに、また悪役らにとって悔しいことに、伯爵らはパイを一口かんで、中に麻くず、松やに、ろうが詰められていることに気づいた。[227]

たとえ食料品が市場で買い求められたとしても、期待していた珍味が所定の日に売りに出されるという確証は何もなかった。たとえば、パリの家長が五月の結婚披露宴の記録の中に簡潔に述べているように、「おまけに、さくらんぼも全く手に入らなかったため、一粒も出されなかった。[228]」もっとも、このような危機や災難にもかかわらず、どうにかこうにか晩餐は毎日出されたのである。さて、客が期待を込めて席を占めたとき、食卓は一体どんな様子であったか、次の章で考察してみたい。

6　食卓の用意

晩餐が大食堂で出されようと、私室で出されようと、その部屋はその日の残りの時間のあいだ空（から）になることはなかった。すなわち、部屋が小さければ、その部屋は居間か寝室を兼ね、大きければ、家族全体の仕事と娯楽の音と声でざわついた。したがって、空間は貴重であり、食卓はかさばる代物であった。そのため、食卓は、食事の直前に容易に組み立てられ、食事がすむと簡単に片付けられるように、架台と台板という別々の部分からできていた。

常時据付の建具である「固定食卓」が話に出ることはごくまれであった。たとえば、チョーサーの『郷士の話』（一）に登場する郷士は、自分の食堂に一台置いてあり、一方、フロワサールは、「常に宮廷内にあり、決して動かされることのない大きな大理石の食卓」で、フランス王が所有している一台に言及している。（1）

立派な素材で作られた食卓に言及しているものはほとんどない。フロワサールが挙げた先程の例は大理石製であり、一三世紀前半に皇帝フレデリック二世がフェレンティーノ（二）の狩猟小屋で使っていたものもそうであった。ちなみに、フレデリックは、教皇と絶え間のない争いをしているあいだ、キリストの敵として個人的に弾劾されることが非常に多かったが、自分の食卓が今日ルチェーラ大会堂[三]の高い祭壇として立派にその務めを果たしているのを見たら、面白がることであろう[2]。

一般的に言うと、食卓は格別重要性を持たない、単純で実用的な台にすぎないとみなされた。そして、食卓が毎日どたばたと組み立てられ、片付けられる時に多分ほこりを舞い上らせたせいであろうが、晩餐用に食卓が組み立てられる前に、表面が拭かれているか確かめるよう、たとえば、「それから、テーブルクロスを敷く時には、ぼろ切れで台板をきれいに拭いて、次にクロスを敷きなさい[3]」というように、召使いたちに多くの指示がなされた。そして、この儀式めいた行動のあとは、これ以上の注意が食卓に向けられることはなかった。ちなみに、食卓は、立派な家庭ではどこでも食事時には白いリンネルが見苦しくないように被せられたため、平らであるかどうか、引っかき傷がないかどうか、ということはほとんど問題にはならなかった。事実、チョーサーの作品に出てくる例の郷士の場合、彼の食卓は「終日いつでもカバーを掛けられていた[4]」ため、彼はずっといいやり方をしていたことになる。

高度に磨き上げられたマホガニー材を誇りに思う気持ちは当時はまだつちかわれてはいなかった。それに、木の地肌は、いかに美しいものであれ、農民の粗雑さを非とする考えの持主以外の者の心しかうごかすことはなかった。たとえば、一五世紀の中世騎士物語『デグレヴァン卿[四]』の中で、ミルドール(Myldore) は自分の寝室で主人公を歓待し、象牙で作られた食卓が彼の目の前に据付けられているが、「食卓がクロスで覆われてしまって[5]」見えなくなる前に、その優雅さを称える余裕は一時もない。

美しいリンネルは礼儀作法の象徴であった。そして、屋外でさえこの原則は固く守られた。したがって、地面に慎重に敷かれる雪のように白いクロスを持たずに出かけたピクニックはみすぼらしいもので

図27　天使たちが荒れ野でキリストに食事を出す
14世紀にイタリア語で書かれた『キリストの生涯についての黙想』より．

あった。ちなみに、激怒した両親の元から駆け落ちした恋人たちは、折をみて休息し、木の下でナプキンの上に出されたぶどう酒、パン、それに鶏肉入りのパイという軽い食事をとる。(6) また、昼間の娯楽の途中で休憩していた狩猟家たちは、召使いらが「緑の草の上一面にタオルとテーブルクロスを敷き、大きな皿の上にさまざまな肉料理を盛ってくれる」(7) のを心待ちに観察している。さらに、図27の一四世紀の本の挿し絵に示されているように、荒れ野での四〇日の断食の終りに、イエスは地面に座り、一方、彼の正面にいる天使たちは、房飾りのついた小ぎれいなテーブルクロスの上に彼の晩餐を準備している。

社会は食卓のリンネルに賛成した。そして、この社会の枠外にいる農民と未開人だけはリンネルがなくても気楽に過ごせた。そのために、たとえば一四世紀の『マンデヴィルの旅』(五) の作者は、支那の大汗(六)(七) の宮廷の礼儀作法の規範については手厳しく、そこではナプキンが用いられていないことと、このことから生じる不潔な習慣とを結びつけ、次のように述べている。「そこでは庶民は誰でも膝にクロスをのせずに食事をする。……そして、食事が終ったら、彼らは自分たちの衣服のすそで手を拭く。(8)」

リンネルはまとめて買って、必要に応じて、テーブルクロス、ナプキン、および手拭い用に裁断されるのが普通であった。たとえば、一三一七年のリチャード・ブラウンテスハム(八) 所有の調度品の一覧表の中に記されているのは、「一〇エル(九) 分のテーブルクロス一枚……それから、一四エル分のタオル地一枚」(9) である。なお、布の型によっては多くの例外はあったものの、標準的な布地の幅は六三インチで、食卓をたっぷりと覆うには狭すぎた。とりわけ、クロスを床まで垂らすやり方が大いに称賛された頃には狭すぎた。(10) ちなみに、このことは、召使いたちに対する指示の中に、食卓の上にクロスを二枚も三枚も重ねて広げよ、との助言がよく見られることの一つの理由になるかも知れない。(11)

図28　新年の祝賀会
1413－16年にパリで書かれた『ベリーの公爵ジャンのとても贅沢な時』より．

当然のことながら、主人役とそのお気に入りの客には、居候や召使いらに割当てられたリンネルよりも新しくて立派なものがあてがわれた。したがって、慎重な調度品の目録では、次のようにさまざまな等級が区別されている。すなわち、「主賓の食卓には一番良いテーブルクロス、二番手の食卓にはもう一つ別のもの、それから家臣の食卓用には三番目のものを」[12]というように。

リンネルの寿命は長く、最高のテーブルクロスの場合、徐々にその社会的地位を下り、「これらのぼろ切れは台所用の布として役立つ」[13]と書かれているように、銀製品を磨いたり、皿を拭いて乾かしたりしてその一生を終えた。ちなみに、一五世紀のエドワード四世の宮廷では、目の鋭い一人の廷臣が王のリンネルを一年中検査し、どれがまだ人前に出せるか、どれが視野から運び去られ、舞台の裏手で使用されねばならないかを決めていた[14]。

クロスは無地かそれとも「細工を施したもの」、すなわち、飾りが織り込まれたり、縁に装飾が付けられていた。たとえば、「菱形模様」(diaper) というのは、ある形が繰り返される織り方を指す言葉で、魅力的な多くの効果を出すことができた。ちなみに、一五世紀のあるテーブルクロスは、「一枚の布に……ばらの菱形模様を入れた[15]」と記されている。一方、図28のベリーの公爵の祝宴の絵では[一〇]、テーブルクロスは連続した菱形の図柄が中心であるが、お供の者のタオルには房飾りがしてあり、端には二列の飾りがついている。

ヨーロッパにはクロスの主な産地として知られた所があった。そして、調度品の目録には、「パリ製」[一一]、「アヴィニョン製」、「シャンパーニュ製」[一二]、「レンヌ製」という表現が点在する。たとえば、ノーフォークのエイルシャム[一三]はリンネルで名高い英国の都市であった。また、前述のデグレヴァン卿がミルドールの素敵な少量の夕食をとるために座ったとき、出されたのは次のものであった。

海の泡のように白い、
エイルシャムのタオル。(16)

食卓用のリンネルはどの家庭でも貴重な品であったため、入念に等級が付けられ、持主の死後は、幸運にも縁者や友人に形見分けされた。また、リンネルは借金の抵当として出されることもあった。たとえば、一四世紀のプラートーの裕福な商人の妻マルゲリータ・ディ・マルコ・ダティーニ(二四)は、質に入れたまま夫に残すことになってしまった二枚のテーブルクロスを自分の生活用品の中に記録している。(17)

主婦が自分個人の調度品をいかに自慢してみたところで、自分のものが特別の場合に必要なクロス、ナプキン、およびタオルの仲間入りをすることはありえなかった。ちなみに、友達から借りることと、特に都合で賃借することは、解決策としては別であった。たとえば、一四世紀末のパリの二人の市民の結婚式の詳細な勘定書のいずれにも、この問題について次のようなメモが記されている。「さらにまた……台所の仕事の手伝いとして二人。このうちの一人には、台所用品、練り粉、および食卓六台分のリンネルを買い付けに行ってもらう……同じく……リンネルの賃借り、すなわち食卓六台分についても行ってもらう。(18)」

客が到着したとき、純白でばりっとして輝かしいクロスは、仕度の整った食卓に独特の優雅さを付け加えた。一方、客が帰ったとき、クロスの汚れほどがっかりする光景はなく、またそれをいかにして再びきれいにするかと考えることほど気の滅入るものはない。しかし、だからといって、この問題がベリーの公爵や彼の仲間の夢を乱したと仮定するのはせっかちであろう。もっとも、この問題は彼らの家に仕える職員たちを悩ましたことは間違いない。また、この問題は、数名が共通の皿から取って食べるその当時の習慣と、食べ物が指を使ってとられることがとても多かったという事実によって悪化した。無頓着な客が指を拭くところとしてテーブルクロス以上のものがありえただろうか？

ナプキンは部分的な解決策となった。たとえば、一六世紀末のモンテーニュの次の言葉はナプキンがどれほど役立ったかを示している。「私はテーブルクロスなしでも夕食がとれる。しかし、きれいなナプキンを使わずにドイツ流に夕食をするとなると、きわめて不快に感じるに違いない。私はスプーンもフォークもほとんど使わないので、ドイツ人やイタリア人よりもテーブルクロスを汚すことが多い。[19]」

ナプキンはテーブルクロスよりもずっと小さかったため、その分洗いやすいが、ひどく汚れたナプキンはやはり問題であった。ちなみに、前述のマルゲリータ・ディ・マルコ・ダティーニが所有していたリンネル保存箱の中に、「食事の時に自分の前に置いておく古いナプキンが一二枚[20]」あったことは意味あることである。なぜなら、このことは、古いナプキンは日常用に出され、立派なものは儀礼や人に見せるために出されたことを物語るからである。これとかなり似ているが、一四二四―二五年のロンドンのある遺書には、「食前と食後に兼用する手拭い用のタオル[21]」が記されている。これは、食事の始まりと終りに手を洗うのが習慣となっていたことを裏付けるものであるが、食前に手を洗うのは丁寧で正式なやり方であったのに対して、食後の方は義務的なものであった。したがって、かなり気を使って儀礼用に最高のタオルをとっておいたところで、汚すことが専門みたいな一〇〇名もの晩餐客は、これに対抗して食後に汚し回ったのである。

ナプキンとタオルの背後でテーブルクロスを守る最後の防御線は、入念な取り扱いと潔癖な態度であった。これらの点に関して、修道院は社会のその他の人びとのために道を示した。すなわち、修道士ひとりひとりは、心がより高い物へと定められている証拠として、無作法を誇りにしたかも知れないが、修道会は一般に立派な行儀作法と社会における良い身だしなみの守り手であった。たとえば、カルツジオ会の規則の中に、炊事夫は「飲食用の器は入念に洗い、テーブルクロスを汚さないように外側を拭くよう[22]」注意せよとの指示がある。一方、シトー修道会の修道士たちは、「まずパンでナイフと手を拭いてきれいにしてからでないと、テーブルクロスでこれらを拭かないこと[23]」が期待されていた。

少なくともポルトガルでは、「テーブルクロスをひどく汚すことによって……飲食中に気分が悪くなるようなことをした[24]」時には、誰でも罪を犯したことになるという教えによって、キリスト教会は困惑した洗濯女に対して心の支えを与えた。一方、上流社会では、平信徒にとっても修道士にとっても同様に、上品さと器用さは目指すべき理想であった。たとえば、次に記されているように、食べ物はソースに浸し、次に、テーブルクロスに汚れの跡を残さないように口へ持っていかねばならなかった。「主人たるもの、二本の指で食べ物をソースにつけ、そしてこのようにして、ナプキン、胸、テーブルクロスに……しみを付けることのないように[25]。」

良い助言も、立派な趣旨も、最も規律正しい祝宴においてさえ、結果的に何の慰めにもならなかった。そして、中世の宴会の客たちはなされねばならない大量の片付けものをその跡に残したに違いない。たとえば、ロンドンの醸造者組合によって付けられた一五世紀の客の中の二名分の勘定書には、洗濯業者に対する次のような支払いの項目がある。「同じく、食卓用リンネルの洗濯代として六ペンス、……同じく、さまざまなリンネルの洗濯代として、……一二ペンス。」[26]

二つの断片的な証拠から推察されるように、汚れたリンネルをもう一度使おうという誘惑に抵抗するのはむずかしかった。最初の証拠は、一三世紀のアングロ・ノルマン語[二五]で書かれた立派な家政についての次の文章の中にある。「クロスが汚れすぎている場合には、食堂に持ち込ませてはならない。汚れた新しいクロスより、使い古した白いクロスの方がずっと良い。」[27]二番目の証拠は、一一九〇年にリチャード一世[二六]がメッシーナ[二七]で開いたクリスマスの祝宴の素晴しさについてその当時記された文書の中にある。すなわち、その祝宴の見事さについての議論の余地のない証拠として、皿はいずれも金製か銀製であり、食堂には汚れたテーブルクロスは一枚もなかったとその著者は述べている。[28]

日常の現実と理想の隔たりは大きかったかも知れない。しかし、「祝宴を開くなら……お客にはきれいな席と新しいテーブルクロスを出しなさい」[29]と書かれているように、理想は不変のままであった。そのために、たとえば一四世紀の中世騎士物語『ガーウェン卿と緑の騎士』の中で、主人公が見知らぬ城の中に隠れ場所を発見した時に主人役に対して抱いたあらゆる恐怖は、彼の最初の食事のために準備された「きれいな白色に輝く清潔なクロスで包まれた」[30]食卓を見て収まる。

現代人の好みからすると、クロスが単に洗って乾かしてあるだけで、アイロンをかけてなければ、清潔だからと言って満足のいくことはほとんどない。見た目と触った感じを共に楽しむためには、クロスはばりっとしていてアイロンのかけたてでなければならない。「食卓用リンネルを洗うことと、これに気を配ること」に対しては無数の言及があるが、この織物にアイロンをかけてしわを伸ばした証拠は、控え目に言ったとしても乏しい。しかしながら、ベリーの公爵やローマ皇帝フレデリック二世のような人生の楽しみの玄人が、たとえ彼らが素晴しい皿の上に盛られた見事な食べ物に慣れていたとは言え、しわができ、もみくちゃになったリンネルに無頓着であったとは信じ難い。彼らは食卓の配列の美しさを鑑賞した。したがって、彼らのクロスもナプキンも相応しい背景となることが期待されたと仮定しても全く差しつかえないように思われる。しかし、洗濯業者がどのような方法でこの目的を達成したかは論議のやかましい、はっきりしない問題のままである。

テーブルクロスのしわを伸ばすにはさまざまな可能性があった。たとえば、市場に出すために新たに織られたクロスは、湿っているうちに張り枠の上に広げられ、そしてこのようにして達成されたピンと張った状態は、クロスが乾く時にしわをいくぶん取り除くのに役立った。また、クロスは二つの重いローラーの間でつや出しされるか、通過させることが可能であった。ちなみに、つや出し業者として『中英語辞典』[二八]に載っている最初の人物は、きわめて適切なことであるが、一二七八年にいたつや出し人のロバート (Robert le Kalender) である。なお、クロスを扱う職人たちによって使われたこれらの方法は、洗濯業者らによって応用された。次に、三番目の方法であるが、これは湿らせたクロスをたたみ、ねじプレスにかけて平らにすることであった。たとえば、[31]一五世紀のラテン語の辞書『小さな貯蔵庫』[二九]には、「クロスの積み重ね……プレスにかけて、pamiplicium」という項目がある。ついでに、チューダー朝で流行していたリンネルのひだ飾りには、特有の型が見られるが、これはこの技法によって生地が細いひだ状にプレスされるそのひだに由来するものである。ちなみに、一五世紀末の礼儀作法の本が、食卓の準備をせねばならないお供の者に対して、「きれいなひだ飾りのついたテーブルクロスを……出しなさい[32]」と助言しているのは、この関連において興味深い。

これら三つの方法はすべて、新しいクロスの仕上げ職人と洗濯業者の双方によって用いられたが、いずれの場合にも、かなり大きな機械と、ある程度の広さの場所が必要であった。すでに示したとおり、リンネルが特別な場合に賃貸された証拠と、洗濯業者が雇われた証拠がある。最も豊かで、また最も経済的自立度の高い家庭を除くすべての家庭にとって、この仕事の利点の一つは、専門家がきつい労働だけでなく設備も提供してくれたことである。ちなみに、一四世紀末のパリでの結婚式の費用の目録の中には、洗濯女に「折りたたみ[33]」の作業に対する賃金の支払い、というのがある。したがって、彼女はリンネルをたたんで、伸ばすという仕事をしていた可能性がある。

十分な空間や設備がなく、また外部から応援を頼む資力もない家庭にとって、つや出し石[二〇]が解決策となることがあった。この石は表面が滑らかなため、衣類をプレスしたりつや出しをする時は、手に握って衣類の表面をなでつけた。そして、この石は多くのさまざまな職人、金細工師、布、紙、革を扱う業者に用いられた。しかし、この石は小さくて費用がかからなかったため、家庭でも十分応用された。事実、この単純な道具に代るものは誰でも容易に間に合わせに作れたと一六世紀のリリー[二一]は指摘し、「自分のリンネルを滑らかにするつやだし石が欲しい者は小石を用意しなさい[34]」と述べている。ちなみに、つや出し石が中世の洗濯業者によって用いられたという最もはっきりした指摘は、一四一五年頃の仏英慣用句集の次の文の中にある。「つや出し石で光沢を出す業者の所に行って、あなたの帽子を滑らかにしてくれるよう頼みなさい[35]。」

糊はクロスの外観の仕上げの一部となるが、糊を用いた記録は一四世紀にまで遡る。そして、この糊はさといも科の植物の根から作られることが多かった。ちなみに、ジョン・ジェラードは、その著『植物誌』の中で、この植物のよく知られた地方の呼び名をいくつか挙げているが、その中にカッコウピント(二二)とスターチワート(二三)がある。そして、彼は「最も純粋で白い糊はカッコウピントの根から作られる(36)」と付け加えている。

中世ではきれいなリンネルが喜ばれたという証拠がたとえほかになかったとしても、祝宴の図は十分な証拠となりうる。食卓の上では、陶磁器類や刃物類があまりなくとも、白いクロスはいつでも素晴しい広がりを見せていた。そして、これが食事というドラマが演じられる舞台であった。

食事という場面を設定し、演技に応じてその手助けをしたすべての小道具の中で、パンは重要性においては一番手であった。「パン、ぶどう酒、それにエールがなければ、楽しい宴はありえない(37)」という諺は、この点に関する中世人の感情を要約している。また、「空腹は人を発明家にする」という二つめの諺は、ある本の中で、食べようにもパンがないのでりんごと梨を憂鬱そうに腹に詰め込んでいる男の絵によって表わされている(38)。一方、図29では、食卓は晩餐のために準備されつつあり、ナイフとタンブラー(二四)が置かれ、籠に入れて食堂に運ばれてきたロールパンが並べられている。

パンは、食事の中心であっただけではなく、皿、スプーン、塩入れ、それにタオルといった物もせっせと出させる役を担っていた。しかし、もっとずっと重要なことは、どの客も席に着くと、自分の場所に置かれたパンを一目見て、自分の重みと自分に対する主人役の友情を評価することができたことである。このように、パンの質、量、鮮度――これらはすべて無言の、時には当惑させられるような、信号を発したのである。

図29　食卓の用意——肉を食べる
14世紀にイタリア語で書かれた『キリストの生涯の黙想』より．

小麦粉には多くのさまざまな等級があり、その材料となる穀類は、上は最も粒の細かい小麦から、小麦にライ麦を混ぜたもの、大麦、ライ麦、オート麦と下っていき、そら豆、えんどう豆、それと農業用の樽に入れられたどうにもならない屑である糠（ぬか）を砂のように混ぜ合わされたものが最下位であった。また、色は、白から灰と茶のさまざまな色合いに至るまで、広範囲であった。そして、小麦は最も称賛された穀物であり、聖晩餐用の薄焼きパンは可能な限り小麦から作られた。この薄焼きパンを作るのに穀類の混ぜ物をどうしても使わねばならない状況にある時でも、アクィナス(二五)が定めたように、小麦の割合が優っていなければならなかった。(39) ちなみに、ビードは、自著の六一六年の項目の中で、キリスト教徒の司教によって会衆に配られた白く輝く薄焼きパンを異教徒のサクソン族の数名の王子が見つめた貪欲な関心について記している。彼らは一口分でも手にしたいと熱望したが、これを手にするには改宗に同意せねばならないと告げられ、ひどく憤慨した。彼らはとても腹を立て、この司教とじれったい薄焼きパンを王国から追放した。(40) そして、彼らの願望は将来の態度の前兆となった。すなわち、小麦粉を買える者は誰でも、できる限り白くて念入りに篩にかけられた小麦粉のパンをほしがった。そして、このパンを出したり受け取ったりすることが社会的に重要なしるしとなった。なお、興味深いことに、最も良質の白いパンを表わす名前の一つは、パインデマイン (paindemayn) であるが、これは中世ラテン語の panis dominicus「主（しゅ）のパン」に由来する。

おいしいパンを食べる特権は油断なく守られ、また熱心に得ようと狙われた。たとえば、マルゲリータの夫である商人フランチェスコは、プラートーから一五マイル離れたフィレンツェで仕事をしていたが、パンは自分の家で焼いて送らせていた。ところが、ある日、恐ろしい間違いが起った。すなわち、彼が受け取ったパンは召使い用の小麦粉から作られていたのだ。そこで、直ちに鋭い調子の次の手紙が急送された。「ナンニに命じて袋を粉屋に持って行き、これは私のパンを作るためのものだと言わせなさい。そうすれば、粉屋はできるだけ細かい粉にひくに違いない。」(41)

大所帯の家では、平信徒であれ聖職者であれ、「修道士のパン」、「召使いのパン」、「施し物のパン」というように、自分たちが用いるパンの等級を注意深く記録に留めている。たとえば、一二四〇年から始まるウスター(二六)の小修道院の記録には、すべての人のパンの大きさを一段階ずつ上げていくというやり方で、一年の主な祝祭日を祝うという楽しい習慣が書き留められている。(42)一方、一年の多忙な時期に農民に時間外労働を頼む際に、農民を機嫌よくするため、主人は彼らの夕食用にいつものパンよりもおいしいものを出したこともあるようだ。たとえば、一四世紀の英国のドミニコ修道会の説教者トマス・ウェイリス(二七)は、「そら豆のパンが気に入って、「そら豆のパンをくださいよ。そうすりゃ、わしらは仕事ができますよ(43)」と頑強に叫んで、司教が親切にも差し出した小麦のパンを拒否した農民たちの話をしている。しかしながら、この話は、誰もが自分の立場を知っていた古き良き時代に郷愁を覚える雇い主たちの心を喜ばせるために語られたものであることに我々は気づかねばならない。事実、これと同じ世紀のラングランドの作品に出てくるそれほど改心の余地のない農民でさえ、常に自分たちの地位よりも上に理想を置き、もっとおいしいパンをやかましく要求している。一方、農夫ピアズは、自分の周囲にいる足が不自由で衰弱した乞食ひとりびとりに、ある日、「いずれ小麦のパンが食べられるようになるよ。そしたら、私と一緒に酒を飲もう(44)」と優しい約束をする。

これとは逆に、カルツジオ会の修道士たちは、懺悔の慎重な行為として、自分たちに「キリストの乞食」であることを思い出させてくれるトルテという相当軽蔑された最も質の劣るライ麦パンを毎日食べた[45]。事実、このトルテは、負うべき十字架、社会の屈辱、および消化系統に対する苦行であった。そして、このパンは恐ろしく硬かった。たとえば、ある説教の中に、貧しい者に一ペニーすら与えないペリーズ（Perys）という名の村で最もけちな男の話が出ている。それによると、一人の乞食がこのけちな老人から何かを無理やり出させようと賭けをして、老人が天火の所から食料貯蔵室までライ麦パンを運んでいる最中に、その通り道に立ちはだかった。怒ったペリーズは、辺りを見渡して近くに石がないか探した。しかし、一つも見当らないと分ると、「乞食の頭を割ってやろうと」、石にも匹敵するほど硬いライ麦パンを摑み上げ、乞食に向って投げつけた。しかし、乞食はうまく体をかわしてこのパンを捕え、賭け金を手にした[46]。

これらの差別は晩餐の食卓にその跡を残した。すなわち、出席者の中で最も大切な人物は、自分の席には手に入る限りの最上かつ最も新鮮なパンが一番多く置かれているのに気づいた。一方、大所帯の家の主人の前には小さな白いロールパンが八個置かれたのに対し、招待客の前にはわずか四個しか置かれなかったこともある[47]。そして、これよりも階級がずっと下ると、ロールパンは「たいていの場合、茶色の小麦よりも小粒で、普通の小麦よりも茶色い[48]」と定義される一般家庭用のパンに取って代った。ちなみに、エドワード四世の宮廷では、二人にひと焼き分のパンが一個配られた[49]。

パンは等級が下ると、どんどん粗末なものとなり、そして好ましくない客は自分の席に実に不快な代物を見出すこととなった。たとえば、『農民ピアズの夢』の中で、忍耐家と空想家が晩餐会に出席したとき、彼らは二人だけ脇の食卓に移され、そして考え込んでしまうほどの「酸っぱいパン」がひと焼き分与えられた。しかし、忍耐家はとても適切に、また寓話的に、「ここには私以上の皇子はやってこない」と叫ぶ。一方、空想家はこのような達観した高い境地には至れず、「私は永遠に嘆くことになろう」と叫ぶ(50)。ちなみに、経済的な理由が全くないのにライ麦パンを食べる者は、きわめて常軌を逸しているとみなされたため、この人物は、「私はけちでライ麦パンを食べるのではなく、健康のためなのです(51)」という説明を準備しておかねばならなかった。

パンはまた目に見えて古くなった。そのため、主人のパンは新しくなければならなかったが、次の等級のものは一日分古くなり、その他の家庭用のパンは三日分古くなった(52)。しかし、一方では、新鮮さはパン以外の食事の貧弱さを補うことができた。たとえば、シオン大修道院(二九)の一五世紀初頭の勘定書には、新しいパンは少なくとも週に一度、許された飲み物が水だけという日に、出されねばならないと記されている(53)。

礼儀作法は、人よりも先に神に供えること、および、主人のロールパンが出される前に施し物を入れる皿にパンが置かれることを要求した。誰でも知っているとおり、贈り物をする場合に大切なのはこの考え方である。しかし、この上品な意思表示は、一家の主(あるじ)が最上質の小麦パンをむしゃむしゃ食い、神は二級品のパンを受けるという事実があったにせよ、ごくわずかしか損なわれることはないとみなされたに違いない(54)。そして、修道院の勘定書においても、「修道士のパン」と「施し物のパン」は秤(はかり)の両端に置かれた(55)。

しかしながら、「公的な」寄付だけではなく、晩餐の間にためられたパンの切りくずは施し物のための皿に積まれるのが習慣であったので、食事は貧しい者に明るい期待を抱かせた。そして、食パンの外側の皮は、実用と美観の両面の理由から切り取られた。この切り取りは、パンの表面にまだ筋をつけていた灰をすべて除去し、優雅な新しい形を作り出した。ところで、練り粉は手で球状に形作られ、この状態で焼かれた。したがって、当然のことながら、出来上ったパンも丸く、したがって、薄切りにする現場では、しばしば絵に見られるように、誰かの腕の下に押さえ込まれた。さて、食卓のパンの壮観さは豪華な取り扱いを要求した。そのため、食パンを四角に切り、それを切れ端と一緒に食卓の上に並べる方法について手の込んだ指示が見られ、たとえば「パンを四角に切り、どのパンも他のものより大きくならないよう調和を計らねばならない(56)」と記されている。なお、この過程において、献身的な芸術家の手にかかると、本来の食パンのほとんどが削り取られてしまい、そのために「余り多くのパンが皮と一緒に切り取られないように注意(57)」という節約家の執事の気がかりな脚注が多く書き込まれているのである。ちなみに、このような警告は、切り取られた部分が貧しい者に与えられず、ナイフを振う者の報酬の一部とみなされた場合には、特に必要なものであった(58)。

指形のパンの小片はソースや肉汁を吸わせて取るのに用いられた。そのために、愚かな者によって使われる soppy、すなわち wet「湿った、びしょぬれの」という形容詞は、パンのこの「ソップ、パンなどを浸して食べる汁」から派生したものである。ところで、高貴な人物の食べ物に毒が盛られていないか確かめるため、毒味役によって「毒味」がなされた。この役人は、固形のものなら何でも一口かじり、すべての液体にパンの細片を浸して食べた。したがって、この仕事は危ないが楽しいものであった。一方、普通の人はパンをスプーン代りに用いた。ちなみに、きわめて多くの種類の料理が皿に盛られて食卓に出され、その皿から少なくとも二名が、一般にはもっと多くの人が、取って食べたため、また、食パンは共有されることが多かったため、パンの薄切りは決して食いちぎるのではなく、切られるか、あるいは少なくとも割られなくてはならないという最も厳しい指示がなされた。また、パンの細片は一度使うと、御馳走に二度浸すことはできなかったので、新しい細片を用意せねばならなかった。なお、吸うときに人が大きな音を立てると幻滅を感じた。[59] 一方、ぶどう酒は時には飲まれずにパンに浸して吸われることもあった。たとえば、一三世紀の英雄オーカッサン[三〇]は、恋人としての熱烈さの余り、恋人のニコレットを「ぶどう酒のグラスの中のソップよりも甘い[60]」と思った。一方、のちのある作家は、恋をした強みはなかったものの、ソップをするというこの習慣を腹立たしく思い、次のように表現している。

> もし、フラ・ボンヴィチーノ[三一]があなたと一緒に同じ深鉢からぶどう酒を飲まねばならないのなら、
> あなたはぶどう酒にパンを浸してはならない。
> 私と一緒に一つの深鉢で飲んでいるのに、ぶどう酒の中で魚釣りのようなことをする者がいたら、
> 私は自分の好みに従って、出来ることならそのような人と一緒には飲まない。[61]

ちなみに、本書の口絵にあるように、晩餐の食卓によく出てくる整然とした指状の小さな山は、多分、これから出される食事を見越して用意されたパンの細片を表わすものであろう。

パンには他にもいくつか小さな用途があった。すなわち、スプーンの代役を務めていないときは、タ

オルや天火用クロスも兼ねた。たとえば、次の料理のためにナイフをきれいにするため、客はナイフをなめずにパンのかけらできちんと拭くことが期待されていた(62)。一方、食事をよそう皿の多くは金属製であったため、手で直接扱うには熱すぎた。そこで、薄切りのパンを両手に挟んで持つとなんとか運べた。ちなみに、『礼儀作法の本』(三三)の著者の場合、自分の召使いには視野に全く入らない所にパンを置いておくよう警告していたし、彼自身は自分がこのような本を書いているのだということを突然思い出し、次のような陰謀者の傍白（わきぜりふ）を書いてこの本を結んでいる。

> 私がこれらのことを御教示申し上げるのは、親切心からではなく、
> あなたを安心させるためなのですぞ(63)。

パンが食べ物としての重要性を終えたあと、食卓で果たした最も有用な役割は、皿、すなわち敷板としてであった。敷板そのものは、多くのさまざまな材質、たとえば陶土、木、金属で出来ていたが、一六世紀もだいぶ経った頃はパンで作られることが多かった。ちなみに、敷板（trencher）という語は、フランス語の動詞 trenchier または trancher「切る、断つ」から派生したものである。そして、この敷板は食事ごとに食パンから薄片を切り取って新たに作られた。これは肉汁をよく吸収し、客にも食べられ、愛犬に投げ与えられたり、他のすべての残り物と一緒に片付けられたり、また貧しい者に与えられた。なお、きれいな敷板は、手の込んだ食事の間に、食卓が一品ごとにきれいに拭かれた時に、一、二度用意された。そして、召使いは「次の一品が出される前に、こわれたパンくず、骨、敷板をすっ

かり[64]」取り除いた。

敷板はその目的に叶うよう十分固く作られたので、これに用いられたパンはかなり生地があらく、新鮮さに欠けるものであった。したがって、自分の敷板を食べた者はよほど腹をすかしていたに違いない。そして、小麦粉は篩にかけられておらず、また「三日たった敷板用のパンは便利で調子がいい[65]」と言われているように、食パンそのものも、できて数日経ていた。また、例のパリの家長は、敷板は「幅は半フィート、高さは四インチ[66]」であるべきだとの情報を付け加えている。なお、パンの生地はろうそく立てに時々使えるほど詰まっていて固かった[67]。

一般の晩餐客は、食卓に着いたあと、一番近くにある食パンから薄片を切り取って敷板を作った。しかし、最も大切な出席者はこの敷板が出されることを期待した。このように、パンは彼らの身分の無言の証人となった。たとえば、ある手引書によると、その家の主には三枚の敷板、その息子には二枚、そして食卓で最も身分の低い者には一枚、と記されている。一方、もう一つの気前のよい手引書では、主人には四枚、「そして、階級に応じて二、三枚[68]」と提案されている。

他の人に敷板を作ってあげることは礼儀であった。たとえば、『ホルカム聖書絵本』の中では、少年の頃のイエスがマリアとヨセフのために[三三]パンを切っている様子が描かれている。ところで、敷板を何枚も受け取るほど位の高い人なら、敷板が給仕のナイフの刃の上にのせられて自分の食卓まで運ばれ、次に自分の前に、ある時は並行に、または四角に置かれ、またある時は小さく山積みにされるのに気づいたことであろう。なお、このうち一枚は、それだけで個人の塩入れとしての役目を果たすべく置かれることもあった[69]。ちなみに、図30では、お供の者が主人の前で敷板を優雅なピラミッドに積み上げている

図30　食卓での給仕
1491年にニュールンベルクで書かれた『宝物庫』より．

最中である。
　食事のどの段階でも出されることがなくても、最後にはきれいな敷板が期待できたし、その時はチーズとおいしい物が少し運んでこられた。たとえば、『幼児の本』の中で描かれている子供は、「チーズが運ばれたら、敷板をきれいにしなさい。その上でなら、きれいなナイフでチーズを切ってよろしい」[70]という忠告を与えられている。そして、このような「デザート」時の敷板から、小型の木製の皿が発達し、その片面は花と教訓的な聖句できれいに

飾られた。ちなみに、一六、一七世紀のこのような皿の例が数枚現存している。(71)

塩をきかした料理には塩は必須の材料であった。しかも、「塩を必要とする御馳走は悪魔に適す(72)」と言われているように、どんな調理師でも、口やかましい客を全員喜ばせるような塩加減をするのは無理だった。そのため、塩入れはすべての食卓の食器類には欠かせない品であった。

パンの場合と同様に、塩も主人役の財政状態と客についての主人役の評価を知る手がかりを与えてくれる。塩の質、およびそれから当然出てくる費用は、生産に伴う方法に応じて変った。すなわち、最良の塩は、塩水の井戸から汲み上げられた水を煮つめて作られるか、それとも海水の浸み込んだ泥炭を燃やすことによって作られるかのいずれかであった。なお、この泥炭は乾燥させたのちに燃やされ、塩を含んだ灰が後に残る。そして、これを水に溶かし、煮て水分を抜くと、最後にきれいで上品な白色の塩が現われた。なお、この塩はずいぶん尊ばれたが、その生産過程は不愉快で退屈なものであった。

一四、一五世紀には、新しい塩が最小限度の快適な労力と費用で生産され、舞台に登場した。これはフランスの西海岸のブルヌフ湾(三四)からもたらされたものであり、ここでは、海水は浅い人工の池に集められ、そこで長い夏のあいだ太陽によって蒸発させられた。狂喜した企業家らは、この塩を「天からのマナ」と呼び、全ヨーロッパに輸出し、彼らは大儲けの喜びを両手をもんで表わした。

しかしながら、わずかではあるがこの塩には弱点があった。すなわち、人工の池に集まったほこりやごみを除いて塩を精製する試みがほとんどもしくは全くなされなかったため、この塩の見かけには遺憾なところが少しあった。また、天日塩に関する現代の記述の中にも、「黒い」、「灰色の」、「緑の」という形容詞が不気味に登場してくる。事実、蒸発だと、煮た時と同様の穀粒のようにきれいな塩は後に残らなかった。そして、「粗大な」から「ざらざらした」を経て、「粗い」に至る形容詞がこの辺の事情を物語っている。[73]

したがって、慎重な一家の主は、目的に応じて異なる種類の塩を買い求める習慣をつけていた。たとえば、台所用および召使いや特に注目されてはいない客には安い塩、そして大切な晩餐会にはきめの細かい塩、という風に。一方、一三四一年から一三五七年の間のハートフォードシアの聖メアリ・ド・プレ小修道院[三五]の勘定書は、監督官たちが「食料品用には普通の塩、そして家庭用には白い塩[74]」を購入したことを示している。そして、塩の質、色、きめの細かさに対するこのような配慮は、「あなたの塩はきめ細かく、白く、きれいで、しかも乾いているよう注意しなさい[75]」という、主人の塩入れの中に何を入れるべきかについてなされた助言の説明となる。

予算を気にする者は自分で塩を精製する次のような方法をすぐに見つけた。すなわち、「白い塩を作る場合、あらじおを一パイント[三六]と水三パイント用意し、塩が水に溶けるまで火にかけなさい。次に、布、タオル、または篩でその液を漉しなさい。今度はそれを火にかけて十分に煮て、そして上澄みをすくい取り、完全に水分がなくなり、水を上に投げ上げていた小さな塩の粒が十分乾くまで煮続けなさい。それが終ったら、最後に平鍋から塩を出し、天日で乾燥させるために塩を布の上に広げなさい[76]。」

中世の優雅さがパンを四角にすることを要求したのと全く同様に、塩を滑らかにすることが期待された。たとえば、ある作家[77]は、この目的を達成するために、幅が二インチ、長さが三インチの象牙のへらを使うことを勧めている。仮に、主人役がきめの細かい白い塩で格好のよい小山を食卓の上にわざわざ作ったとしたら、明らかに彼はこの山が汚されるのを見たくはないであろう。したがって、食べ物を自分でとって食べるための規則はたいへん厳しくなっていた。たとえば、次の詩に書かれているように、どんな食べ物も塩の中に突っ込んではならなかった。

もしもあなたが塩入れの中に
魚や肉を突っ込んだとしたら……
それは良くない行為です。(78)

したがって、突っ込むのではなく、次の引用に記されているように、塩をナイフの先に取り、客自身の敷板の上に置き、そして随意に食べ物につけられた。

……塩をきちんとあなたの敷板の上に置きなさい。
なぜなら、それが礼儀だからです。(79)

ちなみに、現存する一六〇〇年頃の木の敷板は、塩を受けるためにくり抜かれ、隅の所が少しへこんでいる。(80)「塩をきれいな別の敷板の上に盛りなさい(81)」と記されているように、時には即席の塩入れの役を果たさせるために、パンが特別に切り取られて臨時の敷板が作られることもあった。一方、ある手引書は、主人の席には三枚の敷板を積み上げ、四枚目のものは「塩を盛るために(82)」食卓の片側に少し寄った所に置きなさい、と召使いに助言している。なお、塩入れをきれいなまま確実に残すためには、次に述べられているように、節約のやり過ぎは思い止まらねばならなかった。「肉で汚れ、食卓に散らかっている塩を召使いが塩入れに戻すことは避けなさい[83]。」

塩は全員が使ったため、銘々の食卓に用意された。しかし、主要な塩入れは実用的な機能と同様、象徴的な役割も担っていた。したがって、この重要な塩入れは何らかの儀式を伴って運び込まれ、主人の席のすぐそばに置かれ、全員が宴会の中心である名誉ある席を見るための印とされた。一方、他の塩は必要がなくなると食事の途中に片付けられたが、この「偉大な塩」だけは最初から最後まで食卓の上に留まった[84]。

塩入れはいつでも陳列されており、客の目を喜ばせ、そして所有者の権威を確かなものにする意図が込められていた。そのために、塩入れは可能な限り、最も高価な材質で作られ、材質に応じた装飾が施された。ちなみに、銀、金めっきした銀、それに金がとても好まれた。たとえば、一五世紀のブリストルの大商人ウィリアム・バード[三七]は、銀製の塩入れ一個と「最高の金めっきを施したもの二個」[85]を所有していた。一方、ベリーの公爵は、一四一五年の新年の日の贈り物として、お気に入りの画家の一人ポール・ド・ランブール[三八]から小さなめのうの塩入れを受け取った。これには金の蓋がついており、その取っ手はサファイア一個と真珠四個で飾られていた[86]。

素晴しい塩は財産となり、困窮の際の保証となった。したがって、その重さと価格は慎重に記録された。古い塩でも廃棄するには大切すぎるため、決して没になることはなかった。それどころか、新しい所有者あるいは新しい流行を満足させるためには、塩をただ溶かして作り変えればよかった[87]。

質素なことは面白くなく、幻想的なことは面白い、という中世で大切にされた格言に忠実に従って、塩入れはありとあらゆる形を装って食卓に現われた。すなわち、ライオンのこともあり、単なるえぞばい貝ではなく、龍が中からはい出しているえぞばい貝の殻にもなった(88)。もっとも、後者は生物学的には信頼できないものの、美術の上からは示唆に富むものである。ちなみに、英国ではそれほど多く見られないものの、ヨーロッパ大陸で最も人気のあった形は船、すなわちネフ(nef)であった。これは図28のベリーの公爵の左ひじの辺りに一つ見られ、また口絵の中にも三個描かれている。このネフは文句なしに手をかけて作られた菓子であり、蜘蛛の糸の索具(三九)、非常に小さな錨、小型の大砲、ごく小さい袋や俵などに職人が技量を発揮する無限の機会を与えた。また、このネフは時には塩はもとより、所有者のナプキンや刃物類も置けるほど大きく、人形の家としての魅力をすべて備えたものがあった。たとえば、リチャード二世は、船首楼(forecastle)の所でフランス国旗を掲げている小さな人間が八名集まっている船形の塩入れを一個所有していた(89)。そして、このネフが食卓の上を堂々と進みながら回されると、祝宴中のぎこちない間(ま)も和らげられた。一方、英国王室所蔵の皿の一三二九年の目録には、「車輪が四つと、片方の側に金めっきされた龍の頭がついた銀製の船(90)」が記載されている。

食卓に運ばれたすべての道具の中で、指は最も役に立った。そして、誰もがこれを持っており、誰もがこれを用いた。また、指は絶えず人目につき、共同の料理の中に突っ込まれるため、指を清潔にしておくことが相当強調された。したがって、次の引用例に述べられているとおり、指をなめることは奨励されなかった。

あなたは指をなめてはならない。
指を自分の口に突っ込んでなめてきれいにしようとする者は、結局指を汚くする……
指はその分きれいになるどころか、むしろより汚くなる。(91)

このように、指はなめるのではなく、どの食事であれ、その前後には洗われねばならなかった。したがって、手に肉汁のとばしりのついている給仕は、コースの間に「あまり目立たないように」手を洗うよう忠告された。一方、客の少年たちも手と爪をきれいにして食卓につかなければならなかった。また、見習いの給仕は、「いつでも主人に給仕できるよう手をきれいにして(92)」主人の前に立っていなければならなかった。

もちろん、誰も彼もこのような高い規範に従って行動したとは限らない。たとえば、一五世紀のリッドゲイトは少年時代をふり返り、「手を洗わずに喜んで晩餐の席についた(93)」ことを思い出している。一方、一四世紀の本の蒐集家リチャード・ド・ベリーの大嫌いなものの一つは、次の引用文に示されているように、夕食後まっすぐに書斎に行き、ねばねばした指で本を手荒く扱う者であった。「食事を終えて書斎に戻る時はいつでも、本を読むより先に手を必ず洗うこと、さらに、脂で汚れた指で留め金を外したり、本のページをめくったりしてはならないこと、これらは学者の作法の一部である……上品な手が清潔であることは、学者にとっても本にとっても、とても有益なことである。(94)」

清潔な手に関心がないことは無教育で無骨であることのはっきりとしたしるしとみなされた。手を洗う儀式は祈りを捧げる儀式の直前もしくは直後に行なわれた。そして、これら二つの儀式が連携することによって、ある種の精神的な意味合いが付加された。すなわち、それぞれの行為は食事の準備であり、また食事の終りにおける浄化を意味した。したがって、これら二つは共に立派な行儀作法によって食事の形式を整えた。ちなみに、ウィリアム・ホーマン(四〇)は、その著『普通の少年のために』(一五一九年)の中で、貪欲な人間とは「手を洗い、お祈りをするのが待てないほど肉を渇望する者のことである(95)」という定義を与えている。これとは対照的に、イエスの場合、もちろん彼の食事の作法には欠点はなかったが、彼は図27に描かれているように、四〇日間の断食のあとでも、天使が彼のためにタオルと水差しを持って空を飛んで降りてくるまで、辛抱強く夕食をとるのを待っている。さらに、イソップの寓話を一五世紀末に焼き直した話の中に出てくるはつかねずみでさえ、次の引用例に記されているように、食事の前には手を洗うほど育ちが良い。もっとも、彼らは人間ではないので、お祈りは免ぜられている。

彼らはどこかで夕食をとりたくなったとき、
お祈りはせず、手を洗い、そして肉を食い始める(96)。

手を洗うという儀式は、それを気にする晩餐客には微妙な問題を提起した。すなわち、初心者には、近くの人に水をはねかけないよう、またきれいにしようとの熱心さの余り、洗面器につばを吐くことが決してないようにとの指示がなされた(97)。世慣れた者なら、恐らくそのような基本的な規則を笑いとばす余裕があったかも知れないが、彼らには彼らなりの気がかりな悩みがあった。すなわち、同じ洗面器とタオルを何人もの人が使うと、上品にやったつもりでも一人でかなり汚すことになる。そして、もしも水とタオルのどちらかを選択するとなると、どちらが汚れで灰色になるだろうか？　ちなみに、キャクストンは、『礼儀作法の本』(四二)の中で、洗面器に対しては徹底した態度をとるよう、次のように助言している。

タオルにはしみ一つ見られないよう、
それほどきれいに水で手を洗いなさい。(98)

しかし、他の人びとはタオルの方を好んだ。そして、すでに見たように、賢明な一家の主は、きれいな方は食事の始めに使用するのにとっておき、古い方は食事の終りの時に手を洗うという大切な義務のためにとっておいた。

いずれか一方のやり方だけでは忍び笑いを招き、情け容赦のない観察者の眉をつり上げさせた。そこで、安全策はずる賢さにあった。すなわち、特に女性は、大切な盛儀の折に、晴れやかで優雅な晩餐の食卓に姿を現わす前に、内々で自主的に食事をすませ、本番では少量の食べ物をもてあそぶのを好んだ。そして、手を洗うという重大な瞬間がくると、彼女らは自信を持って指を水に浸し、水をきれいに輝く状態で残し、タオルにそっと触れ、しみ一つ残さずにすますことができた。(99)

召使いたちにもそれなりの苦労があった。すなわち、彼らは最初に出すタオルが感じのよい程度にきれいであるか、また洗面器が新たにきれいに磨かれているか、確認せねばならなかった。(100)そして、凍るように寒い天気の日には誰も氷のように冷たい水の衝撃を好まなかったので、湯が用意されねばならなかった。一方、彼らは、客は夏になると大量の水を欲しがることを忘れず、冬になると一滴でも十分であることを思い出さねばならなかった[101]。ちなみに、食卓で水を暖かい状態に保つために、こすって暖める金属製の皿が時々用いられた。たとえば、エドワード四世の宮廷の廷臣の一人は、「水を入れた金属製の皿に気を配り、そして、上品な古い習慣に従って、一年のそれぞれの時期に合った暖かさかどうか調べる[102]」仕事を託されていた。そして、このような皿の何枚かはいまだに残されており、その中にはリチャード三世の大蔵大臣だったウィリアム・ケイツビ[四二]所有の一五世紀末のものが含まれている[103]。

いい香りのする水は格別の喜びを与えたため、この水を作るための方法がたくさんあった。たとえば、「食卓で手を洗う水を用意する場合、セージをゆでて熱湯を捨て、ちょうどよい暖かさになるまで冷やす。あるいは、セージの代りに、カミルレ[四三]かマヨラナ[四四]を使ってもよく、また、まんねんろうを入れてもよい。これらをオレンジの皮と一緒にゆでなさい。月桂樹の葉も良い[104]」と記されている。

時には手を水の中へ文字どおりざぶっと突っ込んだり、時には図31に描かれているように、水が上からかけられているあいだ、洗面器の上に手を差し出していることもあった。ちなみに、フロワサールは、その瞬間にガストン・ド・フォアが劇的な死を迎えた様子を次のように描いている。「伯爵は自分の席から立ち上り、手を洗おうと差し出した。そして、冷たい水が彼の指に注がれるやいなや……彼の顔は蒼白になり、心臓は激しく脈打ち、足が立たなくなって彼は椅子に腰をおろし、『死にそうだ。神よ、御加護を！』と叫んだ[105]。」そして、彼に仕えていた二人の騎士は恐怖におののき、彼らが毒を盛ったのではという疑いの鋒（ほこさき）をかわすために、即座にその水を飲んだ。

この方法の弱点は、水が余りにもたくさん注がれると、晩餐客の衣服にはねかけて汚し、お祭り気分

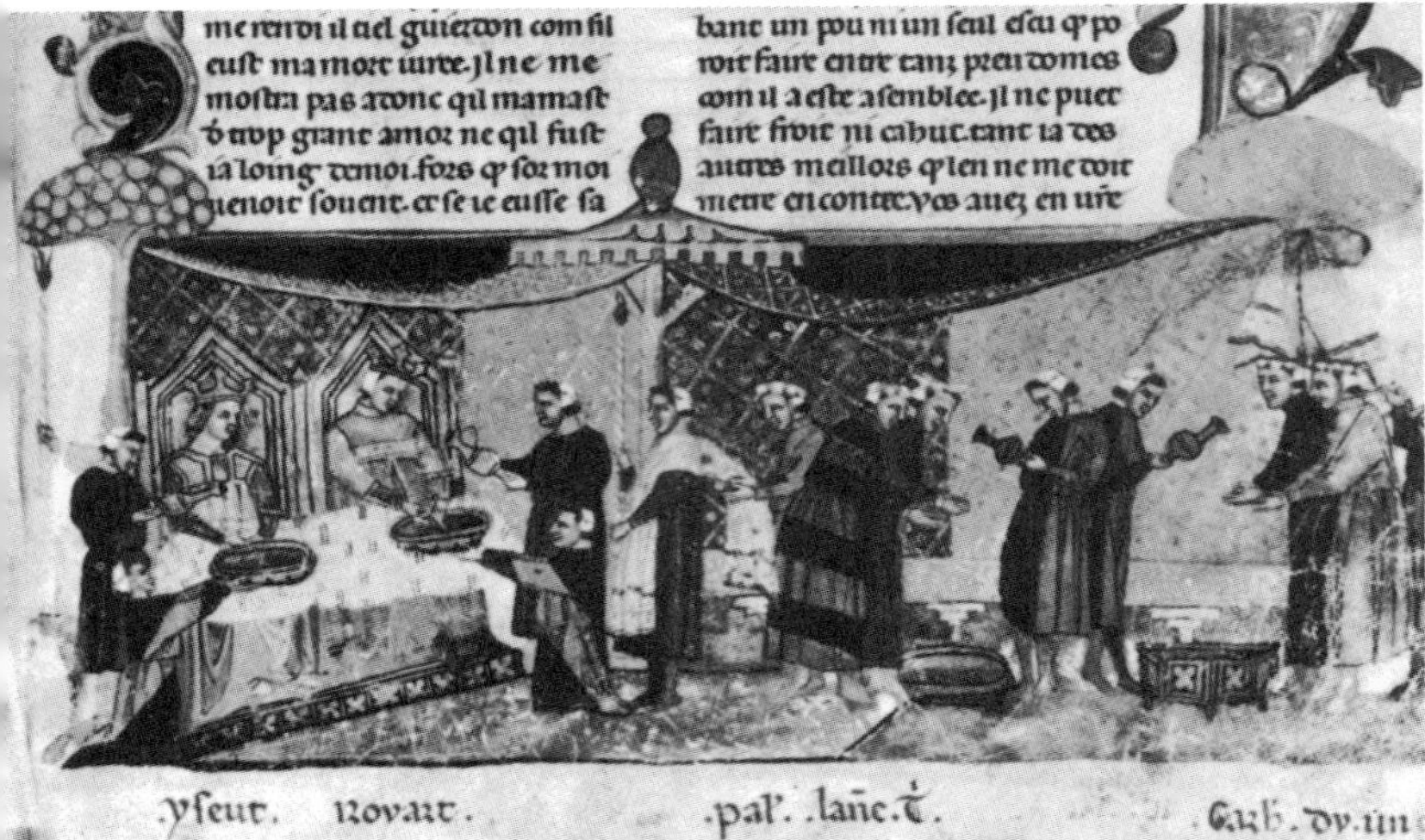

図31　手を洗う
1320－50年頃，イタリア語で書かれた『散文のトリスタン』より．

を損ないかねないことであった。そこで、二人のお供の者が本当に大切な人物の袖をタオルで守るのが賢明であると考えられた[106]。

テーブルクロスは、少なくとも主な客用のものは、サナップ[四五]によって保護された。ちなみに、この語は古フランス語のsauve-nape「クロスを守る」に由来し、さまざまな厚さのリンネルやタオルでできた長い布を指すのに用いられた。そして、この布は、晩餐客が手を洗う前に食卓の縁に沿って、客の手の下にまで、かなり儀式ばって広げられ、手が洗い終ると片付けられた。図32では、サナップと思われる畳まれた布が食卓の横幅全体にわたって敷かれているのが見られる[107]。

これまで見てきた手の洗い方は、いくぶん儀式ばったものであり、食堂内で行

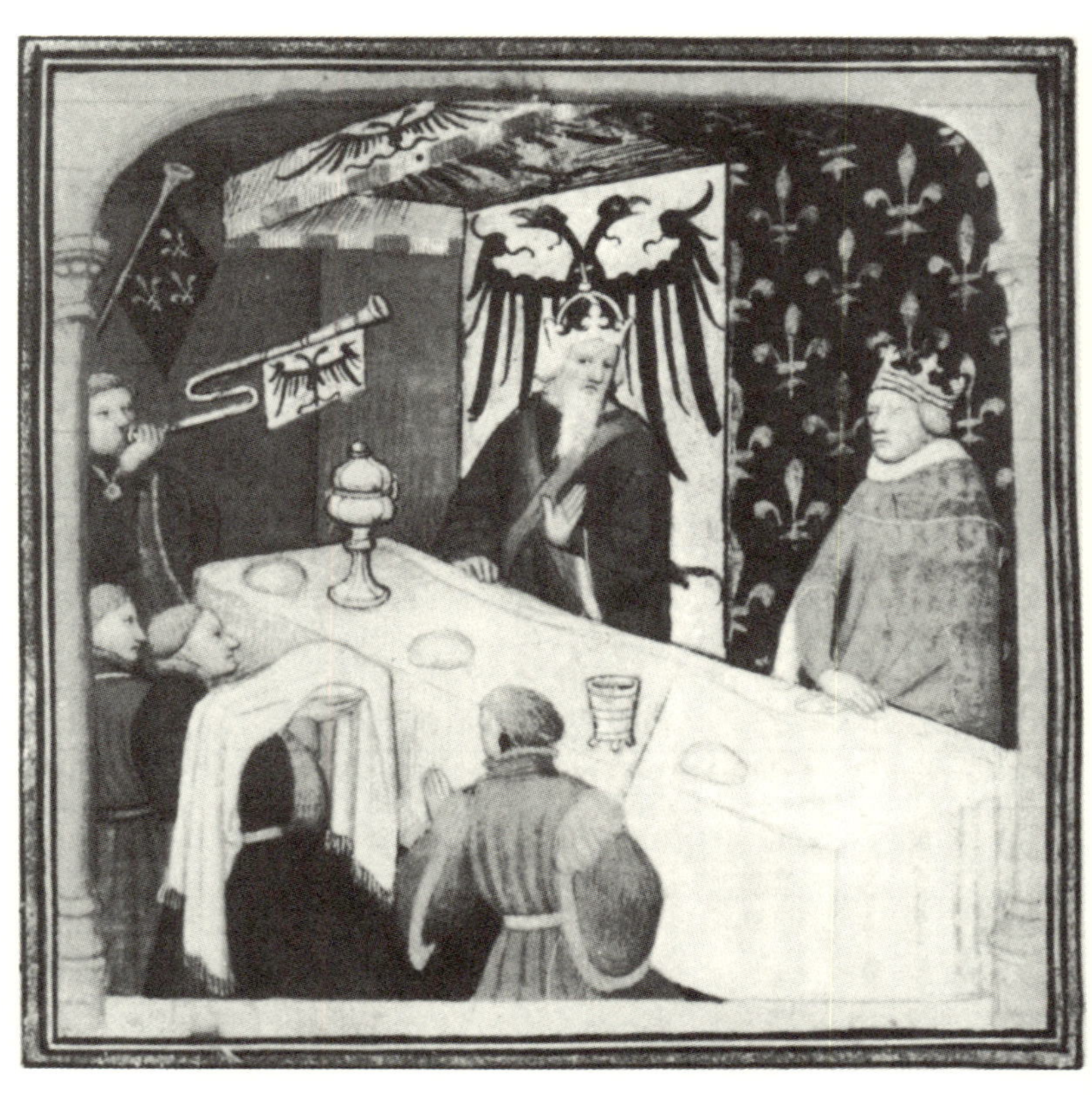

図32　晩餐の開始を待つ
1414年頃，パリで書かれた『フランス大年代記』より．

なわれたものである。しかし、日常の場合にはそれほど儀式ばらず、多分もっと実質的な洗い方であっただろう。ちなみに、当時の作りつけの洗面器や水だめは、修道院やそれ以外の大きな家の大食堂に通じる廊下にその証拠が頻繁に見出せる。また、時には水を排出するための下水溝があったり、時には水だめからパイプで引き入れられることもあった。たとえば、一三三〇年頃に建てられたケントのリーズ[四六]の近くのバトル・ホール[四七]には、素敵なたらいと水だめがいまだに損なわれずに残っている。この水だめは胸壁がついた丸い二つの塔のある城として設計され、それぞれの塔にはライオンの頭の形をした噴水孔がついている[108]。

手を洗うのは行儀の良さを見せつける機会だけではなく、うらやましくなるような所持品を披露する時でもあった。すなわち、タオル、洗面器、それに水差しは、金で買い求められる限り立派で数が多くあるべきであった。そして、たいていの人は選び抜かれた物に相当の誇りと喜びを抱いた。ただし、クレルヴォーの聖ベルナルドゥス[四八]は、その食卓での態度たるや、聖者の場合にだけ差しつかえないほどの奇妙なものであったが、いらいらして次のように溜息をついた。「手を洗う時と水を飲む時に同じ器を使うのは全く不可能なことなのかね？[109]」

次に示すような遺書が微かに暗示するところによると、テーブルクロスとタオルは一組にして、図柄か質を調和させるのが優雅であると考えられた。「アニーズ・タッキズワースには私の最高のテーブルクロスとタオルを、そしてリチャード・ゲーリーにはその次に良いテーブルクロスとタオルを譲る[110]。」洗面器と水差しは所有者の求めに応じられる最高の材質で作られ、華麗な装飾が施されていた。たとえば、一四世紀のラルフ・ヘースティングス卿[四九]は、手を洗ったとき雄牛の頭を象った自分の兜飾りが銀製の洗面器の底の水の中できらきら光っているのを見て満足した。[111] 一方、蓋付きの水差しは、毒から守る目的で本来は最高位の貴族だけに作られたため、地位の象徴として垂涎の的であった。また、このことが飾りとしてこの水差しを求めるもう一つ別の表向きの動機となった。なお、リチャード二世はこのような水差しを所有していたが、これには小鳥が彫り刻まれ、胴全体に釉薬（うわぐすり）がかけられ、また小さな女性が蓋の取っ手の上に腰を掛けていた。[112]

水を入れるすべての器の中で最も魅力があり、手が込んでいたのは広口水差しである。これは風変りな動物が単に全体を包んでいるのではなく、その物自体がライオン、グリフィン、馬上の人といった形に変えられていた。そして、これらの小さな像は一二世紀からとても流行したが、その起源は東洋にあると考えられている。[113] ちなみに、ダラムの修道院の副修道院長は全員、次の引用に記されているとおり、夕食時にこれを使ってもよいという楽しい特権を持っていた。「……この水差しには馬とその背に跨がった男が描かれており、この人物は乗馬で狩りをしているようであった。そして、この水差しは、副修道院長が主として座った前述の食卓で、手を洗うために出された。[114]」

ヨーロッパでの水差しの主な生産地はベルギーのディーナーンド(五〇)であった。これに用いられた材料は真鍮、銅、および青銅であった。そして、これらの金属は職人によってたやすく形を整えられたが、一三世紀のアルベルトゥス・マグヌスが指摘しているように、一つの大きな弱点を持っていた。すなわち、「もしも水以外のぶどう酒か何かの液体が真鍮製の器に注がれると、直ちに味が損なわれ、とても飲めないほどのいやな苦いものとなった。しかし、水はすぐに悪くなるということはない……もっとも、水が長いあいだこの器の中に入れられていると……水もまたその味と香りが損なわれた。[115]」そこで、賢明な召使いは、広口水差しを用いる場合、使用する直前にこれに水を満たすよう配慮せねばならなかった。また、水に香りをつけたところで、その香りが金属の臭いに負けてしまったら、香りをつけても何の利点にもならなかったであろう。

コップ、盛り皿、台皿、およびソース用の小皿は、塩入れや水差しと同様の気配りをして選ばれ、塩入れや水差し以上の満足感を人びとに与えた。特にコップはきわめて個人的な持物であり、格別の愛着をもって重要視された。金、銀、および金めっきした銀は、例によって最も尊ばれた。そして、これよりも高価ではない素材で作られた器は、これらの貴金属で縁取りをされたり、飾られたりすることが多かった。たとえば、一三四七年にケンブリッジのコーパス・クリスティ[五一]の組合に与えられた角（つの）形の酒器には金めっきした銀の付加物があった。すなわち、酒の合間にこの酒器を置く脚と、その頂部装飾として、胸壁のついた小塔から外を眺めている小さい見張人の像がつけられていた[116]。一方、ノルマン征服後この角形酒器よりももっと人気があったのは、大杯、すなわち、きれいにろくろで削られた木製の深鉢であり、これは銀で帯金がつけられたり、[五二]金属製の脚の上に置かれることもあった。ちなみに、現存する一四世紀初頭の大杯は、ウォリックのガイが龍を退治しているところを描いた銀に金めっきした大きなメダルで飾られている[117]。

ココナツ[五三]やだちょうの卵が時おり東洋からヨーロッパへともたらされ、[五四]コップとして食卓に置かれ、羨しい話題の種へと姿を変えた。たとえば、司祭のニコラス・スタージョンは、だちょうの卵[五五]で作られたコップを二個、一四五四年の遺書の中で残している。また、その前の世紀に、シャーバン養育院の校長は、多分ココナツと思われる「インドの木の実」でできたコップを姪に与えている[118]。一方、ガラスは中世の終りまでコップの素材としてめったに用いられることはなかったが、ガラスのコップについての言及は少しある。たとえば、ベリーの公爵の『大聖務日課書』[五六]の中で、カナでの婚礼の客は透明な酒杯[五七]に入った燃えるように赤いぶどう酒を飲んでいる。[119]

陶器類の場合にも、これらが十分立派で手の込んだ装飾がなされていると、人びとに強く所望された。当時、陶器の大製造地の一つは南西フランスのサントンジュ[五八]であり、ここではごく薄手の白地に多彩色を施し、太い褐色の線で模様を描いた器物が作られていた。そして、サントンジュの陶器は、英国ではサウサンプトン[五九]などの港できわめて頻繁に発見されている。なお、この地では、一四世紀初頭のある商人の家の地下貯蔵庫の中で、水差しがいくつか発掘されている。[120] 一方、一三世紀から一五世紀末にかけてヨーロッパ全土で最も称賛された陶器は、アラブの職人によってスペインで作られたラスター[六〇]であった。これは最初アンダルシア[六一]で作られ、次にアラゴン[六二]のバレンシア[六三]の近くにその産地が移った。ここの陶磁器には豪華で複雑な図柄が施され、回教とキリスト教の主題が結びつけられ、そして用いられた特徴的な色は濃紺と銅色であった。[121] なお、客は標準的な図柄の一つを選び、これに自分たちの紋章を個人的に描き加えさせることもできた。たとえば、一四世紀のプラートーの商人フランチェスコは、自分の初めての陶器一揃いがとても気に入り、三年後にもう一揃い注文した。ところが、彼がひどく苛立ったことに、商取引きを管理していたバレンシアの彼の仕事仲間が彼の陣羽織の紋章がどんなものだったか忘れてしまい、プラートーまで紋章の見本を問い合わさざるを得なくなっていたことが分った。[122] 一方、一五世紀末のナサウ[六四]のエンゲルベルト[六五]のために作られた『時課の祈禱書』では、この本の飾り[六六]縁の二箇所に開架式の戸棚が描かれており、その上にバレンシア製の素晴しい皿と水差しが並べられている。[123]

これらの貴重なコップや皿には情のこもった配慮が惜しみなく与えられた。たとえば、中世の大所帯の家庭は一つの領地から別の領地へと年中移動したが、その主人は自分の最も大切にしている持物を後に残しておくつもりは全くなかった。そこで、たとえば後にヘンリー四世となったダービー伯ヘンリーは、一三九〇年代に、特別なコップ入れ、すなわち自分の金と銀の皿を納めるためのトランクだけではなく、これを運ぶための特別な馬まで所有していた。そして、銀製のコップは革の袋に詰められたが、だちょうの卵で作られた四つのコップの方はこれらのために拵えられた箱に納められた[124]。

自宅にいる場合には、貴重な食卓用の食器類は鍵をかけてしまっておかれ、特別な食事のために必要となった時には出してこられた。たとえば、エドワード四世の宮廷では、香辛料用の皿は会計室に保管されたが、最も大切な祝宴の場合にのみ登場した最高級品は宝石室の中で守られた。そして、「水差しとコップの保管室」の担当の召使いの一人は、「銀とピューター製の皿を毎日洗って拭き、取りまとめて保管室まで運ぶ[125]」ようにと、この皿の世話役に任ぜられた。ちなみに、図33では、この男は膝をついて大きな盛り皿を磨いている。

客を感動させ、主人役を喜ばせるために、そのような貴重な物が実際にいつでも食卓の上に置かれるとは限らなかった。その代り、これらの品々は、栄光の炎に包まれて、食器棚と呼ばれる特別な台の上に置かれた。なお、この戸棚は何枚かの棚が段々に並べられて出来上っていた。さて、祝宴が始まる前に、執事に対して、これらの棚の上にきれいな布を広げ、次に、ある作家が堂々と表現しているように、「銀の器で戸棚に立派な外観を与え、ごく華やかに飾り立てる[126]」よう指示がなされた。そして、これを行なうには、執事はその見事な品々が最も引立って見えるよう、「最も大きなものを最初に、最も高価なものを真中に、そして最も軽いものは前方に」[127]というように、並べねばならなかった。

　このような戸棚は宴席では花形的呼び物であった。たとえば、フロワサールは、一三八九年にイザベラ女王[六七]がパリで生誕したのを祝って開かれた晩餐会での国王の皿立てについて述べ、「その日は多くの

図33　銀食器を磨く
15世紀初頭にフランス語で書かれた
『デ・ビュ聖務日課書』より．

人の目がその台を物欲しそうに眺めた[128]」と書き加えている。事実、客が列をなして陳列品を眺め、値段、質、新たに追加された品、および不可解にも姿を消した品にこっそり注意を払いながら、通り過ぎるのがお気に入りの楽しみであった。なお、言うも残念なことに、不愉快な必要に迫られて、持主が所蔵の品を売り払ったり、賄賂として贈ったりすることも時にはあった。ちなみに、コップや皿は値打ちのある財産であるため、その重さと価値は慎重に記録された。したがって、打ってへこんだり壊れていても、これらは依然として貴重であり、困窮の時のために貯蔵された。たとえば、ブリストルのトマス・バース[六八]は、一四二〇年の遺書の中に「蓋付きの銀製の広口の台付きコップ、重さ一六オンス、ただし蓋の一部は破損[129]」と記している。

型が古くなった品は別な用途に用いられた。すなわち、これらはより新しい好みを満足させるために溶かされて新しい型に変えられた。たとえば、一三世紀のボーゴー・デ・クレアは、新しい皿八枚を作るのに九枚の銀の皿を使い果たしている[130]。しかしながら、たいていの品は一つの世代から次の世代へと伝えられる大切な家宝となることが望まれた。一例を挙げると、ロジャー・フロア[六九]は、一四二四―二五年の自分の遺書の中で、「私の父のものであった赤ぶどう酒用の大杯」に言及し、「自分の跡取りが生きている間は彼に、その後は次の跡取りに、というように[131]」との言葉を添えて、自分の後継者にその大杯を残している。なお、この種の道具は壊れても捨てられることはめったになく、修理されて新しい命を授けられた。たとえば、一三世紀のヘレフォードの司教は、自分の大杯を修理してもらうのに一〇ペンス費やしている[132]。

皿は満足げな誇りの気持ちで見られたが、特別な個人用のコップは愛着の目で見られた。そのために、コップについては、「大きな取っ手」、「外国人」、「クリスマス」、「祝福」、「しわくちゃの頭巾」[133]といった愛称が記録の中から急に飛び出してくる。また、コップに対する幸せな思い出は、遺言の中の「私が飲む時にいつも使っていた銀製の蓋付きコップ」、「主の降誕祭の祝宴の席で私が飲み慣れていた銀に金めっきした蓋付き角形酒杯[134]」という文を微かに暖かくしている。

金属は常に強く求められた素材であった。そして、社会の階級が下るにつれて、金と銀は縁が薄くなり、真鍮とピューターがこれに取って代った。しかし、これらは同じように満足のいく喜びの気持ちで扱われた。たとえば、ロンドンのろうそく製造業の召使いロジャー・エルメスビィ (Roger Elmesby) は、一四三四年に名づけ子のロバート・シャープ (Robert Sharp) にピューター製の台皿を二枚残して死んだが、これにはこの少年の頭文字がいつくしむように刻まれていた[135]。

しかしながら、最も華やかな家庭でさえ、すべての食卓がよく磨かれた皿で微かな光を放っていたとは限らなかった。たとえば、エドワード四世の宮廷の場合、「水差し収納庫とコップ収納室の係[七一]」をしている従者の長は、すべての銀器だけではなく、「革製の鉢、陶器のタンカード[七〇]、とねりこの木のコップ[136]」の責任も負っていた。このような質素な素材は、明らかに有用ではあったが、自分は高い地位にあると感じている者たちからは特に高い評価は得られなかった。確かに、普通の人間なら、自分の威信にかかわるような皿から食べ物を取って食べることを勧められると、気分を害するであろう。もっとも、聖人ならば、故意の苦行としてこのようなことを望むかも知れないが。前者の例として、たとえばフランチェスコは、商用のためにしばらく自宅から離れて過ごさねばならなくなったとき、妻に次のような手紙を書き送っている。「私は気に入らないものは食べない。ああいうものは私の好みではないのだ。

それに、深鉢は粗末な代物だ。」[137] 一方、アウグスティヌスの五世紀の伝記の中で、ポシディウス(七二)は聖人やその仲間の者たちが質素な陶磁器類からどのように食事をしているかを述べ、「彼らは貧しすぎるからではなく、故意にやっているのだ」[138]と、慎重な説明を付け加えている。ちなみに、食事を楽しんだアウグスティヌスは、銀のスプーンの使用を自分に認めることによって耐乏生活の厳しさを上手に和らげた。

特別なコップや皿に対してなされた愛玩するような注意とは対照的に、並の陶器類は買い求められては壊され、そして驚くべき早さで再び買い求められた。すでに見たように、華やかな家庭は各地を巡回して暮すことがあり、家事に用いられる多くの袋や手荷物が運ばれた。そして、最高の食卓用食器類は専用の容器に入れられて旅をしたが、日常の道具類は荷車の中に雑然と梱包されて入れられたり、他の荷物の中のあちこちに投げ込まれて、がたがたと運ばれた。このような呑気な扱い方だと、壊れやすい鉢類の場合には災難の可能性が伴った。たとえば、一二九〇年一月二四日のスウィンフィールド司教家の勘定書の中で、調理師の荷車が路上で転倒したことが記されている。そして、一月二七日には、近くの市場でこの調理師が代りの品として購入せねばならなかったすべてのコップ、小皿、大皿、および受け皿が記録されている。[139]

途中で全く事故がない場合でも、家庭が望みを抱いた来客でごったがえすクリスマス、復活祭、および聖霊降臨節という大きな祝日のために、地方の陶工が特別に作ったおびただしい数の鉢を、骨を折って用意することが必要となることが多かった。このような生活用具は、注文が毎年毎年繰り返し行なわれていることから判断すると、祝宴の期間中に壊れるか、それとも領主の一行が立ち去った時に捨てられるような消耗品とみなされたに違いない。また、陶工が盛儀用に特別に作るのに必要な大量の時間に間に合うよう、陶磁器類の注文がなされることも時にはあった。たとえば、一二六五年三月一五日には、一九日間でウェストミンスターの王の執事の元に配達されるようにと、テムズ川沿いのキングストンの陶工たちに五〇〇個の水差しの注文が出されている。[140] 一方、絶えず危機に瀕した状態で暮している家庭もあった。たとえば、一二九〇年四月一日の復活祭の前日に、スウィンフィールド司教家の不幸な調理師は、まさに翌日から始まる復活祭の大祝賀会の準備のために、ウスターでコップ、大皿、および小皿を大量に購入している。[141] ちなみに、陶工は困惑した執事たちと顔馴染みであり、しかも有難い存在であったに違いない。したがって、無法者ヘレワルドが敵軍をかいくぐり、ノルマン人の野営地の真只中に無事入り込むことを保証してくれる変装を必要としたとき、彼が陶工の姿をして台所に向うことを選んだのは当然のことであった。[142]

いつものことながら、行儀作法は食卓の道具と準備によって形作られた。たとえば、男は自宅では自分のコップを所有していることが望まれ、そのコップは彼だけが飲むのに用いられた。しかし、客となった場合には、多くの盛儀の際にあきらめてコップを共同で使うこととなった。そして、このことから、次の引用にも記されているように、飲む前に口を拭くこと、指をぶどう酒の中に突っ込まないようにコップは下部をつかむこと、および用心のために手を清潔にしておくことが礼儀作法のすべての本の中でしつこく強調されるようになった。

あなたがコップを差し出すとき、

親指で大杯の上の端に決して触れてはならない。
大杯の下の端をつかみなさい……
それ以外のつかみ方をする者は田舎者と呼ばれるかも知れない。(143)

一方、一五世紀初頭の手引書は次のような全く明瞭な忠告を与えている。

大杯は二本の指でつかむべきである。
親指は甘いぶどう酒に触れてはならない。
男のあごひげはぶどう酒の中に浸されてはならない……
飲み終ったら、あなたの唇が触れた所に隣の人の唇がこないように
大杯を隣の人に回しなさい。(144)

きわめて重要な人物は単独で食事をとることがあったが、たいていの客は図29のように食卓のすぐ隣にいる人たちと一緒に食事することを予期した。そこで、人は他の人と「会食する」(to mess)と言われ、彼らが共に食べた料理は「会食」(mess)と呼ばれた。ちなみに、一四九七年のロンドン金細工師組合の四名の理事によって開かれた夕食会の献立がいまだに残されているが、これには客の名前が記録されており、彼らを大きさの異なる六つの会食グループに分ける座席の割当て計画が示されている。(145)

会食の料理を自分で取って食べる人の数と、その会食という言葉の中に含まれる個々の料理の数は、

階級、家庭の大きさ、盛儀の重要性、および主人役の雅量に応じて変った。したがって、たとえばエドワード三世の宮廷では、通常の日には王は自分の目の前に並べられた八種類の料理をとり、「食堂と私室にいる王の貴族たちは」五種類、王の侍従たちは三種類――いずれの場合にもスープが付く――、それから王の召使いたちは二種類であった。一方、一四七八年にエドワード四世の宮廷の召使いたちは、四人で一ガロンのエールを、三人で一皿の肉を、そして二人で一個の食パンを分けて食べるよう求められた。[146]ちなみに、もっと気前のよい中世騎士物語の世界では、たとえばアーサー王は新年の祝宴に夫婦一組の客のすべてに一二種類の料理を用意したことが一度あったが、そのために、すべての料理を食卓に並べる場所を見つけるのが困難となるという楽しい混乱を引き起した。[147]

このような料理の出し方だと、必然的に仲の良いたくさんの指が共通の深鉢の中に何度も突っ込むことになった。したがって、盛儀の喜びは、すでに考察した問題ではあるが、隣人の手の状態と気分に左右された。なお、次の引用から、二つの癖が特に腹立たしかったことが分る。そして、この記述は説明するまでもなく明白である。

共通の皿からよりたくさん取ろうと急ぐ
その手が災をなす……
あちこちつつき回ってはならない……
御馳走を求めて大皿の上をぐるぐる回ってつつく者は不愉快で、
晩餐会で仲間を苛立たせる。[148]

ちなみに、友人の我慢のならない行動に対する鬱積した怒りは、一五世紀の学生の次の言葉の中で爆発している。「おまえはこそどろで食いしんぼうだから……ぼくが生きている限り二度と会食の席には着きたくない。ぼくがこそどろと呼ぶのは、最高においしい物をぱくぱくすっかりたいらげるような者のことだ……ぼくはおまえとの同席は永久にやめる。また、おまえと一緒なら二度と酒は飲みたくない(149)。」

刃物にはさまざまな種類があるが、その中でナイフは最もありふれ、しかも最もよく用いられた。ちなみに、招待客はナイフを一本所有していることが期待されており、そして晩餐に出かける時には自分のナイフを携えて行くのが普通であった。たとえば、結婚披露宴に行くために取り乱し、遅くなった少女たちの物語があるが、それによると、彼女らは草原を通る近道をし、すぐ体が泥まみれになった。しかし、それに臆することなく、「彼女らが知っている最良の方法で、すなわち自分たちのナイフを使って靴下と服をきれいにし」、ローストビーフのある所へと急いだ(150)。

細かな配慮によって、ナイフが晩餐客の私物として食卓に登場する傾向が促された。たとえば、リッドゲイトは、良い作法についての助言の中で、汚いナイフを食堂に持ち込まないよう読者に告げ、ナイフは個人の責任であることを暗に示している(151)。一方、別な作法の本では、自分のナイフが必要な時に肉をきちんと切り分けることが出来るよう、読者はナイフをきれいに、しかも鋭くしておくよう期待されている(152)。また、イタリアの論文は気の弱い人たちを次のような元気の出る言葉で励ましている。

　しかるべき時がくるまでナイフを鞘(さや)に収めてはならない……
あなたが当てにしていない何か別な食べ物が、

多分食卓にやってくるだろう。(153)

一方、エリザベス朝の会話の断片の中で、忘れっぽい男が「ナイフを二本持っている人は私に一本貸してくれないか(154)」と友人たちに訴えている。

友人が冷淡だと判明したなら、あるいは財源が不足している場合には、間に合わせが解決策となった。すなわち、親指でパンにバターを塗る試みは見る人を落胆させたので、パンの皮がナイフの代りとして勧められた。(155)また、目玉焼きはストローか草の葉で食べようと試みられたことであろう。(156)そして、虫でさえ頼みの綱とならねばならず、したがって、礼儀作法の本の中でこの点が触れられると、さすがに読者の中に反発が起ったのではないかと思われる。

階級にはそれに応じた特権があり、したがって晩餐をとる人が十分に重要であるなら、この人は何を持ってくるかを覚えておいたり、あるいは間に合わせの物で我慢するという必要は全くなかった。すなわち、ナイフは一人分の食卓用食器具の中に含まれていたのである。確かに、一家の主人なら、自分にナイフが一本用意されていることが期待できた。このように、主人にはスプーン、ナプキン、およびナイフが一本ずつあてがわれたが、招待客には最初の二つが出されたにすぎない。(157)事実、図28のように、ベリーの公爵は晩餐が始まるのを期待を込めて待っているが、彼は小さなナイフを手にしているのを見ることができる。しかし、特別に配慮した証しとして、ナイフが大切な招待客のために置かれることがあった。たとえば、ヴェネツィアのサン・マルコ大聖堂(七四)の一二世紀のパーラ・ドーロ(七五)に刻まれている最後の晩餐の光景の中で、食卓にはナイフだけが描かれているが、そのナイフは、イエスと、この師の反対側の上座にいるペテロの側に置かれている。[158]

進物は招待客をご満悦にするが、社交上の大失敗につながらないよう、上手にお返しをせねばならない。たとえば、一三世紀末の戯曲『葉蔭劇』(七六)の中で、三人の妖精がアラス(七七)の町を訪れる。そこで、これらの名高い訪問客に対して食卓が用意され、彼らは席に通される。そして、二人は微笑を浮べて座るが、もう一人は明らかに不機嫌になっている。食卓にはナイフが二本しかなく、一本はアルジール(Arsile)の分、もう一本はモルグ(Morgue)の分であるが、マグロール(Maglore)にはない。そのうえ、他の二人が気転をきかさず、刃物類の品の良さについて感嘆するため、彼女の腹の虫は一向に収まらない。そして、彼女は不注意な主人役たちに相応しいたたりを企て始める。[159]

イタリアは、ヨーロッパの他の国々よりも豊かで洗練されており、また上品なビザンティン社会(七八)と密接な関係にあったため、当然のことながら、主人役が晩餐用のナイフを客に用意することが期待できる最初の国であった。そして、これらの全体的な傾向は一四世紀の挿し絵である図29の食卓の上に現われている。また、これと同じ世紀のイタリアの礼儀作法の本の中では、次の引用例に述べられているように、二人の客に一本のナイフというのは、すでに確立している優先的な規則に従って、容認された慣行となっていた。

もしナイフがあなたの右側に置かれているなら、
あなたの右隣りの人と一緒にそれを使いなさい。
そうではない場合には、ナイフは左隣りの人の分です。[160]

しかしながら、全体として見れば、中世を通してナイフは個人の持物であり、最も位の高い貴族と最も大切な客は別にして、すべての人が食卓に持ち込んだというのが一般の習慣であったように思われる。そして、客全体でほんの少しのナイフしか持ち寄れなかった場合には、これらのナイフは宴席で共同で使用された。そして、ナイフを共有するのは信頼と信用のしるしであった。ちなみに、フランス語の「パンとナイフを一緒に」という表現は、コットグレイヴによって「ベッドでも食卓でも、仲間として、あるいは偶然めぐり合った相棒として、とても親しく、きわめて親交の深い」と翻訳されている。[161] しかし、共有できるということは、ある種の習慣に関して作法の専門家を不機嫌にさせた要因の一つとなったこともあろう。たとえば、爪を切る、歯をほじる、あるいは口に食べ物をほうり込むために食卓のナイフを使うのは、人を愕然とさせるものであった。[162] しかし、これとは別であるが、「犬のように骨をしゃぶるのは上品ではない」[163]と書かれているように、極端なことをすることも同じように嫌われた。もっとも、図34のように、敬虔な聖ルイ(七九)によって歓待された相応しい貧者の場合には、規則はゆるめられた。

ナイフの正当な用途は、肉を骨から切り離し、それを手でつまみ上げられる程度の手ごろな大きさにするためであった。ナイフはまたフォークとして、すなわち盛り皿から汁のついた食べ物を刺して取る役目を果たした。しかし、ナイフは、次に述べられているように、危険なこともあった。

料理が……肉の場合には、十本ものナイフが
その肉を切り刻むことになり、大皿の中を飛び交う。
長手袋か鎖かたびらの手袋をはめないで、

大皿に手を入れることは
間違いなく危険である。(164)

一方、手ではなくナイフが塩入れから塩をすくい上げたが、(165)このやり方に意見の一致をみるのは容易ではなかった。したがって、たとえばある作家は次のようにこの一般原則にしぶしぶ例外を認めている。

晩餐時に鮮魚に塩が必要な場合、
塩はナイフではなく指でつまみなさい。(166)

大きくて重い切り裂き用ナイフは、独特なものであり、骨つきの

図34　聖ルイ，貧者に食べ物を与える
13世紀にパリで書かれた『マルグリット女王の聴罪司祭による聖ルイの生涯』より．

大きな肉と胴が細かく切り分けられねばならないすべての食事の必需品であった。ちなみに、このナイフは、絵の中では通例一、二本がテーブルクロスの上に雑然と置かれている。これは主人役が用意したもので、食事の際の共同の道具であった。なお、他の人に肉を切り分けることは親切さのしるしであり、上品な気配りであった。そして、育ちの良い男は隣りの席の女性のために敬意を表して肉を切り分けた。(167)

高位の貴族や名高い招待客は至る所で大切に扱われたが、大邸宅の肉を切る係の方は、客のあらゆる気まぐれを満足させるという貴重な、しかし神経の苛立つ仕事をすることとなった。また、婦人たちは、自分たちのほしい物を二分間たりとも続けて承知しておれなかったため、彼女らを満足させるのは至難の業であった。(168)ちなみに、ありとあらゆる小鳥や獣について、「その白鳥を持ち上げて」とか、「そのうさぎの肉を切り裂いて」、あるいは「その千鳥の肉を細かく刻んで」(169)といった要求に対して、肉を切り分ける係の者が対処する手助けとなるよう書かれた本は何冊もある。そして、この肉を切り分けるという仕事に課せられた重要性は、礼儀作法の本の作家たちがこの仕事に気前よく与えた心づかいと、その本の一節——すなわち彼らのあこがれの場所——に書き進んだ時に彼らが示した情熱によって、推し測ることができるであろう。

肉を切り分ける人の仕事は、煎じ詰めれば、主人のためにすべてを容易に、しかも快適にすることであった。具体的には、骨を抜き取り、脂肪を切り取り、そして全くの肉の部分だけにすることであった。もっとも、この肉は、食卓に出される前に、三ないしは四個の細長い塊り、すなわち、いずれも二本の指で料理に合ったソースに浸すのにちょうどよい大きさに切られた。(170)ところで、料理の一品が片付けられると、ナイフは食卓を整頓するのに、すなわちパンと他のかけらを一緒に掃いて容器に入れるのに用いられた(171)。

個人用のナイフは鋭く、また尖っていたが、切り分け用のナイフには最も頑強な獣の胴体を処理するために、幅の広い、重い刃が付いていた。そして、中世末期には三番目のナイフが発達した。これはフランス語で「陳列棚（présentoir）」と呼ばれ、その名前が示すとおり、切るためではなく見せるために用いられた。すなわち、肉を切り分ける係が一口分の肉を準備し終えると、この肉を披露用のナイフの上にのせて主人の前に差し出し、次に肉を敷板の上に置いた。ちなみに、このナイフは図30に見られるとおり、幅が広く、尖端は丸くなっている。ちなみに、この図では薄切りのパンが無愛想な表情の王に渡されている。

ナイフの刃と柄はパリ、ボーヴェ(八〇)、ラングル(八一)、ペリグー(八二)など多くの土地で生産された。ちなみに、英国の刃物類の生産地はシェフィールド(八三)であり、現在と同じように当時も最高の地位を占めていた。ちなみに、チョーサーは『代官の話』の中で粉屋に触れ、「彼は長靴下の中にシェフィールド製のナイフを入れていた(172)」と述べている。一方、ナイフの柄は、所有者の求めに応じて、美しく、しかも手の込んだものとなり、材質は木、角、真鍮といった質素なものから、象牙、銀、ほうろうに金をあしらった立派なものまで、さまざまであった。たとえば、『カンタベリ物語』の序歌の中に出てくるギルド組合員たちとその妻は、それなりの社会的地位と、それを保証する金を持っており、そして彼らのナイフは「真鍮ではなく、全体が銀で(173)」作られていた。このようなナイフを持てる幸運な者にとって、紋章は満足のいく柄の飾りとなった。たとえば、一三五二年、フランス王ジャン二世(八四)は、上品さと敬虔さを結びつけること、および四旬節用には黒檀の柄のついた切り分け用ナイフ一組、復活祭用には象牙の柄のついたもの一組、そして聖霊降臨祭用には象牙と黒檀の市松模様[八五]の柄のあるもの一組を注文することによって、ベリーの公爵に相応しい父親であることを証明した[174]。

重要で、しかもあまり世間に知られていない人物なら、一角獣[八六]の角の柄にこだわったかも知れない。というのは、料理にこっそり入れられたすべての毒に対してこの材質は信頼できる解毒剤となると信じられていたからである。ところが、一七世紀のトマス・ブラウン卿[八七]によるすぐれた基礎的研究によって、初期の権威者たちは、一角獣ではなくインドろばをその角の効能ゆえにありがたがっていたという悲しい事実が明らかとなった。さらに、ヨーロッパの市場で一角獣の角として通っていたものは、実際には全く似ても似つかぬ代物、すなわち一角[八八]の歯であった。トマス・ブラウンは次のように述べている。「そして、このように、一角獣の記述はきわめて古いが、それに帰することのできる古くからの効能は全くないのである。そして、我々はこの動物について同じ効き目を持つという意見を抱いているが、昔の人たちが言及しているものと同じ角ではない[175]。」ちなみに、言うも悲しいことながら、このような注釈は出てくるのが遅すぎて、中世の専制君主たちの夢を乱すことはなかった。

スプーンはごく初期の時代から用いられてきた。ちなみに、spoonという英語は、アングロ・サクソン[八九]語のspōn「切れはし」から派生してきたものである。一方、ラテン語のcoclēar「さじ、スプーン」は、coclea「かたつむり」、または「かたつむりの殻」に由来する。いずれの語の起源も即席に作られたものであるが、これらはのちに完成された語となった。そして、薄い汁、肉汁、スープ、およびソース作りに情熱を傾けていた中世の調理師にとって、スプーンは必需品であった。たとえば、多くのキリスト降誕の絵の中で、ヨセフがマリアのために滋養分の多いシチューをかき回しているのが見られる。

一方、パリにある一三世紀のサント・シャペル[九〇]の扉には、アベル[九一]が生まれたあとでアダム[九二]がエヴァ[九三]のために同じことをしている絵がある。もっとも、中世の晩餐客には選択の余地があった。すなわち、肉汁の中の野菜を指でつまみ上げるのが一つの方法で、よく行なわれたが、常に嘆かれたものである。そして、パンのかけらでスープを吸わせて取るのがもう一つの方法で、三番目は図34のように、深鉢を少し傾けて、直接深鉢からスープを飲むものであった。

しかしながら、歯と指はスプーンよりもむしろナイフの代りとしてよく用いられた。従って、スプーンは常にありがたい、いわば食卓への追加品であった。たとえば、パリ市立病院では、どの患者もナイフの使用は認められてはいなかったが、銘々にスプーンが一本渡された[176]。一方、『チェスター羊飼い劇』[九四]の中で、羊飼いの一人が赤ん坊のイエスにスープ用のびんを贈り物として差し出したとき、この羊飼いは、良く気がきいていて、次のように言いながら、自分のスプーンも同時に手渡している。

> 私自身がこれまで何度も何度も飲んだように、
> これを使ってポタージュが飲めますように……[177]。

スプーンは個人の持物であり、招待客が持参して、主人役は準備しないことが多かった。たとえば、フィンランドのヴァナヤ教会[九五]の一六世紀初頭の彫刻には、自分の帽子の中に押し込んだスプーンを携えてベツレヘム[九六]の食卓に到着した羊飼いが刻まれている[178]。ちなみに、スプーンを持ってくることが国際的な習慣であり、しきたりであったことを確認するかのごとく、現代の英国詩人アレクサンダー・バーク

図35　スプーンを保管する
1497年にフライブルク・イム・ブライスガウで書かれた『知恵の大学法令集』より．

レイは、もう一人別な羊飼いを描き、「彼の帽子の内側には木のスプーンが差し込まれていた[179]」と、同じような細部描写を選んでいる。

　スプーンが食卓に出されると、意志の弱い者にとって、このスプーンが余りにも魅力的な光を放ちすぎることがあった。そこで、たとえば一二世紀の『ルー物語[九七]』では、一人の騎士がスプーンを一本自分の袖の中にそっと入れる衝動を抑えることができなかった[180]。これに幻滅を感じた執事たちは、主要料理が終ったら食卓からスプーンを片付け、客が逃げるように帰る前にス

図36　スプーンで食事を施す

1326年頃，パリで書かれた『ジャンヌ・デヴルーの聖務日課書』より．

プーンの在庫を数えることを望んだ。(181) 一方、ドイツのある大学の一五世紀の法令集は、食後に広口の台付コップとスプーンを提出できなかった学生は全員パンとぶどう酒を一日分削られることを明記している。(182) ちなみに、図35のように、執事が自分の特別な戸棚の中に貴重品をしまい込む絵を冒頭に掲げることを初めとして、この法令集は一つの章全体をこの主題に割り当てている。しかし、図36に見られるように、予防は治療よりもすぐれているため、聖ルイは病人に慈善行為を施し、選ばれた患者はナイフを持つことが許され、ルイの方はスプーンを握っている。ところで、最も信用の行き届いている家庭でも、食事の際に出されたスプーンは一本にすぎない。ちなみに、多くの晩餐会の常連は、自分のスプーンが台所へ持ち去られることを恐れて皿の上に置かずに、手元に留め、パンで入念に拭いて、次の料理が出てくるのを期待して待った。(183)

日常のスプーンは、木、金属、あるいは角といった質素な材質で出来ていた。これら三つの中で、角製は、「金属製のように重くて扱いにくいということはなく……また、木製のように用いる時に汚れたり、唇にざらざらした感じを与えることはなく、軽くて扱いやすく、しかも滑らかなため、少しなめればいつでも染料(九八)のようにきれいな状態にしておける(184)」ことから、お気に入りのものであった。

銀製のスプーンは比類なく素晴しいものであった。したがって、たった一本だけでも遺書や家財の目録の中に誇らしげに記された。多分、これは特別な機会にだけ用いられ、有利な投資として、主にその重さゆえに尊ばれたものと思われる。たとえば、ブリストルのトマス・バースは、一四二〇年に「銀のスプーン半ダース……これらは五オンスと四分の三の重さがある(185)」と自分の遺書の中に記している。また、他の貴重な食卓用食器具と同様に、スプーンは長い期間使用された。たとえば、レスターの伯爵夫人の一三世紀の勘定書の中には、こわれた四本のスプーンを修理するために、八個の一ペニー銀貨が溶かされたと記載されている。(186)

中世のスプーンのくぼみの部分はいちじくの形をしており、端は広く、軸に向って次第に細くなっていた。一方、柄の方は、黄金色のどんぐり、いちご、女性の顔、あるいは「蛮人」を主題とした装飾を施した尖端がついていることもあった。また時には持主の腕を表わしたものもあった。たとえば、ロンドンの呉服商組合の所蔵品の中には一五世紀初頭の銀製のスプーンが四本あり、これらには有名な市長ディック・ホィッティングトンの腕が象られた柄がついている。(九九)

高価で美しく、見たり触れたりして感じのよい銀製のスプーンは、珍しい外観をしている場合には五感の多くを満足させてくれた。たとえば図37では、エン・ドルの魔女はサウルのために何とかして見事なスプーンを作ろうとしている。(二〇〇)しかし、彼女がサウルのために準備した夕食は、「肥えた子牛……それに種なしパン」(サムエル上二八・二四)であったので、実際にはスプーンは必要なかった。(二〇一)もっとも、この挿し絵画家は、主人役の女の呪文によって呼び出された死と破滅の恐ろしい幻を見た後だったので、サウルには元気の出る何かが必要であると感じたのであろう。それにしても、この世での最後の食事をとっている男にしては、サウルはこの世での生活にとても満足し、しかも手にしたスプーンにきわめて満足げに見える。

食卓で使う道具としては第三番目で最後にあたる、今日でも親しまれているフォークは、中世では存在しなかったことによってかえって目立っている。フォークは、歴史の中にそっと入ったり出たりする癖があったため、確認しにくく、また容易に忘れ去られる道具であったように思われる。物を突き刺す

図37　サウルとエン・ドルの魔女
14世紀初頭，英語で書かれた『ティックヒル祈禱書』より．

図38　台所用のフォークを持った調理師
1250年頃，パリで彩色された『マーチェヨーフスキー写本』より．

ためのその基本的な形と便利さはごく初期の頃から知られていた。しかしながら、フォークは、人間が想像力を働かせてさまざまな目的のために受け入れ、そして改作するのはむずかしいと判断した発明品の一つであった。とりわけ、台所から食卓への普及は著しく遅く、また不安定なものであった。

フォークは旧約聖書の中で次のように言及されている。「この祭司たちは、人びとに対して次のように行なった。だれかがいけにえをささげていると、その肉を煮ている間に、祭司の下働きが三つまたの肉刺しを手にやって来て、鍋に突き入れた。肉刺しが突き上げたものはすべて、祭司のものとした」(サムエル上二・一三―一四)。この爪に似たフォークは、中世でも同じように調理師たちが大鍋から肉を引き上げるために用いた。ちなみに、図38は右に引用したばかりの旧約聖書の文章を挿し絵で表わしたものであるが、このようにフォークは台所を描いた光景の中に出てくることがとても多い。

フォークがローマ時代の台所で知られていたことを示す文章はペトローニウスの『サテュリコン』の中に二箇所ある。このうちの一つは、怒った調理師が「大机からフォークをひったくるように取り出し、古代ローマの剣士のように構えて立った」という文で、もう一つは、魔女が「そら豆を貯えておいた古い麻袋を戸棚から長いフォークを使って降ろした」というものである。[187] そして、いずれの言及も遠くにまで届く道具であることを示している。図39にあるように、中世の台所の少年たちが炎から離れた安全な場所に立って火の上に丸太を積むのに用いたり、あるいは狩人たちが射止めた鹿から選び取った肉片を猟犬に褒美として与えるのに使ったのは、まさにそのような長い柄のついたフォークである。[188]

食卓用フォークは優雅なビザンティンの晩餐会[一〇二]で時おり出されたかも知れない。[189] というのは、四世紀の銀製のフォークが一本ダンバートン・オークス所蔵品の中に残っているからである。しかし、ローマ

図39　火焚き用のフォークを持つ少年
1340年頃，東アングリア方言で書かれた『ラトレル祈禱書』より．

でフォークが用いられた証拠はほとんどないため、食卓でフォークを使って食べるという考え方は、ローマからというより、むしろ東洋からビザンティウムに伝わったのではないかと思われる。ちなみに、ローマ時代のフォークは一、二本発掘されており、一方の端には叉状のもの、他方の端にはへら状のものが付いた柄も数本含まれている。しかし、これらの使い方を説明したり確かめる文芸上ないしは絵画上の証拠は、これまでのところ明らかにされてはいない[190]。これとほぼ同じように、アングロ・サクソン時代の小さなフォークが数本発見されており、やはり両側に叉（ふたまた）かへらが付いたものが数本ある。しかし、これらの使用目的は謎のままである[191]。

フォークは、ローマ時代あるいは中世

初期の食卓に時おり姿を見せたかも知れないと認めたにせよ、フォークが広く知れ渡っていたことはありえない。なぜなら、一一世紀のヴェネツィアでフォークが用いられた時に大騒ぎとなったからである。すなわち、ビザンティンの王女は、未来の総督、すなわちドメニコ・セルヴォと結婚することとなり、そのお祝いのある席で、彼女は普通の人間と同じように自分の手で食べることを拒否して世間を憤慨させたのである。彼女は、手を使う代り、食べ物が宦官たちによって小さく切り刻まれてから、気むずかしそうに金のフォークでこれらの食べ物を一つずつ口の中へほうり込んだ。これは全くの堕落であった。ちなみに、隠者でオスティアの枢機卿であったペトルス・ダミアーニは、「上品さを法外にまねて体が完全に腐敗してしまったヴェネツィアの総督の妻について」という立派な題目が付けられた一節の中で、このぞっとする場面全体を公然と非難している。(192)

食卓用のフォークがこのようにイタリアに侵入したにもかかわらず、フォークは依然として西洋人の想像力を捉えることはできなかった。そして、次の数世紀のあいだ、フォークはビザンティンの絵画の中だけに現われる。すなわち、天使たちをもてなすアブラハム、カナでの婚礼、および最後の晩餐を描いたものの中に時おりフォークが一本認められる。(193) 一方、ビザンティンの手本から強い影響をうけた一二世紀末のドイツの写本の場合、最後の晩餐の場面の中の食卓の上にフォークが一本置かれている。(194) もう一つ別な最後の晩餐の場面、すなわち、ヴェニスのサン・マルコ大聖堂にあり、一二世紀にコンスタンティノープルに注文して作られた高い祭壇の見事なパーラ・ドーロには、ナイフと一対ずつになった大きなフォークが二本はっきりと描かれている。(195)

フォークは西洋美術の中ではきわめて確認しにくいが、中世末期の調度品の一覧表や遺書の中で時おり記載され始める。そして、これらの記載事項の中には、「私は……新生姜用の銀のフォークを……譲る」(196)のように、フォークの用途が果物や砂糖菓子と結びついていたことが分るものがある。一方、一四世紀初頭に、アヴィニョンにいたローマ教皇は、フォークの一種である小さな黄金製の串を使って肉を突き刺しており、また一五世紀の初頭には、ベリーの公爵はいちごを銀と金の柄のついた水晶製の串に刺して食べている。(197)

中世のフォークは概して甘いものやねばねばするものに用いられたという印象は、フランシスコ会修道士リュブリュキのウィリアムが一三世紀半ばにタタール族の食習慣についてフランスのルイ九世(二〇八)へ報告したものの中で行なった次のような大ざっぱな比較によって強められる。「この目的のために特別に作られたナイフまたはフォーク状のものの先に刺して——これは、ぶどう酒に漬けて調理した梨やりんごを食べる時に我々が使い慣れているナイフやフォークに似ている——彼らは、周囲に立っている一人一人に、一口二口食べるように差し出す。(198)」なお、この文章は、食卓用のフォークがローマからではなく東洋から初めてビザンティウムにやってきたという説に、もう一つ別な証拠を与えることになる。

フランスや英国の最も豪華な調度品目録の中でさえ、フォークを見つけ出すのはむずかしい。もっとも、一四世紀のイタリア商人フランチェスコ・ディ・マルコ・ダティーニは、一二本所有しており、自分の部屋に注意深くしまい込んでいた。(199)ちなみに、記録に残されている食卓用のフォークはいずれも貴金属でできている。多分、これは客を眩惑するためにめったに出されることはなく、また投資として、すなわち危機の度ごとにしょっちゅう必要となった手元金のために、売られるか、それとも溶かされる物とみなされたからであろう。事実、一四〇九年のオルレアンのヴァレンティーナ(二〇九)の調度品の一覧表の項目、「金製のフォーク——柄は彼女の腕を象っており、その先の叉の一本は壊れている[200]」から判断すると、この一本のフォークは彼女が使うためというより、その価値ゆえに保存されていたことが分る。一方、英国のエリザベス女王は一六世紀末に彼女の主人役たちをとても驚かせた儀式的で利欲的な訪問を何度もしているが、一度、「きれいなめのうで作られた塩入れ、スプーン、そしてフォーク」は自分の懐にしまい込む価値があると思った、と言われている[201]。

フォークはごくゆっくりとではあるがヨーロッパを征服した。事実、これはきわめて遅々たるものであったため、一六、一七世紀の多くの参考文献の中では、全く知られていないというのではないにせよ、フランスや英国ではフォークは依然として馴染みがなかったことが分る。それにもかかわらず、フォークの不思議で微かな存在の神秘性を深めるかの如く、過去に深い起源をもつ一一世紀の写本の中に、フォークは二度にわたり大胆にも出現している。すなわち、この写本は、一〇二二—三二年の間にイタリアのモンテカシーノの修道院で作成されたものであるが、ドイツのフルダのラバヌス・マウルスによって編纂された九世紀の百科辞書『すべてについて』に基づくものである。そして、ラバヌスのこの著作そのものは、七世紀にスペインで書かれた百科辞書、すなわちセビリアのイシドールスの『語源考』に注解を施したものであり、時代をかなりさかのぼるものである。

モンテカシーノ写本には挿し絵がふんだんに描かれており、その数は三六〇を超える。これらの絵には後の時代の古風な事物がたくさん盛り込まれ、また、描き方は不器用であるが、何の絵であるかの確認はできる。そして、この写本の本文が究極的にはイシドールスのものに由来するのと全く同様に、全体の絵は『語源考』の七世紀の挿し絵入りの写本にその起源を有するものと思われる。じれったいこと

図40　食卓用フォーク
1022－23年，モンテカシーノで書かれたラバヌス・マウルスの『すべてについて』より．

に、これと比較できるような写本はほかに残されてはいない。それにもかかわらず、初期のフォークの見本が存在することにより、フォークの形と、モンテカシーノの写本の中に見出される何百という後の時代の古典的な詳細な部分は同質であるという最も妥当な説明ができそうである。(202) 一方、スペインは七世紀にビザンティウムの影響下にあったという事実は、この説を多少支持するものであるが、フォークにはこれほど早い時期からのビザンティンの特徴がこれまで全く見出されていないという否定できない事実によって、この説は弱められる。

　この問題には当惑させられるが、絵そのものを調べるとほっとする。というのは、これらの絵は心が安らぐほどに明確であるからである。たとえば、図40では、晩餐客は新生姜かとろ火で煮た梨を一口つまむのにフォークを使っていないが、肉のついた骨を押さえつけるのには使っている。一方、ラバヌスの百科辞書のずっと後の一五世紀の挿し絵入りのドイツ語版では、フォークはこの場面から姿を消してしまっている。[203] 中世におけるフォークのはかない命をこれほど納得のいく方法で示すものはほかになかろう。フォークは、確かにあちこちで知られ、またあちこちで称賛されたとはいえ、異論のない食卓の道具の一部とはなり得なかった。フォークは、時おり、しばらくのあいだ、スポットライトの中に現われたが、次の登場を待つために舞台の両袖に隠れ、再びこっそりと立ち去ったのである。

7　礼節は人を作る

晩餐客の態度は、その人のために食卓が整えられ、食事が出される方法によって、実に細々とした点にまで影響を受けた。もっと微妙な影響を受けたのは、時にはぼんやりとではあったものの、上品などの晩餐会にも期待を込めて漂っていた作法の理想像からである。実際問題として、非の打ち所のない食事の作法を身に付けたならず者もいたに違いないが、理屈のうえでは、外に現われた行為は人の内面を映し出したものであると強く主張された。そして、この理屈どおりであると、良い作法は単に盛大な儀式を融和するのに貢献するという理由だけではなく、そういう態度を示した人物の精神面での魅力を表わしているという理由で、大切なものであった。たとえば、教区司祭とその義務に関する一五世紀初頭の論文の中では、良い司祭と悪い司祭は食事の時に本性を暴露している。すなわち、良い方はゆっくりと、惜しむように食べ、決してお代りを求めることはなく、「胃袋の喜びよりも心の喜びの方を主に」考える。しかし、悪い方は、荒々しく食べ物を口に押し込み、ごくりと呑み込み、もっとたくさん食べ物をとろうとし、そして一瞬たりとも自分のナイフを放そうとしない(1)。

この観点から判断すると、食卓の作法は些細な事ではなく、本当に重要な事柄であった。たとえば、マロリー[一]の『アーサー王の死』の中で、エクター卿[二]はラーンスロット[三]のために挽歌を作ったが、この死者の立派な功績の中の素晴しい作法について、次のように記している。「あなたは、これまで御婦人方に混って食堂で食事をとった男の中では、最も柔和で最も上品な人でした[2]。」

食事に相応しい気品は、天恵と博愛に対して神に感謝する食事の前後の祈りによって醸（かも）し出された。そして、良い作法は感謝のこもったこの愛の反映であった。人は仲間の晩餐客の感情に敏感であり、またその場になじみ、他人を快適にするために、必要とあらば自分の感情を抑えたり隠す用意ができていることが期待された。そして、禁欲でさえ、立場の弱い信者の面前で誇示されると、全く称賛に値しないこともあった。したがって、たとえば英国最初のフランシスコ会の修道士たちは、一三世紀に自分たちのために計画的に苛酷な耐乏生活を選んだが、彼らは生活の苦しさを気転で和らげる術を体得した。たとえば、托鉢修道士たちは訪問客にビールを出したが、次にこれ見よがしの禁酒によって客に恥をかかすということはせず、彼らは客と一緒に座り、そして「思いやりの気持ちから、彼らはビールを飲むふりをした[3]。」

ほとんどの晩餐客は、そのような好意あふれる英雄的な行為を真似ることは期待されていなかったが、彼らは自分たちの仲間の者に対する配慮をはじめ、多くの細々した点に注意するよう促された。一方、悪い出来事についての無駄話、仕事の失敗、あるいは健康上の詳細に触れることは思い止まらせられ、料理を声高に批判することに対しては眉をしかめられた。また、食べ物に止まった蠅を指摘するおせっかいな試みは固く禁じられた[4]。

人間が味わう特権を与えられていた豊富な食べ物に対する神への感謝の気持ちは、他の人びとに対する気前のよさによって表わされねばならなかった。そして、食事を分け合うという理想はずいぶん称賛され、食卓のすべての態度に影響を与えた。たとえば、仲間と一緒に食事をする場合、特別な料理を自分がどれほど獲得したかを知るために自分の皿を鋭い目で見る代りに、晩餐客は自分の皿から御馳走を差し出すことが期待された。[5] 一方、社会的な地位が低い者たちと食事を分け合うことは、これよりずっと思いやりのある礼儀であった。たとえば、一三世紀中頃の司教グローステストは、リンカンの伯爵夫人に対して、彼女が家庭の者たちと一緒に晩餐の席についた時に振舞うべき相応しい方法について、次のような助言を与えている。「あなたの皿からすべての主賓席に丁重に食事を差し出せるように……あなたの皿が何度も料理で満たされ、そして積み上げられるよう、強く指示しなさい。[6]」

本当に貧しくて欠乏している者に食事を分配することは単なる親切な行為に止まらず、好意のしるし、すなわちイエスの愛とその先例に倣いたいという願望を表わしたものであった。そして、裕福な者の食卓には、幸運が目に見えている証拠として、また食後に分配するための残り物がいつでもたくさんあることの保証として、食べ物がどっさり載せられていることが期待された。一方、禁欲は、個人に限られた場合には称賛されたが、家庭での節約のための偽善的な口実に使われた場合には軽蔑された。ちなみに、一二世紀の聖トマス・ベケットの食卓の取り合わせは、次に記されているように、全くよく均衡がとれていた。「このように全く素晴しい功績の栄光の中にあっても、彼は非常に質素であり、彼の豪奢な食卓には施しのための食べ物がたくさん用意されていた。[7]」

位が上の人と食事を共にすることは愉快であり、また友人と共にする場合も楽しいものであったが、残念なことに、貧困者と食べ物を分け合うという考え方には、これらと全く同じような抑え難い魅力はなかった。事実、神の愛は行動に駆り立てるに十分な尖った突き棒であるとは限らなかった。そこで、時には地獄の恐怖が気前の良さへ向わせる拍車として用いられた。たとえば、最もよく知られた恐ろしい警告は、乞食のラザロに一口分の食べ物さえ惜しんだために永遠に呪われた金持ちディーヴェスの物語である。そして、食堂の中には、ディーヴェスは食卓に着き、ラザロはごみの中にいる場面の絵が飾られていることがある。しかし、この教訓を痛切に感じさせようとするこのような立派な試みが、むしゃむしゃ食べ続けることから晩餐客の心を転じさせたかどうかはっきりしないままである。

善意が罪に終ることもあったため、人びとは自分たちの高潔な道義心に恥じない行動をするのはむずかしいと知った。たとえば、ランカスター公ヘンリーは、自分自身の精神状態をかなり悲壮な覚悟で分析した『聖なる医療の書』（一三五四年）と題する敬虔な論文を書いているが、それによると、彼はどのように振舞うべきかはっきり理解していたが、悲しい譲歩をせねばならなかった。すなわち、彼自身は美食をすることを好んだが、豪華な晩餐の御馳走を本当に腹をすかしている者に分け与えることを思うと、彼の心はうずいた。(8)

たいていの人は貧者に思いやりを示すより、自分たちのペットに親切であることの方がずっと性分に合っていると思った。幸いなことに、動物に対する親切心は人間が善良であることのもう一つ別な確実なしるしであるとみなされた。そして、幸運で栄養十分な動物は、その主人は愛想がよく、物惜しみしないという、励みになる証拠を与えてくれた。たとえば、コットグレイヴは、その著『仏英辞典』の中の「食べる」という項目の中に、「犬と猫に食べ物を与える」という諺を記し、「厚遇を続ける、豊かな所帯を持つ」という翻訳を施している。一方、「家を見れば持主が分る」という、もう一つ別な諺に関する一五世紀の挿し絵には、快適でよく整頓された部屋に立っている感心な持主、彼の手首の上に止まっている満足そうな鷹、そして彼の側には優しそうな犬が描かれている。(9)

晩餐中に犬を可愛がることは奨励されてはいなかったが、理屈と実際の間にはかなりの隔たりがあった。事実、犬がいることは当然のことと考えられた。たとえば、図41では、グレーハウンド(四)は後足で立ち、前足をテーブルクロスにのせ、食べ物にあずかれる機会を窺っている。一方、図28では、二匹の小さな縮れ毛の抱き犬(五)が食卓の上におり、ベリーの公爵の寛大な目の前でせっせと金の皿をかき回している。この公爵だったら、キャクストンの物語に出てくる領主、すなわち、「小さな犬を飼い、この犬をこよなく愛し、肉を与え、そして自分の食卓の上で食べさせていた(10)」男と一緒にいても安心しておられたであろう。

もてなしは、その名に相応しく、客のみならず馬にも施されねばならなかった。たとえば、フロワサールは一三八八年にフォアの伯爵である偉大なガストンを訪れた時の様子を語り、些細ではあるが大切な点に賛成して次のように述べている。「彼は私の顔を見ると暖かく歓迎してくれ、彼の一家の一員に入れてくれた。私はそこに二週間以上滞在させてもらい、また私の馬は餌を与えられ、すべての面で十分な世話をしてもらった(11)。」一方、一四世紀の中世騎士物語『ガーウェン卿と緑の騎士』では、主人公はこれと同じ快い経験をした。すなわち、彼は見知らぬ城に滞在していた間に自分の馬が上手に面倒をみてもらったことに気づき、このことを主人役の細かな親切心のもう一つ別な証拠であると考える(12)。

人が飼っている馬と犬のどちらがより甘やかされていたかを判断するのはむずかしいであろう。たとえば、フロワサールは詩を書き、その中で自分の動物たちにこの問題について議論させている。それに

図41　頼もしい友人
1419－27年にフランス語で書かれた『ロアン家の全盛期』より．

よると、いずれの動物もほかの奴の方がより甘やかされたお気に入りだと確信するが、公平な目を持った読者には、どちらがそうであるかを彼らの中から選ぶ余地はほとんどないことがすぐ明らかとなる。馬は家の中でも旅の途中でも、どの段階においても熱心に愛育されるが、犬は晩餐の前に腹ごしらえとしてバター付きパンを一口と、皿に何杯分かの濃いシチューを与えられる。そして、不幸なことに、この犬の主人は自分の最後の一口を与えようとする。(13)

しかしながら、このような甘くて寛大な愛想のよさの理想も、階級の原則によって抑えられた。すなわち、「場所はすべての人のもの。したがって、すべての人を自分の場所に」というのが中世人の気持ちにきわめて大切な格言であった。このように、すべての人は自分に正しく定められた社会の階段の上の位置を占めた。自分と自分の回りにいるすべての人は、その階段がどこにあるのかということ、およびそれに相応しい地位の高さを正確に知っていた。動かす、すなわち、この尺度を上下させる場合には、行動は慎重となり、入念な配慮がなされた。優先順位の問題は熱心に議論され、座席の計画は気を配りながら作られ、破棄され、そして再び作られた。人を正しい位置に、すなわち相応しい食卓の然るべき席に着かせることは、それだけの価値のある、しかし骨の折れる技術であった。したがって、大切な祝宴の前の晩には、機嫌が損なわれたり、客が腹を立てたといった悪夢のような光景が野心的な主人役と新たに任命された接待係の脳裏を去らなかった。

座席の配置に与えられた重要性は、イエスと共に磔刑に処せられた犯罪人の話に関する中世の注釈によく例証されている。すなわち、この犯罪人は、最後の瞬間に十字架の上でイエスの方を向いて助けを請い、「あなたは今日わたしと一緒に楽園にいる」(ルカ二三・四三)という言葉で慰められたが、この安易な歓迎の約束は多くの人を悩ませたのである。というのは、犯罪人がどのようにして聖人たちと親しい間柄で付き合うことができるのかという疑問があったからである。これに対して、天国への招きは晩餐会への招待に似ているという慎重な説明がなされねばならなかった。すなわち、全員が同じ扉から広間に入るが、一度中に入ってしまうと、人は厳しい優先順位に従って席に着くこととなったのである。たとえば、聖人たちは主賓席で礼遇され、善良であろうと努力していた人たちもそのそばの食卓に自分たちの席があることを知った。一方、罪人は、犯罪人と同様に辛うじて天国に入り込めたものの、床の上に座ることとなり、ともかくもその場に居られることに大そう満足せねばならなかった。(14)

食卓での位置は人の運命と共に変化した。事実、人は生涯を通じて蛇と梯子の緊張したゲームの競技者であった。たとえば、一五世紀の気むずかしい巡礼者マージャリ・ケンプ（Margery Kempe）は、仲間の巡礼者たちを悲しい祈禱で大そう苛立たせたので、彼らは「彼女を食卓の端、すなわちすべての人の席より低い末席に座らせた。」(15)しかし、彼女はその場所でも彼らを憤慨させた。というのは、その時の主人役は、彼女の絶え間なく続く信心深い言行によって魅惑され、他の誰よりも先に彼女に料理を出すよう言い張り、これによって無謀にも自然の秩序を逆転させてしまったからである。(六)

一方、英国の学者ソールズベリのヨアネスは、ローマ教皇ハドリアーヌス四世(七)の手によって自分の社会的栄達が計られたことを面白そうに思い出している。それによると、ヨアネスは一一五六年に所用でローマ教皇の邸宅に遣わされたとき、カンタベリの大司教の家庭の事務職員にすぎなかった。それにもかかわらず、教皇は最も愉快な心尽くしのために彼を選んだ。彼は次のように記している。「教皇は自分の食卓で私と一緒に食事することを喜んだ。そして、私の異議に反して、教皇は二人が共同のコップと皿を使うことを望み、そのように命じた。[16]」

謙遜は称賛するに足るものであるが、物事には潮時というものがある。たとえば、自分の位よりも低い場所に案内されるのを自ら認めることは、単に軽蔑心を強めたにすぎない。「彼は妻より低い所に座った[17]」という簡潔な文には注釈は全く不要である。しかし、他人の面前でわざと、しかも好んで謙遜するのは全く別の事柄であった。そのような態度は、上品さという祭壇における特別ないけにえだとみなされた。もっとも、このようないけにえは意図した気持ちのまま受け入れられることはまれであった。たとえば、一三五六年のポアティエ[八]での勝利のあと、英国の黒太子は、自分の捕虜となっているフランス王ジャン二世を歓待し、この王の食卓で給仕すると言い張った。しかし、ジャン王は二人の役割を逆にすることを望んだに違いない。特に、この王子が次のように傷口に塩をすり込むような態度を続けたため、なおさらのことであった。「彼は王の前に絶えずひざまずき、『国王陛下、神は今日はあなた様のお祈りを心に留めることを望まれなかったようでありますが、どうぞそのような粗末な食事はおとりにならないでください』と言った。[18]」

ジャン王は、たとえ忘恩の疼（うず）きを少し感じたとしても、それを人には口外しなかったであろう。しかし、他の人はジャン王ほど辛抱強くはなかった。たとえば、一一七〇年、英国王ヘンリー二世は、自分の死後、息子が無事に玉座を継承することを期待して、この息子を王位につかせた。そして、戴冠式の日に、王ヘンリーは晩餐会の席で自分の子供に給仕をすることによって、この儀式に花を添えた。しかし、このことは新しい王にとって酒が頭に上ったようになり、この瞬間から彼は一層傲慢となった。そこで、ヨークの大司教は、この世のどの王子といえどそのような給仕を侍らせてはいないと指摘した。

すると、この我慢のならない若者は次のように答えた。「おまえはなぜそのことに驚いておるのか？父はあのようなことをしたが、それが自分に似合っているなどとは思っておらんよ。父は自分が生まれた母方だけが王に相応しい家柄にすぎないから、父は王、母は女王という、王に生まれついた私に給仕したまでのことだ。[19]」

このような好意あふれる行為に影響を与えた模範的な例は、イエスが最後の晩餐の席で弟子たちの足を洗おうとして膝を曲げた時の態度であった。そして、このような指導者とその信奉者の間の自然な関係の逆転は、中世人の心に大きな動揺を巻き起こし、称賛と非難のいずれにしようかとの迷いを起させた。たとえば、聖マルティアル（九）の伝説が形成された背後には、この葛藤の一部があるのではないかと思われる。すなわち、この聖人は水とタオルを持ってきて、つまり、この際のすべての卑しい仕事の世話を実際に行なうことによって、イエスを助けたと言われている。ちなみに、彼は最後の晩餐の絵の遠景にイエスの役に立ちやすい格好で空を舞っている姿で描かれていることがある。[20]

また、この葛藤はジョワンヴィルとその師であるフランス王、聖ルイとの間の次のような簡単なやり取りの中でも明らかになっている。「ルイ王は私に洗足木曜日に貧者の足を洗うかと尋ねられた。そこで、私は『陛下』と叫び、『とんでもありません！　私はそのような身分の低い者の足を決して洗いはしません』と答えた。すると、王は『なんということだ』とおっしゃり、『そんなことを言うのは全く間違っている。わが主が自ら我々の模範としてなされたことを実行するのを決して嘲笑してはならない』と言われた。[21]」ちなみに、『ジャンヌ・デヴルーの聖務日課書（一〇）』の中に一枚の絵があり、そこでは聖ルイは数人の乞食の足を洗っているが、ジョワンヴィルは強く腕組みをして王の後方で立っている。こ

れはまさに世間も認める聖者の奇行に対する憤激の姿そのものである。(22)

階級と秩序についてのこのような神経質な強迫観念は種々の条件に対する自然な反応であった。すなわち、中世というのは激しくて情熱的な時代であり、規則と規制という厳しい束縛を求めて絶叫していた。生活は粗雑で品のないことが余りにも多く、そしてこのことが今度は優雅さ、上品さ、それに器用さに対して等しく自然な先入観を抱かせた。たとえば、自分の名前に対して社会的自負を抱くすべての人の願望は、日常生活の粗野の域を脱し、自然に改良を加え、自分と農民との間になるべく広い障壁を築くことであった。もちろん、このような人の最大の努力は人前での見栄えのために取っておかれた。したがって、このような人が自宅で密かに行なったことは、これとはきわめて異なるものであったであろう。

他所に晩餐に招待されたとき、食べ物に対して多少興味が薄いという態度を見せるのが大切であり、特に女性の場合にはそうであった。一方、農民の食欲は、農民の作法と同様に、世間の目を気にするようなものではなかった。たとえば、一四世紀のシェーナの聖ベルナルディーヌスは、自分の上品さを自慢していたとても欲の深い女について語っている。それによると、召使いの一人が彼女にさくらんぼを一籠持ってきて、彼女がそれをがつがつむさぼり食うのをこっそりと観察していた。ところが、彼女の夫が姿を見せたとたん、彼女の食べる速度は落ち、この女は一度に一粒のさくらんぼをつまみ上げ、それを上品に少しずつかじった。あとで彼女はこの召使いに「あの辺の田舎ではさくらんぼをどういう風に食べているのかしら?」とへり下って尋ねた。すると、これに対して、次のようにどぎまぎするような返事が戻ってきた。「けさ奥様がご自分のお部屋で手で一杯つかんで食べておられたのと全く同じやり方でございますよ。[23]」

たとえ腹いっぱい食べたいという誘惑に抵抗できないとしても――実際、ほとんどそうであったが――少なくとも過食の形跡は全くなかったはずである。すなわち、満足げにげっぷすること、丸々と太った腹を軽く叩くこと、および、はち切れんばかりに太ることは許されなかったのである。もっとも、食事のために場所を取っておく、すなわち、晩餐の前にベルトを上品にゆるめることは推奨された処置ではあった。[24]しかし、時には状況に応じて極度の犠牲が要求された。たとえば、オウィディウスの(一一)『恋の手管』を一二世紀にフランス語に改作した『恋の方法』(一二)の著者は、恋人と一緒に夕食をするどの女性もマスタードソースを選び、にんにくソースを拒むよう強く促している。[25]一方、デルラ・カーサ(一三)は、『礼儀作法の本』の中で、少し自制すれば人前で唾を吐くのは避けられると考え、次のように記している。「食事の時にはできる限り唾を吐かないよう注意……すべきである。国によっては、全く唾を吐かないほど上品な人もいると聞いたことが何度もある。それに、しばらくの間なら吐くことを慎むのは当然我々にもできる。[26]」

中世ではすべての芸術において職人の技能と専門的熟練が高く称賛されたが、このことは食卓での給仕の仕方、とりわけ肉を切り分ける人の仕事に対する態度に反映されている。すなわち、熟練した目がナイフのあらゆる動きを追い、不器用さが表われると問題にされなかった。したがって、「牛が鞍を背にのせて運ぶように、肉に関して、偉大な人物の切り分け人となるよう努めねばならない」のであった。[27]事実、巨匠のような技を発揮すると大いにありがたがられたし、第一級の芸術家は称賛を獲得する術を心得ていた。そして、猟場においてさえ、偉大な貴族の前で鹿を儀式的に解体するのは肉を切り分ける者の手によってなされ、彼らはきわめて熟練していたので、袖を折り曲げることをこれ見よがしに拒否した。彼らは一滴の血さえ衣類に浴びることはないことにそれほど絶大な自信を持っていたのである。(28)

損害の大きい過失の口実としてしぶしぶ認められたのは初恋の苦痛だけかも知れない。たとえば、一三世紀の騎士物語の主人公ジェアン(一四)の場合、彼はフランスの若者で、ある家の娘の語学教師として、その家族と共に英国に住んでいた。言うまでもなく、彼はこの娘の手に負えない英語のなまりを直すのに奮闘するうち、この生徒と恋に陥る。彼はフランス語の稽古はなんとかつけられるものの、彼女の家族の前で食卓の肉を切り分けるよう言われると、筋肉を動かすことができず、恍惚状態で立ち尽くすだけであった。腹をすかした娘から強く注意されて彼は肉を切り始めるが、ナイフが手から滑って指を相当深く切ってしまった。血と恥に包まれて彼は急いで寝室に駆け込んだ。そして、後悔した娘ブロンドが特別なぶどう液で作られたソースでこのうえなく見事に調理された冷やした鶏肉を持って彼を優しく慰めにやってきて、やっと彼は元気を取り戻した。(29)

食堂の秩序の良さ、新鮮さ、および小ぎれいさは大きな喜びを与えた。一方、だらしなさは、現在と同じように無能な家政婦のしるしであった。たとえば、聖ベルナルディーヌスは、夫を家庭ではなく豚小屋の住人にしてしまった妻を次のように口を極めて非難している。「夫が食事をする部屋の中では、床はメロンの皮、骨、サラダ菜で覆われている……夫は敷板を拭い取る。すると、犬がなめるので、それをまた夫が洗う。奥さん、あなたは旦那がどういう暮しをしているか知っているか? まるで野蛮な獣のようだ。女ども、頭を下げよ! 家を支配しているのはおまえたち女なのだ。(30)」

聖トマス・ベケットの一二世紀の伝記は、彼の食堂が快適なまでに洗練されていることに対して、この聖人に特別の称賛を与えている。そして、その文章は、次に記したとおり、きれいで食欲をそそる準備が実用向きであったことを示している。「冬は新鮮な麦藁か干し草を、そして夏は緑の藺草か葉を毎日自分の食堂にまき散らすよう彼は命じ、それによって、長椅子に席がない大勢の騎士が貴重な外衣や立派なシャツを汚す恐れがないほど床がきれいで衛生的であることが分るよう、彼は配慮していた。[31]」

中世の諸々の現実は理想には遠く及ばなかったようである。ひどい状態についての何百という話はたやすく集められるであろう。[32] たとえば、一五世紀のフランス語の礼儀作法の本の中で、「晩餐をとるために腰をおろす前に、席が満足のいくほどきれいであることを確かめるために、常に席に目を通しなさい」とささやかれている用心深い忠告めいた重要なヒントは言うに及ばない。それにもかかわらず、当時の理想は陰鬱な世界の中で希望に満ちて照り出している。事実、中世人の態度はローマ人たちの態度ときわめて好都合な対照を示す。すなわち、ローマ人たちは食事中に骨、貝殻、およびさまざまな食べかすを床の上に投げ捨てる習慣があっただけではなく、理想というテーマに基づく芸術作品を全く喜んで称賛した。たとえば、この主題にそって作られ、現代の人びとからは「掃除の行き届いていない舗道」とぶっきらぼうに分類されているモザイク画の例は、いくつも見つかっている。[33]

愛情のこもった気前のよさによって気持ちが暖められた礼儀正しさと優雅さという幸福な夢は、大きな仲間うちよりも小さな仲間うちの方が、また豪華な祝典よりも控え目な祭典の方が、実現しやすかった。事実、盛大な催しは全神経を緊張させ、しかもその過程で神経をすり減らさせた。催し物が大きければ大きいだけ、組織に関わる問題が大きくなり、へまをやる落とし穴の数も増え、静めて満たさねばならない感情が一層ちくちく痛む。このように、正式の宴会のスキュラとカリブディス（二五）は、まさに過度の混乱と度を越した憂鬱な堅苦しさであった。

一三八九年にフランスのイザベラ女王がパリで生まれたことを祝うために開かれた正式の晩餐会について、フロワサールは書き記している。それによると、この日は雑踏が余りにもひどかったため、主賓席は、木の柵だけではなく、王室の守衛、式部官、および権標奉持者(二六)によって守られねばならなかった。そして、五〇〇名の婦人が脇の食卓で席についていたが、侍者が群衆をかきわけて婦人たちに給仕しに行くことができなかったため、大勢の人びとの真只中で婦人たちは飢えきっていた。この混乱の中に催し物が運び込まれた。すなわち、トロイを表わした車輪付きの塔、攻撃用の塔——これも車輪付きで、ギリシャ兵が配置されていた——、それに一〇〇人の兵士で一杯の船の模型であった。そして、胸のすくような戦いが計画されてはいたが、驚くまでもなく、次に記されているとおり、手に負えない事態となっていた。

> 余興は周りの大変な雑踏のために長く続けることはできなかった。熱気のために気分が悪くなる者や人ごみの中で卒倒する者もいた。会議室の扉の近くの食卓は力で倒された。食卓に着いていた婦人たちは急いで無造作に席から立ち上らねばならなかった。群衆の大変な熱気と悪臭のために女王は失神しかかったので、空気を入れるために彼女の後方にあった窓を壊さねばならなかった……。王は生じている事態を見て余興をとりやめるよう命令した。この命令は実施され、婦人たちにもっと広い場所を与えるために食卓は急いで拭かれて片付けられた。ぶどう酒と香辛料が急いで出され、そして王と女王が私室に退去すると、直ちに他の人びとも全員立ち去った。(34)

フットボールのスクラムへと堕落してしまう宴会がある一方で、礼儀作法の度が過ぎて体中の血が凍ってしまいそうな宴会もあった。ちなみに、英国人は自分たちの喜びを悲しげに受けとることで悪名が高く、外国の観察者たちは彼らの立派な儀式の厳粛さに感動することもあった。たとえば、一五世紀もまさに終らんとするころ、二人の州長官が任命されることになっていたロンドン市での祝宴に、一人のヴェネツィア人が招待され、その印象を次のように書き留めている。「この祝宴の席で……私は人びとがその階級に従って何と堅苦しく席についているか、そして誰もが異常なまでの静けさを保っているかに気付いた。」[35]また、これより数年前のこと、ボヘミア人のロズミタルのレオは、英国を旅して回り、ある日エドワード四世の妃が晩餐をとるのを見ることを許された。この場合もやはり、「全員黙って一言も喋らなかった。」[36]したがって、一五世紀のある生徒が次に記しているように、公の華麗さより個人的に居心地がよい方が好ましいと感じたのは驚くに値しない。「私はしばしば食事の時に私より威厳があって立派な人びとに混って席につくが、その時は彼らが私に質問する場合を除いて話をすることはない。しかし、私は友達の中でなら、かなり大胆に行動し、座り、陽気になり、思ったことを話す。」[37]

大勢に素早く、しかも上手に給仕することに伴う技術的なむずかしさが客の機嫌を損ねるのを助長した。まず第一に、多くの人に調理すること自体のむずかしさがあり、これは全員が満足いくように解決できるとは限らない問題であった。たとえば、『大年代記』(一七)では、ロンドン市庁舎で開かれた第一回目の市長の宴会の様子が記されているが、食べ物は「全くの生」[38]であったという簡潔な一言で片付けられている。一方、一三世紀末のラテン語の詩『焼かれた白鳥の嘆き』(一八)には、「惨めだ、惨めだ！　私は黒く、今ひどく焼かれている」という句がしつこく、しかも不気味に繰り返されている。[39]また、征服王ウィリアム[一九]は、生焼けの鶴を出されたとき、これを運んできた執事を殴り倒そうとしたほど激しく怒った[40]。もっとも、その日この王が生の鳥肉で満足しなければならなかったとしたら、他の人たちは一体何を呑み込まねばならなかったであろうか？　なお、このような状況、すなわち、ひざまずいた一人の召使いが女主人に料理を差し出し、その苦労の褒美として腹をひどく蹴られてしまう忘恩という悪徳の図は、パリのノートルダム寺院とアミアン大聖堂[二〇]の双方で選ばれているため、このような状況はごく馴染み深いものであったに違いない[41]。

調理師の心配と晩餐客の不満を増したと思われるのは、料理が台所から出ていく時に生煮えの状態であったということだけではなく、食卓に着いた時に冷めていたということである。この原因の一つは、火の危険があるため、台所が一般に食堂から少し離れた所にあり、時には別棟の中にあったことである。そして、台所と食堂の間には屋根付きの通路があったとはいえ、食べ物はいつでもこの通路を急いで運ばれるとは限らなかった。この廊下に据え付けられたと思われるのは検分板である。すなわち、この板の上で主賓席用の料理に最後の仕上げの手が加えられた。事実、図42に描かれているように、優雅な料理の準備には時間がかかり、また忍びよる料理の冷えを助長するものである。

料理がたとえ廊下の中で遅れることはなくても、実際に味わわれる時までに冷めてしまっていることはありうる。ちなみに、肉を切り分ける者のたくさんの義務の一つに、調理師の仕事を食卓で仕上げるというのがあった。すなわち、彼は骨つき肉を手ごろな厚さに切り分けるだけではなく、これらの肉に相応しいソースを選び、これを肉と一緒に食卓に出したのである。たとえば、蟹をどのように扱うかについてのジョン・ラッセルの指示はすべての場合に当てはまるであろう。すなわち、「蟹は切り分ける

図42　配膳窓
1480－1500年頃，フランドル語で書かれた『グイロン』より．

のに厄介な代物である」という、そのご何世紀も繰り返して言われてきた心のこもった序言のあとで、彼は蟹の爪から肉を取り出し、すじを取り除き、そして肉を濃い酢のソースに漬けてから殻の中に戻す方法について述べている。したがって、この助言が次の二行で終っているのは当然のことである。

この蟹を熱するためにもう一度台所に戻し、
それから晩餐の席にいる主人の元へ戻しなさい。(42)

たとえ料理が熱かったとしても、一人分の料理はわずかだったかも知れない。理想的な祝宴は、気前がよく、おいしい物で溢れ、すべての来客に十分な量があることであったが、これには予算の均衡をとらねばならないという厳しい現実があった。そこで、資力を維持していく方法の一つは、主賓席に出される料理と一般人用の料理に質量両面で区別をつけることであった。そもそも、予算の問題は古くからあった。たとえば、ローマの晩餐会も階級に応じて厳しく区別されており、しかも、ローマ時代であれ中世であれ、多くの主人役が小プリニウスの自己犠牲を喜んで真似たわけではない。ちなみに、プリニウスは、自分の客全員に全く同じぶどう酒を出す習慣について、一通の手紙の中で次のように述べている。疑い深い友人が「奴隷から解放された自由民にも出すのですか？　それでは大変な費用がかかるでしょう」と尋ねた。すると、プリニウスは無理のない範囲内で帳尻をいかに合わせるかを次のように穏やかに説明した。「とんでもない。私の自由民は私が飲むような種類のぶどう酒は口にしませんよ。私が彼らのぶどう酒を飲むのですよ。(43)」そして、この先例に習うことのできなかった中世の主人役たちは、

「高貴な人は鶏を丸ごと食べるため、普通の人にはぶつ切りにした鶏肉を出しなさい(44)」と、ありがたい指摘をしてくれている調理法の本を頼りにする傾向があった。

ぶどう酒を出すことは晩餐会を成功に導く細かな計算の中に十分入っていた。そして、健康と道徳の両面の根拠に基づいて、ぶどう酒を水で割るのが習慣となっていた。事実、節制という重要な徳目は、一一世紀以降、片方の手には酒杯、もう一方の手には水のびんで表わされることが多く、これはまさに節制をうまく擬人化したものである(45)。しかしながら、節制は、常に自分と同等の階級の人びとの場合よりも、階級がより低い場合に納得のいく賛成が得られた。たとえば、一三世紀のジョワンヴィルは自分の家庭でのぶどう酒の準備状況を次のように述べている。「ぶどう酒は樽で一〇〇個以上買うことにしており、いつも最高のものをまず先に飲ませる。水を混ぜたぶどう酒は召使いたちに出させ、そして従者たちにも同じものを与えたが、水の割合は少なくしてあった。一方、食卓には、思いどおりに割って飲めるよう、ぶどう酒用の大きなびんと水の入ったびんをめいめいの騎士の前に置かせた(46)。」ちなみに、ぶどう酒は客に出される、すなわち、食卓とは全く別な場所にある備蓄品の中から、求めに応じて出されたのである。また、特別な晩餐客に限り、ぶどう酒を食卓の上のよく見える、手の届く場所に置いておく特権が与えられた。したがって、一二世紀の貧しい放浪学者が次のように書いているが、これは驚くべきことではないのである。「居酒屋で飲むぶどう酒は、司教の執事が水で割ったものより私にはおいしく思える(47)。」

台所が食堂から少ししか離れておらず、また所帯が大きい場合、私室で密かに祝宴を開くために御馳走がこっそり持ち去られる機会は無数にあった。しかし、このようなことが起ったとしても、御馳走が足りないままですまされたのは主賓席ではなかったことは理屈のうえからもはっきりしている。

このように、中世では一人前の食事ぐらい何とでも調整できたにもかかわらず、うめき苦しむほどではないにしろ、ほとんどすすり泣きをしたくなるような貧弱な食卓に座った時にはどうすればよいかについて、少なくとも一冊の礼儀作法の本は次のような助言を与えている。もっとも、これは驚くに値しないことである。

食卓がかなり貧弱で、
肉や飲み物の種類が豊富でないとき、
機嫌よく騒ぎ、
楽しげに話をすればそれで十分なはずだ。(48)

空腹で、しかも召使いの不作法な態度に苛立っている時に、陽気にしゃべるのはむずかしい。客は階級の区別に相当敏感であった唯一の存在ではなく、どちらかと言えば、召使いの方が、誰が階級を上または下に動きつつあるかをずっとよく知っており、したがって、その甲斐のない人物に自分たちの御馳走を浪費したくはなかった。そのために、重要でない人物には余り注意が向けられなかった。そして、召使いには、絶好の機会に全力を注ぎ、適切な行動をするよう、次のようなかなり冷淡な助言が与えられた。

特に、自分が最もうまく出世できるよう、
自分がそばで仕える機会を利用しなさい。(49)

二流の客の苦しい試練はこれで終ったわけではない。なぜなら、階級と社会での重要性は冬の晩餐会において快適であるか否かを決定したからである。たとえば、図28に見られるように、ベリーの公爵の場合、燃え盛る火を背にして新年の祝宴の席についているが、熱が当りすぎないよう衝立てで守られている。一方、『ガーウェン卿と緑の騎士』の場合、大切な訪問客である主人公は、クリスマスの前夜にベルシラクの城に着くが、そのとき屋内で着るための毛皮の縁取りのあるマントを与えられた。(50)しかし、一五世紀の一人の生徒はこれほど甘やかされることはなかった。そのために、「この冬の大部分の期間中、私の手は凍傷のためかなり腫れ上り、字を書くためにペンを握ったり、食卓で肉を切るのにナイフをつかんだりすることはできなかった。(51)」

一四世紀の詩人デシャンは、一一月から二月までは王の宮廷に近づかないよう、同僚の廷臣たちに次のように強く勧めている。「廷臣たちの宿泊所について言うと、そこは確かにきわめて寒く、しかも燃料は全くけちけちとしか出されない。そのため、食堂では全員ががたがた震えている。また、召使いと従者にはコートを着ることが許されていない。したがって、この寒い季節に、がたがた震えるこの種の踊りをしたくなかったら、宮廷に近づかないのが一番である。(52)」つまり、デシャンは自宅にいるのが賢明であると暗に示したのであり、事実、自宅にははっきりした利点があった。すなわち、招待された場合には、客の晩餐の楽しみは主人役の寛大さの基準と、召使いたちによるその基準の解釈によって決定されたが、自宅にいる場合には、自分の食卓につき、自分が台所からあつあつの食べ物を持ってきて食べ、自分の召使いに威張り散らし、あるいは、ともかくなだめたりして、好みの位置まで火に近づき、ベルトをゆるめることができ、しかも、仲間の客とコップを共同で使うことは決してないのである。ちなみに、古い寓話をリッドゲイトが作り変えたものによると、はつかねずみは自分の家だと呼んでいる水車場の辺りを客の蛙に見せびらかす。そして、独立した平穏な喜びを次のように説明する。

「ごらんなさい」と、はつかねずみは言った。「ここの生活は楽しいよ。
ここで私は統治し、支配しているのだ。
ここだと騒音と争いから逃れて気楽に暮していける。
この広い空間が私の領地だ。
食欲がでてくると、遅く食べたり早く食べたりする。
猫のギブの奴もここでは手も足も出せないよ。(53)」

自宅の気楽さに対する強い感情は、パリのマタエウスの『年代記』の一二四八年の項目の中に現われている。これによると、ヘンリー三世は、その年の一〇月にウェストミンスターに新しい市場を開設し、確実にたくさんの商い（あきな）ができるようにするため、他の市場が同じ時に開かれることを禁じた。しかし、次の記録から明らかなとおり、商人たちはちっとも熱心ではなかった。「彼らにはズックのテント以外に体を休める場所はなく……彼らは体が冷え、雨にぬれ……足は泥で汚れ、おまけに商品は降り注いだ雨のために痛んだ。そして、彼らがテントの中で食事をしようと座ったとき、炉辺の近くで家族に囲まれ、食事をとるために腰をおろすのに慣れていた者は、この困窮と不快な状態に耐える術を知らなかった。(54)」

肉体的快楽を与えてくれる衣食住に対する喜びは、ゆっくりではあるが着実に増大していった。そしてこのことは、中世後期になって大食堂から小さな食堂への移行が始まった一つの理由となっている。伝統的には、家族はその家の主の鋭いが優しい目の前で全員が一緒に食事をした。そして、主人と召使いの絆を表わし、強化したものは、広い意味での家族、まとまり、および共同の食事であった。たとえば、一三世紀半ばに、グローステスト司教はリンカンの伯爵夫人に古き良き習慣をあくまでも守るよう次のように助言している。「病気や疲労の場合でも、無理をしてでも、なるべく食堂の中で、自分に仕える人びとの前で食事をしなさい。なぜなら、このことによってあなたには大きな恩恵と名誉がもたらされるでしょうから。(55)」一方、これより一世紀後の詩人ラングランドは、一家の主が「一人で食事をするために」私室の炉すみへこっそり逃げ込みたがることに対して不平を言っている。なぜなら、次の引用に記されているように、食事の場所を変えたからと言って、良いことは一つも出てこなかったからである。

御主人と奥様が座りたがらない
食堂にはどこか問題がある。(56)

ラングランドは、変りつつある人びとの態度の中に、わがままさ、すなわち社会の構造を鋭く引き裂くこと以外に何も見出さなかった。つまり、主人は、自分の楽しみだけに関心を抱き、自分の従者たちの幸福には無関心であり、貧者や扉をノックする疲れた旅人に対する自分の責務には無頓着であった。

詩人や道徳家が述べうるすべての事柄にもかかわらず、気持ちの良い個人の自由な生活にはうっとりするような魅力があった。このような生活が中世という時代の想像力を本当にしっかりつかまえなかったという事実は、果たすべき義務の意識が蘇りつつあるからではなく、一つのはっきりした欠点のせいであったと思われる。すなわち、一人っきりの食事はかなり味気ないものでありえたからである。たとえば、多くの人が本を読まず、また、たくさんの本を読む人はこれよりずっと少ない時代においては、他の人と一緒にいると、楽しめる、もしくは少なくとも気晴しができるという保証があった。なお、祝宴によって与えられた娯楽の種類については次の章で取り上げることにする。

8　余興――意外な物と飾り物

自宅での静かな食事には魅力がいっぱいあり、盛大な晩餐会に優る利点がいくつもある。しかし、この食事も、一つの点に関して、すなわち、もてなしにおいては、その競争相手に匹敵することはできない。中世の祝宴は、その名に相応しいものの場合には、ゆっくりとした速度で進行し、一品ごとの間にはかなりの時間があり、進取の気性に富む主人役によって思いがけない娯楽と贈り物で満たされた。このように、客に食事を出すのは晩餐会の計画のごく一部にすぎなかった。そして、祝宴の目的は、五感のすべて、すなわち、味覚、触覚、視覚、嗅覚、および聴覚を刺激して満足させることにあった。

二人だけの最も簡単な食事と最も手の込んだ宴会が確実に共有できる楽しみは会話であった。この点に関して言うと、どのような宴席にもそれ特有の楽しみと落とし穴があった。自由で気楽な気分で友達と一緒に座っていると、誰でも、頭に浮んでくるあらゆるテーマについて気軽に喋れるものである。たとえば、モアの『試練と安楽との対話』(一)の中で老人が無邪気に説明しているように、「よく喋るのは……私にとって何ら苦しいことではない……コップと焼き蟹を手にして、暖かい所に座り、おしゃべりをして、飲み、そして語り合うのは、老いぼれの人生の強い欲望そのもの……である。(1)」そして、この老人の話の聞き手以外の誰一人、この無邪気な本懐のことでこの老人を妬むことはないであろう。また、聞き手にとっても、この老人の話や意見は、時と共に記憶が薄れ、忘れ去られていったかも知れない。最高の冗談も容赦なく繰り返されると味が失われてしまう。ちなみに、酵母の入っていないパンと苦い薬用植物は、ユダヤ人の過越しの祝(二)いの日の祝祭には欠かせない二つの食べ物であるが、これらを描いた絵がこの祝典のための典礼書『ハガダー(三)』に普通に見られる。一方、一四世紀にスペイン語で書かれた写本には、「この苦い薬用植物」という言葉と共に、上部に薬草が描かれ、下部には、一人の男が食卓の向う側にいる自分の苦い薬草、すなわち妻を指差している図がある(2)。結婚して一〇年も二〇年もたつと、すなわち、過越しの祝いの正餐を一〇回も二〇回もとると、真の愛がある場合にのみ、従順な反応として、妻の唇にかすかな微笑をもたらすことができた。

　自宅で気持ちよく食事をすると、退屈な決まり文句や陳腐な冗談が時おり課せられる報いとなった。一方、客が努めて行儀をよくし、階級と典礼を痛ましいほど意識している場合には、大所帯の家での食事も退屈な仕事になりえた。しかし、このような行事の中心に座っていると、何らかの利点があった。なぜなら、偉大な人物の食堂はいずれも、その性質からして、情報や見方がひそひそ話される回廊であったからである。そして、そこには絶えず訪問客のざわめきがあり、客の回りには、人びと、出来事、およびその時期の考え方についてのうわさや意見が渦を巻いていた。このことは、年代記作家のフロワサールが一三八八年の秋にガストン・ド・フォア伯の宮廷に滞在し、そこから満足のいく(四)仕事上の情報をなぜたくさん仕入れ得たかの理由の一つはまさにこれであった。すなわち、ピレネー山脈の真北にある彼の主人役の領土は、ラングドック(五)地方にあるフランス領、ガスコーニュ地方にある英国領、およびスペインのナバラ王国(六)の国境にあり、次の引用に記されているとおり、うわさ話には最もうってつけの場所であった。

あらゆる地方と王国からうわさ話を聞くことができるようになっていた。それは、この家の主人の名声のために、うわさ話がここに大量にもたらされていたからである。スペイン、ポルトガル、アラゴン、ナバラ、英国、スコットランド、およびラングドックの国境内で生じた戦の手柄話のほとんどを、私はオルテス(七)で聞かされた。というのは、私は、そこに滞在していた間に、この伯爵を訪問することになったこれらすべての国の騎士と従者に会うことができたからである。このように、私は彼らから、あるいは伯爵自身から情報を収集した。そのような話なら伯爵はいつも喜んで私にしてくれた(3)。

立派なお屋敷がすべてガストン・ド・フォア家のように意見や情報を活発に交換する格好の位置にあったわけではない。しかし、有力者は誰でも、少なくとも一年の主な祝典には、おしゃべり以外の何らかの娯楽を用意しておくことが期待された。そこで、有力者は芸人の一座を抱えるか、ほかの誰かを盛儀の場合に利用するか、それとも、自分の食堂で新顔の客や新しい演芸に接している間に、別の食堂で家臣に演芸をやらせ、芸人と家臣の双方をうまく使うことがあった。そして、一四世紀の初頭までに、このような小規模な旅芸人の一座は祝祭の場面の見慣れた一部となっていた。たとえば、フロワサールは、夕食時にガストン・ド・フォアが「食卓に二時間ぐらい留まり、そして……料理のコースの合間に、旅回りの芸人たちに演技をさせて楽しむことがよくあった。そして、自分が見終ると、彼らを騎士と従者の食卓に行かせた」ことを書き留めている[4]。

聖職者も、他のすべての人びとと同じくらい、晩餐の食卓で楽しむことを好んだ。たとえば、ヨークシア[八]のセルビィ大修道院[九]で演じた芸人たちへの支払いが記録されている。とりわけ、「そして、キリスト降誕祭の宴席で大修道院長の前で演じた芸人たちに一二ペンス[5]」というこの最初の年の記載項目は、この支払いの典型的なものである。一方、一四七九－八〇年の勘定書では、同じような陳腐で古臭い決まりきった演技で客が退屈しないよう、大修道院長が手段を講じていたことがうかがえる。ちなみに、その年にこの大修道院に迎えられたのは、次の一座の面々、すなわち「ジョン・コニアーズ卿[一〇]、ジェイムズ・ティレル卿、ロード・スクロウプ、グロスター公、およびノーサンバーランド伯のそれぞれのお抱えの芸人たち、および国王一座の一人と、特定の一座に属しているとは思えない三名の芸人」であった[6]。

「今年（一五〇〇年頃）、芸人たち、……すなわち曲芸師たちに与えた謝礼として二シリング[7]」といった時おり記載されているものからも、芸人たちが演じたお決まりの芸の種類がうかがえる。また、他の典拠からも、曲芸師たち、すなわち軽業師たちは、手品師、猛獣使い、奇術師、および喜劇役者と共に、実に人気が高かったことが分る。そして、写本の隅にはそのような芸人たちがいっぱい描かれている。たとえば、ナイフを操って曲芸をする、厚板を何枚もあごにのせる、台付き杯を棒の先にのせて額の上で平衡を保つ芸人たち。また、小犬が何本かの輪を飛び抜ける、トライアングル[一一]を演奏し、ろうそくが二本ついたろうそく立てを歯の間でくわえて人が踊る[8]、という芸もあった。さらに、一人の少年が刀の先を自分の片方の手のひらにのせて、刀を立てて平衡を保ち、もう一方の手で腕に通した輪を回転させて上下に動かす、というのもあった。

サロメ[一二]が晩餐中のヘロデ[一三]の前で踊り、その褒美としてバプテスマのヨハネの首を与えるよう王にねだるのを今日の我々が頭に描く時には、我々は肢体をくねらせたエロチックな踊りを想像する傾向がある。しかし、中世では、「ヘロデ王の娘は踊り子で、王とその国の他の主だった貴族の前でとんぼ返りをした[9]」と記されているように、現在とは全く異なるイメージで想像されていた。すなわち、サロメは軽業師であり、巧みに宙返りをしてヘロデの心を捕えたのである。たとえば、ノリッジ大聖堂[一四]の天井の肋材が交差する所に付けられた盛り上げ装飾では、彼女は王と客の前でドレスが裂けて背中まで落ちるほど勢いよく跳びはねている[10]。一方、ハンプシアのイズワース教会[一五]の一四世紀の壁画では、晩餐用に準備した食卓の前でサロメは頭が地面にもう少しで触れるほど体を後にそらし、なおかつ三本の刀を一本ずつ手に持ち、もう一本は空中にほうり投げるという曲芸を行なっている[11]。しかし、このような疲れを知らない活動力は、控え目で上品な作法と結びついており、たとえば、『ホルカム聖書絵本』の中では、サロメはベールを次々に脱ぎ捨てるような性癖を見せるどころか、逆立ちを演じていても、スカートは上品にくるぶしのあたりを包んでいる。

喜劇は主人や訪問客を適度にからかうことを認可された道化[一六]によって演じられた。これは外交的手腕に秀でた練達の者がやる仕事であるが、すべての道化が許されうる機知と乱暴な無教養さの境界を感じ取る鋭敏さを持っていたわけではない。たとえば、モアの『ユートピア』には活動中の道化がちらっと見られる。それによると、晩餐の食卓での英国の情勢に関する長くて真面目な議論は、「冗談をとばす一人の居候」によって次第に頻繁に中断させられるようになった。彼は客の後に立ち、議論に対する自分の貢献度を増やそうとして、彼らの肩ごしに身をのり出してくる。そして、ある人物についての彼の注釈がきわめて個人的なものとなったため、急に激しい喧嘩が持ち上った。そこで、主人役は逆立った羽毛を滑らかにするために、次のように急いで割り込まねばならなかった。「枢機卿は喧嘩が終りそうにないと知ると、こっそりと合図を送って道化を追い払い、話題を別の事柄に変えさせた。[12]」

一三世紀の英国人でフランシスコ会士のバルトロマエウス・アングリクスが満足のいく夕食に必要だと考えた条件のうちで、音楽は八番目に挙げられ、次のように記されている。「歌と楽器による歓喜。高貴な人びとは竪琴や他の楽器なしに夕食をとることに慣れてはいない。[13]」事実、ヴォードヴィル[一七]芸人の場合と同じように、音楽師たちは高貴な人の家の一員であった。彼らは主人の雇い人であり、彼らの資質は主人の嗜好の表われであった。そして、彼らは、他の演技者と同じように、時には主人の家で、時にはどこか他所で演じた。たとえば、ガストン・ド・フォアは、夕食事に「自分の家臣らが歌やロンド[一八]やヴィルレー[一九]を歌ってくれるのが好きだった[14]」と述べている。一方、これより一世紀前、フランスのルイ九世は訪問中の音楽師らに次のようなきわめてはっきりとした好意を示した。「ある貴族のお抱えの吟遊楽人らが晩餐のあとで王を楽しませるためにヴィオル[二〇]を持って食堂に姿を見せると、王はいつでも彼らの歌が終るまで待って祈りを捧げた。[15]」

音楽には、宴席で果たすべき三つの主な役割があった。すなわち、食事が儀式的に盛り上る時点であることを告げることによって区切りをつけること、晩餐客を楽しませること、そして魔法をかけて消化不良の痛みを取り除くことの三点であった。たとえば、トランペットの鋭い吹奏の音は、手を洗う合図を送り、料理の各コースが始まるしるしとなり、また晩餐の正式な終りを告げた。また、客がむしゃむしゃ食べ、飲み、そして食事の始めから終りまで喋り続けている間に、芸人たちには、このざわめきのために背景音楽を奏でるという感謝されない仕事があった。しかし、祝宴の終りと料理のコースの合間に魅了され満足した聴衆を楽しませる時は、彼らにとってより光り輝く機会となった。

人びとが気を配り、喜んで聴く心準備ができている時は、音楽師たちは食堂中をたやすく移動でき、言葉と曲の細かな区別が聞き逃されることがないように客の近距離で歌い、また、演奏するためにあちこちで立ち止った。一方、際立った効果を出すには、彼らが指揮しやすい一定の場合に集まり、そこから楽器を奏で、騒音に優る音を出すのがよかった。ちなみに、中世後期までに食堂の出入り口の上に回廊を設けるのが普通となった。これは料理を出すための外側の通路と台所へと通じていた。そして、音楽師たちは、その回廊から食堂と向い側の端にある主賓席を見下ろし、主人役と本当に大切な客だけに直接演奏することができた。

そのような有利な場所から、トランペットとホルンは大きな音を出して祝宴の進行に区切りをつけた。ちなみに、陽気にやるには小太鼓、ドラム、鐘、それにバグパイプ(二〇)があった。一方、軟らかな雰囲気を出すには、フルートと竪笛が、フィドル、三弦楽器、ヴィオル、リュート(二一)、竪琴、およびギターという、弓で弾くかかき鳴らすすべての楽器と共に奏でられた。また、これらいずれの楽器も、その楽器だけで、あるいは他の楽器と合奏して、歌と合わせるのに用いられた。なお、音色の対比は尊ばれたが、吹奏楽器と弦楽器が共演する小気味よさはこれよりずっと高く(二二)評価された。

楽しまれた多くのさまざまな種類の歌の中で、キャロルは聴衆の好きな歌の最高位を占めた。事実、出納簿や同時代の記録を見ると、熟練したキャロルの歌い手たちが重要な祝宴のために計画された余興の中に規則的に姿を見せていることが分る。たとえば、ウスターの最後の修道院次長ウィリアム・モア[二四]は、聖職者と市の職員の合同の団体のために彼の大修道院が開いた年一回のクリスマスの祝宴の出費を自分の日記の中に書き留めている。すなわち、彼は年ごとに吟遊楽人、芸人、およびキャロルの歌い手に対する支払いを次のように記している。「一五一八年、一つ、キャロルの三名の歌い手に対してそれぞれ一四ペンス、八ペンス、八ペンス、……一五二〇年、一つ、クリスマスの日の晩餐のキャロルの謝礼として一四ペンス、同じく夕食時のお礼に八ペンス、……一五二七年、一つ、クリスマスの日にキャロルを歌ってくれたこと、および吟遊楽人[二五]に対して、それぞれ二シリング六ペンス、一六ペンス。」(16)一方、一四八七年にヘンリー七世が開いた十二夜の祝宴期間中、「食堂の真中の食卓に地方司教代理と王の礼拝室の係員たちが座り、彼らは王の料理の最初のコースのあとすぐキャロルを歌った(17)」と記されている。

しかしながら、キャロルは、その性質からして、熟練した合唱によるきわめて高い歌唱水準によってうまくいくかどうかが左右されたのではない。そうではなくて、キャロルは素人の演技の微笑ましくなるような力量不足にたやすく順応してしまったのである。ところで、キャロルは形式の上では連と折返し[二六]から成っていた。そして、各連を構成する語の数は歌の進行に応じて変化したが、折返し[二七]は変ることなく、どの連のあとでも繰り返された。なお、伝統的には、キャロルの歌い手たちは提携して列や円を作って歌った。そして、彼らは各連が歌われる間はその場で足踏みをしながら待ち、折返しを引き継ぐと踊り始めた。ちなみに、十二夜のお祝いの記述が示すところによると、キャロルに踊りが伴ったとは限らず、キャロルの基本形は、休止と運動、すなわち、連と折返しの間のこのような古来のつなぎによって形作られていた。なお、歌い手の一団は全員が合唱に加わったが、連は独唱者によって歌われた。そして、特定のキャロルのすべての語を理解していなくてはならなかったのは、ほかならぬこの独唱者であった。そして、何度も何度も繰り返された二行の折返しは、他の歌い手たちに期待された唯一の貢献だった。

キャロルは長い歴史をもつ歌であり、何千年もの昔に溯りうる。また、キャロルは多くの国や多くの場所で見出される。キャロルは時には屋外で、また時には屋内で歌われた。収穫や脱穀の時の作業歌のこともあり、また時には遊んでいる人びとのための陽気な歌ともなった。ちなみに、キリスト教会は最初キャロルを異教の遺風として恐れたが、のちに熟考し、肩をすくめながらも、キャロルをキリスト教の教義に基づく儀式へと変えた。そして、中世後期までに、キャロルは、特にクリスマスおよび一二月二五日と御公現の大祝日の間の一二日の中に詰め込まれたすべての集中的な歓楽と結びつけられるようになった。[二八]また、キャロルに特徴的な場所は食堂であった。そこで、キャロルはおいしい晩餐と立派な客によってかもし出された寛(くつろ)いだ幸福感の中で華やかに歌われた。

キャロルはクリスマスの季節のお祝いの催し物の一部として容認されていたので、たとえば一四世紀の騎士物語の中では、アーサー王のクリスマスの客は王の城に到着する前から一体何がプログラムに載っているかを知っていた。すなわち、彼らは「キャロルを歌うために宮殿に馬で乗りつけた」のである。さらに、この物語の中で、訪問客らはある晩に、クリスマスの二度目の泊りがけの祝宴の場でキャロルを踊って夜ふかしをし、また別の晩には、夕食時とその後の長い時間を食堂で火を囲んでキャロルを歌このように、友達と群れて歌ったり踊ったりするにはそれほどの勇気は必要としないが、時にはより勇気のいることがあった。すなわち、いくつかのキャロルの中には、客が全力を尽くし、自分たちの祝宴用の曲を歌って仲間を楽しませることが期待された強力な徴候がある。そして、歌えなかったり、この好意を示そうとしない者には、次のような罰が待ちうけていた。
身分の高い者も低い者も陽気にやろう、
今日はクリスマスのお祝いだから。

何か余興を準備してこなかった者は、
下男も、騎士見習いも、接待係も、
誰もこの食堂の中に入れるな、
今日はクリスマスのお祝いだから。

私は歌えませんと言うものがいたら、
この宴会の席を楽しくするよう、
そいつには何かほかの余興を準備させよ、
今日はクリスマスのお祝いだから。

った。[18]

私は何もできませんと言う者がいたら、
その時はそいつにはこれ以上一切頼まず、
そいつをさらし台に連れていけ、
今日はクリスマスのお祝いだから。(19)

フロワサールは、自分の年代記の一三六三年の項の中で、まさにそのような機会をちらっと目撃したことを記している。それによると、フランス王ジャン二世は果てしなく続く戦の不幸な犠牲者であったが、その年の一月に捕虜として英国に着いた。エドワード三世は、運命の女神の回す輪が今度回れば自分たちの立場は逆転することも十分ありうることを恐らく意識したのであろう、ジャン王を大いに礼を尽くして迎え入れ、元気づけるために素晴しい祝宴の準備をした。フロワサールは次のように記している。「ジャン王は日曜日の午後に到着した。そして、(二九)到着時と夕食までの間には踊りとにぎやかな歓楽を十分味わう時間があった。そして、とりわけクシーの若き王は、自分の番が回ってくると、大いに精を出して踊り、上手に歌った。そして、王はいつ何をやっても上手にこなしたので、フランス人も英国人も共に王をとても高く称賛した。(20)」

音楽、歌、および踊りは晩餐に魅力を添え、その興奮を高めた。また、他の要素も特有の劇的効果と美を少し加えた。そして、最も身分が低い、また腹をすかした見物人にさえ、無視された状態で隙間風の入る隅に押し込められてはいても、各コースの料理が持ち込まれ、料理が出され、切り分けられ、受け取られ、あるいは遠慮される時には、目を楽しませ、想像力を刺激してくれる物が常にあった。すなわち、食べて飲むという単純な日々の行為を、儀式が高度の演技へと変えていったのである。そして、深く染み込んだ儀式の感覚を全員が共有し、偉大で権力がある者たちは、その感覚を満足させるために当てにされた。たとえば、ガストン・ド・フォアは夕食を客ぬきで一人でとることになった場合も、食堂へは毎晩正式のやり方で入場した。すなわち、「一二名の下男が火のついた一二本の炬火を持って彼の前を進み、そしてこれら一二本の炬火は、彼の食卓の前に掲げられ、食堂に明るい光を与え、まるで騎士や従者で食堂が満員であるかのようであった(21)。」

炬火のそばで微かに光るにせよ、日中の太陽の下で輝くにせよ、最高の食器類が出されると、食事の舞台の華やかさが一層引き立てられた。食器類のデザインを面白くし、金言や判じ絵をふんだんに用いたことによって、食事の面白味と興味が増した。一方、特別な盛儀の場合には、食卓と幸運な客を飾るために花と葉が持ち込まれた。たとえば、パリの家長は、五月のある結婚式に持参する品目の一覧表の中で、「小枝、青葉、すみれ、花の冠」が時間通り「パリの市門で」買い求められねばならない、と記している。そして、これらの品を補うとなれば、「結婚式の前の晩と当日に花輪を渡してくれる女性の花冠作り(22)」の世話が必要であっただろう。事実、まさにそのような花冠が客を健全な気持ちにさせるためにブールジュの大聖堂の一三世紀のステンドグラスの窓に用いられている。すなわち、ポケットに金を詰め込んで海外に出かけたお人好しの放蕩息子は、そそのかされて二人の娼婦と一緒に晩餐をとるために腰を下ろす。二人は夕方の終りまでに彼から有り金を奪ってしまおうとする。しかし、間断のない堕落のこの段階においてさえ、彼は町で依然として夜を楽しんでいる。ローストチキンはすでに運び込まれており、娼婦たちは、一人が彼を愛撫する間に、もう一人が花の輪をかぶせて彼を祝宴の王様にまつりあげ、この餌食をうっとりさせて正気を失わせている。[23]

これらのすべてが最もあきあきした晩餐客を楽しませるのに十分でない場合には、よく工夫された意外な物でこの客の心をゆさぶって、無関心さを追い出す可能性は常にあった。中世の一般大衆も、今日の子供が一定の年齢に達すると、西洋世界の無数の家庭の夕食の食卓で役目を果たしているような、取り外しのできるジャムのしみやプラスチックの蜘蛛をとても好んだことであろう。そして、これらがない場合には、頭に浮び、手に入るものなら何でも彼らは代用にした。たとえば、真面目な常識の見本みたいなパリの家長ですら、たまげたであろう客の前でグラスの中の白ぶどう酒を赤ぶどう酒に変える独自の作り方を知っていた。すなわち、「『食卓の白ぶどう酒を赤くする方法』——とうもろこし畑に生える赤い花を夏に摘み採る……そして、粉末にできるようになるまでこの花を乾燥させる。この粉をこっそりと白ぶどう酒のグラスに入れると、そのぶどう酒は赤くなる。[24]」

もっと野心的な、あるいはより自暴自棄になった主人役なら、退屈な宴会を陽気にするために、跳びはねる鶏を使うことを考えたようである。たとえば、中世の偉大なベストセラーの一冊である一三世紀末の『アルベルトゥス・マグヌスの秘伝の書』の中に、「鶏か、その他の物が皿の中で跳びはねるのをお望みならば」という見出しをつけた役立ちそうな指摘がいくつかある。たとえば、煮た鳥の腹の中に水銀を入れる。水銀は熱いとひとりでに動き、鶏を跳んだり踊らせたりするのである。[25]」ただし、この内部の仕組みの原理は明らかにされてはいない。

全く申し分のない鶏を水銀でだめにするより、節約家は再利用できる知恵の水差しで客をまいらせる方を好んだようである。すなわち、図43に示したように、立派な手の込んだ水差しが一八九九年にエク

図43　エクセタの知恵の水差し
13世紀末，南西フランスのサントンジュで発掘された多彩色土器.

セタで発掘された。[三四]これは、一三世紀末南西フランスのサントンジュの高度の技術を誇る陶器製造所で作られ、きわめて裕福な客のために輸入されたに違いない。この水差しの場合、口の中に注がれた液体は、中空の取っ手を下り、基部を通り、給水口から再び出てくる。なお、この水差しの胴体部分は、三階の建物に似せて作られ、壁には窓穴が開けられている。そして、司教か大修道院長が一階と三階の中に立っているのがちらっと見える。一方、真中の二階では、一人の女性が階下で弾かれているフィドルの音を聴くために窓から上体を乗り出している。ちなみに、この水差しはたくさんの穴で格子模様が作られているため、内部の構造が説明されないうちは、液体を保持する能力は不可解な謎となる。

新米の客がこれと同じように惑わされたのはタンタロスのコップであった。[三五]この場合、人が飲もうとしてこのコップを傾けると、隠された穴と管の働きによってぶどう酒の水平面が下る。そこで、飲む者は失望するが、濡れずにすむことになるか、それともぶどう酒がコップの底から膝じゅうにこぼれ落ちるため、失望すると同時にずぶぬれになるかのいずれかであった。そこで、一八世紀のホーリス・ウォルポール[三六]は、このような「不注意な人を濡らしてしまう噴水式のいたずら」を退屈で腹立たしいものとして強引に退けている。しかし、中世では、このようないたずらは人の心を奪う思いつきの良いものとみなされたので、人びとは鋭い目で常に新たないたずらを警戒した。ちなみに、シトー会のために尽力し、会のために遠くハンガリーまで旅をした一三世紀の建築家ヴィラール・ド・オンヌクール[三七]は、建築物の図面、装飾図形、および彼があちこち移動した際に注意を引いた珍奇なもののスケッチをノートにびっしり記録した。その一ページに彼は余白を見つけ、人を特に憤慨させるようなコップを作るための独自の構想を描いている。それによると、このコップの場合、飲む人の唇はどうしてもぶどう酒に触れることはできないのに、コップの縁に止まった小鳥は心ゆくまでぶどう酒をちびりちびり飲めるようになっていたようである。次の引用はこの傑作を作るための彼の指示である。

ここに一本のサイフォンがある。このサイフォンはコップの中に入れられるが、その作り方は、まずコップの真中に小さな塔を置き、その塔の真中にコップの底まで届く管を一本通す。なお、この管はコップの深さと同じ長さでなければならない。そして、塔の中にはコップの底を横切る三本の水路を設けて、コップの中のぶどう酒が管の中に入っていけるようにせねばならない。また塔の上には小鳥を置くが、そのくちばしの位置はコップがぶどう酒で一杯の時には飲める程度に低くなければならない。そうすれば、ぶどう酒は管の中と二重になっているコップの台足を流れる。なお、この小鳥は明らかに中空であるべきである。(26)

このような手段によって成し遂げられる劇的効果は、考案者たちによって十分理解され、またその愛好者たちによって高く評価された。そして、このような例はおよそありえないような場所で見つかる。たとえば、一三世紀中葉のモンゴルの奥地で、旅行記の中でもより一層痛快な一つの出会いがあった。すなわち、一二五三年フランシスコ会宣教師リュブリュキのウィリアムは、フランスのルイ九世によって外交使節として大汗の元に派遣された。(三八)そして、数カ月に及ぶ苦しい旅ののち、彼はカラコルムのマングー・カーン(三九)の宮廷に着いた。(四〇)そこで彼は一人のヨーロッパ人の同胞、すなわち、かなり以前にベオグラード(四一)でモンゴル人たちの捕虜となったキリスト教徒に遭遇した。リュブリュキのウィリアムは次のように記している。「そこにはウィリアムと呼ばれる金細工の名人がいた。彼は生まれはパリで、姓はビュシエ、父の名はローラン・ビュシエである。また、彼はグラン・ポン（四二）にロジェ・ビュシエという名の兄弟がまだいると思っている。（27）」

リュブリュキのウィリアムは、この不幸な男がマングー・カーンのために素晴しい自動給酒機を創り出し、主人を喜ばせ、また多分自分自身を慰めていたのであろうことを知った。すなわち、荒れ野の中に西洋の金細工師の技術の勝利のしるし、すなわち銀の大木が立っていた。この木には四本の枝があり、その枝には金の蛇が一匹巻きついていた。そして、それぞれの枝の下には、フランスで馴染みの深いぶどう酒ではなく、モンゴル人たちが好んだ雌馬の乳、酒、および蜂蜜酒をいつでも受けられるよう、銀の鉢が置かれていた。また、木の梢には銀の天使が立ち、この天使がトランペットを自分の唇まで持ち上げて吹く時に限り、これらの乳や酒が枝から下の鉢へと流れ出したのである。

ウィリアムは、このような遠征には理想的な好奇心の旺盛な探訪記者であったので、この給酒機を動かすのは一体何であるのかを直ちに探り出し、次のように記している。

彼はこの木の下に人が一人隠れることのできる地下室を作っていた。そして、木の中心を通って一本の管が天使の所まで上っていた。なお、彼は最初ふいごを作ったが、これは十分に空気を送ることができなかった。さて、木の外側には……飲み物が蓄えられる小部屋があり、召使いたちは天使がトランペットを吹くのを聞くと飲み物をいつでも注げるように立っていた……。同じように、飲み物が乏しくなってくると、執事頭が天使に向ってトランペットを吹くよう叫ぶ。そして、この声を聞くと、地下室に潜んでいた男は天使の所まで達している管を全力で吹く。すると、天使はトランペットを口へ持っていき、これをすごく大きな音で吹き鳴らす。召使いたちは……この音を聞くと、一人一人……飲み物をしかるべき管に注ぐ。すると、これらの管は飲み物を上下からこのために準備された鉢の中へと注ぎ込む。次に、酌取り係は飲み物を引き出し、宮殿にいる人びとの所へと運んでいった。(28)

これは素晴しい設計であり、立派に完成されたが、これを創った者が恐らく二度と再びパリのグラン・ポンにたどり着くことはなかったと思うと悲しい。

リュブリュキのウィリアムは、彼の異常な布教や途中で見たあらゆる不思議な事柄について語ることのできた驚くべき逸話ゆえに、どんな晩餐会においても彼の主人役の自慢の種であっただろう。事実、中世の晩餐客はそういう話を聞きたがった。ちなみに、すべての芸人の中で最も喜ばれ称賛されたのはディスクール(四三)とジェストゥール(四四)であった。彼らは物語の語り手であり、しばしば音楽の伴奏に合わせ、演芸目録の中の最高の話を劇的に詳しく語った。そして、特に苦心して作った物語をいくつかの場面で展開される数個の部分にわけ、当然のことながら、一回の晩餐の席では連続物語の未完の一つで終らせるのが彼らの習わしであった。また、彼らは食堂から食堂へ、国から国へと旅をしたので、当時の人びとの想像力を十分に満たしたアーサー王やロラン(四五)、および勇敢な騎士や東洋の魔術師の話を携えていった。

語り手たちの席は朗読者によって占められることもあった。というのは、聴衆を楽しませるために声を出して読まれる詩がチョーサーやガウアーによっていくつか書かれたからである。たとえば、フロワサールがガストン・ド・フォアの宮殿に着いたとき、彼はたまたま自作の本『メリヤドール』[四六]を持っていた。この本はルクセンブルクとブラバントの公爵でもあったボヘミアのヴァーツラフ王が作った詩のすべてに彼が巧みに追加し、増補版としていたものであった。そして、「これらの物語は、私が本の中にこれらを挿入した技術のおかげで、伯爵を大いに喜ばせ、毎晩夕食後、私が彼にそのうちのいくつかを読むのが習わしとなっていた。私が読んでいるあいだ、誰もあえて一言も喋ろうとはしなかった。というのは、私の声がはっきりと聞え、彼だけが聞くのでは決してないのだと彼が主張したためである。[29]」

このような朗読は、修道院の中でさえ食事と結びついていた。たとえば、西洋の修道院制度の基礎となった六世紀のベネディクトゥス会の会則の四二章の中で、夕食の直後、カッシアーヌスの著述ないしは他の教訓的な書物の一節を一人の修道士が他の修道士に声を出して読まねばならない、と規定されている。そして、この朗読は食事の最中に行なわれることも多かった[四七]。たとえば、一五世紀半ば頃のパリの非常に美しい細密画を見ると、神秘的なハインリヒ・ゾイゼは、夕食事にドミニコ会修道院の食堂に座り、自分が聞いている話についてメモを取っている。読み手は、知恵は世俗のどんな富よりも価値があると述べている。そして、その頭上では、知恵の女神が拒否されるべき宝石や財布に取り囲まれて空を舞い、ハインリヒに向って激励と霊感の光線を放っている。しかし、夕食をとっている彼の同僚は、神秘家の特別な幻影の祝福を受けることなく、彼の回りで無神経にむしゃむしゃ食べ続けている[30]。

中世の晩餐客は朗読をただ聞くだけでは満足しなかった。すなわち、可能な限り、彼らは食べながら物語の中にすっぽりとくるまるように座るのを好んだ。そして、裕福な者は食堂につづれ織り[四八]を吊して

図44　宴席の準備
15世紀にフランス語で書かれた『トリスタンとイズー』より．

飾り、また多少儲(もう)けている程度の者なら、絵を描いた布を掛けようとした。もちろん、このような掛け布の主な役割は、部屋を暖かくしたり、あるいは図44のように椅子を柔軟にすることであった。(四九)たとえば、一三九二年の一二月のこと、ダービー伯ヘンリー、すなわち後のヘンリー四世は、エルサレムに一月に到着する予定の旅の途中、ヴェネツィアに数日間滞在した。そこで彼は羽根布団を買い求め、また自分の部屋用のつづれ織りが作られるまで待った。ヴェネツィアのじめじめした霧と雨は、ヘンリーにとって聖地での冬の過酷な生活に対する警告であったに違いない。(31)

ヘンリーの掛け物は多分全くの無地であり、実用本位のものであったであろう。しかし、もっと時間にゆとりのある購入者であったら、そのような広い面には装飾を必要としたであろうし、個人の紋章を表示したり、好きな物語を再現するための絶好の機会を与えてくれたであろう。たとえば、ベリーの公爵は、つづれ織りをたくさん何組も所有しており、屋敷から屋敷へと移動する時には、そのうちの何枚かが彼と一緒に旅をした。そのために、彼が一カ所に留まっている間は、自分の好みの光景や人物に取り囲まれることができた。ちなみに、図28では、公爵は炉の前飾りに背中を向けて晩餐をとっているが、この前飾りは彼だけの特別な紋章であった熊と白鳥がいっぱい描かれたつづれ織りで包まれ、一方、壁には戦闘中の男たちがぎっしり詰まった大きなつづれ織りが吊されている。

この掛け物の上部に沿って、下の場面についての注釈が一、二行見られる。ちなみに、このような説明文と絵の組合わせはつづれ織りでは全く普通のことである。そして、行為の説明が場面の上か下にあり、天使たちが詩の巻き物を掲げ、登場人物にはしっかりと付箋がつけられ、彼らの名前は腿の上部から下へ、あるいは刀の鞘に沿って、または帽子の帯の回りに記されている。したがって、つづれ織りは、食堂の影の中でぼんやりと確認される単なる形と色の気持ちのよい型として眺められたのではない。すなわち、つづれ織りは読まれねばならなかったのである。

トマス・モアが少年の頃、ロンドンの父の家に吊すために絵を描いた布を作ろうとしたとき、彼はその布に表現すべき九つの場面を詳しく描き上げただけではなく、それぞれの場面の上に記すべき説明用の詩を作った(32)。一方、これよりはるかに壮大な建物と盛儀のために、あの退屈ではあるが当時は流行していた詩人アレクサンダー・バークレイは、一五二〇年の四月にイーリーにある自分の修道院から特に呼び出された。それは、カレーの近くのギーズネ(五〇)で、ヘンリー八世(五一)とフランスのフランソア一世(五二)とが会談を行なう「金糸織りの素晴しい戦場」と呼ばれた臨時の宴会場の飾りつけを手伝うためであった。そして、彼の仕事は、会場のために装飾的な図を描き、その絵に添えるために関連した相応しい献詞と題名を作ることであった(33)。

個人および公共の生活から得られたこのような例は、それを眺める人びとが場面の主題と話の筋の詳細に強い関心を抱くであろうと、作成者が予測したことを示すものである。あちこちにあるヒントによると、少なくとも一組のつづれ織りが初めて展示された時には、実際の語り手が掛け物のそばに立ち、物語を朗読し、込み合った場面の最重要点を指摘することがあったものと思われる。たとえば、ジョン・リッドゲイトの詩『聖ゲオルギウス伝説(五三)』は、一五世紀半ば頃にロンドンの出版業者と書店主として成功したジョン・シャーリー(五四)によって書き写された写本に保存されている。そして、この詩についての注の中で、シャーリーは、この詩は「装飾を施された食堂の聖ゲオルギウスの生涯についての図であり……ロンドンの具足製造業者がそのギルドの名誉と聖ゲオルギウスの祝宴のために要望し、バラッド(五五)

と一緒に作られたものである」と説明している。なお、リッドゲイトの詩は次の行で始まっている。

ここに御出席の皆様がた、
この物語のどこを閲覧していただけるでしょうか、
聖ゲオルギウスについては、彼の殉教と情熱を、
皆様がたよく御覧いただけるでしょう。(34)

これらの言葉は、自分たちが代金を支払ったばかりの新しい掛け物を見て、金に価値を見出す決心をすることによって鋭くなった目でこの掛け物に不備や矛盾がないかを調べ、あればその理由を知ろうと待ち構えているギルドの食堂に集まった聴衆に対して、話しかけられたものであるように思われる。

音楽と歌、踊りと物語、見せ物と意外な物――これらは、夕食を饗宴に、そして質素な食事を特別な思い出に変えた不思議な要素であった。もちろん、それぞれの要素は時間と共に古びたため、いずれもそれだけでは精神を高揚し、感覚を魅する力はなかった。そこで、これらをすべて巧みに混ぜ合わせることによって、中世の後期から三つの新しくて手の込んだ娯楽、すなわち変装、黙劇、(五六)および間狂言(あい)(五七)が発達した。

これらの娯楽にはびっくりするほど新しい物は何一つなかった。独創性があるとすれば、それはきわめて古い物語のあらすじに活気を与えるために馴染み深い娯楽を利用した点にあった。たとえば、中世騎士物語には最も無頓着な読者でもよく知っているように、祝宴というのは、怪しげな見知らぬ者が登

場して話が面白くなり、そして冒険が始まる好機なのである。すなわち、満足げな晩餐の客で混雑した食堂の中に一人の招かれざる客が足を踏み入れ、そして直ちに催し事が好転するか悪化する。事実、数多くの物語の中で、もしもこれまでに第一級の冒険というものがあったとしたら、アーサー王はその達人であったと言えようが、彼は、そのような不意の客が登場し、満足のいくほど驚かされるまで、晩餐の席に着いていて、食事をとることを拒む。これは陳腐な古い策略であるが、人びとを喜ばせ、耳をそばだたせ、目を輝かせ、そして「次に何かおこるのかしら?」という質問で夢中にさせ損なうことのない策略である。そして、このような動機、すなわち祝宴の席に不意に現われること、およびそれから出てくる結果は、ここでこれから考察する三つの娯楽のそれぞれを形成している。

中英語の「変装」[58]という語には二つの意味の成分が見出される。一つは今日も馴染み深いものであり、この場合の変装とは、身に付ける人のいつもの外観を変え、その人が誰であるのかを分らなくしてしまう衣装や仮面のことである。もう一つは、単に異常で風変りな衣装のことで、いくぶん異国風であるが、必ずしも人を覆い隠すとは限らない仮装のことである。そして、「変装する」ことの特徴的な味わいは、これら双方を混ぜ合わせることによって生まれた。

仮装することは、趣向としては劣るものの、衣装に関してはきわめて好都合であった。すなわち、一群の人びとは工夫と資金が許す限り奇抜に、しかも豪華に着飾って、頃合いを見計らって食堂に姿を現わし、堂々と行進しながら退場するまで、踊りを披露し、歌を唄った。しかし、衣装が不可欠なものであったため、この余興には金がかかった。また、この余興の当然の舞台は立派な宮廷の祝宴であった。中世の証拠はもとより、のちのチューダー朝とスチュアート朝[59]の例から判断すると、仮装に加わった者は必ずしも専門の芸人ではなく、宮廷の貴族であることが多く、このことが当然面白味を増やした。そして、王でさえ、その気になれば、お祭り騒ぎを先導することもあった。たとえば、一三九三年のクリスマスの祝典のために白いしゅす織りの衣装、すなわちダンス用の胴衣と短い上着が作られたが、これはリチャード二世のものであった。この上着は、六ポンドの費用をかけ、蛭、水、岩の刺繍が施され、銀に金めっきをした一五個のえぞばい貝と一五個の紫貽貝[六〇]、およびいぶし銀の一五個のざる貝[六一]で飾られていた。なお、刺繍師の工賃は上着の場合より幾分少なめの五ポンドであった。なお、この胴衣は、銀に金めっきした一〇〇個のオレンジが垂れ下がる金のオレンジの木で飾られていた[35]。これらはクリスマスの仮装用に注文されたものと考えられるが、リチャード二世が一役買って出ようと望んだと考えた方が彼の性格に合致したものとなる。もしもそうなら、彼は、このような娯楽に主演として出ることを好んだという点において、ヘンリー三世からチャールズ一世[六二]に至る長い歴代の英国王の先駆者であったことになる。

これらの出し物のために考案された衣装の種類についての詳細は、一三四七年と一三四八年のクリスマスの季節のエドワード三世の衣装係の勘定書から得たものである。この勘定書には英国の宮廷での仮装用の衣装に関する最も初期の詳しい記述が含まれている。そして、これらの記述から明らかなことは、演出者はいくつかの組に分かれ、それぞれの組はいずれも特別な衣装で区別されていたことである。たとえば、一四名が銀の光輪のついた天使の面を被り、別の一四名はあごひげを生やした男の顔の面、さらに別の一四名は女の面を着けていた。これとは別の三つのグループの人びとは、一四羽の孔雀の頭と翼、一四羽の白鳥の頭と翼、および一四頭の龍の頭の助けを借りて、鳥と獣に姿を変えた。一方、残りの二つのグループの人びとはいずれも被り物を身に着けた。この被り物は、着けている人の顔は見えるようになっているが、品よく被るのはむずかしかったに違いない。なぜなら、一つは空中に揺れ動く二本の脚から成り、もう一つは頂上にうさぎのいる山から成っていたからである。ちなみに、このような仮面と被り物を身に着けるために、チューニック[六三]というものがあった。これらのほとんどは、単に「さまざまな色をした」と記されているだけであるが、仮面に相応しくなるよう工夫されたものもあったに違いない。なぜなら、「一四枚のチューニックは孔雀の尾のように色付けされていた」という記述は明らかに「一四羽の孔雀の頭と翼」と対応するし、「一四枚の白いチューニック」は多分白鳥の場合に着るものであったと思われるからである。一方、一三四八年のクリスマスの場合、赤と緑のチューニックをそれぞれ一四着と、次のような異様な仮面のとり合わせが勘定書に記されている。すなわち、こうもりの翼をつけた男の仮面が一二個、象の顔をつけたもの一二個、ライオンの顔を被せたもの一二個、蛮人の仮面が一二個、さらに少女の顔が一七個であった[36]。

これらの芸人たちは少なくとも時にはグループで演じたという考えは、いくつもの勘定書から推測して得られたものであるが、この見方は『アレクサンダー物語』[六四]の中の挿し絵によって強められる。それによると、五人の踊り子は全員それぞれに相応しい衣装を身につけ、仮面を着けてはいないが、きわめて長い尾のついた頭巾を被っている。一方、この写本のもう一つ別な絵を見ると、五人の演技者は互いに手を取り合い、ろば、猿、山羊、雄牛、はげ鷲といったそれぞれが異なる獣の仮面を着けている。

仮装演技者には常に神秘的な雰囲気が漂っていたが、これは故意に助長された。風変りな衣装と仮面はそれだけで演技者を観客から分け隔てるのに十分であったが、二つの慣習が両者の間に目に見えない別な障害を作った。すなわち、仮装役者は歌を唄うことがあったが、彼らは直接客に向って話しかけるように歌ったわけではない。さらに、踊りが始まると、彼らは自分たちの仲間うちで踊り、決して観客から踊りの相手を選ぶことはなかった。そして、このような沈黙と無関心は黙劇の演技者にも認められる格別な特徴であった。

「黙劇」と「だんまり狂言」に相当する英語の単語の本来の意味ははっきりしないが(六五)、多くの証拠から判断すると、このような余興に加わった人びとは物を言わなかったことは明らかである。黙劇はきわめて古い民衆の風習であり、その起源は時間のもやの中で失われてしまったが、この劇では一団の人びとが仮面や動物の被り物で変装し、あるいは全くの素顔のまま、家から家へと演じて回った。そして、黙劇役者は家の中に入ると、いつも主人役の人たちとさいころ遊びをしたり、贈り物を与えたり、あるいは踊りを披露したりしたが、伴奏用の音楽を除いて、彼らは全くの沈黙を守っていた。これは冬の祭りにゆかりの深い習慣であったため、戸口をノックする音を聞き、そして奇怪な仮面を着けた全く見知らぬ人の一行が荒涼たる暗闇からなだれ込み、敷居を越えて食堂に入ってくるのを見るということは、明らかにびっくりするものであったに違いない(37)。

中世後期のある時に、この民衆の習慣は改良され、洗練され、快適な社会の娯楽へと姿を変えた。そして、全く見知らぬ者による黙劇は、強奪や暴行のための隠れ蓑として無法者たちによって悪用される明らかな危険性があったため、眉をしかめられ、そしてこのような黙劇を禁止する多くの法令が通過した。しかしながら、既知の友人や立派な官公吏による黙劇は奨励された。そして、役者に声を掛けたり、お世辞を言うのはかなり愉快なものとなった。ちなみに、英国で記録されているこの種の黙劇の最初のものは、一三七七年の一月に演じられたが、この劇団の編成はきわめて円滑で確実なものであったことから、このような余興はこの頃にはすでに決して斬新なものではなかったものと思われる。

若き王子リチャードを楽しませるために、二三〇名の裕福なロンドン市民が大通りを馬で通り抜け、ケニングトン(六六)へと繰り出した。そのケニングトンでは、王子が母親と一緒にクリスマスを送っていた。吟遊楽人たちが一行に加わり、通り道は炬火で特に明るくされた。黙劇役者たちはグループに分れて行進した。すなわち、四八名は従者の衣装を着て、また別の四八名は騎士の格好をしていた。そして、これらの役者たちの後を、皇帝と教皇に扮した二名が馬に乗って続き、その後を二四名の枢機卿が追った。行列の末尾には、悪意に満ちた後衛が、「黒い面頬を着け、愛想がよくなく、まるでどこか外国の王子からの使節であるかの如く」馬に乗っていた。

彼らはケニングトンの宮殿の食堂に入ると、王子に挨拶し、王子と一緒にさいころ遊びをしたい旨、無言の身振りで告げた。リチャードが「金の深鉢、金のコップ、金の指輪」を確実に勝ち取れるよう、役者たちは気転をきかせていかさまのさいころを持ってきており、またこれらの景品を用意していた。さて、王子はこれらの賞品を得ると、今度は王子の母親と宮廷の他の廷臣の番となり、彼らは金の指輪を手にした。そして、この風変りではらはらする訪問は踊りで幕を閉じた。もっとも、仮装役者と同様に、黙劇役者は決して観客と同席しなかった。したがって、「王子と貴族は片方で踊ったが、黙劇役者は別な所で長々と踊り、酒を飲み、そして暇乞い(いとまごい)をしてロンドンに向けて立ち去った(38)」のである。

次の世紀になると、仮面劇と黙劇は以前よりずっと洗練されたものとなった。基本的な要素、すなわち豪華な登場・退場口、手の込んだ衣装と仮面、沈黙、これらはすべて維持されたが、訪問は簡単な物語の筋の枠の中で行なわれた。また、白鳥や天使、教皇や使節は、もはやごちゃまぜにされることはなかった。そして、登場人物はいずれも首尾一貫した劇の中で演じる役割を持っていた。そのような劇が少し保存されているが、これらは詩人ジョン・リッドゲイトによって作られ、一四二〇年から一四三〇年の一〇年間に演じられたものである。ちなみに「黙劇」という語がこれらの題目の中に現われているが、我々の手元に伝わっているテキストには、無言の演技に対する注釈として語られるようにリッドゲイトが意図して書いた詩句が含まれている。(39)

これらの黙劇は祝祭の盛儀のために、一般にはクリスマスの季節のために、準備され、聴衆の中で最も重要な人物に対する優雅な挨拶として計画された。たとえば、ロンドン市長が一四二九年二月の「聖燭節の日の夜、夕食後に」(六七)に金細工師組合に客として招かれたとき、リッドゲイトはこの祝宴に相応しい余興を考案するよう依頼された。そこで、彼は主賓を喜ばせ、また自分の後援者たちの専門的技能を最大限目立って見えるような劇の筋を苦心して作り上げた。まず、劇の口上役が運命の女神に扮して前に進み出て、だんまり劇を紹介し、説明する。(六八)次に、ダヴィデ王と一二名のイスラエル人が黙ったまま食堂に登場する。彼らは肩に契約の箱を担いで来たが、これは市長に厳かに差し出された。ちなみに、この箱は金細工師の特選品で、とても喜ばれる贈り物であったものと思われる。もっとも、すべての喜びは多少の苦痛で抑制されねばならない。すなわち、市長は贈り物を自宅に持ち帰る前に、巻き物に記されてあった正義と慈悲という題についての短い講演を聞くという試練に耐えねばならなかった。なお、この巻き物は箱の中で発見されたものであり、口上役に手渡され、集まった一同に向って大声で読まれた。そして、このような講義は陽気な宴会に相応しいものに限られたため、市長は「どうしたら慈悲が困苦を緩和することになるか」について考慮するよう急き立てられた。もっとも、組合には外聞をはばかるような恥が一つ二つあったことを彼の主人役の者たちが不安ながら気づいていたかどうかははっきりしない。

いずれにせよ、これらの金細工師たちは、一カ月近く前の一月五日の祝宴でロンドンの呉服商組合が同じ主賓をもてなしていたので、この晩は全力を尽くさざるを得ないと感じたに違いない。ちなみに、リッドゲイトはその時も相応しい黙劇を作ったが、今度は壮観な舞台装置を用いた。すなわち、車輪の付いた三隻の船が食堂に引き入れられ、そこから見慣れない贅沢な服装をした東洋の商人たちが市長への贈り物を持って下船した。なお、この贈り物の中身は記されていないが、それは絹の反物、すなわち、強力な金細工師ですら無視できない競争相手となった呉服商たちと贅沢品の貿易を素晴しくうまく宣伝するもの、であったことは十分ありうる。そして、リッドゲイトはいつものように口上役を用意しておき、彼に劇を説明する役をさせた。もっとも、彼のせりふに関する現存の本文が著しく不明瞭であるため、今日では、その説明がうまくいったと、もっともらしく主張することはできない。

一四二四年のクリスマスに、リッドゲイトは三歳のヘンリー六世[六九]とその母親をもてなすために黙劇を作った。そして、この小さな少年は劇の終りのところで贈り物を喜んで受け取ることが期待された。というのは、この少年は口頭による黙劇の注釈をとても理解できないと思うに違いなかったからである。そこで、リッドゲイトが考案した口上役は、三人の登場人物を指差し、これらはバッカス[七〇]、ケレス[七一]、ユーノー[七二]という神々であることを説明する。彼らは英国王に敬意を表わしたいと思い、王に贈り物を、すなわち「ぶどう酒、小麦、および油を、ここにいる商人を通して」送ることに決めていた。黙劇では、これらの神々は、商人を遣わして王の足元に跪かせ、これら三つの贈り物を、すなわちこの王国の平和と豊饒の象徴を王に捧げる。

四番目の盛儀に、すなわち多分一四二九年の五月祭(七三)の時に、ロンドンの議員と州長官らは晩餐を楽しんだ。リッドゲイトはこのとき当然のことながらこの日の劇に相応しい題として春のお祝いを選んだ。口上役はこの季節について述べ、注釈を加え、そして春と五月という二名の擬人化された登場人物を紹介する。もっとも、劇の本文はこれらの人物が何を演じたか全く明らかにしてはいない。しかし、彼らが招待客全員に花と新緑の葉のついた木の枝を差し出したことは十分ありうるように思われる。

リッドゲイトの黙劇の場合、口上役は不可欠な存在であり、演技とその重要性の双方を説明し、「御覧ください、まず運命の女神が登場いたします」というように、聴衆に登場人物の名称を告げる。一方、黙劇役者たちは時おり沈黙を破って歌を唄うが、一四三〇年に国王の前で演じられた現存する最後の余興である『ハートフォードでの黙劇(七四)』では、実際には三名の語り手がいる。この劇の主題は、妻の尻に敷かれている夫たちと彼らの妻との滑稽な論争である。まず、口上役はこの議論を説明し、代弁者の一人が妻たちの弁明を行ない、そしてもう一人の代弁者、すなわち王の代言者は、夫を支配するという女の権利についての疑問に対する判断を外交上次のクリスマスまで引き延ばす。

このことから、黙劇を実際の劇へと少しずつ近づけていきたいという誘惑があったと推測される。黙劇は長いあいだ存続したが、その代り、祝宴の席での余興、すなわち口頭で語られる劇を求める願望は、登場人物が全員自ら語る間狂言(あい)によって満たされた。

間狂言は、その名が暗に示すとおり、他の催し物の間に差し挟めるほど短い劇であった。英国におけることの種の娯楽についての言及は一四世紀の記録の中のあちこちに現われる。事実、現存する間狂言の最も古い断片は、『聖職者と娘についての間狂言はこれから始まる』(七五)というはっきりした題をつけられた八四行の対話であるが、これは一三〇〇年頃の写本に見られる。そしてこれは、劇としては現在は失われているが、滑稽な韻文寓話の形式としてまだ残っている、より以前の雛形に基づく可能性がある。(40)これを別にすると、一五世紀末に現われる一群の完全な間狂言まで何も存在しない。したがって、かなり多くのものが消滅してしまったわけであるが、このような後の例に見られる演劇の技法の確かさは、これらが健全な起源と長い伝統から出てきたという信念を強くしてくれる。

このように、失われて久しく、また忘れ去られて久しいが、これまでに拾い集められてきた劇に関して、同じ時代に偶然言及されているものから明らかになることは、間狂言は本来屋外でも屋内でも、また教会の門から食堂に至るどこででも演じられた可能性がある、ということである。(41)これらの余興がいくつか残されている時期、すなわち一五世紀の最後の四半世紀までに、劇は祝宴と特別に結びつけられ、食事の終りに演じられるか、それとも挿話に分けられて料理のコースの間に演じられたように思われる。たとえば、多分一四九七年にヘンリー・メドウォール(七六)によって書かれた『フルゲンスとルークレース』(42)(七七)の題扉には、この間狂言は「二回演じられるように二分割」されていると述べられている。

さて、この劇の場合、演技に注釈をつけてうまく進めさせる二名の登場人物AとBは、観客となっている晩餐客の回りでべらべら喋り続ける。そして、Aが登場して、客がすでに何かを口にしたものの、まだ食べ終ってはいないと告げると、この劇は始まる。そして第一部は、観客は再び腹をすかしはじめており、したがって食事の残りの分を食べることを慎んではならないという注釈で終る。そして、この直前に、Aはこの劇の最高潮は「間もなく、今晩の夕食の頃に」訪れる予定であると告げる。これらの上演用の覚え書は、劇の第一部は晩餐のコースの間に挿入され、第二部は数時間後の夕食事に演じられる予定であったことを示している。そして、このような場面間の時間の隔たりは、観客が劇の残りの部分を見るために席に戻ることを許されるずっと前に、Aが息を切らしながら登場してこの劇のことを観客に思い出させることで第二部が始まるのはなぜかという理由の説明となっている。

沈黙と儀式、華麗な衣装とじれったい仮面によって生み出されるロマンティックな幻想と神秘的な雰囲気に効果の多くを依存していた黙劇や仮面劇とは異なり、間狂言は観客と演技者の間に親密さという糸を紡ぐ努力をした。すなわち、登場人物は語ろうとしたばかりではなく、時おり観客全体に向って意見を投げかけたり、あるいは観客の中の一人を特別な標的としてえり抜いたりした。

演技の場所は食堂そのもの、すなわち人と食卓によってすでに占拠されていない床の上であった。衣装と小道具は最小限度に止められていたので、役者は、演技上それらが必要な時には、自分が大声で叫び、群衆から離れ、劇を始める瞬間がくるまで、気づかれずに部屋へと抜け出し、群衆の中に紛れ込むことも可能であった。また、役者たちは、時には演技を論評して他の登場人物を悩ますために、見物人として観客の中に腰を下ろしたであろう。たとえば、『フルゲンスとルークレース』の場合、AとBは共に潔白な傍観者であるふりをしているが、Aが突然疑いを抱き、Bが役者であることを責めると、Bは当然のことながら憤る。

役者と観客の間のこのような気楽で密接な関係は、トマス・モア卿について彼の養子が書き記した逸話(七八)によって例証される。すなわち、一四九〇年から一四九二年まで、モアはロンドンの枢機卿モートンの家の小姓であったが「彼は年は若かったものの、クリスマスの季節に突然何度か役者の中に割り込み、全く稽古ぬきでたちまちのうちに役者の中で自分の役を演じ、他のすべての役者より上手に見物人を喜ばせた。」[43]なお、この話は一五九〇年代にはまだ記憶されており、『トマス・モア卿』[七九]という劇の中でこの話に関する一節が述べられている。それによると、まず市長が夕食にやってきたら、間狂言役者の小さな一座がモアと彼の客の前で演じることになっている。ところが、残念なことに、肝心の時になって、ルギンスという名の一人の客がその場を抜け出し、配役の中の若い少年用のつけひげを借り出す。役者たちはうろたえるが、モアは勇敢にも難局に当り、ルギンスがひげをつけて突然現われる前に、見事な即興で舞台を救う、という筋である。[44]

劇の素材について言うと、間狂言の作者は広く網を打ち、家庭の茶番から道徳に至るまで、あるいは聖書の話から古典的な伝説に至るまで、あらゆる話をいつでも使える準備をしていた。これらの短い劇の多くは、人文主義者[八〇]によって書かれ、眼の肥えた観客の前で演じられることが意図されていた。そして、間狂言は、本当の高貴さの本質、あるいは立派な統治の本質といった抽象的な概念について、動物が議論するという形式をとることが多かった。

黙劇と仮面劇の役者は、一般的に言って社会的に重要な人物であり、自分たちの同僚をもてなしたり、あるいは上司に堂々と挨拶したが、間狂言の役者は、彼らとは異なり、大学生、法学生、あるいは職業芸人、手品師や軽業師たちの仲間、エリザベス朝とジャコビアン期[八一]の舞台で活躍したバービッジ[八二]やアリン[八三]らの先駆者だった。ところで、王、市長、宮廷の貴婦人が着る衣装には、ごく当然のことながら、湯水のように金が使われた。しかし、間狂言の俳優らは財布のひもをもっとずっと強く握っていた。その結果、間狂言では舞台装置よりも対話と演技がはるかに重要視された。そして、戯曲は雇われる俳優の数に注意して書かれた。たとえば、『好む意志の如くに』[八四]（一五六八年）の題扉には一六名の登場人物が挙げられているが、「五名でもこの間狂言は楽に演じられる」と激励する注がついている。そして、重宝なことに、俳優はグループに分けて配置されており、そのために演出家はどうすれば自分の指図で人を配備できるか一目で分るし、どの俳優にも舞台の上で同時に二役を演じさせることにはならないという自信が持てた。したがって、この劇の場合、前口上役、飲んだくれのトム、絞首刑執行人のハンキン、および炭焼きのトムは、全員一まとめにして、一人の俳優の仕事として扱われている。

間狂言は、祝宴の予定表の中の間の悪い途切れを満たすために考案された埋め草的余興であると、全くさりげなく、また快く、みなされた。たとえば、一五一七年頃ジョン・ラステル[八五]によって作られた『四大基本要素の性質』の題扉によると、俳優はかなり融通がきくものであると期待されていたことが分る。すなわち、この著者は、間狂言全体は「一時間半のあいだ」続くと計算していた。そして、その分の時間がない場合でも、全く問題はなく、「悲劇的な部分の多くを省いても構わない……そうすれば、一時間の四分の三以上かかることはないだろう」と彼は述べている。一方、これとは逆に、もしも俳優たちが九〇分以上も観客を楽しませることを期待されていると知ったとしても、狼狽する必要は全くない。すなわち、彼らはいつでも「仮面劇を演じる」ことができるからである[45]。間狂言は、このような親しみのもてる柔軟性があるため、具体的に劇を進行する時に使える時間内に詰め込んだり、引き伸ばしたりでき、これによって悩み多き主人役たちにとって非常に貴重な頼みの綱となりえた[八六]。

これまで考察してきた三種類の劇によるもてなしに、四番目のアントルメを結びつけることができよう。これは独特の劇的魅力を祝宴に与えるのに貢献した。interlude「間狂言」という語が「間で演じられる」ある物を意味するのと全く同様に、アントルメはラテン語の intromitto「通す、入れてやる」に由来する。そして、昔のローマ世界では、intermissum は余分の料理あるいは贅沢な珍味であり、盛儀の際に晩餐客に追加支給された。ちなみに、アントルメという語はフランス語であり、英国では知られていたが、sotelty、すなわち現在の subtlety「砂糖菓子(八七)」ほど頻繁に用いられることはなかった。

英語の subtlety という単語は、食事に何かを付け足すという意味を担うことはできないが、この語が述べ伝える料理の特殊な性質を示すことはできる。すなわち、この語は、技術と職人の熟練と結びついていることから、すべての精巧な考案物に適用されるようになり、また華やかなラッパの吹奏と共に持ち込まれて食卓を飾った調理師の芸術上の妙技の具体例にも当てはめられるようになった。

凝った料理のすべてが壮観であったわけではないが、いずれも全くの初心者が台所で作れるものではなかった。たとえば、パリの家長は調理法の本の一節をすべて「アントルメ、揚げ物、およびあんかけ料理」に当てている(46)。そして、この中には、パンケーキ、魚と肉のゼリー、タルト、あんかけまたは詰め物を施した鶏、といった料理の作り方の指示が含まれている。このうち、多分あんかけ鶏だけがきわめて装飾的だと思われるが、いずれもある程度の技術の洗練が要求され、したがってどの料理も宴会用の特別な御馳走の部類に入れられよう。

しかしながら、パリの家長が献立の見本を論じたときに指摘したアントルメというのは、現代の読者が祝宴の儀式にぼんやりと結びつけるものにほかならなかった。すなわち、彼は次のように記している(八八)。「アントルメとして、いのししの頭」、「主賓席に運ばれたアントルメ——白鳥、孔雀、さんかのごい、あおさぎ、など。(47)」そして、このような高級な獣や鳥は中世人の心の中で高価な贅沢品と狩猟の楽しみと快く結びつけられたが、これらは丸のまま食堂に運び込まれ、単に生き写しに見えるというのではなく、金箔を被せたくちばしや牙、鮮やかな色で縞や切り込みを入れた胴体、というように、紋章のように見えるよう手を加えられた。

このような凝った料理が招待客に披露された儀式の反響は、一五および一六世紀から今日に至るまで残されている多くの「いのししの頭」のキャロルの中に捕えられている。すなわち、いのししはクリスマスの祝宴の呼び物の主役であることが多く、その頭は、単に陽気な歌から、次に引用したように、この季節の教義上の重要性を生き生きと思い出させる歌に至るまで、それ特有の歌の響きに合わせて運び込まれた。

私は手にきれいな花輪とさえずる小鳥、
それにいのししの頭を持っています。
宴会の席におられる皆さん方全員にお願いします、
私が歌うのを手伝ってください。(48)

私たちがここへ運んできたいのししの頭は、
私たちを高く買い戻すため、

今日お生まれになった無比の王子を表わす。
クリスマス、クリスマス！……

私たちが歌いながら運ぶこのいのししの頭は、
すべての悪を除くため、
処女からこのように生まれ出た人を崇めるため。
クリスマス、クリスマス！(49)

これらの感動的な機会の楽しみ方は、ノーフォークのキングズリンにある聖マーガレット教会の中の一四世紀の真鍮に刻まれた一人の豊かな商人の絵から部分的に窺える。すなわち、ロバート・ブラウンシェは正装し、妻たちに挟まれて横たわり、彼の足の真下には、図45に見られるように、活気のある祝宴の光景が刻まれている。これを見ると、トランペットが鳴り、フィドル奏者が演奏する中を食卓へと運ばれた二羽の孔雀を、小さく刻み込まれた人びとが振り向き、期待を込めて見守っている。この図は

図45　孔雀の祝宴
1364年に作成されたノーフォークのキングズリンの聖マーガレット教会にある「ブラウンシェの真鍮画」(部分) より.

何の盛儀を記念したものかはっきりしないが、ロバート・ブラウンシェはある特別な晩餐会のとても楽しかった思い出を大切にしていたことは明らかである。

孔雀、白鳥、それにいのししの頭は、すっかり調理され、いつでも食べられる状態にしてあった。もっとも、孔雀は固いことで悪名が高かったが、見事な飾り料理を作る職人たちは食用に適した材料に限るよう期待されていたわけではなかった。彼らの仕事は、見事な食卓の装飾品を創造することによって客を喜びで捕え、主人役を満足感で微笑ませることであった。そして、彼らはこの目的を達成するために、手の届く所にある物ならどんなものでも喜んで用いた。もっとも、チョーサーの『カンタベリ物語』に登場する司祭の場合、当然のことながらそのような軽薄なものには賛成しなかったが、彼はこの件に触れ、手の込んだ料理は切り抜いた紙の飾りで取り囲んだり、燃え立たせながら食堂に運び込まれることがあると述べ、次のように記している。「食卓の華、すなわち丸のままの焼き肉や皿に盛った肉は、火を燃え立たせ、色を塗り、そして紙の胸壁や塔で飾る、というような方法で……しばしば……食卓に出される。」(50)

フランス大使に敬意を表してウルジが一五二〇年代にハンプトンコートで開いた宴会の場合、「調理師たちは夜も昼もさまざまな見事な飾り料理や多くの手の込んだ飾り物を作った。そして、これらの目的に叶う物なら、金、銀は言うに及ばず、他のいかなる高価な物でも、無い物はなかった。」(51)一方、一四九〇年に開かれたポルトガルのアフォンソ皇子(八九)の結婚の祝賀の期間中の宴席では、次の引用に記されているとおり、客は食卓に壮麗なテントや砦が点在しているのを見て心を奪われた。

食卓が整えられている様子を見るのは実に素晴しいことであった。というのも、それぞれの食卓の上には三つの大きな蓋つきの大鉢があり、食卓の片側にある二つの大鉢の上には、王子の好みの色である白と紫のダマスク織り(九〇)のテントが置かれていたからである。そして、これらのテントには刺繍が施され、多くの小さな金の飾りリボンが付けられ、とてもきらびやかであった。……一方、中央の鉢は砦になっており、……軟らかな木と、とても美しく、またとても高価な金のタフタ(九一)の布でできていた。そして、食卓がこのように非常に美しく、またとても軍事的であり、しかも中央の鉢は類似の物をこれまで目にしたことのない新しい物であったので、人びとは食堂に入るとすぐ、見て楽しむものがたくさんあることに気づいた。(52)

見事な飾り物は、とても高く称賛され、記念品として取っておかれるか、それとも仲の良い友人にあげられることが多かった。中にはまるで相応しくない家に置かれる物もあった。ちなみに、ポルトガルの王室の結婚式場では、客が飾り物にうっとり見とれると、飾り物がすぐに食卓から取り除かれ、そのために全員が盛儀の大切な仕事に落着いて取りかかり、食事をすることができた。そして、「食卓の係に当っているその部屋の若者たちは、自分たちのためにと取って置いた飾り物のテントの方は片付けたが、城の方は食卓の下に入りそうにない大きさであったので、これを必要とする修道院や教会の人たちに譲られた。そして、これらの城はそういう場所で長いあいだ飾っておかれ、眺めて見るととてもきれいであった。[53]」

一方、ウルジ枢機卿は次の引用に記されているように、フランスの訪問客の一人に外交上の贈り物としてこの飾り物を使った。「香辛料を入れた砂糖菓子で巧妙に作られたチェス盤が一台あり、このゲームをする人びとも同じようにして作り付けられていた。……私の主人はこれと同じ物をフランスの紳士に差しあげ、そして、当地から紳士の国へ運ぶ途中に壊れるのを防ぐために、これに合うような箱を大急ぎで作るよう命じた。[54]」

飾り料理は、山から人魚に至るまで、あらゆる物を表わすことができた。唯一の限界は制作者の想像力と技術によって設定された。たとえば、ウルジ枢機卿の重要な宴会の場合、彼の調理師たちは、次の記述から明らかなとおり、傑作を次から次へと創り出した。すなわち、「本物と同じ面影を伝える城、画家が布や壁に描いたに違いないと思われるほど良く似せた……パウロ教会や尖塔があった。[九二]また、皿の中には、最も生き生きと作られ、本物そっくりの獣、鳥、さまざまな家禽、および人物像があった。

そして、ある人物は刀で、またある人物は銃と石弓であたかも戦っているかの如く作られ、またある者は飛んだり跳ねたり、またある者は婦人たちと踊ったりしていた。(55)」

このような一連の創造物は、名人芸の展示品として目もくらむばかりであったが、ある種の一貫性に欠けるものであった。そこで、優雅な晩餐会のために、その盛儀に格別相応しい飾り物を作る試みや、展示されるすべての飾り物によって表わされる主題を選ぶ努力がなされた。たとえば、一五世紀末のある結婚式の祝宴では、飾り物は両家の希望を具体的に表わした「子供のベッドに横たわる妻(56)」の像であった。一方、もう一つ別に一五世紀に行なわれた晩餐の期間中に、クリスマスの物語が三つの飾り物によって形を変えて語られた。すなわち、この三つというのは、ガブリエル(九三)のマリア訪問、羊飼いたちのところへの天使の出現、(九四)および三人の王による幼な子イエスへの表敬(九五)である。(57)さらにもう一つ別な晩餐会の場合には、それぞれの飾り物は四季の一つを象徴し、たとえば春は次のように姿を現わす。

勇敢な若者が、気まぐれな妖精が、
笛を吹き、歌を唄い、(58)優しく、軽く、
雲にまたがり、……

このような食卓の装飾品の規模、およびこれらが陽気で、喋りまくる晩餐客から受けた注目の度合いについて、我々は全く無知である。しかし、中世人の気質には教師の感情以上のものがあり、つづれ織り職人と同じように、飾り物の設計者たちは自分たちの創作物がかなりの関心を持って研究されること

を明らかに意図していたと思われる。というのは、これらの飾り物は役立ちそうな付箋や説明的な題銘で飾られて食卓に運ばれたからである。たとえば、晩餐会の飾り物が四季を表わすことがあったが、この場合、夏は炎に囲まれた熱くて怒れる若者によって擬人化され、「彼は夏と呼ばれる」[59]という張り紙がはっきりと付けられていた。また、特別に重要な盛儀の場合、遠くに座っていて自分では立派な意匠を見られない人びとのために、これらの題銘や張り紙が声を出して読まれたということはありうる。したがって、からかう客と慎み深い新郎・新婦が、「これからあなたの花嫁さんの方に行きますよ。あなたが恐れずに一度私の方をちらっと見たら、あなたは（子をはらむ）に違いない」という気味悪さを装った「一節」を見ずにすませたら、先程の「子供のベッドに横たわる妻」という飾り物の面白味の半分は失われてしまったであろう。

出席者全員が飾り料理の重要性を十分に認識したにせよ、しないにせよ、祝宴の公的な勘定書には飾り物について述べ、これに付随する情報を書き記すよう配慮された。しかし、時には過失もあった。たとえば、一四八七年の女王の戴冠式の祝宴の勘定書を作成した式部官は、連絡の不徹底に原因する不完全な記録を残している。すなわち、飾り料理に付けられた詩句が時間内に彼の事務室に届けられなかったために、彼はこの詩句を記録することができなかった[60]。

政治家は、メッセージを添えられた飾り料理は政治上の期待を具体的に表わし、外交上の点数を稼ぐために一工夫できるということを理解するのに吝かではなかった。たとえば、一四一三年のヘンリー五世の戴冠式の宴席では、一つの大きな白鳥の回りに六羽の白鳥のひなが一対ずつ食卓の上に並べられた。この白鳥は王を表わし、ひなは新たな治世の始まりをそれに相応しく高揚するメッセージの半分を一羽ずつくちばしに掲げていた。たとえば、一羽は「王国に」というラテン語の言葉を掲げ、その相棒は「哀れみを垂れ給え」という同じくラテン語の表現で文を完結している。そして、このあとで二四羽の白鳥が姿を見せ、今度は英語で「高貴な名誉と栄光を」と書かれた同じ巻き物を携えていた(61)。

このような意向なら、最も気まぐれな批評家すら咎めることはほとんどなかったであろうが、その一六年後の戴冠式で考案された飾り料理は、それ以前のものより多少議論の余地のあるところであった。すなわち、一連の軍事上の勝利の後に、ヘンリー五世はフランスの王位を要求した。もっとも、彼はフランスに完全な服従を強いる前に死んだため、この要求の機会を永久に失ってしまった。しかし、彼の息子の後見人たちはこの難題を押しつけることに決めた。そして、一四二九年一一月のこと、一四二二年に王位を継いだ八歳の少年は、ヘンリー六世として王冠を授けられるに相応しい年齢であると彼らは考えた。そこで、彼のために設けられた宴席では、シャルル七世(九六)が四カ月早くランスでフランス王となっていたという事実にもかかわらず、すべての飾り料理は、二つの国は一人の英国人の王の下で一体となるということを表わすという手の込んだ当てつけを行なった。このことを典型的に示す例は、マリア(九七)がイエスを膝の上に乗せ、ヘンリーに王冠を差し出し、彼女の脇にはフランスの聖ドニ(九八)が、そしてもう一方の脇には英国の聖ゲオルギウス(九九)が賛同して眺めている、というものである。そして、この絵に添えられていたのは、常に役立つ詩人リッドゲイトが作った詩であり、この詩によって絵の意義は全く明瞭なものとなった。ちなみに、マリアと彼女の両脇にいる二人の好敵手は、次の引用例のように、若い王を祝福するよう要請された。

王は、家柄と正当な権利によって、
英国とフランスを正当に統治されるためお生まれになった。(62)

飾り物は手が込んでくるにつれて必然的に大きくなり、その結果、時には食卓の上に置くのはもはや不可能となることもあった。そのために、飾り物は車輪をつけて食堂の床に運び込まれねばならず、また食堂では等身大の俳優たちが小規模な人形に取って代ることとなった。ちなみに、フランスではアントルメという語は食卓の飾りと、それより大きな類似物の双方を表わしたが、英国では、飾り物は前者だけを指し、後者を表わすには「屋台車(一〇〇)」という語が用いられた。そして、好運な筆さばきのお陰で、この屋台車によるもてなしの詳細を我々は知ることができる。すなわち、当時描かれたこの催し物の絵が保存されているのである。本書の口絵に見られるように、この催し物というのは、一三七八年一月六日の十二夜に、フランスのシャルル五世(一〇一)がクリスマスの彼の客、すなわちボヘミアのシャルル四世(一〇二)皇帝とその息子のルクセンブルクのヴァーツラフに敬意を表して開いた祝宴であった。そして、彼らを楽しませ、感動させるために、十字軍兵士たちがエルサレムを征服したことを表わす豪華な屋台車が作られた。

観客の目には見えない舞台係が二つの大きな舞台道具、すなわち塔と船を車で食堂に運び入れた。そして、この塔の胸壁の上では、黒ずんだ顔をしたサラセン人たちが船に乗り移ろうとする敵の兵士を撃退すべく待ち構えている。一方、船にはさまざまなキリスト教徒の騎士たち、および第一回十字軍を率いた説教者である隠者ペトルス(一〇三)が乗り込んでいる。攻城梯子が塔に向って掛けられ、過去の伝説的な十字軍兵士らがこの上を群れをなしてよじ登っていく。この梯子の最初にいるのは、一〇九九年に実際にエルサレム攻略を行なったブイヨンのゴドフロワである。一方、不満足ではあったが、堂々たる獅子心王リチャードが彼のすぐ後を登っていく。ちなみに、リチャードは、これより一世紀後に突然遠征を断念し、大きな目的を達成しないまま故国に戻った。

このような屋台車は――サラセン人たちは互いにアラビア語で呼び合っていたと言われているが――たいていは黙劇の場合に出されて、観客を興奮させる模擬戦争に絶好の機会を与えた。そして、これは当日出席していたほとんどの人びとに十分な喜びを与えたに違いない。もっとも、この余興は、これまでに取り上げたずっと単純な英国の飾り物と同じように、政治上の苦味を緩和するために考案されたものであったのかも知れない。なお、この余興は、十字軍をさらに継続するようヨーロッパの支配者たちを何年も説得して果たし得なかったフランス王の顧問フィリップ・ド・メジェールによって計画されたものと考えられている。

これらの余興が観客にどのような魅力を与えたかは、次に引用したチョーサーの『郷士の物語』の中で言及されている詩句からある程度窺える。ちなみに、チョーサーは英国の宮廷社会を動き回り、一三六七年から一三七八年の間に、フランス、フランドル、およびイタリアへ外交使節として数回旅している。したがって、屋台車が出された何らかの折に、彼が幸運にも客の一人であったとも考えられる。事実、彼は詩の中で魔術師が見せる技と同じような演出例について記している。

というのは、私が饗宴の席で何度も聞いたことであるが、

大食堂の中で魔術師たちが
水の中に浮べた船に乗って登場し、
食堂の中をあちこち乗り回すそうだ。(64)

チョーサーはこれらの劇的な魔術的現象に心を奪われたが、他の人びとの評言によると、大きな祝宴の魅力は、そのいずれの側面においても中世人の想像力を魅するものであったことが分る。たとえば、ウルジ枢機卿の案内係式部官であったジョージ・キャベンディッシュ（二〇九）は、一五二〇年代にヘンリー八世がフランスからの派遣員に対して開いた晩餐会の記述を次のような言葉で締めくくっている。「このようにして、この日の素晴しい宴会はお開きとなったが、翌朝になって眺めてみると、誰の目にも幻想的な夢のようにしか思えなかった。(65)」このように、わずかな貴重な時間内に、男も女も、自分たちの衣装の立派さ、踊る時の自分たちの動作の高貴な美しさ、さらに唄う時の自分たちの声によって、別人へと変えられてしまっていたのである。事実、キャベンディッシュが女性の踊り子たちについて述べているように、「彼らは誰の目にも地上の人間というより、肉と骨からできた天使のように思えた。(66)」

フランスの宮廷詩人クリスチーヌ・ド・ピザン（二一〇）もこれらの盛儀の美しさに同じように感動したに違いない。というのは、彼女はある詩の中で、晩餐後の余興という形式をとった幻想を考案しているからである。すなわち、彼女は一四〇〇年に書いた『ばら物語詩』の中で、オルレアンの公爵ルイ（二一一）と彼の友達がある年の一月の夕方、パリの彼の家で開いた内輪の夕食会について記している。それによると、彼らが一緒に気持ちよく食卓につき、本や音楽や愛について語り合っているとき、びっくりするような邪魔が入った。扉は締り、窓は閉ざされているのに、突然部屋の中に若い少女の一行が現われたのである。彼らはとても美しく、またとても調子よく歌を唄っているので、天国からやってきたように思われた。また、彼らは頭に花の冠を被り、赤と白のばらであふれそうな金のコップを携えている。彼らの中心人物は呆然としている観客に話しかけ、自分は愛の神から派遣された忠誠心夫人であり、新しい会則、すなわち「ばらの会則」に献身的な忠誠心を抱いて愛の神の夫人に仕えることを約束する者をすべて会員にするのであると語る。それから、これらのコップは食卓の上に並べられ、花が配られ、歌が唄われる。そして、女たちは現われた時と同じように突然姿を消してしまい、後には、眩惑され、ばらに包まれた友達の笑い声と当惑が残った。(67)

神秘的な女たちが語り、そして歌ってはいるが、彼女らが訪れるというクリスチーヌ・ド・ピザンが選んだ形式は、リッドゲイトが考案した黙劇の形式に近いものである。したがって、彼女はこのような余興の魅力に好意的な反応を示し、自分の詩にもこういう余興の可能性がいろいろあると考えたことは十分ありうるように思われる。

リッドゲイト自身は、一四四〇年代に書いた『暦』(一一二)の中で、祝宴とその楽しみを天上の幸福のイメージとして用いた。そして、彼のこの詩は一年を通して行なわれる聖人たちの日々の行事を韻文にしたものので、彼はどちらかと言えば扱いにくいこの素材をキャロルという形式に作り上げた。すなわち、聖人は名前を呼ばれると、一人ずつ踊り始め、楽器を拾い上げ、そして他の人たちのために弾き、ついには全員が天の王宮の周囲を回る。そして、この踊りは、一二月になり、クリスマスの季節が始まるとやっと止む。人びとは、この時がくると全員食卓の自分の席に着き、一年で最も素晴しいお祝いを楽しむのである。[68]

最後のパンくずが掃除され、最後の出費が書き留められ、そして帳尻が合わされたずっと後でも、盛大な祝宴は人びとの心を暖め、想像力を養った。ちなみに、人を感動させる祝宴の力は、ジョージ・キャベンディッシュのわずかな言葉によって表わされている。すなわち、キャベンディッシュは、ウルジの伝記を書いているうちに、自分が記している出来事から三〇年という辛く不穏な歳月が流れているにもかかわらず、ヘンリー八世がフランスの訪問客のために開いた祝宴を思い起した。そして、当時の記憶が洪水のように彼の頭の中へと押し寄せた時には、一瞬ではあるが、その折の華麗さがヘンリーの宮廷のぎょっとするような数々の厳しい現実を覆い隠してしまった。キャベンディッシュは次のように記している。「しかし、料理、飾り菓子、それに多くの見慣れない工夫された品々を述べるとなると……また、これらと同じように創り出され、そして考案された品々に見られる素晴しく、しかも好奇心をそそる想像力の産物の数々を表わすとなると、この粗末で古びた私の頭の中には知恵が不足しており、しかも腹には巧妙さが欠けています。[69]」

訳注

1 序論

一　バイロン　Byron, George Gordon（一七八八―一八二四）　英国ロマン派の詩人、男爵、上院議員。

二　『ハロルド家の若殿の巡礼』　*Childe Harold's Pilgrimage*（一八一二―一八一八）　四巻から成る旅行記風の物語詩。バイロンを一躍有名にした代表作。

三　『調理法』　*Cookery*　以下、調理法の本にはすべて出典が明記されているが、この本にはない。

四　バイロンは幼い頃に父と死別し、ヒステリー型で無分別な母に育てられた。美貌ではあったが生まれつき足が不自由だった。情熱的で自由奔放な性格のため、多くの女性と派手な愛欲にふけり、結婚生活もすぐに破綻した。

五　アピチウス　Apicius　生没年不詳。皇帝ティベリウスの治世（四一―五四）の頃に活躍したと伝えられている。

六　トゥール　Tours　現在はフランス西部、ロアール河畔の工業都市。

七　フルダ　Fulda　ドイツのフランクフルトの北東にある古都。

八　聖務日課書　a Book of Hours　カトリック教会で一日に八回、一定の時刻に一定の形式により捧げられるお祈りの詳細を記載した祈禱書。時課の祈禱書とも呼ばれる。

九　中世騎士物語　原著には a romance と記されているだけであるが、後述の『トリスタンとイズー』などの物語であったものと思われる。

一〇　『ジャムの作り方』　*L'Art de faire confitures*　未詳。

一一　カルツジオ会　Carthusian　一一世紀末に起源を発する修道会で、隠修生活と宗教共同生活の結合を特色とする。厳しい戒律で知られている。

一二　ロンバルディア　Lombardy　イタリア北部の一地方。

一三　アブラハム　Abraham　イスラエル民族の祖。知恵者、勇士、信仰の父として称えられている。

一四　サラ　Sarah　アブラハムの異母妹で妻。元の名はサライ。妻の模範とも称されている。

一五　マムレ　Mamre　旧約聖書中の地名で、パレスティナの都市ヘブロン Hebron あたりだろうと言われている。
一六　創世記（一八・一－八）参照。
一七　ヨハネ（六・一－一五）参照。テベリアの海 the sea of Tiberias はガリラヤ湖とも呼ばれ、イエス・キリストの生涯に関係が深いイスラエルの北東部にある淡水湖。
一八　イザヤ　Isaiah　紀元前七六〇頃エルサレムに生まれ、四〇年以上も預言活動をし、旧約聖書中の三大預言者の一人と呼ばれている。
一九　カナでの婚礼　the Marriage at Cana　ヨハネ（二・一－一三）参照。
二〇　エマオでの晩餐　the Supper at Emmaus　ルカ（二四・二八－三五）参照。
二一　最後の晩餐　the Last Supper　イエスが死の前夜、エルサレム市内で一二人の弟子たちと共にした会食のこと。レオナルド・ダ・ヴィンチの名画で名高い。
二二　イスラエル統一王国第二代の王ダビデ David（在位、前一〇〇〇－前九六一）のこと。彼の記録は旧約聖書の中に数多く収められている。
二三　ルカ（一五・一一－二四）参照。
二四　ジョン・マーク　John Myrc　一四〇〇年頃活躍した英国の聖職者。説教集や宗教詩などの著作が伝えられている。
二五　フランシスコ会修道士　Franciscan　フランシスコ会はイタリアの神秘家、聖人フランチェスコ　Francesco によって一三世紀初めに創始された修道会。
二六　レーゲンスブルクのベルトールト　Berthold von Regensburg（一二一〇頃－一二七二）　中世ドイツの代表的説教者。
二七　復活祭　Easter　キリストの復活を記念し、春分の次の満月の次の日曜日に行なわれる祝祭。教会暦の中で最も古い祝日。
二八　ジョージ・ハーバート　George Herbert（一五九三－一六三三）　英国教会の司祭、詩人、神学者。有名な散文の著作 *A Priest to the Temple, or the Country Parson*（一六五二）で穏健中正な司祭の生活の理想像を描いている。後世の詩人に大きな影響を与えた詩集 *The Temple* も著名。

二九　聖ユリアーヌス　Saint Julian　生没年不詳。伝説的な聖人で、妻と共に川のほとりの渡し場に住み、旅人や貧者をもてなしたと言われている。
三〇　慈善　charity　困窮した隣人に対して愛の手を差しのべる行為。
三一　しかし、聖書で記されているのは慈善ではなく施し alms である。ちなみに、イタリアのスコラ哲学者トマス・アクィナス Thomas Aquinas（一二二五頃－一二七三）は、慈善を隣人に対する徳の最高のものと考え、肉体的な慈善行為と精神的な援助を与える慈善行為をそれぞれ七つあげている。
三二　ラザロ　Lazarus　イエスのたとえ話の中に出てくる貧しい人。死後、天使たちによって宴席にいるアブラハムのすぐそばに連れて行かれた。なお、この場面に出てくる金持ちを表わす語 devis は固有名詞化してディーヴェスと呼ばれることがある。
三三　ヘンリー三世　Henry III（在位一二一六－一二七二）　英国王。父ジョン王の死後王位を継承したが、力が弱く、貴族や議会の圧力に押され気味であった。
三四　シェーナの聖ベルナルディーヌス　St. Bernardino of Siena（一三八〇－一四四四）　民衆説教家として著名なイタリアのフランシスコ会修道士、聖人。
三五　コンスタンティノープル　Constantinople　東ローマ帝国の首都、現在のトルコのイスタンブール。
三六　シャルトルの大聖堂　ノートルダム大聖堂のこと。シャルトル Chartres はパリ南西ボース地方の中心都市。
三七　聖リュバン　St. Lubin Leobinus（－五五八頃）のこと。ポアティエの近くに生まれた。隠者としてすごしたこともあるが、のちにシャルトルの司教に認ぜられた。
三八　ユーリウス三世　Julius III（在位一五五〇－一五五五）　宗教改革期の教皇。イエズス会を育成し、ルネサンス芸術、特にミケランジェロの保護者としても知られる。
三九　ホリンシェッド　Holinshed, Raphael（?－一五八〇頃）　英国の年代記作者。『英国、スコットランド、およびアイルランドの年代記』という大著がある。
四〇　創世記（三）参照。
四一　マタイ（四・二）、マルコ（一・一三）、ルカ（四・二）、などを参照。
四二　コンスタンティヌス一世は三一三年にリキニウス帝と共同で『ミラノ寛容令』を発布し、キリスト教を公認宗教に加えた。
四三　マニ教徒　Manichees　ペルシャ人マニ Manes（二一六頃－二七六頃）の説いた宗教の信者。この宗教は明暗の二元を説き、三封と十戒という戒律を守り、礼拝、断食、祈禱を重んじた。
四四　カタリ派　Cathars　倫理的、宗教的な潔さを主張する分派。前述のマニ教もこの分派に入れられている。
四五　サタン　Satan　聖書に登場する超人間的存在、または悪霊のかしら。旧約聖書では神に従属する者として描かれているが、新約聖書では神に敵対する悪霊、悪魔とみなされている。
四六　アッシージの聖フランチェスコ　St. Francis of Assisi（一一八一－一二二六）　イタリアのアッシージの聖人、フランシスコ会の創始者。
四七　バプテスマのヨハネ　St. John the Baptist　紀元一世紀初頭、ユダの荒れ野で預言者として活躍した。イエスに洗礼を施したことでも知られている。
四八　隠者　hermit　宗教上の目的から荒れ野や砂漠に一人で住み、禁欲と瞑想の生活を送り、神との交りを求める人びと。隠修士、独住修士とも呼ばれる。
四九　キャクストン　Caxton, William（一四二二頃－一四九一）　英国で最初の印刷業者、翻訳家。没するまでに八〇点余りの書物を印刷した。
五〇　ワード　Worde, Wynkynde（?－一五三四頃）　英国の出版業者。キャクストンの下で印刷術を学び、彼の没後跡を継いだ。
五一　年代から推察すると、この本は古代教会のラテン教父のひとり、聖ヒエローニュムス St. Hieronymus（三四七－四一九頃）が初期の隠者の生涯について記した伝記 *Vitae Sanctorum Patrum* であろう。
五二　聖キュリアコス　St. Cyriacus（四四九－五五七）　パレスティナの隠者。晩年はベツレヘム近郊の荒れ野の巨大な洞穴で暮したらしい。
五三　ベリー・聖エドマンズ　Bury St. Edmunds　英国サフォーク州にある町。デーン人によってこの地で殺された聖エドマンドの名にちなむ古都。
五四　サムソン　Samson　旧約聖書中の人名。怪力無双の豪雄。髪の毛に宿る怪力によってペリシテびとを悩ましたが、愛人デリラに裏切られて秘密を語り捕えられる。再び髪の毛の伸びたサムソンは神殿の柱を倒してペリシテびと三〇〇〇人を殺した。
五五　ヘンリー一世　Henry I（在位一一〇〇－一一三五）英国王。キリスト教会に寛大であり、レディングの大修道院を建設したり、シトー会などの改革にも尽力した。
五六　ハルザクヌート　Hardicanute　異母弟の英国王ハロルド一世と王位を争い、この弟の死後デーン人として英国王（在位一〇四〇－一〇四二）となった。
五七　ランベス　Lambeth　テムズ川の南岸に位置するロンドンの一都市。
五八　トマス・ベケット　Thomas Becket（一一一七－一一七〇）栄華と奢侈を好み、ヘンリー二世と親交を深め、大司教に選ばれたが、のちに王と争い殉死した。一一七三年、聖人に列せられた。
五九　カール大帝　Karl der Grosse（七四二－八一四）西ローマ皇帝、フランク王。産業を奨励し、学問、芸術、教育にも意を用い、多くの学校を建てた。名君の誉れ高く、多くの事績は半ば伝説化している。シャルルマーニュ Charlemagne とも呼ばれる。
六〇　アインハルト　Einhard（七七〇頃－八四〇）東フランクの歴史家。カール大帝の宮廷に迎えられ、その学識と聡明さによって帝の信任を得た。主著『カール大帝伝』*Vita Caroli Magni* は史書並びに文学書として高く評価され、また帝の性格と生活がよく写されていると言われている。
六一　『クレージェス卿』*Sir Cleges*　教訓的な意図で書かれた一連の中世騎士物語の一つ。
六二　パリのマタエウス　Matthew of Paris（一二〇〇頃－一二五九）英国の年代記作者。ヘンリー三世の婚礼に列席し、王に歓待され、一週間親しく会食や談笑している。彼の名はパリ大学に学んだことにちなむものらしい。
六三　ダンテ　Dante, Alighieri（一二六五－一三二一）イタリアの詩人。最大の傑作は宗教的叙事詩『神曲』*Divina Commedia*。
六四　フーゴー・ファルカンドゥス　Hugo Falcandus　一一九〇年頃活躍したシチリアの歴史家。この人物の詳細は明確ではないが、一一三〇－一一六九年の間のシチリアの歴史を記した著述がある。
六五　レッジョ　Reggio　イタリア南端の港町。大聖堂がある。
六六　リチャード・ホィッティングトン　Richard Whittington（一三五八頃－一四二三）英国の呉服商、博愛主義者、ロンドン市助役、のち市長。

六七　聖マルティンの祭日　St. Martin's Day　聖マルティン（三一六―三九七）はローマ帝国時代の司教、フランスの保護聖人。トゥールのマルティーヌス Martinus Tours とも呼ばれる。祝日は一一月一一日と七月四日。

2　食事の時間

一　夜食　reresoper（<rere- 'rear, behind'＋soper 'supper'）

二　トマス・タッサー　Thomas Tusser（一五二四頃―一五八〇）　英国の詩人、農業書の著述家。初めて大麦の栽培法を紹介したと言われている。

三　ロバート・グローステスト　Robert Grosseteste（一一七五頃―一二五三）　英国のスコラ学者。哲学、神学、天文学などの分野で多数の著書、訳書を残した。

四　リンカン　Lincoln　英国中東部の北海に臨む州の州都。

五　『ベリーンの物語』　*Tale of Beryn*　チョーサーの『カンタベリ物語』を模した詩。一五世紀初頭の頃の作。

六　コードル　caudle　薄いかゆに卵、ワイン、砂糖、香料を加えた暖かい滋養飲料。

七　トマス・ホックリーヴ　Thomas Hoccleve（一三六八頃―一四三七頃）　英国の詩人、チョーサーの模倣者。

八　聖餐　communion　罪の赦しを受けるための食事。

九　赦禱　absolution　聖堂に遺骸を安置して死者のミサを行なったのち、生存時に犯した罪が赦されることを祈る儀式。

一〇　『ガーウェン卿と緑の騎士』　*Sir Gawain and the Green Knight*　一三七五年頃作られた中英語の代表的物語詩で二五三〇行から成る。

一一　ベルシラク　Bercilak　前項の詩の緑の騎士の名。二四四五行目に「私は Bertilak de Hautdesert と呼ばれている」と記されている。Bercilak か Bertilak かは意見の分れるところ。

一二　アンドルー・ボールド　Andrew Boorde（一四九〇頃―一五四九）英国の旅行家、内科医。*Dyetary of Health*（一五四二頃）などの著作がある。

一三　エラスムス　Erasmus, Desiderius（一四六六頃―一五三六）　オランダの人文主義者、神学者、文芸復興運動の先覚者。新約聖書の翻訳のほか、中世的迷妄を攻撃した傑作『愚神礼讃』*Praise of Folly*（一五一一）などがある。

一四　九時課　none　午後三時に相当する。

一五　平信徒　layman　聖職者に対する俗人のこと。

一六　エドワード四世　Edward IV（一四四二―一四八三）　英国王、ヨーク家の王。ばら戦争当時ヘンリー六世に代って即位。

一七　フロワサール　Froissart, Jean（一三三七頃―一四一〇頃）　フランスの年代記作者、詩人。諸国の宮廷に出入りし、晩年はフランス王室に仕えた。

一八　リチャード二世　Richard II（一三六七―一四〇〇）　英国王。フランスのボルドーに生まれる。一〇歳で即位。軍事や政治よりも文学、絵画、宗教に強い関心を寄せ、庇護した。

一九　ボルドー　Bordeaux　南フランスの港町。

二〇　アキテーヌ　Aquitaine　フランス南西部の公爵領。

二一　ポンシャルドンのリチャード卿　Sir Richard de Pontchardon　未詳。

二二　トマス・ベトソン　Thomas Betson（？―一四八六）カレーの羊毛商人。

二三　カレー　Calais　ドーヴァー海峡に臨むフランス北部の港町。

二四　トマス・コーガン　Thomas Cogan（一五四五―一六〇七）英国の内科医。

二五　ディオゲネス　Diogenes（紀元前四一二頃―三二三）　古代ギリシャの哲学者。

二六　聖ベネディクトゥス　St. Benedictus（四八〇―五四三頃）　イタリア中部のヌルシア生まれ。西方教会の修道制度の創設者。『会則』*Rule* は『ベネディクトゥス会則』と呼ばれ、西洋中世の修道院制度の基本とみなされ、西方修道制の歴史の中で重要な役割を果たした。

二七　バルトロマエウス・アングリクス　Bartholomaeus Anglicus（一二世紀末―一三世紀中頃）　中世の百科全書編纂者。

二八　ガストン・ド・フォア　Gaston de Foix（一四八九―一五一二）　フランスの高名な将軍。

二九　リッドゲイト　Lydgate, John（一三七〇頃―一四五一頃）　英国の詩人、修道士、中世第一の多作家と言われる。

三〇　オスプリンジェ　Osspring　カンタベリ近郊の村。現在はOspringeと綴られる。
三一　『英語とフランス語の対訳』*English and French Dialogues*　一四八〇年頃キャクストンが刊行した辞書で、仏語に英語の対訳をつけたもの。児童や商人用に作ったらしい。*Vocabulary in French and English* とも呼ばれる。
三二　エール　ale　ビールよりも苦く、色も濃く、アルコール分も多いビールの一種。
三三　ジョロックス　Jorrocks, John　英国の狩猟小説家サーティーズ　Surtees, Robert Smith（一八〇五―一八六四）の小説 *Jorrock's Jaunts and Jolities*（一八三八）、*Handley Cross*（一八四三）などに登場する狩猟好きの乾物屋。
三四　ヨーク大聖堂　York Minster　英国北東部ヨークにある大聖堂。ヨーク・ミンスターとも呼ばれる。
三五　プラートー　Prato　フローレンスの北西にある都市。ルネサンス期の美術の中心地。
三六　軽食　nuncheon（<中英語 nonshench = non 'noon'+shench 'draught, cup'）　昼または午後にとられる軽い食事。
三七　免戒室　misericord　修道士が飲食するための部屋。
三八　「浜辺の一時」*Da Costa Hours*　未詳。
三九　『花と葉』*The Flower and the Leaf*　中英語の寓意詩。一五世紀後半に女流詩人によって書かれたらしい。ある春の朝、森に迷い込んだ詩人が木の葉の精と花の精に会い、両者の優劣を問われ、木の葉を選ぶという筋。
四〇　リチャード・セリー　Richard Cely　トマス・ベトソンと同時代のカレーの羊毛商人。兄の George Cely、いとこで代理人の William Cely、の名も知られている。この家に残されている『セリー家文書』*The Cely Papers* は当時の商家の様子を知る貴重な資料。
四一　コッツウォルズ　Cotswolds　英国南西部のグロスターシア州の北部にある山脈。
四二　ノースリーチ　Northleach　英国南西部のグロスターシアにある町。
四三　ガロン　gallon　一ガロンは英国では四・五四六リットル。
四四　ロムニー　romney　英国南東部、ケント州にある都市ロムニー産のぶどう酒か。
四五　ポットル　pottle　一ポットルは半ガロン。

四六　バース　Bath　英国中部エイヴォン州にある都市。
四七　カンタベリ　Canterbury　ケントの東部にある古都で、英国国教会の中心となっている総本山がある。
四八　聖ペテロ　St. Peter　新約聖書中の人名。十二使徒の一人。もとはガリラヤの漁師で、シモン Simon と呼ばれた。ペテロ書の著者と伝えられる。祝日は六月二九日。

3　断食と宴

一　四旬節　Lent　復活日の前日の六主日を除く四〇日間。荒れ野のキリストを記念するために断食や贖罪が行なわれる行事。
二　聖アウグスティヌス　St. Augustinus, Aurelius（三五四－四三〇）　西洋古代最大の教父、文筆家。古代の思想を集大成し、中世の世界を開いた。主著は『告白』。
三　カルタゴ　Carthage　アフリカ北岸にあった古代の都市国家、ローマ軍に滅ぼされた。アウグスティヌスはこの地に遊学している。
四　ぶどう酒　wine　キリストを信ずる者にとって、ぶどう酒を飲むことは、感謝を呼び起すばかりでなく、救いと永遠の喜びの源である主のいけにえを想起させる機会ともなる。
五　ユダ　Judas　イスカリオテのユダ。イエスの一二名の弟子の一人で、会計係をしていたが、イエスを裏切り、銀貨三〇枚で祭司長側に引き渡した。
六　聖ニコラス　St. Nicholas（?－三五二頃）　ミラ（現在のトルコ）の司教、聖人。ヨーロッパ各地に多くの伝説が残されており、サンタ・クロースもこの聖者にちなむものである。
七　聖霊降臨祭　Pentecost　聖霊たちが使徒たちの上に降臨した日を祝う祭。復活祭後の第七日曜日。
八　降臨節　Advent　主イエスの受肉来臨、すなわちクリスマスを迎える準備をする期節。待降節とも呼ばれる。
九　四季大斎日　Ember Days　教会暦の四季の断食と祈りの三日。
一〇　バン　bun　十字形の型を押した菓子パンで、キリストの受難日である聖金曜日 Good Friday に教会から帰って食べる習わしがある。
一一　一般に十分の一税 tithe と呼ばれていた。

一二　晩課　vesper　時禱の第六時、すなわち日没時に行なわれる祈り。
一三　カッシアーヌス　Cassianus, Joannes（三六〇頃－四三五頃）　マルセイユの修道士。彼がマルセイユに設立した修道院と禁欲生活者のための規則は西方教会に大きな影響を与えた。
一四　聖パウロ　St. Paul（?－六七頃）　新約聖書中の人物。キリストの使徒。初期の偉大な伝道者。
一五　懺悔火曜日　Shrove Tuesday　灰の水曜日 Ash Wednesday の前日で、翌日から四旬節に入るため、この日は昔からパンケーキを食べ、遊び楽しむ日となっている。
一六　復活祭日　Easter Sunday　キリストの復活を記念する祭日で、三月二一日またはそれ以後の満月の次の第一日曜日。Easter Day とも呼ばれる。
一七　エサウ　Esau　旧約聖書中の人物。エドム人の祖で、双子のヤコブの兄。一椀のあつものと引き換えに弟のヤコブに相続権を売った。
一八　ひら豆　lentil　からすのえんどうに似た植物で、豆そのものは小型のえんどうほどの大きさで、平たくてレンズ形をしているため、レンズ豆とも呼ばれる。この豆は今でもエジプトとパレスティナでは広く栽培され、栄養源となっている。創世記（二五・二九－三四）参照。
一九　ノアの洪水　Noah's Flood　創世記（六－九）参照。
二〇　灰の水曜日　Ash Wednesday　四旬節の初日。懺悔の象徴として頭に灰を振りかけたことにちなんでこう呼ばれている。
二一　トマス・ナッシュ　Thomas Nashe（一五六七－一六〇一）　英国の物語作者、パンフレット筆者。燻製にしんを礼讃した戯作 *Lenten Stuffe* もある。
二二　アレクサンダー・バークレイ　Alexander Barclay（一四七五頃－一五五二）　英国の詩人、聖職者。
二三　シチリア　Sicily　イタリア半島に対する地中海最大の島。
二四　ロジャー二世　Roger II（一〇九六頃－一一五四）　シチリアの伯爵、のちに王となる。
二五　ファーヴァーラ　Favara　シチリアにある小さな町。
二六　マージャリ・クレシイ　Margery Cressy　英国ノーフォークのホースフォークの未亡人、Hugh de Cressi の妻。

二七　はんの木　alder　かば類の木で、北半球の湿地に生える。
二八　聖マルティン祭　Martinmas　聖マルティンの祭日 St. Martin's Day に同じ。1の訳注六七参照。
二九　アビンドン大修道院　Abingdon Abbey　オックスフォードの南七マイルのバークシア州の町にあった有名な修道院。
三〇　ヤーマス　Yarmouth　英国東岸の漁業の中心地、燻製にしんの産地として有名。
三一　ヘレネー　Helen　ギリシャ伝説中の人物。ゼウスとレーダーを父母とする美しい娘、スパルタの王の妻。トロイのパリスに連れ去られたことからトロイ戦争が起った。
三二　エリザベス一世　Elizabeth I　英国女王（在位一五五八－一六〇三）内外の実際的政策に手腕を発揮し、そのため英国は工業、教育、外交、植民などに空前の発展をとげた。また、女王は文芸の保護者でもあり、ルネサンス文化の華を咲かせる立役者ともなった。
三三　宗教改革　Reformation　一六－一七世紀に全ヨーロッパに起った旧教に対する改革運動。その結果、新教が生まれた。
三四　アイザック・ウォールトン　Izaak Walton（一五九三－一六八三）　英国の随筆家、伝記作者。『釣魚大全』の著者。
三五　ゲント　Ghent　現在のベルギー北西部の港町。
三六　ジョワンヴィル　Joinville, Jean de（一二二四－一三一七）　フランスの封建領主、ルイ九世の伝記作者。
三七　しゅろの主日　Palm Sunday　復活祭直前の日曜日で、イエスが受難を前にエルサレムに入ったことを記念する日。
三八　フレンチトースト　Pain perdu　牛乳と卵に浸した食パンをフライパンで焼いたもの。
三九　コットグレイヴ　Cotgrave, Randle（？－一六三四）　英国の辞書編纂家。特に仏英辞典の編者として知られている。
四〇　ピーテル・ブリューゲル長老　Peter Brueghel the Elder（一五二三頃－一五六九）　ネーデルランドの画家。
四一　謝肉祭　carnival　四旬節の直前の三日間（日、月、火）の祝祭で、カトリック教国では四旬節中は肉を断つため、四旬節前の最後に肉を食べる日をこう呼ぶことがある。

四二　ラブレー　Rabelais, François（一四九四頃―一五五三頃）　フランスの諷刺作家、医学者、人文学者。『ガルガンチュア物語』、『パンタグリュエル物語』の作者。
四三　ノリッジ　Norwich　英国東部ノーフォーク州の州都。
四四　ジョン・グラッドマン　John Gladman　未詳。
四五　ロバート・ホルコット　Robert Holcot（一二九〇頃―一三四九）　スコラ神学者、聖書注解者。
四六　サリーの伯爵　Earl of Surrey　英国の詩人、廷臣ヘンリー・ハワード Henry Howard（一五一七頃―一五四七）のこと。サリーは英国東南部にあり、ロンドン南部に接する州。
四七　ダンバー　Dunbar, William（一四六〇頃―一五二〇頃）　チョーサーの詩風を受け継いだ中世スコットランド最大の詩人、フランシスコ会修道士。
四八　燻製にしん　十分塩をして時間をかけて燻製にしたにしん。身が赤味を帯びるため red herring と呼ばれる。
四九　洗足木曜日　Maundy Thursday　聖金曜日 Good Friday の前日、主の晩餐が制定された日として記念され、またイエスが使徒の足を洗ったことを記念する日。
五〇　クウィーンズ・カレッジ　Queen's College　オックスフォード大学の学寮の一つ。創立一三四〇年。
五一　のぢしゃ　corn salad　おみなえし科の多年草で、サラダ用に栽培される。穀物畑に自生することから、このような英語の呼び名がある。
五二　アレルヤ　alleluia　神を賛美する叫びで、「主をほめたたえよ」の意。
五三　タンジィ　tansy　よもぎぎくの香りをつけたプディングの一種。
五四　『サテュリコン』 *Satyricon*　古代ローマの諷刺作家ペトローニウスの作とされる悪漢小説。
五五　トリーマールキオー　Trimalchio　前項の小説に出てくる単純で無教養な成金の好人物。
五六　ひめこうじ　spiceberry　北米産のつつじ科の小低木で、赤い実は食用になる。この葉からは香気のある油がとれ、この香りをつけた糖果をひめこうじと呼ぶことがある。
五七　フランチェスコ　Francesco di Marco Datini のこと。アヴィニョンに住んだ。プラートーに事務所を設け、家具、タピスリー、絵画などの美術品の取引きをしていた。商取引きに関わるぼう大な文書が残されている。
五八　ソルドー　soldo　イタリアの旧銅貨、二〇分の一リラ。

五九　聖ヒエローニュムス　Hieronymus, Sophronius Eusebius（三四七―四一九）　古代教会の重要なラテン教父の一人。
六〇　カーリア　Caria　小アジアの古代の一地方名。
六一　ブリストル　Bristol　英国南西部の港。
六二　ニコラス・パーマー　Nicholas Palmer　未詳。
六三　東方教会　Eastern Church　ローマ・カトリックの西方教会 Western Church に対するギリシャ正教会の呼び名。
六四　ビザンティウム　Byzantium　ボスポラス海峡の左岸にあり、黒海の入口を制する要害の地。三三〇年、コンスタンティン大帝はこの地をローマ帝国の国都と定め、コンスタンティノープルと呼んだ。
六五　ウィンチェスター　Winchester　英国ハンプシア州の町。
六六　シュロンヴ・タイド　Shrove-tide　灰の水曜日直前の三日間をさし、かつては四旬節を迎えるために懺悔と赦罪が行なわれた。
六七　ピューレ　purée　野菜や果物を煮て裏ごししたもの。
六八　フリッター　fritter　果物、肉などの小片をふっくらと揚げた食べ物。
六九　サフラン　saffron　クロッカスの一種で、香味料、薬用、染料となる。
七〇　スラローム　slalom　斜面に設けた多くの双旗の門を回転して通るスキーの滑降競技。
七一　ジラルドゥス・カンブレンシス　Giraldus Cambrensis（一一四六頃―一二二〇頃）　英国の歴史家、聖職者。
七二　ケント　Kent　英国の南東端、テムズ川南方の森の多い田園地方。
七三　クラレット　claret　フランスのボルドー産の赤ぶどう酒。
七四　ジャック・ド・ヴィトリ　Jacques de Vitry（一一七〇頃―一二四〇）　フランス、ドイツ、ベルギーで活躍した司教、説教者。
七五　ロチェスター　Rochester　英国ケント地方の都市。
七六　ブライス　Blyth　英国北中部の州ノッティンガムシアにある町。
七七　ロメイン　Romeyn　未詳。

七八　マームズベリ大修道院　Malmesbury Abbey　英国南部ウィルトシア Wiltshire にあったベネディクト派の修道院。
七九　ルワーン大聖堂　Rouen Cathedral　セーヌ川に臨むフランス北部の町ルワーンにある。
八〇　免罪符　indulgence　ローマ教皇の全権によって、金銭の寄進に対して与えられる罪の許しの証書。本来は真実な動機に基づく告解の行為と不可分のものであったが、中世末期にローマ教会当局による免償の解釈がルーズになるに伴って乱用され、その本末転倒の悪弊がついには宗教改革の誘因となるに至った。
八一　ルター　Luther, Martin（一四八三－一五四六）　盛んな文筆活動や説教により福音主義を説き、ドイツでの宗教改革を推進した。
八二　ジョン・ラッセル　John Russell（?－一四九四）　英国のローマ・カトリック教会司教、大法官、オックスフォード大学総長。
八三　ブルターニュ　Brittany　イギリス海峡とビスケー湾との間のフランス北西部の半島で、旧公国。
八四　フレデリック二世　Frederick II（一一九四－一二五〇）　神聖ローマ帝国皇帝。教皇と争ってしばしば破門された。芸術や学問に関心をもつすぐれた才能の持主であったが、もっぱらイタリアに居住してドイツの統治をおろそかにしたため、後のドイツ分裂の原因となった。
八五　えぼし貝　barnacle　えぼし貝はふじつぼやかめのてと同じ類。えぼし貝が変じてがちょう（＝かおじろがん）になるという昔の迷信から、がちょうの一種も barnacle と呼ばれるようになった。
八六　ジェラード　Gerald, John（一五四五－一六一二）　英国の外科医、植物学者。『植物誌』*Herball*（一五九七）がある。
八七　ランカシア　Lancashire　英国北西部の州。
八八　ドーヴァー　Dover　英国南東部、ケント州東部の海港。フランス海岸に最も近い。
八九　ロムニー　Rumney　ドーヴァーの南西一八マイルにある町。現在では Romney と綴られる。
九〇　シェイクスピア　Shakespeare, William（一五六四－一六一六）　英国の劇作家、詩人。三十数篇の勝れた戯曲と詩により、今日に至るまで国の内外の文芸に偉大な影響を与え続けている。
九一　ボヘミア　Bohemia　チェコスロヴァキア西部の地方。

九二　たとえば『冬物語』*The Winter's Tale* ではボヘミアが一つの舞台となっているが、海辺や浜辺があるものとして描かれている。
九三　ロズミタルのレオ　Leo of Rozmital　未詳。
九四　ソールズベリ　Salisbury　現在は英国南部ウィルトシア州の都市。
九五　クラレンス公爵　Duke of Clarence　英国王エドワード四世の弟 George Plantagenet（一四四九—一四七八）のこと。
九六　喜びの主日　Mid-Lent Sunday　四旬節中の第四日曜日。Laetare Sunday, Mothering Sunday とも呼ばれる。
九七　入祭文　introit　聖歌隊が歌うミサの最初の部分。
九八　スウィンフィールド司教　Bishop Swinfield（?—一三一七年）ヘレフォードの司教（一二八九—一二九〇）Richard de Swinfield のこと。この司教家には、一家の出費を記録した帳簿などが残されている。本文中の『スウィンフィールド家の勘定書』を参照。
九九　聖マリア・ヒル教会　Church of St. Mary Hill　ロンドンのビリングスゲイトの近くにある London City Church の一つ。正しくは the church of St. Mary at Hill。
一〇〇　聖カタリーナ　St. Catherine　聖女カタリーナは数名おり、そのうちの誰がここで該当するのかは不明。
一〇一　イーヴシャム　Evesham　英国ウスター州南東部の町。
一〇二　ウィリアム・ド・ウォルコット　William de Walcote　一一四九年にイーヴシャムの修道院長であったことが知られている。
一〇三　聖エドモンド　St. Edmund（八四〇頃—八七〇）東アングリアの王、聖人。王として信仰厚く、またヴァイキングの侵入に対して勇敢に戦ったが殉死。ペストに対する守護聖人として敬われている。
一〇四　ゴットフリート・フォン・シュトラースブルク　Gottfried von Strasburg（一二世紀末—一三世紀初頭頃）ドイツの詩人。
一〇五　『トリスタンとイゾルデ』*Tristan und Isolde*　ケルト族の説話に現われる人物にまつわる恋物語。この物語は一一〇〇年頃に発生し、以来、英、仏、独の文学でしばしば取り扱われた。

一〇六　トレヴィーサのジョン　John of Trevisa（一三二六―一四〇二）　英国の翻訳家、司祭。

一〇七　受苦日　Good Friday　復活祭の前の金曜日で、キリストの磔刑を記念する教会の祭日。

一〇八　ウィカム　Wycomb　現在はロンドンの西北西三一マイルにあるバッキンガム州の町。

一〇九　エドワード一世　Edward I（一二三九―一三〇七）　英国王、ヘンリー三世の長子。行政、司法の改革により国内の治安維持に努め、議会の発達を促進し、教会の権力を制限した。

一一〇　ヴォルムス　Worms　ライン河畔の都市。

一一一　ベン・ジョンソン　Ben Jonson（一五七二―一六三七）　英国の劇作家、詩人、批評家。彼の演劇は市民生活の冷酷な写実と苛烈な諷刺に特徴がある。

一一二　『クリスマスの仮面劇』 *Masque of Christmas*　ベン・ジョンソンの戯曲。

一一三　「金曜日の大通り」は受苦日の、そして次の「魚の大通り」は四旬節の、もじりである。

一一四　ヘンリーのウォルター　Walter of Henley　英国中世の農業書作者。

一一五　カンタベリの聖トマス　St. Thomas of Canterbury　トマス・ベケットのこと。英国カンタベリ大司教。王権から教権を守ろうとして王と争ったが殉死した。のちに王は彼の墓前で罪を悔い、教皇権に服した。列聖された一一七三年以降、墓は巡礼地となった。訳注1の五八参照。

一一六　ヨーク　York　英国北東部ノース・ヨークシア州の州都。大聖堂ヨーク・ミンスターがある。

一一七　ウェストミンスター　Westminster　ロンドン中央部の自治区。国会議事堂、バッキンガム宮殿などの大建築物がある。

一一八　一シリング　shilling　当時一シリングは二〇分の一ポンドで、一二ペンスに相当する。なお、ペニー penny は英国の貨幣単位。ペンス pence はペニーの複数形。

一一九　麦芽酒　malt　麦芽を発酵させて作ったビールなどの飲料。

一二〇　ブッシェル　bushel　三六リットルまたは八ガロン。

一二一　キングズリン　King's Lynn　英国ノーフォーク州にある港町。

一二二　聖マーガレット教会　Church of St. Margaret　スコットランドのエディンバラ宮殿の中にある聖マーガレットを記念する美しい礼拝堂。二つあとの注を参照。

一二三　ロバート・ブラウンシェ　Robert Braunche　またはブラウンチ Braunch。アイリーン・パウア『中世に生きる人々』にも彼の記念牌の詳しい記述がある。

一二四　聖マーガレット　St. Margaret（一〇四五頃―一〇九三）　スコットランド王マルコム三世の妃、聖人。王妃として宮廷の悪習を改善し、教会の改革に尽力した。スコットランドのマルガレータとも呼ばれる。

一二五　エドワード三世　Edward III（一三一二―七七）　英国王（在位一三二七―没年）。エドワード二世の子。百年戦争を起し、クレシー、ポワチェなどでフランス軍を撃破した。

4　調理師と台所

一　英語の cook は、調理師、料理人、料理係などの日本語に対応し、これらを厳密に区別する場合もある。しかし、本書ではこの語はさまざまな文脈の中で用いられ、これらを細かく使いわけるのは容易ではない。したがって、これまでどおり、特に支障のない限り、調理師という言葉で統一しておく。

二　ウィンザー　Windsor　ロンドンの西二三マイルに位置するバークシア州の都市。

三　聖ジョージ礼拝堂　St. George's Chapel　エドワード四世によって一四七四年に建て始められ、ヘンリー八世の時に完成した有名な礼拝堂。

四　グロスターシア　Gloucestershire　英国南西部の州。

五　聖処女マリア教会　St. Mary Virgin Church　オックスフォード大学の公教会。塔は一四世紀末に溯る。Church of St. Mary the Virgin とも呼ばれる。

六　シャーバン大修道院　Sherborne Abbey　英国ドーセット州の都市シャーバンにあり、シャーバン城と共によく知られている。八世紀から一一世紀まで司教管区の中心地であった。

七　『スミスフィールド法令集』　*Smithfield Decretals*　スミスフィールドはロンドンにあるセントポール大寺院の北側の地区で、古くは家畜市場、現在では肉市場で著名である。この法令集については未詳。

八　ブリストル大聖堂　Bristol Cathedral　一四世紀に創建されたが、身廊 nave は再建された現代のもの。なお、ブリストルは英国南西部のエイヴォン州の州都で、商工業と貿易の中心地。

九　ノートルダム寺院　Notre Dame　パリにある初期ゴシック風の大聖堂。一一六三年に着工し、一二五七年に完成した。

一〇　アミアン大聖堂　Amiens Cathedral　フランス北部ソム川に臨む都市アミアンにある大聖堂。この寺院は一二二〇年に建てられ、現存の中世の建築物の中では構図が最も素晴しく、威厳があると言われている。

一一　『若い夫の愚痴』 *A Young Husband's Complaint*　未詳。

一二　ラングランド　Langland, William（?一三三〇―?一四〇〇）　英国の詩人。伝記不詳。中世文学特有の寓意的な夢物語詩である『農夫ピアズの夢』 *The Vision of Piers the Plowman* の著者。最近、偉大なカトリック詩人として高く再評価されつつある。

一三　チョーサー　Chaucer, Geoffrey（一三四〇頃―一四〇〇）　英国の詩人で、「英詩の父」と称される。『ばら物語』の英訳、『公爵夫人の書』、『トロイラスとクリセイデ』などではフランスやイタリアの文学の影響が強いが、代表作『カンタベリ物語』では詩人の観察眼と技法の円熟が窺える。これらの作品は当時のロンドン方言で書かれ、英国の文学用語の確立に大きな貢献をした。

一四　ノルマンの征服者　Norman conquerors　一〇六六年、ノルマンディー公ウィリアムに率いられたノルマン人たちはヘースティングスの戦いでアングロ・サクソン族を打ち破って英国を征服した。この時のノルマン人たちを指してこう呼ぶ。

一五　サクソン人　the Saxons　かつてエルベ河口に居住した民族で、その一派はアングル族、ジュート族と共に、五―六世紀に英国に渡来し定住した。

一六　ヘレワルド　Hereward　英国では一二、一三世紀に英雄の武勇談を扱った物語詩が多数作られ、Hereward the Wake や Edmund Ironside らの名が知られている。

一七　オットー枢機卿　Cardinal Otto　もう一人の遣外使節 Ottobuon と共に二つ以上の禄付きの聖職につくことに反対する厳しい教令を出した。

一八　バーガンディの豪胆公チャールズ　Charles the Bold of Burgundy（一四三三―一四七七）　最後のバーガンディ公爵（一四六七年から一一年間）。

一九　マルシュのオリヴィエ　Olivier de la Marche　未詳。

二〇　プラウトゥス　Plautus, Titus Maccius（紀元前二五四頃―前一八四）　ローマ第一の喜劇作家と称され、シェイクスピアやモリエールなど、ルネサンス期の戯曲にも影響を与えている。

二一『小鍋劇』*Aulularia*　けちな老人が自宅で発見した黄金が一杯詰まっている小鍋を巡る喜劇。この老人の性格描写が特に勝れていると言われている。
二二　フィリップ・マシンジャ　Philip Massinger（一五八三―一六四〇）英国の劇作家。シェイクスピア以後のエリザベス朝演劇界の第一人者。
二三『古い借金の新しい払い方』*A New Way to Pay Old Debts*　マシンジャの作品の中で最もよく知られた傑作。強欲な高利貸しの性格描写が特に勝れている。
二四　キリストの降誕祭　Nativity　クリスマスと同義。
二五　ヨセフ　Joseph　ヘブライの族長。ヤコブの第二子。兄弟たちに憎まれ、奴隷としてエジプトに売られたが、後にエジプトの大臣となる。創世記（三七）を参照。
二六　アルベルトゥス・マグヌス　Albertus Magnus（一一九三頃―一二八〇）'Albert the Great' の意。ドイツの高名なスコラ哲学者、神学者、自然学者、聖人、ドミニコ会士。トマス・アクィナスの師。多方面に該博な知識と知的関心を有し、多くの著作を残した。
二七　カスティリア　Castile　現在のスペインの中央部から北部に及ぶ地方で、かつてこの地を中心とする王国があった。ここで言及されている王はフェルディナンド三世 Ferdinand III を指すものと思われる。
二八『鉱物について』*De Mineralibus*　アルベルトゥスの著書。詳細は未詳。彼が地質学にも造詣が深かったことを示す格好の書。
二九　アッシージ　Assisi　イタリア中部にある町。聖フランチェスコとその修道院に関わりの深い町としてよく知られている。
三〇　低教会　the Lower Church　一二二八年から始まるアッシージのサン・フランチェスコ教会 The Church of San Francesco は高教会、低教会、および地下室から成る。
三一　ピエトロ・ロレンツェッティ　Pietro Lorenzetti（一二八〇―?一三四八）イタリアの画家。一三三〇年代の作とされるアッシージのサン・フランチェスコ聖堂下院の壁画『聖母子と聖人たち』などの著名な絵がある。
三二『最後の晩餐』*Last Supper*　このテーマについては数多く描かれているが、最も著名なものはレオナルド・

ダ・ヴィンチのものである。訳注1の二一を参照。

三三　ペトローニウス　Petronius, Arbiter　六六年頃没。ローマの作家。諷刺的悪漢小説『サテュリコン』*Satyricon* は彼の作だろうと言われている。

三四　リチャード・ド・ベリー　Richard de Bury（一二八一－一三四五）　英国の修道院長、学者。エドワード三世の家庭教師。オックスフォードに図書館を建て、本の収集と保存の研究を行なった。

三五　グロスター公リチャード　Richard, Duke of Gloucester（一四五二－一四八五）　のちの英国王リチャード三世のこと。

三六　アン・ネヴィル　Anne Neville（一四五六－一四八五）　リチャード三世の妃。

三七　甘口赤ぶどう酒　malmsey　マルバシア malvasia という種類のぶどうで造る芳香のある甘口の赤ぶどう酒。マルムジー（ワイン）と呼ばれる。

三八　マルタ　Martha　次項のマリアの姉。イエスを家に迎え入れたとき、彼女はもてなすために働いていたが、イエスの話に聞き入っていたマリアを非難し、かえってイエスから注意された。

三九　マリア　Mary　マグダラ出身の婦人で、「マグダラのマリア」と呼ばれる。ルカ（八・二－三）によると、彼女はイエスに悪霊を追い出してもらい、病気を直してもらっている。

四〇　シトー修道会　Cistercian Order　『ベネディクトゥス会則』を忠実に守る厳格な修道生活を志し、フランスのシトー Citeaux で始められたベネディクトゥス派の改革修道会。

四一　リーヴォーのアイルレッド　Ailred of Rievaulx（一一〇九頃－一一六七）　英国のシトー修道会の代表的人物、リーヴォー修道院長。

四二　台所での奉仕　kitchen serjeanty　serjeanty というのは封建時代の土地保有方法の一つであり、国王または領主に対して兵役や奉仕を行なうことによって土地の所有が認められた。本文の次の段落を参照。

四三　『ドゥームズデイ・ブック』*Domesday Book*　一〇八五－一〇八六年、ウィリアム一世の命令によって作られた英国全土にわたる大規模な土地の調査記録。この調査がきわめて厳正であったため、神の最後の審判にたとえてこのように呼ばれた。

四四　エセックス　Essex　英国南東部、テムズ川の河口の北方に位置する州。

四五　聖霊降臨節　Whitsun(tide)　聖霊降臨日 Pentecost から一週間、特に最初の三日。

四六　『プセウドルス』 *Pseudolus*　プセウドルスとは本来「うそつき」という意味だが、この劇では主人公の奴隷の名前。この奴隷が若主人の愛する乙女を首尾よく若主人の元へ連れていくという筋。作者プラウトゥスが特に好んだ劇らしい。

四七　リヴィウス　Livius, Titus（前五九―後一七）　最高のローマ史家、ローマの初代皇帝の時代では最も重要な散文作家。四十数年かけて、『ローマ建国史』を著わし、ローマ国初から前九年までのローマ史を編した。

四八　亜麻仁油　linseed oil　亜麻の種子を絞って造る乾性油。現在では通例、塗料、印刷インキなどに用いられる。

四九　ラーヤモン　Layamon　一二〇〇年頃活躍した英国の詩人。ブルート王やアーサー王などの伝説を雑然と集めた三万行から成る長詩『ブルート』 *Brut* の作者。なお、ブルートはブリテンの始祖と称せられる英国の伝説時代の王。

五〇　アーサー王　King Arthur　五世紀末ごろ存在したと考えられる英国王。史上の人物としての実在は疑わしいが、伝説的な国民的英雄として有名で、一連のアーサー王伝説の中心的人物。

五一　ジョン・ファストルフ卿　Sir John Fastolf（一三七八頃―一四五九）　百年戦争時代の英国の武将、オックスフォード大学のマグダレン校の後援者。ヘンリー五世に仕え、数多くの戦争で活躍した。

五二　ブラッドハウンド　bloodhound　猟の獲物の跡をつけるために使われる英国産の大型犬。

五三　エリナ（アキテーヌの）　Eleanor of Aquitaine（一一二二―一二〇四）　フランス王妃、英国王妃。四〇〇年にわたる英仏戦争の原因を作った。フランス名はエレオノール。

五四　ペッカム　Pecham, John（一二二〇頃―一二九二）　カンタベリの大司教。スコラ哲学者。多くの著作、詩、聖歌を残している。

五五　マートン　Merton　ロンドンの南西部にある自治区。

五六　ダービー　Derby　英国中部のダービーシア州の州都。

五七　黒太子　Black Prince　英国王エドワード三世の王子エドワード（一三三〇―一三七六）のこと。

五八　『デーン人ハヴェロック』 *Havelock the Dane*　英国の韻文騎士物語。デンマークの王位継承にからむ物語。庶民生活の写実的描写は注目すべきものがある。

五九　コーンウォール　Cornwall　現在は英国南西の端にある州。古くからケルト文化が開け、風光明媚で歴史的遺跡が数多くある。
六〇　サセックス　Sussex　英国東南部のかつての州名。
六一　トマス・ウォールシンガム　Thomas Walsingham　一四四〇年頃没。英国の歴史家、修道士、エドワード一世からヘンリー五世までの英国史 *Brevis Historia* およびノルマンディーの歴史の著者。
六二　聖オールバンズ修道院　monastery of St. Albans　ロンドンの北北西一〇マイルのハートフォードシア州の都市、聖オールバンズ市にある修道院。この地で三〇〇年頃殉死した聖オールバンのために、七九三年、このベネディクト派の修道院が建てられた。
六三　原著では単に城 castle と記されているが、本文8で詳述されている城を象った飾り料理であったものと思われる。
六四　『代官の話』 *The Reeve's Tale*『カンタベリ物語』の三番目の話。
六五　ドーセットのブリッドポート　ドーセット Dorset は英国南西部の州、ブリッドポート Bridport はこの州にある港町。
六六　グロスター伯　Earl of Gloucester　一三世紀後半に活躍したロバート Robert のこと。修道士であり、また脚韻を用いた英国史 *Chronicle of English History* の著者として知られている。
六七　ボーゴー・デ・クレア　Bogo de Clare　未詳。
六八　あまなずな　Camelina sativa　あぶらな科の黄色の花をつける植物。昔、種子から油を採るために栽培された。glad of pleasure という英名がある。
六九　クォート　quart　液料の単位。四分の一ガロン。
七〇　薄焼きパン　wafer　カトリックと英国国教会でミサの時に用いられる、パン種を入れずに作った薄焼きパン。本文の次の段落を参照。
七一　キリスト昇天祭　Ascension Day　復活祭後四〇日目の祝日で、常に木曜日。Holy Thursday とも呼ばれる。
七二　フィレンツェ　Firenze　イタリア中部の都市、フローレンス Florence とも呼ばれる。
七三　マジパン　marzipan　挽いたアーモンドと砂糖を練り合わせて作った砂糖菓子。

七四　マナ　manna　その昔、イスラエル人がエジプトを脱出する際に荒れ野で神から恵まれた食べ物。出エジプト記（一六・一四―三六）を参照。

七五『未知なるものの雲』 *The Cloud of Unknowing*　一三五〇年ごろ書かれた散文の宗教論。神の愛と霊魂を通じてのみ神の所在を知りうることを説いている。作者不詳。

七六　ガーランドのジョン　John of Garland（一二〇二頃―一二五二）　英国の著名な学者、神学者、錬金術師、文法学者。その著『辞書』*The Dictionarius* の中で初めて dictionary の原語である dictionarius を用いたことで知られている。

七七　ゴーフル　gauffres　以下、大きな棒菓子 gros batons、ポルトportes、エストリエ estriers、ガレット galletes は、それぞれ通常の薄焼きパンとどのような違いがあったのか、詳細は不明。

七八　肉ゼリー　jelly　肉のだし汁から作られたゼリー。現在では一般にゼラチンを加えて冷やして固め、冷製料理に用いられる。煮凝り。

七九　シャルトル　Chartres　フランス北部にある都市。ゴシック式の有名な大聖堂がある。

八〇　チャンセラー　chancellor　大聖堂の四人の高官の一人。

八一　ギルベルトゥス・ポレターヌス　Gilbert de la Porrée（一〇七五頃―一一五九）　フランスのスコラ神学者、哲学者。

八二　ソールズベリのヨアネス　John of Salisbury（一一一五―一一八〇）　英国出身のシャルトル学派の歴史家、哲学者、晩年はシャルトルの司教。

八三　エリザベス朝　Elizabethan Period　英国女王エリザベス一世の治世（一五五八―一六〇三）の呼び名。訳注3の三二参照。

八四　セメンシナ　wormseed　きく科のよもぎの類の植物。頭花を乾燥して駆虫薬を作る。

八五　乳香　frankincense　一種のゴム樹脂。古くから香料として祭式の時などに焚かれた。

八六　ヴィトリのヤコーブス　Jacques de Vitry（一一七〇頃―一二四〇）　フランス、ドイツで十字軍のための説教者として活躍。司教、枢機卿も歴任。

八七　ファージング　farthing　四分の一ペニーに相当するかつての銅貨。

八八　ストラットフォード・アット・ボウ　Stratford-at-Bow　ロンドン最大のセントポール大聖堂の東三マイルの所にある町。ボウはリー川 The Lea にかかる弓形の橋に由来する。
八九　サザク　Southwark　テムズ川の南岸地域に位置するロンドン中央部の自治区。
九〇　シナイ山　Mt. Sinai　モーセが主から十戒を授けられた山。しかし、これが今の何山に相当するかは不明。出エジプト記（一九―二〇）参照。
九一　ピューター　pewter　すずと鉛、真鍮、または銅の合金。
九二　ウルジ　Wolsey, Thomas（一四七五頃―一五三〇）　英国の著名な政治家、枢機卿。オックスフォード大学のクライストチャーチ校の設立者である。
九三　ハンプトン・コート　Hampton Court　ウルジが建てたテムズ河畔にある王宮。
九四　あんかけ　glazed　くずあんをかけた料理。
九五　ヴィージェヴァーノウ　Vigevano　現在はイタリア北部の都市パヴィーア Pavia にある町。絹織物が盛んで、また大聖堂がある。
九六　ダービー伯ヘンリー　Henry, Earl of Derby　ダービー伯の爵位は一三三七年にランカスターのヘンリー（一二五九―一三六一）に与えられていることから、次かその次にこの爵位についた人物だと思われるが、詳細は未詳。
九七　トマス・モア卿　More, Sir Thomas（一四七八―一五三五）　英国の政治家、聖人。下院議員、ロンドン副長官、大法官などを歴任。その著『ユートピア』*Utopia* によって理想的な国家像を描いた。ルターの福音主義を否定し、カトリック的なヒューマニズムによる平和と社会主義を求める彼の立場は後代に大きな影響を与えた。
九八　『聖堂参事会員の従者の話』*Canon's Yeoman's Tale*『カンタベリ物語』の中の物語の一つ。従者が錬金術師のいんちきを暴露する話。
九九　トウ　tow　亜麻、大麻などの短い繊維。発火材として用いる。
一〇〇　きのこ　原著では toadstool「ひきがえるのこしかけ」となっており、これは傘状のきのこのうちで毒があるために食用に適さない類のもの。
一〇一　『ホルカム聖書絵本』*Holkham Bible Picture Book*　未詳。原注もない。
一〇二　ランドリ塔の騎士　The Knight of La Tour Landry　キャクストンが一四一四年にフランス語の原典から

翻訳した *The booke whiche the knyght of the toure made* の主人公。

一〇三　ローブ　robe　主に中世の男女が愛用した裾まで垂れる長いゆったりとした外衣または部屋着。

一〇四　グッドリッチ城　Goodrich Castle　英国南西部の旧州ヘレフォードシアの古城。

一〇五　ウェアラム城　Wareham Castle　英国南部ドーセット州の州都ドチェスターの東一五マイルにある町ウェアラムの古城。

一〇六　バイユー壁掛け　Bayeux Tapestry　フランス北西部の町バイユーのマティルド公妃美術館にある長さ約七〇メートル、幅約五〇センチメートルの麻布の壁掛け。ノルマンディー公ウィリアムの英国征服についての絵巻物風の刺繡五八場面を八色の毛糸で表わしている。伝説ではその妃マティルドの作とされ、一一世紀末に英国で制作されたと考えられている。

一〇七　ロスヴィータ　Roswitha または Hroswitha, Hroswitha　正しくは Hrotsuit（九三五頃－一〇〇〇頃）ドイツの詩人、歴史家、ベネディクトゥス派の女子修道院の修道女。オットー一世などの韻文の年代記や、修道女を楽しませるためのラテン語の喜劇六編がある。『ドゥルチティウス』*Dulcitius* はこのうちの一つ。

一〇八　アレクサンダー・ネッカム　Alexander Neckam（一一五七－一二一七）英国の学者、大修道院長、リチャード一世の乳兄弟。科学や文法に関する論文、ラテン語の詩、神学上の作品など、著述は多い。

一〇九　サマセット　Somerset　英国南西部の、ブリストル湾に臨む州。

一一〇　北キャドベリ　North Cadbury　キャドベリは南北二カ所に分れており、いずれも古代ローマ軍の駐留地の遺跡がある。

一一一　万聖節　All Hallows　天上の諸聖人を祝う日で、一一月一日。Hallowmas に同じ。

一一二　フリート監獄　Fleet Prison　一二世紀からロンドンのフリート川の付近にあった監獄。一八四二年閉鎖。

一一三　マシュー・ド・シャッカリオ　Matthew de Scaccario　未詳。

一一四　マーガレット・パストン　Margaret Paston　一五世紀から一六世紀に栄えた英国ノーフォーク州のパストン家の若い当主 John の魅力的な妻 Margery Brews のこと。なお、この家の書簡集『パストン家文書』*Paston Letters* は一五世紀の歴史文書として貴重なものである。

一一五　カイスター　Caister　英国ノーフォーク Norfolk 州にある町。

一一六　カーナヴォンのエドワード王子　Prince Edward of Carnarvon　エドワード一世の第四王子、のちの英国王エドワード二世（在位一三〇七－一三二七）。カーナヴォンは現在ウェールズ北西部にある都市で、ノルマンの古城がある。

一一七　ドミニコ修道会　Friars Preachers　一二一五年聖ドミニコが創立した修道会で、その修道士は説教を任務としたので、英語ではこのように呼ばれている。

一一八　ファーネス　Furness　英国ランカシア州にある半島。ここにあるファーネス大修道院の広大な遺跡はよく知られている。

一一九　エルタム　Eltham　ロンドンの南東七マイルのケント州にある町。かつての王宮エルタム宮殿の遺跡がある。

一二〇　オーネル　urnel, または urnell か ornell　かなり軟らかくて白い建築用の石の一種。

一二一　グラストンベリ　Glastonbury　英国サマーセット州にある都市。ここの修道院は著名で、とりわけ大修道院長の台所は構造上興味深い特徴を備えている。

一二二　トレーサリー　tracery　ゴシック式建築の窓、つい立て、羽目仕切りなどに施す装飾的狭間。

一二三　コールドハーバー　Coldharbor　テムズ川の近く、Allhallows the Less という教区にあるきわめて古い建物。

一二四　ハーマン・グラスイェール　Harman Glasyer　当時の職人か商人であろうが、伝記等は未詳。

一二五　ルーバー　louver　採光、通風のための羽根板。

一二六　クリップストーン　Clipstone　英国中部の州ベッドフォードシアにある町。

一二七　グレート・イーストン　Great Easton　英国中部の州レスターシアの町。

一二八　バークシア　Berkshire　英国南部の州。

一二九　ゲインズバラ　Gainsborough　英国東部のリンカンシアの都市で、リンカンの北西一五マイルのトレント川の河口に位置する。

一三〇　ダラム　Durham　英国北東部の州ダラムの州都。大聖堂や城、大学がある。

一三一　リンカン宮殿　Lincoln palace　リンカンは九－一〇世紀にデーン人（俗にヴァイキングと呼ばれる）の影

響が最も強かった地域デーンロウ Danelaw の中心地。ここには当時から城があったことが知られているが、宮殿とはこの城のことか？

一三二　フォントヴロー　Fontevrault　フランス西部のアンジェ南東の町。一一世紀末に建てられたベネディクト派の修道院がある。ここでは町よりもむしろこの修道院を指しているものと思われる。

一三三　ダービーシア　Derbyshire　英国中部の州。

一三四　ハッドン・ホール　Haddon Hall　ダービーシアのベイクウェルの南東二マイルの所にあるラットランド Rutland 公爵家所有の邸宅。英国の大地主の中世の邸宅として著名。

一三五　プレストベリ　Prestbury　英国北西部の州チェシア Cheshire にある町。

一三六　ギリンガム　Gillingham　この地名は英国にはドーセット、ケント、ノーフォークの三カ所に見られ、ここではいずれに言及しているか不明。

一三七　クライスト・チャーチ　Christ Church　一五二五年に設立され、オックスフォード大学の学寮の中で最も大きく、最も当世風のもの。

5　調理法と献立

一　鞍敷き　saddle cloth　馬の鞍の下に敷く鞍型の布で、一般にフェルト、羊毛などの素材で作られる。

二　『神の国』 *De Civitate Dei*　四一三年から四二六年までかけて書き上げられた歴史哲学書。

三　ヒルデベルト（トゥールの） Hildebert of Tours（一〇五五頃－一一三四頃）　フランスの修道院長、神学者、著作家。ル・マンの司教、トゥールの大司教を歴任。

四　オンス　ounce　重量の単位。一オンスは二八・三四九五グラム。

五　リチャード・ウォーナー　Richard Warner（一七六三－一八五七）聖ジェイムズ教会の司祭（一七九五－一八一七）、教区司祭（一八〇九－一八五七）、文人。説教集をはじめたくさんの著述がある。

六　ラルフ・ディチェト　Ralph Diceto　（？－一二〇二頃）セント・ポールの司祭長。

七　ポワトゥー　Poitou　フランス西部の一地方。この中心都市は古戦場で名高いポアティエ Poitiers。

八　モー　Meaux　現在はパリの東、マルヌ川右岸にある郡庁所在地。一三、一四世紀のサン・テティエンヌ大聖堂やボシュエ記念館がある。

九　フィリップ・ド・ヴィトリ　Philippe de Vitry（一二九一―一三六一）　作曲家、音楽理論家、著作『新音楽の技法』は一四世紀の音楽様式の革新に重要な役割を果たした。『ゴンティエ物語』*Franc Gontier* は田園生活の単純さ、素朴さを称えたバラッド。

一〇　フランソワ・ヴィヨン　François Villon（一四三一―？）　フランスの詩人、近代叙情詩の先駆者。投獄、放浪に明けくれ、三二歳で姿を消した。『率直なゴンティエに答える』*Reply to Franc Gontier* はヴィトリの『ゴンティエ物語』への反駁の歌。

一一　バビロン　Babylon　イラクのユーフラテス川に沿ったバビロニアの古都。

一二　『パリの家長』　*The Goodman of Paris*　未詳。

一三　ランカスター公ヘンリー　Henry, Duke of Lancaster（一二九九頃―一三六一）　英国の貴族。当時の人びとから騎士道の模範として著名であった。

一四　『聖なる医療の書』　*Le Livre de Seyntz Medicines*　未詳。

一五　ヴァロ　Varro, Marcus Terentius（前一一六―二七）　ローマの文人、学者。護民官や大守を歴任。最も博識の人と称せられ、さまざまな分野で四九〇巻の書物を著したと言われている。

一六　サレルノ　Salerno　イタリア南西部の港町。

一七　コーフォー　Copho　未詳。

一八　にくずく　nutmeg　熱帯アジア原産の常緑高木で、その木の堅くて芳香のある種子は香辛料や薬用にする。

一九　ちょうじ　clove　熱帯性の高木。香料をとるのに利用されている。

二〇　ルルス　Lullus　または Lul（七一〇頃―七八六）　ドイツのマインツの大司教、聖人。ウェセックスに生まれた英国人であるが、ドイツで布教し、この地で没した。博学で、当時の多くの指導者とやりとりした書簡が残っている。

二一　サネット　Thanet　英国南東のケント州北東部にある島。デーン人の侵入地としてよく知られている。

二二　聖ボニファーティウス　St. Bonifatius（六七二頃―七五四）　ドイツ宣教に献身し、殉教したベネディクトゥス会修道士。ルルスは彼によって後継者に指名された。フルダ修道院の設立者でもある。

二三　ヘンリー五世　Henry V（一三八六―一四二二）　英国王（在位一四一三―没年）、ヘンリー四世の子。有能で精力的、かつ勇敢な王であり、百年戦争のさ中の一四一五年にフランスに侵攻し、アジャンクールの戦いに大勝した。

二四　『身分の低い従騎士』　*The squire of Low Degree*　一四五〇年頃に書かれた中英語期の韻文の騎士物語。一介の従騎士にすぎない若者がハンガリー王の娘と恋に陥り、最後には王の承諾を得て結婚するという筋。

二五　シトロン　citron　みかん属の植物で、皮を砂糖漬けにして食べられることが多い。

二六　アニス　anise　地中海地方産せり科の植物で、その種子には精油が含まれ、薬用香料に用いられる。

二七　ばら砂糖　rose-sugar　ばらの花の抽出液で香りと色付けをした砂糖菓子。

二八　コエンドロ　coriander　地中海地方原産のせり科の草木で、実は香味料や消化剤に用いられる。

二九　えにしだ　broom　西ヨーロッパに多い植物で、まめ科の低木、枝は細長く、葉は小さく、黄色い花が咲く。和名はラテン名の genista に由来するものと思われる。

三〇　ヘンリソン　Henryson, Robert（一四二九?―一五〇八頃）　スコットランドの詩人。その著『クレシダの遺書』*The Testament of Cresseid* は、トロイラス Troilus を裏切ったクレシダ Cressida（または Cresseid）の後日談。クレシダは恋人のトロイラスに対する不誠実さを嘆き、トロイラスを真の騎士であると称える。

三一　レヴァント　Levant　ギリシャからエジプトまでの地中海東部沿岸諸国地方の呼び名。

三二　サフラン・ウォルデン　Saffron Walden　英国ウェセックスにある町で、ロンドンの北北東三八マイル、キャム川 The Cam の近くに位置する。

三三　生姜（しょうが）　colombine ginger　と書かれているが、colombine は現代英語では columbine で「鳩色の」の意。

三四　パラダイス　paradise　りんごの一種。具体的には未詳。

三五　長こしょう　long pepper　普通のこしょうとどう違うのか未詳。

三六　ばんうこん　galingale　インドに産する植物で、香料、薬用として用いられるものか、それとも根が香料となる英国産のかやつり草の一種か、どちらかを指す。

三七　メース　mace　にくずくの仮種被を乾燥したもので、香辛料となる。

三八　だいおう　rhubarb　たで科の植物で、根、茎、葉は薬用や食用となる。

三九　ユスターシュ・デシャン　Eustache Deschamps（一三四六―一四〇六頃）　ヴァロア王朝の役人、詩人。バラードやロンドを数多く残し、テーマも多様である。

四〇　エノー　Hainaut　ベルギー南部にある、エスコー川とサンブル川流域の丘陵地帯。

四一　ブラバント　Brabant　ベルギーの一地方。北はアントワープ、東はリンブルグ、南はエノー、西はフランドルに接するところ。

四二　えぞねぎ　chive　料理に用いる香草の一種、チャイブとも呼ばれる。

四三　ノーサンブリア　Northumbria　英国北部のハンバー川の北側にあった古王国。

四四　クスベルト　Cuthbert（六三五―六八七）　リンディスファーン Lindisfarne の司教。この地での宣教活動や修道院制度の改革に努めた。六七六年、近くのファーン島 Farne island で八年間の隠遁生活に入った。

四五　アヴィニョン　Avignon　現在は南フランス、ローヌ川 Rhone 沿いのプロヴァンス地方の中心地。市街は城壁に囲まれ、教皇宮、大聖堂などがある。

四六　ブルグンド族　Burgundians　五世紀にゴール地方に侵入して王国を築いたゲルマン部族。

四七　シードニウス・アポリナーリス　Sidonius Apollinaris（四三一頃―四八七頃）　ガリアの詩人、司教、聖人。ゲルマン人の侵入の際には住民を率いて抵抗した。

四八　たちじゃこうそう　thyme　しそ科の植物で、葉は香味料に用いられる。

四九　ねずみの耳　mouse-ear　ねずみの耳に似て、葉にざらざらした短毛がはえている植物の総称。特定の呼び名がないため、便宜上ここでは「ねずみの耳」としておく。

五〇　はなやすり　adder's-tongue　はなやすり属のしだの総称。

五一　えぞデンダ　polypody fern　うらぼし科のしだ類の総称。

五二　取合せ料理　a made dish　肉、野菜、香料植物で調理したもの。

五三　ブロワのペトルス　Peter of Blois（一一三〇頃―一二〇四頃）　フランスのブロワの貴族出身で、英国の宮廷と教会で働いた神学者。

五四　ういきょう　fernel　地中海沿岸に産するせり科の植物で、葉は薬用や香味料、実は芳香油をとるのに用いられる。

五五　ドレッシング　dressing　サラダなどの料理にかけるソース。
五六　るりぢしゃ　borage　むらさき科の植物。飲料の香味料やサラダに用いられる。
五七　マークヤートのクリスティーナ　Christina of Markyate　マークヤートは英国ハートフォードシアの地方名。クリスティーナはハンティングトンの裕福で高貴な家の娘であったが隠世した。高潔な尼僧として知られていた。
五八　チャービル　chervil　せり科の植物。スープ、サラダなどの料理に用いられる香草で、葉はパセリに似ている。
五九　セージ　sage　しそ科の多年性草本で葉は灰緑色、医薬用、香料として用いられる。サルビアとも呼ばれる。
六〇　ヘンルーダ　rue　みかん科の植物で、花は黄色、その葉は苦くて強い香りがあるため、昔は興奮剤に用いられた。
六一　まんねんろう　rosemary　地中海原産のしそ科の常緑低木。調味料、香料、医薬品の材料として用いられる。ローズマリーとも呼ばれる。
六二　ヒソップ　hyssop　ヨーロッパ産のはっかの一種。芳香ある青い花をつける。昔は薬用とされた。やなぎはっかとも呼ばれる。
六三　wort［wəːt］　広く植物、草、野菜を指し、薬用植物も含まれる。複合語の第二要素に用いられることが多い（たとえばliverwort「ぜにごけ」）。
六四　ビート　beet　さとう大根属の総称。赤か白の多肉の根は特にサラダに、そして葉はサラダまたは調理野菜として用いられる。
六五　ぜにあおい　mallow　あおい科の植物の総称。特にぜにあおいを指すことが多い。角ばった浅裂または深裂の葉と、紫、ピンクまたは白の花をつける。
六六　かっこう草　betony　地中海地方産のしそ科の植物で、紫色の花が咲く。昔は薬や染料に用いられた。かっこうちょろぎとも呼ばれる。
六七　フランス王ジャン　King John of France（一三一九―一三六四）フランス王。ポアティエの戦に敗れて英国に囚われの身となった。
六八　すべりひゆ　purslane　すべりひゆ科の草本の総称。どこでも見られる雑草の一つ。黄色の花をつける。サラダとして、また煮て食べたりする。
六九　こしょうそう　garden cress　西アジア産のあぶらな科の植物。特有の香りと辛味があり、芽ばえや幼植物をサラダや香辛料として用いる。
七〇　ソップ　sop　ぶどう酒、スープ、牛乳などに浸して食べるパン切れ。
七一　スペンサー　Spenser, Edmund（一五五二頃－一五九九）　詩人の中の詩人と称えられるエリザベス朝を代表する英国の詩人。代表作は『神仙女王』*Faerie Queene*。
七二　『羊飼いの暦』*Shepheardes Calender*　一五七九年に刊行された処女詩集で、初期の代表作。これによってスペンサーは詩壇に登場し、一躍詩人としての地位を確立した。
七三　『マグダラのマリア』*Mary Magdalen*　キリストの女弟子であり、悔改めと信仰とによって聖徒となった売春婦マリアの物語を題材にした戯曲。
七四　コーディアル　cordial　蒸留酒に果実の香りと甘味を加えた酒で、強壮、強心飲料とされる。
七五　レンヌ　Rennes　フランスのブルターニュ地方の行政、文化の中心地。何度も包囲され、一七二〇年の火災でほとんど破壊された。セント・ピーター寺院、ノートルダム教会などの著名な建築物がある。
七六　カスティリアのエリナ　Eleanor of Castile（?－一二九〇）　スペイン中部の古王国カスティリアの高名な王アルフォンソ一〇世の妹。
七七　ポーツマス　Portsmouth　英国南部の州ハンプトンシアの南東部にあり、英国海峡に臨む港町。
七八　レッドベリ　Ledbury　英国西部の旧州ヘレフォードシア Herefordshire にある町。
七九　ビッベスワースのウォルター　Walter of Bibbesworth　騎士 Gautier Walter のこと。英国の貴族がフランス語、とりわけアングロ・ノルマン語の使用を守り育てるために、家庭内で特別訓練するために書かれた本 *Traité sur la langue française* の著者。
八〇　『粉屋の話』*The Miller's Tale*　『カンタベリ物語』の二六番目に登場する粉屋が語る、いわば喜劇的な笑い話であるが、単なる下品で卑猥な笑い話ではなく、技巧や芸術性においてすぐれた作品となっている。なお、アリスーン Alison はこの作品の主人公。
八一　ベリック　Berwick　スコットランド南東部の旧州、現在はボーダーズ州 Borders の一部。

八二　ウォーデン　warden　西洋梨の一種で、果肉がしまっており、料理用とされる。
八三　まるめろ　quince　ばら科の植物で、その実は黄褐色で堅く、芳香と酸味が強く、ゼリー、ジャムなどの原料になる。花梨とも呼ばれる。
八四　コスタード　costard　英国種の大型のりんごで料理用。
八五　ポームウォーター　pomewater　英国種の大型で甘味の深いりんご。以下、リカードン ricardon、ブラウンドレル blaundrell、ビタースィート bittersweet まで、さまざまな種類が挙げられているが、個々の特徴などは未詳。
八六　カイユー　caillou　以下、レギュール regul、パスピュセル pas-pucelles、クノープ knope まで品質等の違いは未詳。
八七　ウォードン　wardon　前の段階ではウォーデン warden（八二項参照）となっているが、両者は同じものを指しているものと思われる。
八八　ベッドフォードシア　Bedfordshire　英国中部の内陸にある州。
八九　ウォードン　Wardon　ベッドフォードシアにある Warden のことと思われる。ウォーデン大修道院がある。
九〇　シトー会大修道院　Cistercian abbey　シトー会については訳注4の四〇を参照。この大修道院はフランスのシトーにある母修道院のこと。
九一　シュガー博士　Dr. Suger　未詳。
九二　ウェルズ大聖堂　Wells Cathedral　英国サマセット州の町ウェルズにある聖堂で、一三世紀前半に建てられた。
九三　『ばら物語』 *The Romaunt of the Rose* 同名のフランス語の原典から翻訳されたもの。訳者はチョーサーとされるが、定かではない。
九四　西洋すもも　greengage　小型で緑色ないしは黄緑色の果実をつけるすももの総称。
九五　仁　kernel　梅や桃などの果実の核の中にある種子。
九六　ヘレフォード　Hereford　英国の旧州ヘレフォード・ウスター州西部の都市。
九七　こけもも　whortleberry　ヨーロッパ・シベリア産のつつじ科の植物で、その黒い小さな実は食用となる。

九八　ラベンダー　lavender　南ヨーロッパ原産のしそ科の草または木の植物で、特にはっかの香りのする薄紫色の穂状の花をつける。

九九　ウルム　Ulm　旧西ドイツ南部のダニューブ川畔にある町。

一〇〇　フェーリクス・ファブリ　Felix Fabri（一四四一頃―一五〇二）　ドミニコ会修道士。ウルムから巡礼の旅を企て、パレスティナに至る。この巡礼記をはじめさまざまな記録を残している。

一〇一　ガザ　Gaza　パレスティナ南西部の海港で、古代の貿易行路の主要地。

一〇二　ポワレ　poiré　洋梨から作られる発泡性果実酒、特にブランデー。ポワールとも呼ばれる。

一〇三　りんぼく　sloe　とげのある灌木で、枝は黒味を帯びる。春には白い花をつける。果実はプラムに似て、きわめて小さく、熟れると黒か濃い紫色になり、酸味は強い。

一〇四　びゃくだん　sandalwood　インド原産の半寄生の小高木。その心材は堅く香気があるため、工芸品や薫香の材料に用いられる。

一〇五　コティニャック　cotignac　元来この語はまるめろの実を表わした。この実から作られたペーストゼリーはオルレアンの名物となっている。

一〇六　ロンドン金細工師組合　London Goldsmiths' Company　当時のロンドンでは最も裕福なギルドの一つであったことが知られている。

一〇七　アルカンナ　alkanet　ヨーロッパ産のむらさき科の植物で、根からとられた紅色の染料は赤ぶどう酒や菓子類の着色に用いられる。

一〇八　カスタード　custard　卵、牛乳、砂糖、香料などを混ぜたソース、クリーム、など。または、これらを焼いたり蒸したり凍らせたりした菓子。

一〇九　タルト　tart　果物、ゼリー、ジャムなどが入った小型で薄いパイの一種。通例上部は皮でおおわれていない。

一一〇　装飾音　grace note　旋律を飾って、楽曲に趣を添えるために用いられる音、特に前打音を指す。

一一一　プロブス　Probus, Marcus Aurelius（二三二―二八二）　ローマの軍人皇帝のひとり。兵士をぶどう園の労役に用いるなどの不満から反乱がおこり、暗殺された。

一一二　テラコッタ　terra-cotta　元来は褐色がかった橙色の土器。しばしばさまざまな色釉を施して焼成し、建築物用ブロックや装飾物に用いられる。
一一三　ハンプシア　Hampshire　英国南海岸の州。
一一四　チューダー朝　Tudor　ヘンリー七世からエリザベス一世までの時代（一四八五―一六〇三）をいう。
一一五　ハートフォードシア　Hertfordshire　英国南東部の州。
一一六　ボックスムア　Boxmoor　ハートフォードシアの南西にある住宅地域。ローマ軍駐屯時代の村落跡がある。
一一七　ビード　Bede（六七三―七三五）　英国の聖職者、歴史家、神学者、聖人。『英国教会史』などの著書がある。ベーダ Beda とも呼ばれる。
一一八　アスカム　Askham　英国のヨークシアは北、東、西に三区分されているが、アスカムはその西の区画に位置する町。
一一九　イーリー　Ely　英国の東部ケンブリッジシアにある湿原の多い土地。
一二〇　マームズベリのウィリアム　William of Malmesbury（一〇九五頃―一一四二頃）　英国の歴史家、修道士、マームズベリの修道院の司書。『英国諸王の事績』など、多くの著書がある。
一二一　サリンベーネ　Salimbene（一二二一―一二八八）　イタリアの修道士、歴史家。一一六〇―一二八七年の間の年代記の作者として知られている。
一二二　リンカン伯　Earl of Lincoln　第三代目の Henry de Lacy（一二四九頃―一三一一）のこと。顧問役としてエドワード一世、二世に影響力を持っていた。のちに将軍となる。
一二三　ホウルバン　Holborn　ロンドンの自治都市。
一二四　ラインラント　Rhineland　旧西ドイツのライン川以西の地方。
一二五　ロシェル　Rochelle　フランス西部の海港都市、現在は県庁所在地。
一二六　ガスコーニュ　Gascogne　フランス南西部ガロンヌ川とピレネー山脈の間にあった旧州名。
一二七　ウスター　Worcester　英国西部ヘレフォード・ウスター州の州都。
一二八　ウォリック　Warwick　英国中部の内陸州ウォリックシアの州都。
一二九　コヴェントリ　Coventry　英国ウェスト・ミッドランズ州にある都市。

一三〇　リチャード・ビーチャム　Richard Beauchamp（一三八二―一四三九）　ヘンリー五世の時代の英国軍人、政治家で、国事に手腕を発揮した。

一三一　リチャード・スターリ卿　Sir Richard Sturry　Eltham の人。フロワサールは一三七〇年にブリッセルのヴァーツラフ王の宮廷で卿に会ったと記している。

一三二　スエット　suet　牛や羊などの腎臓や腰の辺りの堅い脂肪で、料理やろうを作るのに用いられる。

一三三　やまりんご　crab apple　酸味の強い小粒のりんごで、主にゼリー用。

一三四　ブリーム　bream　ヨーロッパ産のこい科の偏平な淡水魚。

一三五　ケンブリッジシア　Cambridgeshire　英国東部の州。州都はケンブリッジ。

一三六　ウェストリ・ウォーターレス　Westley Waterless　ケンブリッジシアにある地名。

一三七　聖メアリ教会　the church of St. Mary　未詳。

一三八　凝乳　curd　牛乳に酵素を加えて凝固させたもので、チーズの原料となる。カードとも呼ばれる。

一三九　クロイランド大修道院　Croyland Abbey　八世紀にマーシアのエゼルバルドによって建てられた有名な修道院で、現在は遺跡が残されている。

一四〇　ポーチ　poach　割った鶏卵をこわさないで熱湯に入れてゆでる料理法。卵以外に魚、果物などもこの方法で料理されることがある。

一四一　炒る　scramble　鶏卵を火にかけながらバターやミルクを加えてかきまぜること。

一四二　ホイップにする　whip　卵やクリームを強くかき回して泡立たせること。

一四三　スフレ　souffle　泡立てた卵白に牛乳、卵黄、ホワイトソース、魚、チーズなどを加えて焼いた料理。

一四四　パンケーキ　pancake　練り粉を平たく丸く焼いたもので、厚さは多様、中身を入れて巻くこともある。

一四五　フロイゼ　froise　パンケーキやオムレツを表わす語として、英語では一四世紀半ばから一九世紀末ごろまで用いられた。

一四六　ガウアー　Gower, Sir John（一三三〇頃―一四〇八頃）　英国の詩人。チョーサーの友人。『恋人の告白』、『黙想者のかがみ』、『野に呼ばわる者の声』などの英、仏、ラテン語による教訓的な長編の著作がある。

一四七　乳漿　whey　乳汁の成分の一つで、ミルクからたんぱく質と脂肪を除いた他のすべての部分。

一四八　フランドル風に　Flemish　フランドルはベルギーおよびフランスのアルトワ丘陵とシェルト川下流との間の北海に沿った低地。中世以来、毛織物業が盛んとなり、文化が興った。フランダースとも呼ばれる。

一四九　澄ましバター　clarified butter　火にかけて溶かしたバターの上澄み液。

一五〇　えぞばい貝　whelk　北大西洋、北太平洋にすむえぞばい科の貝の総称であるが、一般にカキ類の養殖場に被害をもたらす貝として知られている。

一五一　ヘンリー二世　Henry II（一一三三―一一八九）　プランタジネット王朝初代の英国王。

一五二　モンテーニュ　Montaigne, Michel Eyguemde（一五三三―一五九二）　フランスの随筆家、哲学者。主著は『随想録』。

一五三　ハギス　haggis　子牛、羊などの内臓を刻み、オートミールや香辛料などと混ぜてその胃に詰めて煮たもの。

一五四　フルーメンティ　furmenty または frumenty　小麦粉を長時間煮て、牛乳や砂糖を交ぜ、さらに煮てかゆ状にしたもの。

一五五　ホランドとウェークの領主トマス　Thomas, Lord Holand and Wake　未詳。

一五六　メイドストーン　Maidstone　ケントの州庁所在地で、ロンドンの東南東三二マイル、メドウェイ川沿いに位置する。「万聖教会」The Church of All Saints という著名な教会がある。

一五七　ヴァーツラフ王　King Wenceslas I　ボヘミア王（一二三〇―一二五三）　詩の保護者であり、彼自身宮廷詩人であった。

一五八　マンチェスター大聖堂　Manchester Cathedral　マンチェスターは英国ランカスタシアの都市。この町の大聖堂は二重の広通廊、聖歌隊の席の彫刻、美しい明り窓などで著名。

一五九　グリフィン　griffin　ギリシャ神話に出てくる怪獣で、ライオンの胴体に鷲の頭と翼などを持つ。

一六〇　『ボードゥのヒューアン』*Huon of Burdeux*　主人公ヒューアンは誤ってカール大帝の子を殺したため、死刑を宣告されるが、条件づきで釈放され、妖精の王の援助によってその条件を果たす、という一三世紀頃のフランスの武勇談を英訳したもの。ジョン・バウチャ John Bourchier が訳し、一五三四年ごろ出版された。

一六一　たいせい（大青）　woad　あぶらな科の植物で、以前は葉から藍染料を取った。実は扁平長楕円形。

一六二　ヘット　fat　料理用の固形油脂。
一六三　ファーロング　furlong　長さの単位。八分の一マイル、約二〇一・一七メートル。
一六四　ミゼレーレ　Miserere　詩篇第五一篇。
一六五　ヨーク・ミンスター　York Minster　ヨークシア州の州都ヨークにある英国の主な大聖堂の呼び名。
一六六　パルマ　Parma　イタリア北部にある都市。
一六七　リヨン　Lyons　フランス東部にある都市。絹織物の産地として著名。
一六八　ステファヌス・コラルス　Stephanus Corallus（一五二八―一五九八）　著名なフランスの印刷業者、学者。数多くの出版を手がけたが、特に有名なのは『ギリシャ語辞典』全五巻で、該博な知識が盛り込まれている。またプロテスタントを擁護したことでも知られている。フランス名アンリ・エティエンヌ Henri Estienne。
一六九　一かえし分の卵　a clutch of eggs　一般に一三個の卵がこれに当る。
一七〇『修道士ユースタス』　*Eustace the Monk*　ユータスは英国東部のイーリーにある大聖堂の司教。

6　食卓の用意

一『郷士の話』　*Franklin's Tale*　『カンタベリ物語』の二四の話の一つで、夫を思う貞節な妻と、彼女に対して不倫の気持ちを抱いた若者の物語。
二　フェレンティーノ　Ferentino　ローマの南東四二マイルの所にあるローマ州の都市。
三　ルチェーラ大会堂　Lucera Cathedral　ルチェーラはイタリアのフォッギア州にある町で、大会堂と城があり、後者はフレデリック二世によって建てられ、規模壮大で堂々とした構えで知られている。
四『デグレヴァン卿』　*Sir Degrevant*　一三五〇―一四〇〇年頃に英国の北部方言で書かれた一六行のスタンザを用いた脚韻詩。当時、この地方では一二行のスタンザを使って中世騎士物語を作ることが流行していた。

五『マンデヴィルの旅』　*Mandeville's Travels*　一四世紀中頃に Sir John Mandeville という架空の人物の東方旅行記がフランスで出され、たちまち英、独、イタリア語などに訳された。この旅は聖地パレスティナ、トルコ、ペルシャ、エジプト、インドに及び、各地の案内と奇習風俗の紹介を中心とする愉快な読み物。
六　支那　Cathay　中国 China の古い呼び名。

七　大汗　Great Khan　汗は昔のタタール族（モンゴル族、トルコ族など）の君主の称号。
八　エル　ell　昔の尺度。英国では四五インチ。
九　リチャード・ド・ブラウンテスハム　Richard de Blountesham　ブラウンテスハムは英国東部の旧州ハンティングトンシアにある Bluntisham のこと。当地のリチャードについては未詳。
一〇　ベリーの公爵　Duke de Berry（一四四六―一四七二）　チャールズ七世の第二子チャールズのこと。
一一　シャンパーニュ　Champagne　フランス北東部の地方。
一二　ノーフォーク　Norfolk　英国東部の北海に面する州。
一三　エイルシャム　Aylsham　英国ノーフォーク州の北西にある町で教区。かつては毛織物の中心地であった。
一四　マルゲリータ・ディ・マルコ・ダティーニ　Margherita Di Marco Datini　一四世紀に栄えたプラートーの商人 Francesco Datini の妻。訳注3の五七を参照。
一五　アングロ・ノルマン語　Anglo-Norman　一〇六六年のノルマン征服後、ほぼ三世紀にわたって英国で公用語として用いられたフランス語の一方言。
一六　リチャード一世　Richard I（一一五七―一一九九）　英国王、獅子心王と呼ばれ、父や兄弟との争いが絶えなかった。第三回十字軍を編成した。
一七　メッシーナ　Messina　イタリア南部の地中海にあるシチリア島の北東部の港町。
一八　『中英語辞典』　*The Middle English Dictionary*　一九五四年以来ミシガン大学出版局から分冊で発行されている辞典で、現在Sの項の最終分冊近くまで刊行ずみ。
一九　『小さな貯蔵庫』　*Promptorium Parvulorum*　一四四〇年頃に作られた英国で最初の英羅辞書。
二〇　つや出し石　slickstone または sleekstone　『オックスフォード英語辞典』 *Oxford English Dictionary* は、「つやを出したり、光沢を出すのに用いられたつるつるした石」と定義し、一三二五年を初例としている。
二一　リリー　Lyly, John（一五五四頃―一六〇六）　英国の小説家、劇作家。「気どった華麗な文体」Euphuism の創始者。
二二　カッコウピント　cuckowpint　さといも科の植物で、根茎は生だと毒があるが、焼いて食用にされる。現代英語では cuckoopint と綴られる。

二三　スターチワート　starchwort　『オックスフォード英語辞典』はジェラードの『植物誌』をこの語の典拠としている。starch＋wort（＝whort＜hurt≦hurtleberry＝「ヨーロッパ産こけもも」）という造語であろう。

二四　タンブラー　tumbler　平底の大コップ。

二五　アクィナス　Aquinas, Thomas（一二二五頃－一二七四）　イタリアのスコラ哲学者。『神学大全』やアリストテレスの著作の注解などの大著がある。

二六　ウスター　Worcester　英国ヘレフォード・ウスター州の州都。大聖堂がある。

二七　トマス・ウェイリス　Thomas Waleys　一四世紀の英国ドミニコ修道会の説教者以外の伝記は未詳。

二八　トルテ　torte　トルテは現在は小麦粉またはパン粉に卵、砂糖、刻んだ木の実などを入れて作ったケーキを指す。

二九　シオン大修道院　Syon Abbey　一四世紀初頭に英国ミドルセックスに建てられたビルギッタ会の修道院。

三〇　オーカッサン　Aucassin　一二〇〇年頃フランス語で書かれた『オーカッサンとニコレット』*Aucassin et Nicolette* の主人公。なお、この作品は城主の息子オーカッサンと城代の養女ニコレット Nicolette との恋物語で、韻文の節と散文の節とを交互に用いた「歌物語」としては現存する唯一のものと言われている。作者は不詳。

三一　フラ・ボンヴィチーノ　Fra Bonvicino　未詳。

三二　『礼儀作法の本』*Boke of Curtasye*　未詳。

三三　マリアとヨセフ　Mary and Joseph　イエスの両親。ヨセフはベツレヘム出身の大工であった。ルカ（二・四一）には、イエスが一二歳のとき親子三人でエルサレムに行ったと記されているが、ヨセフのそれ以降の消息は知られていない。一方、マリアはイエスの磔刑の頃も何カ所かで言及されている。たとえば、マタイ（二七・五六）、マルコ（一五・四〇）、ヨハネ（一九・二五－二七）。

三四　ブルヌフ湾　Bay of Bourgneuf　現在はロアール河口の南にブルヌフ・アン・レ Bourgneuf-en-Retz という町として残っている。中世には塩の重要な積出し港として知られた。現在はカキの養殖が盛んな所である。

三五　聖メアリ・ド・プレ小修道院　the Priory of St. Mary de Pré　一二世紀に建てられたハンセン氏病の女性患者のための僧院風の病院。

三六　パイント　pint　容量の単位で、約〇・五七リットル。

三七　ウィリアム・バード　William Bird　一五世紀のブリストルの大商人という以外の伝記は未詳。

三八　ポール・ド・ランブール　Paul de Limbourg　一四世紀後半に活躍した三人のフランドルの画家兄弟の一人。「ベリー公のいとも豪華なる時禱書」などを共同制作した。

三九　索具　rigging　船のロープや鎖などを総称した呼び方。

四〇　ウィリアム・ホーマン　William Horman（一四五〇頃―一五三五）　英国の学者、宗教家。少年のためにラテン語で書かれた格言集『普通の少年のために』*Vulgaria Puerorum* は今なおその価値を失っていないと言われている。

四一　『礼儀作法の本』*Book of Curtesye*　キャクストンが一四七七年から翌年にかけてウェストミンスターで刊行したもの。

四二　ウィリアム・ケイツビ　William Catesby（?―一四八五）　リチャード三世の顧問官で法律に詳しく、リチャードが王になるまでは大きな影響力を持っていた。

四三　カミルレ　camomile または chamomile　ヨーロッパ産きく科の植物で、葉と花に芳香があり、薬用にする。主に発汗、解熱などに用いられる。カミツレとも呼ばれる。

四四　マヨラナ　marjoram　しそ科の植物の総称で、薬用および料理用。

四五　サナップ　sanap　『オックスフォード英語辞典』によると、この語はテーブルクロスが汚れるのを防ぐためにその上に置かれた布の意味で、一四世紀から一五世紀半ば頃まで用いられた。

四六　リーズ　Leeds　英国西ヨークシア州にあるこの州最大の都市。織物業の盛んな所で有名。

四七　バトル・ホール　Battle Hall　ノルマンの征服王ウィリアムは、一〇六七年に戦勝の地にバトル大修道院 Battle Abbey を建てた。このホールは一三三〇年頃の建立。

四八　クレルヴォーの聖ベルナルドゥス　St. Bernard of Clairvaux（一〇九〇頃―一一五三）　フランスの神秘思想家、修道院長。厳格な生活と雄弁な説教は当時のキリスト教会に大きな影響を与えた。

四九　ラルフ・ヘースティングス卿　Sir Ralph Hastings　未詳。

五〇　ディーナーンド　Dinand　現在はベルギー南部にある都市ディーナーント Dinant。かつては銅や真鍮の器具類の生産で名高かった。この地は一四六六年にブルグンド族に、また一五五四年と一六七五年にはフランス人によって略奪された。

五一　コーパス・クリスティ　Corpus Christi　英国ケンブリッジ大学の学寮の一つで、一三五二年創立。

五二　ウォリックのガイ　Guy of Warwick　七〇〇〇行に及ぶ同名の物語詩に登場する伝説的な英雄。彼はウォリック伯の娘を得るために戦ったり怪物退治をする。結婚後聖地に赴くが、帰国してから隠者となり、事情を知らない妻から毎日パンを与えられる。死に望んで素性を明らかにするという筋。

五三　ココナツ　coconut　ココやしの実。実の胚乳から、やし油、殻からは繊維がとれる。

五四　ニコラス・スタージョン　Nicholas Sturgeon　一五世紀の英国の司祭ということ以外の伝記未詳。

五五　シャーバン養育院　Sherborn Hospital　シャーバンは八－一一世紀の間、司教管区であったため、このような施設も設立されていたものと思われる。

五六　『大聖務日課書』*Grandes Heures*　未詳。

五七　酒杯　goblet　深鉢形の杯で、手がなく、台と蓋がついていた。金属またはガラスで作られた。

五八　サントンジュ　Saintonge　現在のフランス西部のシャラント・マリティーム県南部とシャラント県の一部にほぼ相当する旧州。

五九　サウサンプトン　Southampton　英国南部ハンプシア州の海港。

六〇　ラスター　lusterware　真珠や金属の光彩を有する、うわぐすりをかけた陶磁器を指す。

六一　アンダルシア　Andalusia　スペイン南部、大西洋と地中海に面する地方で、昔のムーア文明の中心地。

六二　アラゴン　Aragon　スペインの北東部の地方。当時（一一－一五世紀）は王国。

六三　バレンシア　Valencia　スペイン東部の海港で、かつてのバレンシア王国の首都。

六四　ナサウ　Nassau　旧西ドイツ中西部ラインラント・プファルツ州の一都市。

六五　エンゲルベルト　Engelbert　一五世紀末のナサウの人ということ以外の伝記未詳。

六六　飾り縁　border　本の印刷面の周囲をかこう部分。

六七　イザベラ女王　Queen Isabella（一三八九－一四〇九）　フランスのチャールズ六世の第二王女、英国のリチャード二世の二番目の女王。

六八　トマス・バース　Thomas Bath　一五世紀のブリストルの人という以外の伝記は未詳。

六九　ロジャー・フロア　Roger Flore　一五世紀の英国人という以外の伝記は未詳。

七〇　タンカード　tankard　取っ手と蓋の付いた金属または陶製の大コップ。

七一　とねりこの木　ash (wood)　もくせい科の植物の総称。材質が堅くて強いため、西洋では昔から槍、楯、家具などに広く用いられている。

七二　ポシディウス　Possidius（三七〇頃−四四〇頃）　アウグスティヌスの弟子および司教として、師をよく助け、師の伝記『聖アウグスティヌスの生涯』を編集した。

七三　キングストン　Kingston　現在はロンドン南西部の自治区、テムズ河畔の住宅地。

七四　サン・マルコ大聖堂　St. Mark's　八三〇年に創建された聖堂に代って、一〇六三−一〇九四年に大規模に建立された大聖堂で、ビザンティン様式の代表的建築物。

七五　パーラ・ドーロ　Pala d'Oro　黄金製の衝立で、もとは祭壇の前面飾り。ビザンティンの貴金属工芸の粋を集めたものと言われている。

七六　『葉蔭劇』　*Le Jen de la Feuillée*　一二七六年頃に作られた世俗劇の一つ。結婚生活に失望し、パリに留学するためアラスの町を離れようとする作者自身、および町の人びと、妖精、道化などが登場する奔放な諷刺的作品。

七七　アラス　Arras　北フランスのアルトア地方の中心都市、中世にはタピスリーの産地として栄えた。

七八　ビザンティン社会　Byzantine society　三九五年のローマ帝国の東西分離以後ローマを首都とした西ローマ帝国に対し、コンスタンティノープルを首都とした東方の帝国をビザンティン帝国という。ここは一四五三年にトルコに滅ぼされるまでの千余年のあいだ、ギリシャ正教の大本山として宗教上の指導的地位を保ち、また豪華なビザンティン文明を生み出した。

七九　聖ルイ　St. Louis（一二一四−一二七〇）　フランス国王、聖人。ルイ九世。聖王と称される。

八〇　ボーヴェ　Beauvais　パリ盆地北部テラン川沿いにあるガリア時代からの古い都市で、現在は県庁所在地。ゴシック建築のサン・ピエール聖堂があり、伝統的なつづれ織りの生産地。

八一　ラングル　Langres　現在はフランスのブルゴーニュ地方、ディジョンの北東にある郡庁所在地。多くの歴史的建造物がある。

八二　ペリグー　Perigueux　現在はボルドー北東部、イル川沿いにある県庁所在地で、農畜産物の集散地。

八三　シェフィールド　Sheffield　現在は南ヨークシア州の中部、ドン河畔の工業都市で州都。鉄鋼工業の中心地。

八四　フランス王ジャン二世　King John II of France（一三一九－一三六四）　フランス国王（一三五〇－没年）、フィリップ六世の息子。一三五六年のポアティエの戦いで英国軍の黒太子に敗れて捕われ、ロンドンの獄中で死亡。善王と呼ばれている。

八五　市松模様　checker　黒と白を交互に並べた碁盤目の模様。チェックとも呼ばれる。

八六　一角獣　unicorn　額に一本のねじれた角、かもしかの尻、ライオンの尾をもつ馬に似た伝説上の動物。

八七　トマス・ブラウン卿　Sir Thomas Browne（一六〇五－一六八二）　英国の文人、医師。多くの著述があるが、中でも『医師の宗教』（一六四三）、『迷信論』（一六四六）、『壺葬論』（一六五六）は著名。

八八　一角（いっかく）　narwhal　寒帯の海にすむいっかく科の動物。雄には長く真直な螺旋形の牙がある。

八九　アングロ・サクソン語　Anglo-Saxon　古英語 Old English と同義で、四五〇年頃から一一五〇年頃までの英語。

九〇　サント・シャペル　Sainte-Chapelle　パリにある礼拝堂で、聖王ルイ九世が自分の宮殿の礼拝堂として建てたもの。

九一　アベル　Abel　旧約聖書に登場する人物。「はかなさ」あるいは「息」の意。アダムとエヴァの子。カインの弟。牧羊者となったが、嫉妬からカインに殺された。

九二　アダム　Adam　旧約聖書中の人物。「人」の意。創世記に記されている人類の始祖。

九三　エヴァ　Eve　旧約聖書中の人名。「生命」の意。最初の女でアダムの妻。神によってアダムのあばら骨から造られた。

九四　『チェスター羊飼い劇』　*Chester Shepherds' Play*　英国北西部チェシアの中心都市チェスターでは、一五世紀ごろ奇跡劇 miracle plays と呼ばれる初期の演劇が栄えた。現在これらの劇の稿本が二五編残されており、『チェスター羊飼い劇』はその中の一つ。

九五　ヴァナヤ教会　Vanaja Church　未詳。

九六　ベツレヘム　Bethlehem　パレスティナの中部にあり、エルサレムに近い古都。イエスとダヴィデの誕生の地。

九七　『ルー物語』　*Roman de Rou*　歴史編纂家ワースが英国王ヘンリー二世の命をうけて、一一六〇年から一四年間のノルマンディー公家の歴史を書いたもの。ただし、未完に終っている。

九八　染料　原著の引用例中の dy は現代英語の dye「染料」のことと思われるが、「染料のようにきれいな」という表現が意図されていたのかどうか疑問が残る。

九九　ディック・ホィッティングトン　Dick Whittington　著名なロンドン市長リチャード・ホィッティングトンのこと。訳注1の六六を参照。

一〇〇　エン・ドル　Endor　ヘブライ語で「ドルの泉」の意。聖書の地理によると、エン・ドルはパレスティナにある村で、ガリラヤ湖の南西一三マイルの所に位置する。この地でサウルはペリシテ人との最後の約束の夜、女のうらない師「エン・ドルの魔女」に相談をした。

一〇一　サウル　Saul　旧約聖書中の人名。イスラエル初代の王、在位紀元前一〇二〇―前一〇〇〇頃。

一〇二　ダンバートン・オークス　Dumbarton Oaks　米国の首都ワシントンにある邸宅の名前。

一〇三　ドメニコ・セルヴォ　Domenico Selvo　ローマの総督という以外の伝記は未詳。

一〇四　オスティア　Ostia　イタリアのラティウムの古都。テベレ河口にあってローマの外港となっていた。

一〇五　ペトルス・ダミアーニ　Petrus Damiani（一〇〇〇頃―一〇七二）　イタリアの神学者、枢機卿、聖人。グレゴリウス七世と共に教会改革を遂行した。『無償の書』、『ゴモラの書』などの著名な著書がある。一八二八年に教会博士と宣言された。

一〇六　リュブリュキのウィリアム　William of Ruysbroeck（一二二〇頃―一二七〇頃）　フランドル出身のフランシスコ会宣教師。ルイ九世らの命をうけて、タタール族やモンゴル帝国などへ伝道に出かける。その旅行記は歴史的に貴重な書となっている。

一〇七　タタール　Tartars　かつてアジア北東部に遊牧したツングース族。一三世紀のモンゴル帝国が西方へ発展してからは、ヨーロッパではモンゴル人を含めてこの名で呼ばれ、その勢力下にあったトルコ人もこれに含まれることがある。

一〇八　ルイ九世　Louis IX　本章の訳注七九を参照。

一〇九　オルレアンのヴァレンティーナ　Valentina d'Orléans　未詳。

一一〇　モンテカシーノ　Monte Cassino　イタリア中部の町ナポリの北西にある山。山頂には六世紀に聖ベネディクトゥスが創設した修道院がある。

一一 ラバヌス・マウルス Rabanus Maurus（七八〇頃―八五六） ドイツの神学者、教育家。博識の彼がフルダの修道院長に就任して以来、フルダは学術の中心地となった。百科全書的著作『すべてについて』などがある。

一二 セビリア Seville スペインの南西部にある港町。昔のムーア人の宮殿、大聖堂、大学などがある。

一三 イシドールス Isidorus（五六〇頃―六三六） スペインのセビリアの司教、神学者、百科全書家、聖人。当時は最も学識豊かな人であり、主著『語源考』*Etymologiae* は参考図書として数世紀間使われ、その写本は一〇〇〇以上も流布している。

7 礼節は人を作る

一 マロリー Malory, Sir Thomas（?―一四七一） 英国の著述家、騎士。アーサー王伝説を集大成した『アーサー王の死』*Le Morte Darthur* の筆者と推定されている。この作品は一四八五年にキャクストンによって印刷された二一巻から成る散文の物語。

二 エクター卿 Sir Ector 『アーサー王の死』に登場する人物。幼王アーサーの後見人として活躍する。

三 ラーンスロット Launcelot 『アーサー王の死』に出てくる人物。円卓の騎士の筆頭で、聖杯探求に出かけるが、身の罪のために見ただけで取ることはできなかった。

四 グレーハウンド greyhound 野うさぎ狩りに使われた体高のある脚の速い猟犬。

五 抱き犬 lapdog 「ちん」などのように膝にのせて可愛がる小さな愛玩犬。

六 蛇と梯子 snakes and ladders すごろくの一種で、さいころの数で駒を進め、蛇の頭絵までくると尾まで戻り、はしごの下部にくると上部へ進む。

七 ハドリアーヌス四世 Hadrianus IV（一一一〇―一一五九） 唯一の英国人ローマ教皇。本名ニコラス・ブレイクスピア Nicholas Breakspear。修道院長、枢機卿を経て、一一五四年から没年まで教皇。

八 ポアティエ Poitiers 古戦場として著名なフランス西部の町。

九 聖マルティアル St. Martial リモージュのマルティアル Martial of Limoges とも呼ばれる。二五〇年頃活躍。ガリア（今のフランス）のアキテーヌの使徒。伝承によると、二五〇年頃にローマからガリアへ派遣された六人の司教の中の一人であると言われている。初期キリスト教時代における異教地への宣教師として重要である。祝日は六月三〇日。

一〇 ジャンヌ・デヴルーの聖務日課書 *Hours of Jeanne d'Evreux* 一三二六年頃パリで書かれたものであるが、内容等は未詳。

一一 オヴィディウス Ovidius, Publius Naso (紀元前四三—紀元一八) ローマの詩人。恋愛詩、諷刺詩を中心に中世で広く愛好され、英国でもチョーサー以降の詩に大きな影響を与えた。『恋の手管』*Art of Love* は恋の仕方を述べた三巻、二三三〇行から成る詩で、当時のローマの社会生活における面白い描写を含んでいる。

一二 『恋の方法』*La Clef d'Amour* 未詳。

一三 デルラ・カーサ Della Casa (一五〇三—一五五六) イタリアの詩人、ローマ教皇パウロ三世の部屋付きの聖職者、司祭。エチケットに関する詩『礼儀作法の本』*Galateo* (一五五一—一五五五年) などの著作がある。

一四 ジェアン Jehan 一三世紀の物語『ジェアンとブロンド』*Jehan et Blonde* の主人公。なお、後述のブロンド Blonde はその恋人。

一五 スキュラとカリブディス The Scylla and Charybdis 共にギリシャ神話に登場する怪物。スキュラは巨岩に住む六頭一二足の海の女怪。イタリア海岸の危険な岩を指すこともある。カリブディスはシシリー島沖合いの渦巻きで、舟を呑むと伝えられる。両者で「身近な難題」ほどの意味。

一六 権標奉持者 mace-bearer 王権の象徴である職杖を行列などの時に奉持して高官の露払いを勤める者。

一七 『大年代記』*Great Chronicle* A. H. Thomas, *The Great Chronicle of London* のこと。チューダー朝のロンドンの年代記としては最も評価が高い。

一八 『焼かれた白鳥の嘆き』*The Lament of the Roast Swan* 未詳。

一九 征服王ウィリアム William the Conqueror 英国王ウィリアム一世 (在位一〇六六—一〇八七) のこと。訳注4の一四参照。

二〇 アミアン大聖堂 Amiens Cathedral フランスのピカルディー地方の中心都市アミアンにある一三世紀の聖堂で、ゴシック建築の代表作。

二一 小プリニウス Plinius, the Younger (六一頃—一一二頃) ローマ皇帝トラヤヌス時代の文人、総督。

二三　炉すみ　chimney corner　大きな炉の壁ぎわのすみで、居心地の良い座席。

8　余興――意外な物と飾り物

一　『試練と安楽との対話』 *Dialogue of Comfort against Tribulation*　一五三四年に刊行されたモアの主著の一つ。
二　過越しの祝い　Passover　災いの天使がエジプトを襲い、エジプト人の長子を殺した夜、イスラエル人の家には天使が素通りして災いを下さなかったことを記念して祝うユダヤ人の祭。なお、この祭日の第一夜に行なわれる祝祭と聖餐は seder と呼ばれている。
三　『ハガダー』 *Haggadah*　過越しの祝いの前夜に行なわれる儀式で用いられる典礼書。
四　ピレネー山脈　the Pyrenees　フランスとスペインの国境をなす山々。
五　ラングドック地方　Languedoc　地中海沿岸の旧州。
六　ナバラ王国　Kingdom of Navarre　九世紀に建国され、一一世紀にフランス南西部からスペイン北部までを領有していた王国。
七　オルテス　Orthez　ピレネー山脈北麓、ポー北西方にある町。
八　ヨークシア　Yorkshire　一九七四年まで存在した英国北東部の旧州。現在は四つの州に分かれている。
九　セルビィ大修道院　Selby Abbey　一二世紀に建てられたベネディクトゥス会の修道院で、きわめて立派な建造物。当初の聖堂の身廊や袖廊の一部が現存している。
一〇　ジョン・コニアーズ卿　Sir John Conyers（？―一四六九）ヨークシアのホービィに住んでいた。ロビン・フッドはこの人物だとする説がある。ジェイムズ・ティレル卿 Sir James Tyrell（？―一五〇二）はロンドン塔でエドワード四世の二王子を殺害した人物と言われている。ロード・スクロウプ Lord Scrope の伝記は未詳。
一一　トライアングル　triangle　三角形の金属製打楽器。
一二　サロメ　Salome　新約聖書中の人名。ヘブル語で「平安」の意。マルコ（六・一七―一九）によると、サロメはヘロデ王の誕生祝いに踊り、その褒美として、母ヘロデヤの意見に従い、バプテスマのヨハネの首を王に求めた。そして、これによってヨハネは処刑された。
一三　ヘロデ　Herod, Antipas　ヘロデ大王の子、ガリラヤ、ペレアの領主（在位前四―後三四）。サロメの願いによりヨハネの首を切り、イエスの裁判を行なった。

一四　ノリッジ大聖堂　Norwich Cathedral　この大聖堂はノルマン様式に従って一〇九六年から建立され始め、聖堂の身廊は一一四〇年に完成した。他の部分はそれよりもはるかに後に作られた。

一五　イズワース教会　Idsworth church　英国南部のハンプシア州の町イズワースにある教会。

一六　道化　fool　昔、王侯貴族の宮廷に召し抱えられていた職業的道化師。独特の身なりをし、主人に対する言葉の上での無礼をある程度許容されていた。シェイクスピアの『リア王』に登場する道化はよく知られている。Court Fool, King's Jester とも呼ばれる。

一七　ヴォードヴィル　vaudeville　歌、踊り、パントマイム、漫才、曲芸などをさしはさんだ諷刺的な軽喜劇。

一八　ロンド　rondeau　フランス起源の詩で、普通三連一五行、二脚韻から成り、第一連の最初の語句が次の二連の句として用いられる。

一九　ヴィルレー　virelay　中世フランスの定形詩の一つで、折返し句と二種の押韻から成る。

二〇　ヴィオル　viol　主に一六―一七世紀に用いられた通例六弦の弦楽器で、ヴァイオリンの前身。

二一　バグパイプ　bagpipe　スコットランド高地人が用いる革袋で作った風笛。

二二　リュート　lute　ギターに似た弦楽器で、梨形の胴と長いフレット付きの指板を持つ。一六―一七世紀に流行した。

二三　キャロル　carol　特に宗教的な祝い歌のことで、クリスマス祝歌は特別よく知られている。

二四　ウィリアム・モア　William More　（一四七二―一五五九頃）英国ウスターの修道院の炊事夫（一五〇四）、修道院次長（一五一八）などを務めた。

二五　十二夜　Twelfth Night　クリスマスから一二日目（一月六日）で、クリスマス最後の日として昔は祝われた。正しくは、十二日節の前夜祭と呼ばれる。

二六　連　stanza　一群の詩行から成り、一定の形をとり、詩的展開において一つの完全な単位をなす。スタンザ。

二七　折返し　burden　語、句、行、あるいは連が詩の中でそのまま、もしくは多少の変化を加えて繰り返されること。たいていは各連の終りで繰り返される。refrain とも言われる。

二八　御公現の大祝日　Epiphany　一月六日、クリスマスの後の第一二日。十二夜とも呼ばれる。

二九　クシー　Coucy　現在は、正式にはクシー・ル・シャトー（・オフリック）Coucy-le-Château（-Auffrique）と呼ばれる。フランスのピカルディー地方東部ランの南西一五マイルの所にある村で、中世の城砦跡が残っている。

三〇　ブールジュの大聖堂　Bourges Cathedral　ブールジュはフランス中部、ベリー地方の中心地。この大聖堂は一三世紀のゴシック建築を代表するサン・テティエンヌ聖堂のこと。

三一　放蕩息子　The Prodigal Son　ルカ（一五・一一－三二）を参照。

三二　ジャムのしみ　jam stain、プラスチックの蜘蛛　plastic spider　いずれもいたずらに用いられるおもちゃ。

三三　『アルベルトゥス・マグヌスの秘伝の書』 *Book of Secrets of Albertus Magnus*　マグヌスについては訳注4の二六を参照。この本の内容は未詳。

三四　エクセタ　Exeter　英国南西部デヴォン州の州都。大聖堂がある。

三五　タンタロス　Tantalus　ギリシャ神話中の人物。神々の秘密を洩らしたために地獄の湖中につながれ、あごまで水につかりながら、喉が渇いて飲もうとすると水が退く、などの焦燥の苦しみをなめさせられた。コップはこの神話にちなんで名付けられたものと思われる。

三六　ホーリス・ウォルポール　Horace Walpole（一七一七－一七九七）　英国の著述家、国会議員。恐怖、怪奇を目的とした中世風の恐怖派小説の最初の作品の著者。書簡文の名家としても知られており、厖大な書簡集がある。

三七　ヴィラール・ド・オンヌクール　Villard de Honnecourt　一三世紀中頃に活躍したフランスの建築家。フランス各地やハンガリーなどを訪れ、原著に記されているようなスケッチを残し、羊皮紙三三枚分の現存のものは中世芸術の重要な資料となっている。

三八　大汗　Great Khan　汗は昔のタタール族（モンゴル族、トルコ族など）の君主の称号。

三九　カラコルム　Caracorum または Karakorum　一三世紀のモンゴル帝国の首都。モンゴルのオルホン Orkhon 河畔にその遺跡がある。

四〇　マングー・カーン　Mangu Khan（一二〇七－一二五九）　モンゴル帝国の王チンギス・カーン（太祖・成吉思汗）の孫。このマングーの時に帝国の領土は最大規模となる。

四一　ベオグラード　Belgrade　現在のユーゴスラヴィアの首都。

四二　グラン・ポン　Grand Pont　パリの町を流れる川にかけられた橋の名。当時の橋は通路の西側に家が建ち並んでいるのが普通で、ロジェ・ビュシェもこのような家に住んでいたものと思われる。

四三　ディスクール　discour　古フランス語起源の語で、中英語では speaker, teller of a story という意味で用いられていた。

四四　ジェストゥール　gestour　現代英語の jester「道化師」の祖形であるが、中英語では storyteller を表わした。前項の discour とどのように区別されていたかは明らかではない。

四五　ロラン　Roland　八世紀に活躍。中世武勲詩中の伝説的人物。ブルターニュ伯。シャルルマーニュの甥で、この大帝に仕えた十二勇士の中の最大の武将であり、スペイン遠征の帰途バスク人に襲われ、悲壮な最後を遂げた。『ロランの歌』*La Chanson de Roland* は現存する最古の武勲詩で、一一世紀末頃の作。

四六　『メリヤドール』*Meliador*　フロワサールの一三六五年頃の作。三万六千行に及ぶ長編の韻文の物語。遍歴騎士の冒険、騎馬試合の様子などを語り、百年戦争中の社会の様子がよく分る中世的な膨大で詳細な物語。

四七　ハインリヒ・ゾイゼ　Heinrich Seuse（英語では Henry Suso）（一二九五－一三六六）　ドイツの神秘思想家。主著『永遠の知恵の小冊子』はドイツ神秘主義の古典で、一四、一五世紀に広く読まれた。

四八　つづれ織り　tapestry　麻や絹の縦糸に手で金銀糸や色糸を織り込んで絵模様を表出したもので、壁掛けなどの室内装飾に用いられる。タペストリー。

四九　エルサレム　Jerusalem　パレスティナの中心的都市で、ユダヤ教、キリスト教、イスラム教の聖地。

五〇　ギーズネ　Guisnes　フランスのカレーの近くの町ということ以外は未詳。

五一　ヘンリー八世　Henry VIII（一四九一－一五四七）　英国王。中央集権制をとり、議会の勢力を発揮させ、また海軍力を増大させた。晩年は残虐に陥ったが、概ね大きな民望を得た。

五二　フランソア一世　Francis I（一四九四－一五四七）　フランス国王。彼の時代に王権は強化され、教皇との協力によって国内の聖職者に対する支配権を獲得し、また保護奨励によってフランスのルネサンス文化が始まった。もっとも、彼は宗教改革は弾圧した。

五三　『聖ゲオルギウス伝説』*The Legend of St. George*　聖ゲオルギウス St. Georgius は三〇三年頃殉教した聖人。リチャード一世が彼を守護聖人とした。英名、聖ジョージ。

五四　ジョン・シャーリー　John Shirley（一三六六頃―一四五六）　英国の旅行家、写本（とりわけチョーサーとリッドゲイトのもの）収集家。彼は後世のためにこれらの写本を自ら書き写し、数巻の本にして残している。

五五　バラッド　ballad　この頃の古いバラッドは舞踏の伴奏歌、および軽い簡単な民謡類を意味する。

五六　黙劇　mumming play　英国中世の民衆劇の一つ。一般に、まず大勢の戦士が出てきて決闘が行なわれ、そこへ医者が登場して殺された者を生き返らせるのが定型である。クリスマスに、その年の死と春における復活を祝うというのが中心テーマとなっている。

五七　間狂言（あい）　interlude　一五、一六世紀ごろ英国で行なわれた演劇の一種で、喜劇的効果を主とする世俗劇。

五八　変装　disguise　『オックスフォード英語辞典』によると、中英語では概略、㈠いつもの衣装の様式を変えること。新しい、もしくは見慣れない様式、㈡着る人が誰であるかを隠す目的で衣装および身なりの様式を変えること、の二つの意味が区別されている。

五九　スチュアート朝　Stuarts　スコットランドにも君臨した英国王ロバート二世からジェームズ六世に至る時代（一三七一―一六〇三）およびジェームズ六世が英国のジェームズ一世となってからアン女王に至るまで（一六〇三―一七一四）、英国とスコットランド両国に君臨した英国の王家の時代を指す。ただし、共和政の時代（一六四九―一六六〇）は除かれる。

六〇　紫貽貝　mussel　貽貝やからす貝を含む貽貝科の食用海産二枚貝や淡水産二枚貝などの総称。単に貽貝とも呼ばれる。

六一　ざる貝　cockle　ヨーロッパ産ざる貝属の食用二枚貝。心臓の形をしている。

六二　チャールズ一世　Charles I（一六〇〇―一六四九）　英国王（在位一六二五―没年）。ジェームズ一世の子。清教徒革命により断頭台で処刑された。

六三　チューニック　tunic　一般に、首から被る簡単な衣服。チュニックとも呼ばれる。なお、古代ギリシャやローマの男女はチュニカと呼ばれる袖付き、または袖無しの、時にはベルトの付いたガウンのような上着を着用していた。

六四　『アレクサンダー物語』　*Roman d'Alexandre*　一二世紀初頭以降に作られた多くの物語群。いずれも各行が一二音節から成る。原著がどの作品の写本に言及したものか、注がないために分らない。

六五 「黙劇」 mumming は mum 「黙る」 という動詞に由来するが、『オックスフォード英語辞典』によると、擬声・擬音に遡る。一方、「だんまり狂言」 momerie （新しくは mummery） も mum から派生したものである。

六六 ケニングトン Kennington 現在はロンドン南東部ランベス自治区の一地区。

六七 聖燭節 Candlemas Day 聖母マリア御潔めの祝日で、二月二日に行なわれる。カトリック教会では、この日に、教会で使われる一年分のろうそくを祓い清めるための行列が行なわれる。

六八 契約の箱 Ark of the Covenant イスラエル人が「出エジプト」Exodus 後、荒れ野を放浪するあいだ持ち運んだ、神を象徴する箱。最も神聖なものとみなされ、箱の中には十戒を刻んだ二個の平たい石が納められている。

六九 ヘンリー六世 Henry VI （一四二一―一四七一） 英国王 （在位一四二二―一四六一、一四七〇―没年）。ヘンリー五世の息子。治世中にばら戦争 （一四五五―一四八五） が起り、ヨーク家のエドワード四世によりロンドン塔で殺害された。

七〇 バッカス Bacchus ローマ神話に登場する多産とぶどう酒と演劇の神。ギリシャ神話のディオニュソス Dionysus に当る。絵画では、黒目、金髪で肩の辺りに巻毛を垂らした美青年として描かれる。

七一 ケレス Ceres 古代イタリアの農業の女神。ギリシャ神話のデメテル Demeter に当る。こちらは、大地の生産を司り、結婚と社会秩序を保護する女神。

七二 ユーノー Juno ローマ神話の神々の主である天の支配者ユーピテル Jupiter の妻。

七三 五月祭 May Day 古くから五月一日に行なう春の祭。少女に花の冠を被せて女王の名誉を与えたり （May queen）、花とリボンで飾り立てた高い柱 （Maypole） の回りを踊ったりする。

七四 『ハートフォードでの黙劇』 *Mumming at Hertford* 一四二九年の年の始まりを祝い、王とその母に捧げるために作られたもの。

七五 『聖職者と娘についての間狂言はこれから始まる』 *Hic Incipit Interludium de Clerico et Puella* 現存する最古の英語の世俗劇であり、間狂言としては最初のもの。作者は不明。北部方言を主体に、中部方言も混在する。

七六 ヘンリー・メドウォール Henry Medwall 一四八六年頃活躍。英国カンタベリの司教で初期の間狂言の作者。彼の手になる英国最初の世俗劇『フルゲンスとルークレース』 *Fulgens and Lucres* は一四九七年頃上演され、一五一六年頃に出版された。なお、この作品は一九一九年に偶然発見された。

七七　題扉　title page　書名、著者名などを記す本の見返しの次のページ。
七八　モートン　Morton, John（一四二〇―一五〇〇）　ローマ教皇の最高顧問である枢機卿の一人。カンタベリの大司教。トマス・モアが彼の家で教育を受けたことはよく知られている。
七九　『トマス・モア卿』　*Sir Thomas More*　作者不詳のエリザベス朝の戯曲。波乱に満ちたトマス・モアの生涯を脚色したもので、原稿のまま現在に伝わっている。正確な創作年代は不明であるが、一五九〇年代の作であろうと推定されている。
八〇　人文主義者　humanist　哲学や学問は人間と人間社会との現実的な関係に根差したものでなければならないと主張する人びと。彼らはギリシャ、ローマの古典や聖書を直接原典から学び、体験に基づく知識を重んじた。一五世紀の人文主義者としてはトマス・モア卿とオランダのエラスムスが勝れた存在であった。
八一　ジャコビアン朝　Jacobean Age　英国のジェイムズ一世の治世（在位一六〇三―一六二五）をいう。政治的にはエリザベス朝の次の時代であるが、文学史的にはその継続ないしは爛熟期と考えてよい。
八二　バービッジ　Burbage, Richard（一五六七頃―一六一九）　英国の俳優、劇場経営者。シェイクスピアと共にグローブ座 Globe Theatre の株主でもあった。俳優としてはシェイクスピアの悲劇の主人公に扮して第一人者であった。
八三　アリン　Alleyn, Edward（一五六六―一六二六）　英国の俳優、劇場の所有者。当時の大きな劇場の主要な俳優としてマーロウ Marlowe, Christopher（一五六四―一五九三）の作った悲劇の主人公を演じた。
八四　『好む意志の如くに』　*Like Will to Like*　一五六八年刊。未詳。
八五　ジョン・ラステル　John Rastell（一四七五頃―一五三六）　英国の出版者、劇作家。トマス・モア卿の義兄。モアの作品を出版。『四大基本要素の性質』 *The Nature of the Four Elements* は道徳劇の主題を扱った代表作。
八六　砂糖菓子　subtlety　『オックスフォード英語辞典』によると、「subtlety は高度の飾り物で、全体が、あるいは主に、砂糖で作られ、食べられることもあったが、食卓の飾りとして用いられることもあった」と説明されている。なお、一四世紀末頃からこの語の用例が認められる。飾り菓子、飾り物と訳すことがある。
八八　さんかのごい　bittern　葦の生えた沼地に住む黄褐色のごいさぎの総称。
八九　アフォンソ皇子　Prince Afonso　ポルトガル王アルフォンソ五世（一四三二―一四八一）の皇子の一人か？

アルフォンソAlfonsoとも呼ばれる。

九〇　ダマスク織り　damask　緞子(どんす)に似た紋織物で、繻子(しゅす)で紋様が表わされている。素材は絹、麻、木綿、または毛。両面が使用できる。

九一　タフタ　taffeta　絹、アセテート、ナイロン、レーヨンで作られた、軽い、もしくは中ぐらいの重さの織物。一般になめらかで、ぱりっとした光沢のある平織りで、細い横うねがある。

九二　パウロ教会　Paul's Church　一六六六年の大火で消失する以前の、一一－一三世紀に建てられたロンドンの旧セント・ポール大寺院St. Paul's内の教会のことか？

九三　ガブリエル　Gabriel　七大天使の一人で、人間への慰めと吉報を告げる。ルカ（一・三〇－三一）では、ガブリエルはマリアにイエスの懐胎を告げている。

九四　ルカ（二・八－九）参照。

九五　三人の王は原著ではthe Three Kingsと書かれているが、来訪したいわゆる東方の三博士を指すものか？　マタイ（二・一－一一）参照。

九六　シャルル七世　Charles VII（一四〇三－一四六一）　フランス王（治世一四二二－没年）。フランス王シャルル六世の子。通称the Victorious。ジャンヌ・ダルクの活躍に力を得て百年戦争を勝利に導く。

九七　ランス　Rheims　パリ北東、シャンパーニュ地方にある郡庁所在地。大司教座が置かれ、歴代フランス国王の戴冠式が行なわれた。

九八　聖ドニ　St. Denis（？－二五〇頃）　パリの初代司教、同市の守護聖人、殉教者。切り落とされた自分の首を持って歩いたと伝えられる。祝日は一〇月九日。

九九　聖ゲオルギウス　St. George（？－三〇三頃）　英国の守護聖人、殉教者。彼の生涯と活動についてはよく知られていないが、カッパドキア出身で、ローマ皇帝の迫害にあい、三〇三年頃パレスティナで殉教。一二世紀以来英国の守護聖人となり、旗と楯を持ち白馬にまたがったゲオルギウスは最も親しまれる聖人のひとりとなった。英名セント・ジョージ。

一〇〇　屋台車　pageant　中世の宗教劇の演出などに用いられた移動式の舞台。

一〇一　シャルル五世　Charles V（一三三七－一三八〇）　フランス王（在位一三六四－没年）。通称、賢王。ジャン二世の息子。彼の治世中に英国王エドワード三世によって奪われた領土のうち、カレーとボルドーを除く部分を取り戻した。また、彼は学問を保護し、パリに王立図書館を建てた。

一〇二　シャルル四世　Charles IV（一三一六－一三七八）　ボヘミア生まれの神聖ローマ帝国皇帝（在位一三四七－没年）。一三五六年、金印を付したドイツ帝国法文書「金印勅書」The Golden Bull を発した。

一〇三　隠者ペトルス　Peter the Hermit（一〇五〇頃－一一一五）　フランスの巡回説教者、隠修士。第一回の十字軍への参加を呼びかけた。フランス北西部のアミアン Amiens で生まれたため、アミアンのペトルスと呼ばれる。

一〇四　ブイヨンのゴドフロワ　Godfrey of Bouillon（一〇六〇頃－一一〇〇）　ブローニュ伯の次男で、一〇七六年におじの領地ブイヨンとその城を受け継ぐ。十字軍によるエルサレム最初の統治者。素朴な信仰と冒険的気質の持主で、エルサレムを神聖な土地と信じてこの国を統治した。

一〇五　獅子心王リチャード　Richard Cour-de-Lion　リチャード一世のこと。訳注6の一六を参照。

一〇六　リチャードはエルサレムに到着したものの、弟ジョンの陰謀により呼び戻され、その帰途オーストリアの伯爵に捕われたが釈放された。のちにジョンを撃ったものの、フランス王フィリップ二世と戦って敗死した。

一〇七　フィリップ・ド・メジエール　Philippe de Mézières　一三世紀頃のフランス王の顧問という以外の伝記は未詳。

一〇八　フランドル　Flanders　中世にヨーロッパ西部にあった国で、北海に沿ってドーヴァー海峡からスケルト川 The Scheldt の河口にわたっていた。

一〇九　ジョージ・キャベンディッシュ　George Cavendish（一五〇〇－一五六一頃）　トマス・ウルジの伝記 *Thomas Wolsey late Cardinal, his life and death* の著作がある。

一一〇　クリスチーヌ・ド・ピザン　Christine de Pisan（一三六四－一四三〇頃）　フランスの詩人。二〇代半ばで未亡人となり、生活のために詩を作る必要に迫られたため、孤独の悲しみのにじみ出た作品もあるが、高い評価を得ているのは女権の伸長や女性の讃美を歌った韻文である。代表作は『愛の神への書簡詩』（一三九九）、『ばら物語詩』*Le Dit de la Rose*（一四〇〇）、『婦人の都』*Cité des dames*（一四〇五）、『ジャンヌ・ダルク頌』*Ditié en l'honneur de Jeanne d'Arc*（一四二九）。

一一一　オルレアンの公爵ルイ　Louis, Duke of Orléans　未詳。

一一二　『暦』　*Kalendare*　修道院生活の日々の現実に直接関係する事柄を歌った詩。具体的な内容は以下の本文を参照。

訳者あとがき

本書はBridget Ann Henisch, *Fast and Feast : Food in Medieval Society* (University Park and London : The Pennsylvania State University Press, 1976)の全訳である。著者のブリジット・アン・ヘニッシュ女史は一九三二年英国のウェイクフィールドに生まれ、ケンブリッジ大学に学び、一九五六年にロンドン大学で修士号を得た。一九五六―六二年の間、レディング大学講師として中世および一九世紀英文学を講じたあと、物理学者で写真史家のHeinz K. Henisch氏と結婚、以後アメリカに移住し著作活動に専念している。著書は本書以外に、

Medieval Armchair Travels (Carnation Press, 1967)

Chipmunk Portrait (Carnation Press, 1970, 写真は夫のハインツ氏)

Cakes and Characters (Prospect Books, 1984)

The Photographic Experience (The Pennsylvania State University Press, 1988, ハインツ氏との共著)

などがある。

本書の目的は、英国を中心とする西洋中世後期、とりわけ一三―一五世紀の社会における食生活の実態を解明することにある。この課題に取組むために、著者は八つの視点から考察を試みている。その第一は、中世人の食べ物に対する理想と現実はどうであったか、ということである。端的に言うと、当時の人びとの食

べ物に対する態度は必ずしも現代人が共感できるものばかりではなかった。その理由は、どの時代であれ、食生活が社会を形成するさまざまな要素に左右されやすいことにある。とりわけ西洋中世の場合、聖書とキリスト教会がその大きな要素となっており、断食と宴、すなわち禁欲ともてなしに対してその影響力が典型的に表われた。もっとも、食べ物に対する聖書の解釈とキリスト教会の教えはさまざまであり、したがって人びとの受取り方もまちまちであった。この問題に真面目に取組んだ人びとは、禁欲ともてなしが共に調和して実践されていた初期のキリスト教会の隠者の生活の中に行動の理想を見つけ出した。そして、他人には寛大に、自分には禁欲を、という宗教上の理想は徐々に中世社会全体に浸透していった。もっとも、富める者は祝宴の席では惜しみない気前の良さを発揮せねばならず、その高い代償に苦しめられることとなった。

次に、著者は当時の食事の種類、回数、時間の実態を探る。その結論を一括すると、中世の食事の理想的な回数は一日に二度、すなわち正餐と夕食であると考えられた、と言えよう。正餐に相応しい時間は、朝起きて真面目に働き、最初の祈禱をすませたあと、つまり九時課であった。この九時課は正午から午後三時までと、季節と状況に応じて早い遅いの違いがあったが、いずれにせよ、当時の一日の主な食事は今日の昼食なみのかなり早い時間にとられていた。このように、一日の最初の食事は、正式には正午から三時までの間であったため、朝食と正餐と午餐は同義であった。もっとも、特別な職業についている者や特殊な立場にある者は、正餐の前に任意で軽い食事をとることがあった。これは実質的には今日の朝食に相当するものであった。一方、仕事が終ってから日没までに、一家全員で一日の最後にとるのが夕食であり、正餐よりもずっと軽めであった。正餐も夕食も、来客のための賑やかな食事は別として、空腹を満たすためのものであり、懺悔の気持ちを込めてとられるべきものであった。これに対して、夜遅く、しかもこっそりととられることがあった夜食は、単に食い意地を慰めるための余分で贅沢な食事であり、食べ物とろうそくを浪費するのみならず、不道徳な行為を伴いやすいため、きちんとした食事は仲間全員で一緒にとるものとみなされていた当時の社会の通念に反するものであった。ともあれ、中世では食事の種類、回数、および時間は聖書とキリスト教会によって大きな制約を課せられていたことが分る。

断食と宴、とりわけ前者の詳細と、この難行に対する人びとの取組み方を明らかにするのが三番目の課題である。そもそも中世の一年は断食と宴という互いに独立した重要で価値のある行事によって区画され、特徴づけられていた。断食は個人的ないしは社会的なさまざまな理由によって企てられた。とりわけ、荒れ野におけるイエスの四〇日間の断食を真似て設定された四旬節は、苦行として耐えねばならない長くて侘しい期間であった。また、この季節には肉食が禁じられたため、食生活に大きな変更を強いられた。この期間中は肉はもとより、バター、チーズ、卵、牛乳までも禁じられることがあったため、人びとは神の土の呪いを逃れた水中の魚に活路を見い出した。しかし、英国と北ヨーロッパでは、この季節に魚の大量の需要をまかなえるのはにしんだけであった。そのために、四旬節とにしんには不可分の関係ができ上り、この期間中、にしんはあらゆる献立に登場することとなった。そこで、にしんに飽いた人びとは何とかして逃げ道を捜し出そうとし、調理師は一家の者を慰めようと腕をふるった。しかし、六週間という長い耐久生活のあと、おいしい物がふんだんに食べられる復活祭とクリスマスの季節がやってくると、食卓の献立は一変した。人びとは解放感と幸福感にひたりながら飲んでは食べ、祝宴を続けた。

4章では中世の台所の様子が細かく描かれている。当時の資料から窺えることは、まず第一に、台所は一般に家の中で最もごったがえす場所であったということである。次に、調理師は、肉体の必要性に奉仕するものであり、精神的な必要性に貢献するものではないという理由から、当時の社会では蔑視され、地位も決して高くはなかった、ということである。それでも、調理師は、自分は不可分な存在であり、主人のために毎日を地獄にも天国にも変える力を持った魔術師であることを自覚し、仕事に専念した。事実、その存在価値ゆえに主人に優しく処遇され、裕福で平穏無事に暮す調理師もいた。一方、台所に目を転じてみると、道具だけでも、平鍋、深鍋、深鉢、乳鉢、びん、漉し器、煮沸器、手桶、こね台、天火、焼き串、すり粉木、などと多種多様なものがあった。調理師はこれらの道具を用いて料理を作るだけにとどまらず、皿洗いをはじめとする食器類の後片付けと手入れ、ごみくずの処理、食べ物の管理、換気の外に、火をおこしたり、あと始末をしたり、あるいはねずみや蠅の被害の予防策を講じたりと、実に多忙であったことが分る。

5章では、まず裕福な家庭の調理師はどのような料理を作って雇い主を喜ばせようとしたかについての考察がなされている。中世の高級な調理師は技術家であることを自認し、材料を味と作りと外観から判断して芸術品と呼べるものに作り変えた料理を誇らしげに食卓に運んだ。次に、野菜、花、穀類、果物、木の実、酪農製品、肉、香辛料、薬用植物など、多種多様の材料がどのような料理に作り変えられたかが詳細に述べられている。また、これらの料理には、焼く、あぶる、揚げる、ゆでる、煮る、ポーチにする、という調理方法があり、それぞれの場合のこつや注意事項も記されている。さらに、これらの料理に不可欠な家庭用道具の種類と用途も紹介されている。

次の課題は、食卓の上ではどのような物が用いられたか、である。まず第一に、食事時に欠かせないものは食卓であった。もっとも、食卓にはテーブルクロスが被せられたため、食卓そのものは立派である必要はなく、単純で実用的な台で十分であった。そして、白いクロスをなるべく汚さないようにするためにナプキンやタオルが用いられた。食卓にのせる物として最も重要なものはパンであったが、材質の違いに応じてさまざまな等級に分れていた。また、パンはスプーン、タオル、天火用クロス、敷板の代替品ともなった。食卓では、塩と塩入れ、水差し、コップ、盛り皿、台皿、小皿などの陶器類、およびナイフ、スプーン、フォークなどが用いられたが、いずれも素材や作り、装飾の施し方によって、実にさまざまな違いがあり、立派な物は陳列棚に収納され、宴会の客の目を楽しませ、話題の種となった。しかしながら、食堂で最も役立った道具は指であり、スプーンやフォークなどの代りをすることが多かった。もっとも、指は清潔でなくてはならず、肉汁やスープのついた指はテーブルクロスを汚す恐れがあったため、食事の前に手を洗う習慣や儀式が発達し、洗面器やタオル、水温や水質にも細かな配慮がなされた。

七番目の課題は、食堂での主人役と客の作法の理想と現実を明らかにすることである。食卓での良い作法は食べ物に対する神への感謝の気持ちの反映であるという考えと、食事を気前よく分け合うという理想が食卓での人びとの態度に大きな影響を与えた。たとえば、主人役には寛大で細やかな配慮が求められた。たとえば、主人役は、客のみならず犬や鳥にも気前よくもてなしをすることが期待され、食事の質と量はもとより、食堂の秩序のよさと小ぎれいさ、素早くて上手な給仕の方法、暑さ寒さへの対応、座席の配置などに気を配らねばならなかった。しかしながら、祝宴の席では理想とはほど遠いことが少なからずあった。たとえば、台所と食堂が離れすぎているために多くの人に素早く給仕できず、また気前よく料理を出すには予算が十分でないために、主賓と一般客の料理の質と量に差をつけたり、ぶどう酒を水で割るなどのやりくり算段がなされた。

最後のテーマは食堂での余興がどのようなものであったかである。祝宴の目的は客に食事を出すにとどまらず、五感のすべてを刺激し、満足させることにあった。親しい者同士の会話は食堂の雰囲気を和らげ、楽しいものであったが、表現や内容が陳腐になりやすく、かといって、常に新たな話題を用意しておくのは容易なことではなかった。そこで、おしゃべり以外の娯楽が求められ、歌や踊り、楽器の演奏などが宴席でくりひろげられた。招き入れられた旅芸人の演技も、曲芸、手品、猛獣使い、奇術、喜劇と多彩であり、演奏に用いられた楽器の種類も、トランペット、ホルン、バグパイプなど、軽く十指を上まわっていた。歌はキャロルが好まれ、劇は、中世後期から仮面劇、黙劇、間狂言が発達した。一方、おしゃべりを専門とする講談師が現われ、物語のテーマは掛け物に描かれて食堂の壁に飾られ、客に話題を提供した。しかし、調理師たちはこのような魅力的で多彩な出し物を目のあたりにして無為無策のまま手をこまぬいていたわけではなかった。彼らはアントルメと呼ばれる手の込んだ飾り料理に挑み、食卓に豪華な装飾品を加えた。やがてこれらは屋台車にのせて食堂に運び込まれるほど規模が大きくなり、祝宴の客を感動させる魅力あふれる物となっていった。

各章の課題と概要は以上のとおりであるが、いずれの場合においても、著者は文献、絵画、工芸品を含む厖大な資料を綿密に分析し、的確な記述を試みている。文献だけでも、祈禱書、説教集、作法書、調理書、勘定書、年代記、物語、詩、遺言書など多岐にわたり、さらに、書かれた時期や方言、および言語も一様ではないために、文献を渉猟するだけでも容易ではないが、著者は卓抜した語学力を駆使し、貴重な情報を余すところなく引き出している。取り上げられた資料はすべてが当時の実態を忠実に反映したものとは限らず、虚構や想像が大なり小なり入り込んでいるものと思われるが、著者は冷静で客観的な目でこれらの資料を捉え、手ぎわよく整理し、統一したテーマのもとに的確にまとめあげている。その結果、一三世紀から一五世紀に至る西洋社会での食生活の有様が生き生きと手にとるように伝わってくる。

もっとも、この時期は、ヨーロッパ中世の封建社会の完成から中世的秩序の動揺と崩壊の時代に当り、皇帝や法王の権威が失墜し、領主の権力が後退し、教会に対する批判が強まった頃でもあり、英国を例にとってみると、黒死病の流行、百年戦争、ばら戦争、男爵戦争、農民一揆の勃発、および宗教改革の始動と、まさに激動期の真只中にあった。しかし、本書を読んでも、王侯、貴族、聖職者の腐敗と堕落の様子は微かに窺い知ることができるものの、当時の社会を取り巻くさまざまな大きな出来事が人びとの食生活にどのような影響を与えたかについてはほとんど何も感じ取れない。これは、著者が激動する社会という大きな座標で人びとの食生活を捉えようとしていないことに起因しているのかも知れない。あるいは、政治や宗教面で社会の指導的立場にあった裕福な人びとの日常の食生活は、当時の種々の大変革にもたいした影響をこうむっていなかったことの証左であるのかも知れない。いずれにせよ、確かな重みを伴って読む人に伝わってくるのは、キリスト教という宗教とその教えが他の何者にもまして当時の食生活に大きな影響を及ぼしていたということである。

近年、食生活に対する関心の高まりを反映してか、日本のみならず欧米の食べ物を紹介するテレビ番組や新聞記事が増え、料理や食生活を扱った本の刊行が相次いでいる。西洋中世の食べ物に関する書物も最近何冊か翻訳されたが、内容の豊富さ、質の高さという点では、本書に優るものはないであろう。もっとも、原著はかなり高いレベルの読者を対象に書かれたらしく、随所に見られる原典からの引用には現代英語訳が施されていない場合が多く、中期英語に詳しい読者でないと完全には理解できない恐れがある。また、中世の頭韻詩を思わせるような韻を踏んだ表現、文と文を結ぶ接続詞をほとんど用いない特異とも見えるような文体、およびさまざまな分野で用いられる特殊な語彙の多さなども原著を読みにくくする要因となっている。このたび原著を翻訳するに当り、特に配慮したことは、このような読みにくさをなるべく解消することであった。そのための具体例としては、文と文の脈絡がはっきりするように接続詞を適宜補い、また内容の理解を助けるために原著では全く説明が与えられていない八〇〇近くの重要な項目に詳細な訳注を施したこと、さらに、原著ではわずか五三一にすぎない索引の項目数を五倍強の二八三〇余に拡大し、さまざまな観点からの検索に便利なようにこれらの項目を内容上一二のグループに類別したこと、などがあげられよう。もっとも、必要な文献の閲覧や入手が思うにまかせず、やむなく未詳のまま残さざるを得なかった訳注がいくつかある。また、思わぬ誤読、誤記があるやも知れない。大方の読者の寛恕を請う次第である。

この翻訳書が成るに当り、知人や友人から多大の恩恵をうけた。とりわけ、筑波大学の山形和美教授は、訳者が日頃西洋中世の言語と歴史に強い関心を抱いていることから、本書の訳出を熱心に勧めて下さった。中世の英語を読んでいて隔靴搔痒の感がする時が少なからずあるが、これは当時の歴史、文化、生活などの背景に関わる情報が訳者に欠落していたり稀薄であることに起因しているようである。このたびの翻訳のおかげで西洋中世社会の一端に触れることができ、中世英語に対する理解も深まった気がする。一方、筑波大学の同僚、川那部保明、金森修、小野功生の三氏は、訳者の種々の質問に終始快く応じて下さり、訳業の進行に協力された。また、法政大学出版局の藤田信行氏は編集の見地から種々有益な助言を寄せられた。有能な校正担当者に恵まれたことも幸運であった。ここに記して感謝申し上げます。

一九九二年九月

藤原保明

著　者

ブリジット・アン・ヘニッシュ
(Bridget Ann Henisch)

1932年英国のウェイクフィールドに生まれる．ケンブリッジ大学，ロンドン大学に学ぶ．1956 - 62年レディング大学で中世および19世紀英文学を講じた後，物理学者で写真史家のハインツ・ヘニッシュ氏と結婚，1963年からはアメリカに移住し著作活動に専念している．本書のほかに主な著作として，*Medieval Armchair Travels*（1967），*The Photographic Experience*（1988）などがある．

訳　者

藤原保明（ふじわら　やすあき）

1946年三重県伊賀市に生まれる．東京教育大学大学院修士課程修了．筑波大学大学院教授を経て，現在は，聖徳大学文学部教授，筑波大学名誉教授．文学博士．専攻：英語史．著書：『古英詩韻律研究』（溪水社），『古英語の初歩』（英潮社），『英語の語形成』（英潮社），『言葉をさかのぼる』（開拓社）など．

《叢書・ウニベルシタス 378》
中世の食生活　断食と宴

1992年11月20日　　初版第１刷発行
2015年２月25日　新装版第１刷発行

ブリジット・アン・ヘニッシュ
藤原保明 訳
発行所　一般財団法人　法政大学出版局
〒102-0071 東京都千代田区富士見 2-17-1
電話03(5214)5540　振替00160-6-95814
製版，印刷：平文社／製本：誠製本

Printed in Japan

ISBN978-4-588-14005-1

索　　引

目　次

人　名

ア　行

カ　行

サ　行

タ　行

ナ　行

ハ　行

マ 行

ヤ 行

ラ 行

ワ　行

人と職業

ア　行

カ　行

サ　行

タ　行

ナ　行

ハ　行

マ　行

ヤ　行

ラ　行

地　名

ア　行

カ　行

サ　行

タ　行

ナ　行

ハ　行

マ　行

ヤ　行

ラ　行

住まい

ア　行

カ　行

サ　行

タ　行

ナ　行

ハ　行

マ　行

ヤ　行

ラ　行

衣類と調度品

ア　行

カ　行

サ 行

タ 行

ナ　行

ハ　行

マ　行

ヤ　行

ラ　行

動植物

ア　行

カ　行

サ　行

タ　行

ナ　行

ハ　行

マ　行

ヤ　行

ラ　行

ワ　行

飲食物

ア　行

カ　行

サ　行

タ　行

ナ　行

ハ　行

マ　行

ヤ　行

食　事

サ　行

タ　行

ハ　行

マ　行

ヤ　行

ラ　行

娯　楽

ア　行

カ　行

サ　行

タ　行

ナ　行

ハ　行

マ　行

ヤ　行

ラ　行

宗　　教

ア　行

カ　行

サ　行

タ　行

典　拠

カ 行

サ 行

タ　行

ナ　行

ハ　行

その他

カ　行

サ　行

タ　行

ナ　行

ハ　行

マ　行

ヤ　行

ラ　行

ワ　行

原　　注

以下の原注は，そのほとんどが出典の提示であるため，原著のまま再録することとし，注釈の部分のみを訳出した．なお，略記および頻度の高い慣用表現は原注末尾に一括してその一覧表を掲げ，日本語訳を記してあるので参照されたい．

I　序　論

1. *Journal,* Monday, 13 December 1813, in *Byron, Selections from Poetry, Letters and Journals,* ed. P. Quennell (London: Nonesuch Press, 1949), p. 651.
2. *The Roman Cookery Book,* trans. B. Flower and E. Rosenbaum (London: Harrap, 1974), p. 9.
3. R. Hirsch, *Printing, Selling and Reading, 1450–1550* (Wiesbaden: Otto Harrassowitz, 1967), pp. 7, 131.
4. Froissart, *L'Espinette Amoureuse,* ll. 41, 180–84, in *Oeuvres: Poésies,* ed. A. Scheler (Brussels: Devaux, 1870), 1:88, 92.
5. Colin Muset, *Chanson,* in *The Penguin Book of French Verse,* trans. B. Woledge (Harmondsworth: Penguin, 1961), pp. 164–65.
6. E.M. Thompson, *The Carthusian Order in England* (London: S.P.C.K., 1930), p. 285.
7. *Meditations on the Life of Christ,* trans. I. Ragusa and R.B. Green (Princeton: Princeton University Press, 1961), p. 125.
8. John Myrc, *Manuale Sacerdotis,* Bodleian Library, Oxford, MS. 549, fol. 171v.
9. John Myrc, *Festial,* ed. T. Erbe, EETS. ES. 96 (1905), p. 254.
10. C.F. Fiske, *Homely Realism in Medieval German Literature,* in *Vassar Medieval Studies* (New Haven: Yale University Press, 1923), pp. 125–26.
11. Myrc, *Festial,* p. 131.
12. *Providence,* in *The Poems of George Herbert,* ed. H. Gardner (Oxford: The University Press, 1961), p. 107.

13. A. Katzenellenbogen, *Allegories of the Virtues and Vices in Medieval Art* (London: Warburg Institute, 1939), p. 56; fig. 53.
14. Illustrated in the *Rohan Hours* (fifteenth century), Bibliothèque Nationale, Paris, MS. Lat. 9471, fol. 222. Reproduced in *The Rohan Master,* introduction by M. Meiss and M. Thomas (New York: Braziller, 1973), pl. 103.
15. A. Caiger-Smith, *English Medieval Mural Paintings* (Oxford: Clarendon Press, 1963), p. 83.
16. I. Origo, *The World of San Bernardino* (New York: Harcourt, Brace and World, 1962), p. 110.
17. *The Cambridge Medieval History,* vol. 4, pt. 2, *The Byzantine Empire,* ed. J.M. Hussey (Cambridge: The University Press, 1967), p. 91.
18. H. Kraus, *The Living Theatre of Medieval Art* (Bloomington: Indiana University Press, 1967), pp. 77f.
19. Raphael Holinshed, *Chronicles of England, Scotland and Ireland* (London: J. Johnson, 1807), 4:77 (under year 1555).
20. S. Runciman, *The Medieval Manichee* (Cambridge: The University Press, 1947), p. 158.
21. Thompson, *Carthusian*, p. 105.
22. Origo, *San Bernardino,* pp. 14–15.
23. Henri Grégoire, *Les Sauterelles de Saint Jean-Baptiste,* in *Byzantion,* (Paris, 1930), 5:109–21.
24. O. Chadwick, *Western Asceticism* (London: S.C.M. Press, 1958), pp. 33–36; A.H. Hind, *An Introduction to a History of Woodcuts* (New York: Dover, 1963), 2:726, 800.
25. H. Waddell, *The Desert Fathers* (London: Constable, 1946), pp. 113–14.
26. Ibid., p. 95.
27. Chadwick, *Asceticism*, p. 126.
28. Waddell, *Desert*, p. 136.
29. D.J. Chitty, *The Desert a City* (Oxford: Blackwell, 1966), p. 129.
30. Jocelin of Brakelond, *The Chronicle,* trans. H.E. Butler (Oxford: The University Press, 1949), pp. 39–40.
31. A.R. Myers, *The Household of Edward IV* (Manchester: The University Press, 1959), p. 83.
32. William FitzStephen, *The Life and Death of Thomas Becket,* trans. G. Greenaway (London: Folio Society, 1961), p. 56.
33. *Italian Relation of England,* trans. C.A. Sneyd (Westminster: Camden Society, vol. 37, 1847), p. 21.
34. R.W. Southern, *Western Society and the Church in the Middle Ages,* in Pelican History of the Church, vol. 2 (Harmondsworth: Penguin, 1970), p. 112.
35. Einhard, *The Life of Charlemagne,* trans. L. Thorpe (London: Folio Society, 1970), p. 63.
36. *Sir Cleges,* ll. 98–105, in *Middle English Metrical Romances,* ed. W.H. French and C.B. Hale (New York: Prentice-Hall, 1930).
37. Matthew Paris, *English History,* trans. J.A. Giles (London: Bohn, 1852–54), 2:340.
38. Randle Cotgrave, *A Dictionarie of the French and English Tongues* (London, 1611), s.v. "Pois."

39. *Italian Relation,* p. 25.
40. Dante, *The Divine Comedy,* trans. D.L. Sayers and B. Reynolds (Harmondsworth: Penguin, 1962), vol. 3, *Paradise,* canto 17, ll. 59–60.
41. Paris, *English History*, p. 412.
42. J.J. Norwich, *The Kingdom in the Sun* (London: Longmans, Green, 1970), p. 252.
43. *Book of Vices and Virtues,* ed. W. Nelson Francis, EETS. OS. 217 (1942), pp. 50–51.
44. *Jacob's Well,* pt. 1, ed. A. Brandeis, EETS. OS. 115 (1900), p. 144, chap. 21, "On Gluttony."
45. *Book of Vices and Virtues,* p. 53.
46. Ibid., p. 53; *Jacob's Well,* p. 144.
47. John Bickerdyke, *The Curiosities of Ale and Beer* (London, 1889), pp. 135, 139.
48. *The Game and Play of the Chess* (1475), in *Selections from William Caxton,* ed. N.F. Blake (Oxford: Clarendon Medieval and Tudor Series, 1973), p. 90.

2　食事の時間

1. *Religious Lyrics of the Fifteenth Century,* ed. Carleton Brown (Oxford: Clarendon Press, 1939), no. 83.
2. John Myrc, *Festial,* ed. T. Erbe, EETS. ES. 96 (1905), p. 286.
3. *Book of Vices and Virtues,* ed. W. Nelson Francis, EETS. OS. 217 (1942), pp. 48–49.
4. Robert Grosseteste, *Rule for the Countess of Lincoln,* in *Walter of Henley's Husbandry,* ed. E. Lamond (London: Royal Historical Society, 1890), p. 141.
5. *The Tale of Beryn,* ed. F.J. Furnivall and W.G. Stone, EETS. ES. 105 (1909), ll. 363–67, 428–33.
6. Robert Mannyng of Brunne, *Handlyng Synne,* ed. F.J. Furnivall, EETS. OS. 123 (1903), ll. 7281–82.
7. *Fifteenth Century Diatorie,* in *The Babees Book,* ed. F.J. Furnivall, EETS. OS. 32 (1868), p. 56, l. 27.
8. *La Male Regle,* in Hoccleve's *Minor Poems,* vol. 1, ed. F.J. Furnivall, EETS. ES. 61 (1892), ll. 317–18.
9. *Jacob's Well,* pt. 1, ed. A. Brandeis, EETS. OS. 115 (1900), p. 104.
10. *Peter Idley's Instructions to his Son,* ed. C. d'Evelyn (Oxford: The University Press, 1935), pt. 2, l. 916.
11. Robert Mannyng, *Handlyng Synne,* ll. 7303–4.
12. *An Alphabet of Tales,* ed. M.M. Banks, EETS. OS. 126–27 (1904–5), no. 108.
13. *Sir Gawain and the Green Knight,* ed. J.R.R. Tolkien and E.V. Gordon (Oxford: Clarendon Press, 1925), l. 1135.
14. Andrew Boorde, *Dyetary of Helth,* ed. F.J. Furnivall, EETS. ES. 10 (1870), p. 248.
15. *Jacob's Well,* p. 142.
16. *Book of Vices and Virtues,* p. 51.

17. Thomas Tusser, *500 Points of Good Husbandrie,* ed. E.V. Lucas (London: James Tregaskis and Son, 1931), *Huswiferie: Morning Workes,* p. 163.
18. Erasmus, *Praise of Folly,* trans. B. Radice (London: The Folio Society, 1974), p. 93.
19. A.R. Myers, *The Household of Edward IV* (Manchester: The University Press, 1959), pp. 203, 216.
20. Froissart, *Chronicles,* trans. G. Brereton (Harmondsworth: Penguin, 1968), pp. 469–70.
21. E. Power, "Thomas Betson," in *Medieval People* (Garden City, N.Y.: Doubleday Anchor, 1954), pp. 134–35.
22. Quoted in R. Warner, *Antiquitates Culinariae* (London: R. Blamire, 1791), p. 134.
23. Ibid.
24. *The Rule of St. Benedict,* in O. Chadwick, *Western Asceticism* (London: S.C.M. Press, The Library of Classics, vol. 12, 1958), p. 318.
25. Quoted in G.G. Coulton, *Social Life in Britain from the Conquest to the Reformation* (Cambridge: The University Press, 1956), pp. 374–75.
26. Froissart, *Chronicles,* p. 263. See also *Chronicles,* ed. W.P. Ker (London: D. Nutt, 1901–3), 4:136.
27. John Lydgate, *The Siege of Thebes,* ed. A. Erdmann, EETS. ES. 108 (1911), ll. 151–55.
28. William Caxton, *English and French Dialogues,* ed. H. Bradley, EETS. ES. 79 (1900), p. 26, ll. 27–32.
29. Myers, *Edward IV*, p. 90.
30. Tusser, *Husbandrie*, p. 164.
31. L.F. Salzman, *Building in England down to 1540* (Oxford: Clarendon Press, 1952), p. 56.
32. *A Fifteenth Century Schoolbook,* ed. W. Nelson (Oxford: Clarendon Press, 1956), pp. 1–2, no. 1.
33. Ibid., p. 2.
34. William Horman, *Vulgaria* (1519), ed. M.R. James (Oxford: Roxburghe Club, 1926), p. 239.
35. I. Origo, *The Merchant of Prato* (New York: Knopf, 1957), p. 316.
36. *The Tale of Beryn,* l. 709.
37. Boorde, *Dyetary*, p. 286.
38. *The Brewers' First Book* (1423), ll. 378–79, 491, in R.W. Chambers and M. Daunt, *A Book of London English* (Oxford: Clarendon Press, 1931).
39. 怠慢な百姓としての「怠惰」については，たとえば次のものを参照せよ. British Museum, London, MS. Add. 28162, fol. 8v (late thirteenth century).
40. G.L. Remnant, *A Catalogue of Misericords in Great Britain* (Oxford: Clarendon Press, 1969), p. 196; British Museum, London, MS. Add. 24098, fol. 25b (Flemish, early sixteenth century).
41. Hoccleve, *La Male Regle*, ll. 145–52, 185–92.
42. *Book of Vices and Virtues,* p. 48.
43. *Tale of the Frogge and the Mowse,* ll. 400, 405, in *Lydgate's Minor Poems,* vol. 2, ed. H.N. MacCracken, EETS. OS. 192 (1933–34), p. 580.
44. *The Flower and the Leaf,* ll. 411–13, in *Chaucerian and Other Pieces,* ed. W.W. Skeat (Oxford: The University Press, 1897), p. 374.

45. *The Cely Papers,* ed. H.E. Malden (London: Camden Society, 3d ser. vol. 1, 1900), p. xlv.
46. *The Tale of Beryn,* ll. 285–86.
47. *Book of Vices and Virtues,* p. 47.
48. *A Hundred Merry Tales* (London: printed by John Rastell, 1526), no. 78. Quoted in Boorde, *Dyetary*, p. 330, n.

3　断食と宴

1. Alexander Barclay, *Eclogues,* ed. B. White, EETS. OS. 175 (1928), p. 9, *First Eclogue,* l. 292.
2. *Household Accounts of Richard de Swinfield,* ed. J. Webb (London: Camden Society, o.s. [2 vols.], vol. 62, 1855), p. cx.
3. Herbert Thurston, *Lent and Holy Week* (London: Longmans, Green, 1904), p. 41.
4. St. Augustine, *De Civitate Dei,* trans. V.J. Bourke (New York: Image Books, 1958), chap. 21, 4.
5. St. Augustine, *Confessions,* trans. R.S. Pine-Coffin (Harmondsworth: Penguin, 1961), bk. 10, chap. 31, p. 235.
6. *Jacob's Well,* pt. 1, ed. A. Brandeis, EETS. OS. 115 (1900), p. 143.
7. *The Prioress's Tale,* ll. 514–15, in *Works of Geoffrey Chaucer,* ed. F.N. Robinson (Oxford: The University Press, 1957), p. 162.
8. John Myrc, *Festial,* ed. T. Erbe, EETS. ES. 96 (1905), p. 253.
9. Ibid., p. 254.
10. *Speculum Sacerdotale,* ed. E.H. Weatherly, EETS. OS. 200 (1935), p. 4.
11. Myrc, *Festial,* p. 82.
12. Thurston, *Lent and Holy Week,* p. 47.
13. Ibid., p. 41.
14. Gen. 3:17.
15. 1 Tim. 4:4.
16. St. Augustine, *Confessions,* 10:31, p. 237.
17. *Lenten Stuffe,* in *Works of Thomas Nashe,* ed. R.B. McKerrow (Oxford: Basil Blackwell, 1958), 3:203.
18. Barclay, *Fifth Eclogue*, ll. 87–103; Froissart, *L'Espinette Amoureuse,* ll. 185–94, in *Oeuvres: Poésies,* ed. A. Scheler (Brussels: Devaux, 1870), vol. 1.
19. J.J. Norwich, *The Kingdom in the Sun* (London: Longmans, Green, 1970), p. 157.
20. Froissart, *Chronicles,* trans. G. Brereton (Harmondsworth: Penguin, 1968), p. 165.
21. T. Tusser, *500 Points of Good Husbandrie,* ed. E.V. Lucas (London: James Tregaskis and Son, 1931), p. 29.
22. Ibid., p. 82.
23. W. Horman, *Vulgaria* (London, 1519), ed. M.R. James (Oxford: Roxburghe Club, 1926), p. 240.
24. *Swinfield Accounts,* vol. 59, p. 13.
25. E.M. Carus-Wilson, *Medieval Merchant Venturers* (London: Methuen, 1967), pp. 132–33.

26. Tusser, *Husbandrie*, p. 125.
27. *Godstow Nunnery, The English Register,* ed. A. Clark, EETS. OS. 142 (1911), p. xxxi.
28. Tusser, *Husbandrie,* p. 50.
29. *Godstow Nunnery,* p. xxxi.
30. Jocelin of Brakelond, *The Chronicle,* trans. H.E. Butler (Oxford: The University Press, 1949), p. 76.
31. Nashe, *Lenten Stuffe,* p. 179.
32. Ibid., p. 185.
33. R.H. Tawney and E. Power, *Tudor Economic Documents* (London: Longmans, Green, 1924), 2:104ff.
34. Tusser, *Husbandrie,* p. 24.
35. Izaak Walton, *The Compleat Angler* (Harmondsworth: Penguin, 1939), *The First Day,* chap. 1, p. 29.
36. Froissart, *Chronicles,* ed. W.P. Ker (London: D. Nutt, 1901–3), 3:301.
37. Joinville, *Life of St. Louis,* trans. M.R.B. Shaw (Harmondsworth: Penguin, 1963), p. 245.
38. From Poggio Bracciolini (1380–1459), *Facetiae,* quoted in *Fons Perennis,* ed. S. Morris (London: Harrap, 1962), no. 53.
39. John Taylor, *Jack a Lent* (1617), in *Early Prose and Poetical Works* (London: Hamilton, Adams, 1888), pp. 187–88.
40. Rabelais, *Gargantua,* trans. J. Le Clercq (New York: Modern Library, 1944), bk. 4, chap. 29, pp. 584–85.
41. E.L. Guilford, *Select Extracts Illustrating Sports and Pastimes in the Middle Ages* (London, 1920), p. 52.
42. H. Rashdall, *The Universities of Europe in the Middle Ages* (Oxford: Clarendon Press, 1936), 1:334–35.
43. Matt. 6:16–21.
44. Beryl Smalley, *English Friars and Antiquity in the Early Fourteenth Century* (Oxford: Blackwell, 1960), p. 144.
45. Henry Howard, Earl of Surrey, *Poems,* ed. E. Jones (Oxford: Clarendon Press, 1964), p. 30, *London, hast thow accused me.*
46. Einhard, *Life of Charlemagne,* trans. L. Thorpe (London: Folio Society, 1970), p. 64.
47. *A Fifteenth Century Schoolbook,* ed. W. Nelson (Oxford: Clarendon Press, 1956), no. 30, p. 8.
48. Taylor, *Jack a Lent,* pp. 194–95.
49. Tusser, *Husbandrie,* p. 92, *March's Husbandry,* stanza 3.
50. William Dunbar, *Poems,* ed. J. Kinsley (Oxford: Clarendon, Medieval and Tudor Series, 1958), no. 33, p. 77.
51. Helen Waddell, *The Wandering Scholars* (London: Constable, 1927), p. 150.
52. William Hone, *The Everyday Book* (London: William Hone, 1827), 2:439.
53. Early sixteenth-century carol in Douce MS. frag. 54, *Anglia* 12 (1889):588.
54. 1 Tim. 5:23.
55. Sermon by Robert Rypon, quoted in G.R. Owst, *Literature and Pulpit in Medieval England* (Oxford: Basil Blackwell, 1961), p. 435.

56. Petronius, *The Satyricon,* trans. W. Arrowsmith (Ann Arbor: University of Michigan Press, 1959), p. 36.
57. John Russell, *The Boke of Norture,* in *The Babees Book,* ed. F.J. Furnivall, EETS. OS. 32 (1868), p. 154, ll. 554–57.
58. Nashe, *Lenten Stuffe,* p. 200.
59. Thurston, *Lent and Holy Week,* p. 46.
60. I. Origo, *The Merchant of Prato* (New York: Knopf, 1957), p. 282.
61. St. Jerome, *Epistle 34, Ad Nepotianum,* quoted in Thurston, *Lent and Holy Week,* p. 35.
62. Carus-Wilson, *Medieval Merchant,* p. 50.
63. *A Fifteenth Century Schoolbook,* no. 31, p. 8.
64. J.J. Norwich and R. Sitwell, *Mount Athos* (New York: Harper and Row, 1966), p. 64.
65. David Knowles, *The Monastic Order in England* (Cambridge: The University Press, 1941), p. 459.
66. *Sir Gawain and the Green Knight,* ed. J.R.R. Tolkien and E.V. Gordon (Oxford: Clarendon Press, 1925), ll. 890–900.
67. H.T. Riley, *Memorials of London and London Life* (London: Longmans, Green, 1868), p. 644.
68. Taylor, *Jack a Lent,* p. 187.
69. *A Noble Boke off Cookry,* ed. Mrs. A. Napier (London: Elliot Stock, 1882), p. 47.
70. *Two Fifteenth Century Cookery Books,* ed. T. Austin, EETS. OS. 91 (1888), p. 74.
71. Ibid., pp. 96, 33.
72. *Noble Boke off Cookry,* p. 47.
73. *Two Fifteenth Century Cookery Books,* p. 96.
74. *A Noble Boke off Cookry,* p. 37.
75. Giraldus Cambrensis, *Autobiography,* trans. H.E. Butler (London: Jonathan Cape, 1937), p. 71.
76. Margaret W. Labarge, *A Baronial Household of the Thirteenth Century* (New York: Barnes and Noble, 1966), p. 169.
77. Knowles, *Monastic Order,* p. 462.
78. John R.H. Moorman, *Church Life in England in the Thirteenth Century* (Cambridge: The University Press, 1946), pp. 335–36; see also Knowles, *Monastic Order,* p. 462.
79. Dante, *The Divine Comedy, Paradise,* trans. D. Sayers and B. Reynolds (Harmondsworth: Penguin, 1962), canto 21, ll. 130–32.
80. *An Open Letter to the Christian Nobility of the German Nation* (1520), in *Martin Luther's Three Treatises* (Philadelphia: Fortress Press, 1960), p. 75.
81. Russell, *Norture,* p. 153, l. 547.
82. Thurston, *Lent and Holy Week* pp. 50–54; T.H. White, *The Book of Beasts* (London: Jonathan Cape, 1954), pp. 267–68.
83. Frederick II of Hohenstaufen, *The Art of Falconry,* trans. C.A. Wood and F. Marjorie Fyfe (Stanford: The Stanford University Press, 1943), pp. 51–52.
84. *Gerard's Herball,* ed. M. Woodward (London: Spring Books, 1964), p. 284.
85. *The Travels of Leo of Rozmital, 1465–7,* trans. M. Letts (Cambridge: Hakluyt Society, ser. 2, vol. 108, 1957), p. 58.

86. Robert Henryson, *Poems,* ed. C. Elliott (Oxford: Clarendon Press, 1963), p. 23, *The Taill how this foirsaid Tod maid his Confessioun to Freir Wolf Waitskaith,* l. 751.
87. Owen Chadwick, *Western Asceticism* (London: S.C.M. Press, The Library of Christian Classics, vol. 12, 1958), *The Sayings of the Fathers,* pp. 129–30.
88. Thurston, *Lent and Holy Week,* p. 183.
89. *Swinfield Accounts,* vol. 59, p. 68.
90. Evelyn Cecil, *A History of Gardening in England* (New York: E.P. Dutton, 1910), p. 18.
91. C.L. Kingsford, *Prejudice and Promise in Fifteenth Century England* (Oxford: Clarendon Press, 1925), p. 29.
92. Goldsmiths' Company Wardens' Accounts and Court Minutes, vol. B., 1492–99, p. 335.
93. C.H. Talbot, *Medicine in Medieval England* (London: Oldbourne, 1967), p. 174.
94. Carus-Wilson, *Medieval Merchant,* p. 95.
95. Froissart, *Chronicles,* 4:149.
96. Rashdall, *Universities of Europe,* 3:35; see also C.H. Haskins, *Studies in Medieval Culture* (New York: Ungar, 1958), p. 69.
97. Owen Chadwick, *John Cassian* (Cambridge: The University Press, 1968), p. 160.
98. Moorman, *Church Life*, p. 338.
99. Knowles, *Monastic Order,* pp. 463–64.
100. Jocelin of Brakelond, *The Chronicle,* p. 110.
101. Gottfried von Strassburg, *Tristan,* trans. A.T. Hatto (Harmondsworth: Penguin, 1960), p. 53.
102. Quoted in *O.E. Dictionary* s.v. "refection."
103. Moorman, *Church Life,* pp. 177–78; *Swinfield Accounts,* vol. 62, pp. clxvi, clxvii.
104. Henryson, *Poems, Taill of the Uponlandis Mous,* p. 8, 1. 248.
105. *Godstow Nunnery,* vol. 130, sec. 871, p. 648.
106. Hone, *Everyday Book,* 1:429.
107. Venetia Newall, "Easter Eggs," *Journal of American Folklore* 80 (1967):19.
108. Joinville, *St. Louis,* p. 257.
109. Henryson, *Poems, Taill of the Uponlandis Mous,* p. 9, 1. 289.
110. *Speculum Sacerdotale,* p. 62.
111. Ben Jonson, *Masque of Christmas* (1616), in *Masques and Entertainments,* ed. H. Morley (London: Routledge, 1890), pp. 202–3.
112. Myrc, *Festial,* p. 63.
113. *Jacob's Well,* p. 136.
114. Walter of Henley's *Husbandry,* ed. E. Lamond (London: Royal Historical Society, 1890), p. 9.
115. これら２つの段落の詳細については次の文献を参照せよ．L. F. Salzman, *Building in England down to 1540* (Oxford: Clarendon Press, 1952), pp. 64－80.
116. Nashe, *Summer's Last Will and Testament,* in *Works,* vol. 3, p. 287, ll. 1725–29.
117. Tusser, *Husbandrie,* p. 61.

118. The will of Stephen Thomas of Lee, Essex, 1417–18, in *The Fifty Earliest English Wills,* ed. F.J. Furnivall, EETS. OS. 78 (1882), p. 40.
119. Jocelin of Brakelond, *The Chronicle,* pp. 92–93.
120. *Promptorium Parvulorum,* ed. A.L. Mayhew, EETS. ES. 102 (1908), 362/2.
121. このブラウンシェの真鍮製の記念牌について詳しい情報を寄せられたキングズリン市の地方史司書マイケル・ウィントン氏に厚く御礼申しあげる.

4　調理師と台所

1. G.L. Remnant, *A Catalogue of Misericords in Great Britain* (Oxford: Clarendon Press, 1969), pp. 6, 48; J.C.D. Smith, *Church Wood-carvings, a West Country Study* (Newton Abbot: Davis and Charles, 1969), p. 100.
2. Remnant, *Catalogue,* p. 107.
3. *Caxton's Aesop,* ed. R.T. Lenaghan (Cambridge: Harvard University Press, 1967), p. 81.
4. Remnant, *Catalogue,* p. 47.
5. H. Kraus, *The Living Theatre of Medieval Art* (Bloomington: Indiana University Press, 1967), p. 115 and pl. 83; A. Katzenellenbogen, *Allegories of the Virtues and Vices in Medieval Art* (London: Warburg Institute, 1939), pl. 73B.
6. British Museum, London, MS. Royal 10E. IV, fols. 137–48.
7. *A Selection of English Carols,* ed. R. Greene (Oxford: Clarendon, Medieval and Tudor Series, 1962), p. 144, no. 82.
8. *Hali Meidenhad,* ed. O. Cockayne, EETS. OS. 18 (1866), p. 37.
9. William Langland, *Piers the Plowman,* ed. W.W. Skeat (Oxford: The University Press, 1886), B. Passus 5, ll. 155–65.
10. J. Strutt, *The Sports and Pastimes of the People of England* (1801), ed. J.C. Cox (London: Methuen, 1903), p. 22; *The Manciple's Prologue,* ll. 15–49, in *Works of Geoffrey Chaucer,* ed. F.N. Robinson (Oxford: The University Press, 1957), p. 224.
11. M. Keen, *The Outlaws of Medieval Legend* (London: Routledge and Kegan Paul, 1961), p. 19.
12. Matthew Paris, *English History,* trans. J.A. Giles (London: Bohn, 1852–54), 1:126.
13. A. Franklin, *La Vie Privée au Temps des Premiers Capétiens* (Paris: Emile-Paul, 1911), 2:234.
14. *Aulularia,* ll. 363–71, in *Plaute,* trans. A. Ernout (Paris: Société d'édition les belles lettres, 1959), vol. 1; Jean Renart, *Galeran de Bretagne,* in *The Penguin Book of French Verse to the Fifteenth Century,* trans. B. Woledge (Harmondsworth: Penguin, 1961), p. 130.
15. Henry, Earl of Derby, *Expeditions to Prussia and the Holy Land, 1390–1 and 1392–3, being the Accounts kept by his Treasurer during two years,* ed. L. Toulmin Smith (Westminster: Camden Society, n. s., vol. 52, 1894–95), p. 101.
16. Quoted in *M.E. Dictionary* s.v. "Cook."

17. Remnant, *Catalogue,* pp. 85, 48.
18. Albertus Magnus, *The Book of Minerals,* trans. D. Wyckoff (Oxford: Clarendon Press, 1967), pp. 128–29.
19. E. Panofsky, *I Primi Lumi: Italian Trecento Painting and its Impact on the Rest of Europe,* in *Renaissance and Renascences in Western Art* (New York: Harper Torchbook, 1969), p. 143 and fig. 105.
20. Petronius, *The Satyricon,* trans. W. Arrowsmith (Ann Arbor: University of Michigan Press, 1959), pp. 3–4.
21. *The Ancrene Riwle,* trans. M.B. Salu (London: Burns and Oates, 1955), p. 168.
22. Richard de Bury, *Philobiblon,* trans. E.C. Thomas (London: The King's Classics, 1903), p. 108.
23. P.M. Kendall, *Richard III* (London: George Allen and Unwin, 1955), p. 108.
24. *Three Fifteenth Century Chronicles, with Historical Memoranda by John Stowe,* ed. J. Gairdner (Westminster: Camden Society, n. s., vol. 28, 1880), p. 111.
25. O. Chadwick, *Western Asceticism* (London: S.C.M. Press, 1958), p. 315.
26. *The Life of Ailred of Rievaulx by Walter Daniel,* ed. F.M. Powicke (London: Nelson, 1950), pp. lviii–lix, 4.
27. R.W. Southern, *Western Society and the Church in the Middle Ages,* in Pelican History of the Church, vol. 2 (Harmondsworth: Penguin, 1970), p. 352.
28. J.H. Round, *The King's Sergeants and Officers of State* (London: Tabard Press, 1970), pp. 254–55; E.G. Kimball, *Serjeanty Tenure in Medieval England* (New Haven: Yale University Press, 1936), p. 43.
29. Round, *King's Sergeants,* pp. 243–49.
30. Plautus, *Pseudolus,* trans. P. Nixon (London: Loeb Classical Library, 1932), p. 236.
31. I. Origo, *The Merchant of Prato* (New York: Knopf, 1957), p. 210.
32. John Russell, *The Boke of Norture,* in *The Babees Book,* ed. F.J. Furnivall, EETS. OS. 32 (1868), p. 149.
33. *The Goodman of Paris,* trans. E. Power (New York: Harcourt, Brace, 1928), p. 263.
34. Livy, *Ab Urbe Condita,* bk. 39, 6.8–7.3, trans. E.T. Sage (London: Loeb Classical Library, 1936), 11:235, 237.
35. Quoted in D. Hartley, *Food in England* (London: Macdonald, 1964), p. 498.
36. *Sir Gawain and the Green Knight,* ed. J.R.R. Tolkien and E.V. Gordon (Oxford: Clarendon Press, 1925), l. 694.
37. H. Waddell, *The Desert Fathers* (London: Constable, 1936), p. 137.
38. *Selections from Layamon's Brut,* ed. G.L. Brook (Oxford: Clarendon, Medieval and Tudor Series, 1963), p. 65, 1. 2240.
39. P.M. Kendall, *The Yorkist Age* (New York: Doubleday, Anchor Books, 1965), p. 320; Round, *King's Sergeants,* p. 250; review by Christopher Driver in *The Guardian,* 21 February 1972.
40. Henry, Earl of Derby, *Accounts,* p. 109; John Harvey, *Medieval Craftsmen* (London: Batsford, 1975), p. 186.

41. *The Lay of Havelok the Dane,* ed. W.W. Skeat (Oxford: Clarendon Press, 1902), ll. 2900–2909.
42. *The Fifty Earliest English Wills,* ed. F.J. Furnivall, EETS. OS. 78 (1882), pp. 133–34.
43. Ibid., pp. 94–95; John Harvey, *Early Nurserymen* (London and Chichester: Phillimore, 1974), p. 35.
44. V. Galbraith, *The St. Albans Chronicle, 1406–20* (Oxford: Clarendon Press, 1937), pp. xxxvi–vii; W.C. Hazlitt, *Old Cookery Books* (London: Elliot Stock, 1902), p. 234; L.F. Salzman, *Edward I* (New York: Praeger, 1968), p. 93.
45. Chaucer, *The Reeve's Tale,* ll. 4136–37, in *Works,* p. 58.
46. *The Tale of Beryn,* ed. F.J. Furnivall, EETS. ES. 105 (1887), ll. 61–62.
47. K.L. Wood-Legh, *A Small Household of the Fifteenth Century* (Manchester: The University Press, 1956), p. xxx.
48. A.R. Myers, *The Household of Edward IV* (Manchester: The University Press, 1959), p. 190.
49. M.W. Labarge, *A Baronial Household of the Thirteenth Century* (New York: Barnes and Noble, 1966), p. 95.
50. A. Fremantle, *The Age of Faith* (New York: Time-Life Books, 1965), p. 173.
51. Origo, *Merchant*, p. 326.
52. *Goodman,* p. 308.
53. Ibid., p. 275.
54. Ibid., p. 246.
55. M.S. Giuseppi, "The Wardrobe and Household Accounts of Bogo de Clare, 1284–6," *Archaeologia* 70 (1920): 9–10.
56. Origo, *Merchant,* pp. 326–27.
57. この菓子に似た物に関するもう一つ別な例については次の文献を参照せよ. *Queen Isabella's Psalter,* English, early fourteenth century, fol. 36r, reproduced on pl. 92 of *The Tickhill Psalter,* ed. D. D. Egbert (New York and Princeton: New York Public Library and Princeton University, 1940).
58. See T. Wright, *A Volume of Vocabularies* (London, 1882), p. 240, and the *M.E. Dictionary* s.v. "Bred."
59. Tindale, commentary on Exod. 16:31 (1530), quoted in *O.E. Dictionary* s.v. "Wafer."
60. *The Cloud of Unknowing,* ed. P. Hodgson, EETS. OS. 218 (1944), p. 105.
61. C.H. Haskins, *Studies in Medieval Culture* (New York: Ungar, 1958), p. 66; Wright, *Vocabularies,* p. 126.
62. *Goodman,* p. 240.
63. Ibid., p. 240.
64. H.T. Riley, *Memorials of London and London Life* (London: Longmans, Green, 1868), p. 438.
65. G. Henderson, *Chartres* (Harmondsworth: Penguin, 1968), p. 76 and pl. 76.
66. *Proverbes en Rimes,* ed. G. Frank and D. Miner (Baltimore: The Johns Hopkins Press, 1937), no. 121.
67. Quoted in M. St. Clare Byrne, ed., *The Elizabethan Home discovered in Two Dialogues* (London: F. Etchells and H. Macdonald, 1925), p. 35.

68. C. Pendrill, *London Life in the Fourteenth Century* (London: Unwin, n.d.), p. 195.
69. *A Fifteenth Century Schoolbook,* ed. W. Nelson (Oxford: Clarendon Press, 1956), p. 54, no. 230.
70. Riley, *Memorials*, p. 438.
71. Quoted in Haskins, *Studies,* p. 67.
72. Riley, *Memorials,* p. 163.
73. Ibid., p. 498.
74. Chaucer, *General Prologue,* ll. 379–80, in *Works,* p. 20.
75. H.F.M. Prescott, *Once to Sinai* (London: Eyre and Spottiswoode, 1957), p. 20.
76. A.R. Myers, ed., *English Historical Documents* (Oxford: The University Press, 1969), 4:1212–13.
77. Riley, *Memorials,* p. 426.
78. *Goodman,* pp. 246–47.
79. R.W. Chambers and M. Daunt, ed., *A Book of London English, 1384–1425* (Oxford: Clarendon Press, 1931), p. 180.
80. Ibid.
81. Paris, *English History,* 2:470.
82. George Cavendish, *The Life and Death of Cardinal Wolsey* (1557), in *Two Early Tudor Lives,* ed. R.S. Sylvester and D.P. Harding (New Haven: Yale University Press, 1962), p. 71.
83. *A Book of London English,* pp. 179–80.
84. Origo, *Merchant,* p. 203.
85. *Goodman,* pp. 309–10.
86. William Horman, *Vulgaria* (1519), ed. M.R. James (Oxford: Roxburghe Club, 1926), p. 227.
87. C.H. Talbot, *Medicine in Medieval England* (London: Oldbourne, 1967), p. 175.
88. *A Pictorial Vocabulary of the Fifteenth Century,* in Wright, *Vocabularies,* p. 256.
89. S.L. Thrupp, *The Merchant Class of Medieval London* (Ann Arbor: University of Michigan Press, 1962), p. 522.
90. Myers, *Edward IV,* p. 173.
91. *Havelok,* ll. 879–908.
92. W. Heyd, *Histoire du Commerce du Levant au Moyen Age* (Leipzig: Harrassowitz, 1923), 2:561.
93. Henry, Earl of Derby, *Accounts,* p. 22.
94. *Goodman,* pp. 272–73.
95. *Proverbes en Rimes,* no. 117.
96. K.M. Briggs, *The Fairies in Tradition and Literature* (London: Routledge and Kegan Paul, 1967), pp. 31, 38.
このパラに関する情報はフィンランド国立博物館のマルケッタ・タンミネン嬢が好意的に寄せてくださったものである．なお，仕事中のパラは次の絵に見られる．pl. 40 of I. Racz, *Art Treasures of Medieval Finland* (New York: Praeger, 1967).
97. Sir Thomas More, *Utopia,* ed. J. Churton Collins (Oxford: Clarendon Press, 1904), bk. 2, chap. 5, p. 70.
98. Thomas Love Peacock and Mary Ellen Meredith, “Gastronomy and Civilization,” *Fraser’s Magazine* 44 (December 1851): 366.

99. Walter de Bibbesworth, *Traité,* in Wright, *Vocabularies,* pp. 170–71.
100. *Havelok,* ll. 912–15.
101. Chaucer, *Canon's Yeoman's Tale,* ll. 922–31, in *Works,* p. 217.
102. Horman, *Vulgaria,* p. 224.
103. John of Garland, *Dictionary,* in Wright, *Vocabularies,* p. 123.
104. Langland, *Piers Plowman,* B Passus 17, ll. 244–46.
105. de Bibbesworth, *Traité*; Bartholomaeus Anglicus, *Medieval Lore,* ed. R. Steele (London: Chatto and Windus, 1924), pp. 107, 110; Horman, *Vulgaria,* p. 224.
106. *Goodman,* p. 307.
107. Chaucer, *Canon's Yeoman's Tale,* 1. 753, in *Works,* p. 215.
108. Ibid., *Prologue,* ll. 666–67, *Tale,* ll. 727–28, in *Works,* pp. 214, 215.
109. J.G. Hurst, "The Kitchen Area of Northolt Manor," *Medieval Archaeology* 5 (1961): 265.
110. *The Booke of thenseygnementes and techynge that the Knyght of the Towre made to his Doughters,* trans. William Caxton, ed. G.B. Rawlings (London: George Newnes, 1902), the chapter "Of them whiche ought to Come toward theyre Carnall Frendes, in what somever Estate they be."
111. Myers, *Edward IV,* p. 167; *The Household Accounts of Richard de Swinfield,* ed. J. Webb (Westminster: Camden Society, o.s., vols. 59 and 62, 1854–55), 62:cix–x, and n.
112. Origo, *Merchant,* p. 247.
113. Horman, *Vulgaria,* p. 227.
114. D.F. Renn, "The Keep of Wareham Castle," *Medieval Archaeology* 4 (1960): 66 and fig. 20,B8; *The Bayeux Tapestry,* ed. Sir Frank Stenton (London: Phaidon, 1957), pl. 48.
115. *Dulcitius,* sc. 4–5, in *The Plays of Roswitha,* trans. C. St. John (New York: Cooper Square Publishers, 1966), pp. 38–40.
116. John of Garland, *Dictionary,* in Wright, *Vocabularies,* p. 132.
117. Quoted in J.C. Dickinson, *Monastic Life in Medieval England* (New York: Barnes and Noble, 1962), p. 101.
118. Hurst, *The Kitchen Area of Northolt Manor,* p. 278, fig. 73.
119. *A Noble Boke off Cookry,* ed. Mrs. A. Napier (London: Elliot Stock, 1882), pp. 40, 45; *Two Fifteenth Century Cookery Books,* ed. T. Austin, EETS. OS. 91 (1888), pp. 45, 9.
120. Horman, *Vulgaria,* p. 227.
121. Quoted in U.T. Holmes, *Daily Living in the Twelfth Century* (Madison: University of Wisconsin Press, 1962), p. 93.
122. *Swinfield Accounts,* 59:131.
123. Musée Condé, Chantilly, MS. 680, no folio number. Reproduced in L. Fischel, *Bilderfolgen im Frühen Buchdruck* (Constance: Jan Thorbecke Verlag, 1963), p. 77, pl. 45.
124. Smith, *Church Wood-carvings,* p. 88; *Lambeth Homilies* (1225), quoted in *M.E. Dictionary* s.v. "Bred."
125. 側面に穴をあけた蠅帳は次の写本の１月の暦絵に見られる. the British Museum MS. Add. 29433 (Paris), late fourteenth to early fifteenth-century, fol. 1, reproduced in M. Meiss, *French Painting in the Time of Jean de Berry* (London: Phaidon, 1967), vol. 2, fig. 718.

126. *Swinfield Accounts,* 62:liii.
127. Myers, *Edward IV,* p. 248, n. 225.
128. *Two Fifteenth Century Cookery Books,* p. 77.
129. *Goodman,* p. 250.
130. *Peter Idley's Instructions to his Son,* ed. C. d'Evelyn (Oxford: The University Press, 1935), vol. 2, l. 2282.
131. *Ancrene Riwle,* p. 152.
132. *Goodman,* p. 223.
133. Russell, *Boke of Norture,* p. 128, l. 172.
134. *Culhwch and Olwen,* in *The Mabinogion,* trans. G. and T. Jones (London: Everyman, 1949), p. 98.
135. *Fleta,* bk. 2, chap. 75, *Of the Cook,* trans. H.G. Richardson and G.O. Sayles (London: Selden Society, vol. 72, 1955), 2:248.
136. See N. Denholm-Young, "Who Wrote 'Fleta'?," in *Collected Papers on Medieval Subjects* (Oxford: Blackwell, 1946).
137. Wood-Legh, *Household,* p. 12.
138. Margaret Paston to John Paston, 24 December 1484 (?), quoted in Myers, *Historical Documents,* pp. 1207–8.
139. Hilda Johnstone, *Edward of Carnarvon* (Manchester: The University Press, 1946), p. 28.
140. *Swinfield Accounts,* 59:171.
141. M. Wood, *The English Medieval House* (London: Phoenix House, 1965), pp. 247–55.
142. L.F. Salzman, *Building in England down to 1540* (Oxford: Clarendon Press, 1952), pp. 23, 20.
143. Dickinson, *Monastic Life,* p. 41; Salzman, *Building,* pp. 279–80.
144. Salzman, *Building,* p. 147.
145. Wood, *English House,* p. 254; Salzman, *Building,* p. 185.
146. Wood, *English House,* pp. 277–80.
147. Salzman, *Building,* pp. 235–36.
148. Wood, *English House,* pp. 297–98.
149. G.C. Dunning, "A Pottery Louver from Great Easton, Essex," *Medieval Archaeology* 10 (1966): 74–80, and pl. 2.
150. Salzman, *Building,* pp. 97–98.
151. Ibid., p. 99.
152. Wood, *English House,* pp. 251, 248, 254.
153. C.L. Kingsford, "A London Merchant's House and its Owners, 1360–1614," *Archaeologia* 74 (1924): 150; Dickinson, *Monastic Life,* pp. 36–37.
154. W.A. Pantin, "Medieval English Town-House Plans," *Medieval Archaeology* 6–7 (1962–63): 209. See also Pantin, *Medieval Archaeology* 1 (1957):118–46, and 3 (1959):216–58.
155. *Swinfield Accounts,* 62:cxx; Wood, *English House,* p. 248.
156. Wood, *English House,* p. 254; Dickinson, *Monastic Life,* p. 34.
157. Salzman, *Building,* p. 340.

5　調理法と献立

1. Froissart, *Chronicles,* trans. G. Brereton (Harmondsworth: Penguin, 1968), pp. 46–47.
2. *The Goodman of Paris,* trans. E. Power (New York: Harcourt, Brace, 1928), p. 280.
3. R. Warner, *Antiquitates Culinariae* (London: R. Blamire, 1791), p. xxxii.
4. A. Gransden, "Realistic Observation in Twelfth Century England," *Speculum* 47, no. 1 (1972): 48.
5. *The Penguin Book of French Verse to the Fifteenth Century,* trans. B. Woledge (Harmondsworth: Penguin, 1961), pp. 216–17, 328.
6. *Goodman,* p. 280.
7. Thomas of Eccleston, *The Coming of the Friars Minor to England,* trans. P. Hermann, ed. M-T. Laureilhe (Chicago: Franciscan Herald Press, 1961), pp. 181–82.
8. Henry, Duke of Lancaster, *Le Livre de Seyntz Medicines,* ed. E.J. Arnould (Oxford: Blackwell, 1948), pp. 149–50, 194.
9. Ibid., pp. 19–20, 48–49, 68, 75.
10. Ibid., p. 20.
11. A.R. Myers, *The Household of Edward IV* (Manchester: The University Press, 1959), p. 172.
12. *A Noble Boke off Cookry,* ed. Mrs. A. Napier (London: Elliot Stock, 1882), pp. 86, 27.
13. Bartholomaeus Anglicus, *Medieval Lore,* ed. R. Steele (London: Chatto and Windus, 1924), p. 105.
14. C.H. Talbot, *Medicine in Medieval England* (London: Oldbourne, 1967), p. 138.
15. Quoted in M.W. Labarge, *A Baronial Household of the Thirteenth Century* (New York: Barnes and Noble, 1966), p. 88.
16. Bartholomaeus, *Medieval Lore,* p. 103.
17. See for example *Pearl,* ll. 41–46, Chaucer, *The Parlement of Foulys,* l. 206, *Romaunt de la Rose* (Chaucer's translation), ll. 1367–72.
18. *The English Correspondence of Saint Boniface,* ed. E. Kylie (New York: Cooper Square Publishers, 1966), letter 22, p. 108.
19. "American Notes and Queries," 3, no. 12 (20 July 1889): 138.
20. *The Squire of Low Degree,* l. 850, in *Middle English Metrical Romances,* ed. W.H. French and C.B. Hale (New York: Prentice-Hall, 1930).
21. *Goodman,* p. 241.
22. Ibid., p. 300.
23. *The Ancrene Riwle,* trans. M.B. Salu (London: Burns and Oates, 1955), p. 34.
24. *Goodman,* p. 264.
25. Ibid., p. 265.
26. Giraldus Cambrensis, *Itinerary through Wales,* ed. W.L. Williams (London: Everyman, 1908), pp. 68–69.
27. *Testament of Cresseid,* ll. 416–21, in *Robert Henryson, Poems,* ed. C. Elliott (Oxford: Clarendon Medieval and Tudor Series, 1963), p. 102.

28. Quoted in *The Victoria County History of Essex* (Westminster: Constable, n.d.), 2:360.
29. Ibid., p. 361.
30. *Two Fifteenth Century Cookery Books,* ed. T. Austin, EETS. OS. 91 (1888), p. 14.
31. *Goodman,* p. 241.
32. Ibid., p. 258.
33. R.S. Lopez and I.W. Raymond, *Medieval Trade in the Mediterranean World* (New York: Columbia University Press, 1955), p. 352.
34. K.L. Wood-Legh, *A Small Household of the Fifteenth Century* (Manchester: The University Press, 1956), p. xxviii.
35. Deschamps, Ballade *En Hainaut,* in *Penguin Verse,* pp. 240–41.
36. *Proverbes en Rimes,* ed. G. Frank and D. Miner (Baltimore: The Johns Hopkins Press, 1937), no. 108.
37. Bede, *Life of Cuthbert,* in *Lives of the Saints,* trans. J.F. Webb (Harmondsworth: Penguin, 1965), p. 118.
38. I. Origo, *The Merchant of Prato* (New York: Knopf, 1957), p. 22.
39. Sidonius Apollinaris, *To Catulinus that he cannot write him an Epithalamium because of the enemy hosts,* trans. H. Waddell in *Poetry in the Dark Ages,* reprinted in M. Blackett, *The Mark of the Maker* (London: Constable, 1973), p. 236.
40. A.M. Tyssen Amherst, "A Fifteenth Century Treatise on Gardening," *Archaeologia* 54 (1894): 157–72.
41. Ibid., ll. 183–84.
42. C.L. Kingsford, "On Some London Houses of the Early Tudor Period," *Archaeologia* 71 (1920–21): 47.
43. M.D. Lambert, *Franciscan Poverty* (London: S.P.C.K., 1961), p. 13.
44. Giraldus Cambrensis, *Autobiography,* trans. H.E. Butler (London: Jonathan Cape, 1937), p. 71.
45. Quoted in J.J. Norwich, *The Kingdom in the Sun* (London: Longmans, Green, 1970), p. 295.
46. Sir Frank Crisp, *Medieval Gardens* (New York: Hacker, 1966), 1:35–36, 48.
47. *The Life of Christina of Markyate,* trans. C.H. Talbot (Oxford: Clarendon Press, 1959), p. 191.
48. *The Forme of Cury,* in Warner, *Culinariae,* p. 16.
49. *Cookery Books,* p. 86.
50. Ibid., pp. 72, 92, 39.
51. Ibid., p. 69.
52. Ibid.
53. Ibid., pp. 69–70.
54. *The Cambridge Economic History of Europe,* vol. 1, *The Agrarian Life of the Middle Ages,* ed. M.M. Postan (Cambridge: The University Press, 1966), p. 166.
55. See for example *Goodman,* pp. 198–99.
56. Ibid., p. 296.
57. Ibid., pp. 257, 296.
58. *Cookery Books,* pp. 31, 29, 23.
59. Edmund Spenser, *The Shepheardes Calender* (1579), *April,* ll. 138–39, in *Poetical Works* (Oxford: The University Press, 1912), p. 433.

60. *Mary Magdalen,* pt. 1, ll. 536–37, in *The Digby Plays,* ed. F.J. Furnivall, EETS. ES. 70 (1896).
61. Froissart, *Oeuvres,* ed. K. de Lettenhove (Brussels: Devaux, 1868), 6:24–26.
この物語は次の写本に含まれている. Bibliothèque Nationale, Paris, MS. 2366.
62. *Noble Boke,* p. 31.
63. Ibid., p. 84.
64. *Goodman,* p. 251.
65. A. Strickland, *Lives of the Queens of England* (Philadelphia: Lippincott, 1893), 1: 450–51; *The Household Accounts of Richard de Swinfield,* ed. J. Webb (Westminster: Camden Society, o.s., 1854–55), 59:134; 62:cxxi.
66. *A Fifteenth Century Schoolbook,* ed. W. Nelson (Oxford: Clarendon Press, 1956), p. 16, no. 64.
67. S. Thrupp, *The Merchant Class of Medieval London* (Ann Arbor: University of Michigan Press, 1962), pp. 106–7.
68. Henry of Lancaster, *Le Livre de Seyntz Medicines,* p. 34.
69. *The Testament of Dan John Lydgate,* ll. 638–41, in *Lydgate's Minor Poems,* vol. 1, ed. H.N. MacCracken, EETS. ES. 107 (1910).
70. Walter of Bibbesworth, *Traité,* in Thomas Wright, *A Volume of Vocabularies* (London, 1882), p. 150.
71. *Schoolbook,* p. 74, no. 307.
72. *The Miller's Tale,* l. 3261, in *Works of Geoffrey Chaucer,* ed. F.N. Robinson (Oxford: The University Press, 1957), p. 49.
73. Mrs. Evelyn Cecil, *A History of Gardening in England* (New York: E.P. Dutton, 1910), pp. 35–37.
74. Myers, *Edward IV,* p. 190.
75. Cecil, *Gardening,* pp. 35–37, 46; T.H. Turner, "Observations on the State of Horticulture in England, *Archaeological Journal* 5 (1848): 300–302.
76. Sacheverell Sitwell, *Gothic Europe* (London: Weidenfeld and Nicolson, 1969), p. 46.
77. John Lydgate, *London Lickpenny,* l. 60, in *Historical Poems of the Fourteenth and Fifteenth Centuries,* ed. R.H. Robbins (New York: Columbia University Press, 1959), p. 132.
78. J.T. Williams, "Plant Remains in the Fifteenth Century Cloisters of the College of the Vicars Choral, Hereford," *Medieval Archaeology* 15 (1971):117–18.
79. Thrupp, *Merchant Class,* p. 136.
80. H.F.M. Prescott, *Once to Sinai* (London: Eyre and Spottiswoode, 1957), pp. 40, 165.
81. たとえば次の文献中の Hildegard of Bingen（1098－1179）の指示を参照せよ. W.Ley, *Dawn of Zoology* (Englewood Cliffs, N. J.: Prentice-Hall, 1968), p. 82.
82. Cecil, *Gardening,* p. 38.
83. *Cookery Books,* p. 28.
84. *Noble Boke,* p. 68.
85. *Goodman,* p. 291.
86. *Cookery Books,* pp. 96–97.
87. Ibid., p. 97.

88. Ibid., pp. 97–98.
89. Ibid., pp. 20, 30.
90. *Noble Boke,* p. 121.
91. *Cookery Books,* pp. 106–7.
92. Ibid., pp. 88, 87.
93. *Noble Boke,* p. 54.
94. Goldsmiths' Company Wardens' Accounts and Court Minutes, vol. B, 1492–99, p. 335.
95. *Cookery Books,* p. 29.
96. Ibid., p. 75.
97. *National Trust Guide to the Vyne* (London: Country Life, 1961), p. 13.
98. Bede, *Ecclesiastical History of the English Nation,* trans. J. Stevens (London: Everyman, 1910), p. 4.
99. E. Hyams, *Dionysus* (New York: Macmillan, 1965), p. 188.
100. E. Hyams, ed., *Vineyards in England* (London: Faber and Faber, 1953), pp. 33–35.
101. E.M. Carus-Wilson, *Medieval Merchant Venturers* (London: Methuen, 1967), pp. 267–68.
102. Ibid., pp. 267, 28.
103. Ibid., pp. 267–68.
104. Ibid., p. 8.
105. Ibid., p. 27.
106. H.T. Riley, ed., *Memorials of London and London Life* (London: Longmans, Green, 1868), p. 318.
107. Thrupp, *Medieval Merchant,* p. 136; Froissart, *Chronicles,* ed. W.P. Ker (London: D. Nutt, 1901), 1:L.
108. *Noble Boke,* p. 68.
109. Ibid., p. 114.
110. *Cookery Books,* p. 109.
111. Ibid., p. 103.
112. V. Pritchard, *English Medieval Graffiti* (Cambridge: The University Press, 1967), p. 62.
113. *Cookery Books,* p. 38.
114. *Noble Boke,* p. 109; *Cookery Books,* p. 84.
115. *Cookery Books,* p. 28.
116. Ibid., p. 52.
117. *Goodman,* pp. 295–96, 299.
118. *Cookery Books,* pp. 109, 110.
119. *Noble Boke,* pp. 42–43; *Cookery Books,* pp. 91–92.
120. *Cookery Books,* pp. 91, 16; *Noble Boke,* pp. 75–76.
121. *Cookery Books,* pp. 85, 34, 20.
122. Ibid., p. 91.
123. *Ingulph's Chronicle of the Abbey of Croyland,* trans. H.T. Riley (London: Bohn, 1854), p. 359.
124. Early sixteenth-century carol in Douce MS. frag. 54, printed in *Anglia* 12 (1889): 588.
125. *The Master of Game,* ed. W.A. and F. Baillie-Grohman (New York: Duffield and Co., 1909), p. 97.
126. *Cookery Books,* p. 52; *Noble Boke,* p. 66.
127. *Cookery Books,* p. 93.

128. Ibid., p. 86.
129. John Gower, *Confessio Amantis,* ed. G.C. Macaulay, EETS. ES. 81 (1900), bk. 4, ll. 2732–33.
130. *Noble Boke,* pp. 87, 119–20.
131. *Cookery Books,* p. 92.
132. Ibid., p. 50.
133. *Goodman,* pp. 283, 260; *Master of Game,* p. 97.
134. *Goodman,* p. 260.
135. *Noble Boke,* p. 57; *Cookery Books,* p. 92.
136. *Goodman,* p. 283.
137. *Italian Relation of England,* trans. C.A. Sneyd (Westminster: Camden Society, vol. 37, 1847), p. 11.
138. *Cookery Books,* p. 43.
139. Ibid., p. 83.
140. Ibid., p. 98.
141. *Goodman,* p. 309.
142. *An English Vocabulary of the Fifteenth Century,* in Wright, *Vocabularies,* p. 198.
143. *Noble Boke,* p. 52.
144. *Cookery Books,* p. 20.
145. Ibid., p. 75.
146. *Goodman,* p. 306.
147. *Schoolbook,* pp. 7–8, n. 26.
148. Rabelais, *Gargantua and Pantagruel,* trans. J. Le Clercq (New York: Modern Library, 1944), Prologue to Book I, p. 4.
149. Peter of Blois, *Epistle 14,* in J.P. Migne, ed., *Patrologia cursus completus, series latina* (Paris: Migne, 1844–91), vol. 207, col. 47.
150. Montaigne, *On Experience,* in *Essays,* trans. J.M. Cohen (Harmondsworth: Penguin, 1958), p. 388.
151. *Paris and Vienne* (1485), in *Selections from William Caxton,* ed. N.F. Blake (Oxford: Clarendon Medieval and Tudor Series, 1973), p. 60.
152. *Cookery Books,* pp. 108–10.
153. Ibid., p. 102.
154. Ibid., p. 40.
155. Ibid., p. 106.
156. Ibid., p. 114.
157. Ibid., p. 39.
158. Ibid., p. 9.
159. Ibid., p. 55.
160. Ibid., p. 99.
161. Ibid., p. 98.
162. Ibid., p. 49.
163. Ibid., pp. 49–50.
164. *Noble Boke,* pp. 95–96.
165. Ibid., p. 116.
166. *Cookery Books,* pp. 40–41.
167. Ibid., p. 39.
168. Ibid., pp. 72–73. See also *Noble Boke,* p. 69.
169. *Cookery Books,* p. 70.
170. Ibid., p. 6.

171. *Noble Boke,* pp. 85–86.
172. W.H. St. John Hope, *Heraldry for Craftsmen and Designers* (London: Pitman, 1913), pp. 211–13, pl. 27A; Elspeth M. Veale, *The English Fur Trade in the Later Middle Ages* (Oxford: Clarendon Press, 1966), pp. 209–14.
173. *Cookery Books,* p. 80.
174. Ibid., pp. 34, 38–39.
175. Ibid., p. 71.
176. *Noble Boke,* p. 98.
177. Ibid., pp. 42, 122–23.
178. *Cookery Books,* pp. 86–87.
179. Ibid., p. 40.
180. Walter of Bibbesworth, *Traité,* in Wright, *Vocabularies,* pp. 155–56.
181. *Noble Boke,* p. 45.
182. Ibid., p. 82.
183. *Cookery Books,* pp. 38, 46.
184. Ibid., pp. 70, 17.
185. D.F. Renn, "The Keep of Wareham Castle," *Medieval Archaeology* 4 (1960): 66 and fig. 20, B8.
186. *The Bayeux Tapestry,* ed. Sir Frank Stenton (London: Phaidon, 1957), pl. 48.
187. British Museum, London, MS. Add. 47682, fol. 42v.
188. *Cookery Books,* p. 39.
189. Einhard, *The Life of Charlemagne,* trans. L. Thorpe (London: The Folio Society, 1970), p. 63.
190. *Cookery Books,* p. 39.
191. Ibid., p. 54.
192. All Saints Church, Maidstone, Kent, misericord described in G.L. Remnant, *A Catalogue of Misericords in Great Britain* (Oxford: Clarendon Press, 1969), p. 72.
193. J.S. Purvis, "The Use of Continental Woodcuts and Prints by the 'Ripon School' of Woodcarvers in the Early Sixteenth Century," *Archaeologia* 85 (1935): 122 and pl. 30, fig. 5.
194. Henry, Earl of Derby, *Expeditions to Prussia and the Holy Land, 1390–1 and 1392–3, being the Accounts kept by his Treasurer during two years,* ed. L. Toulmin Smith (Westminster: Camden Society, n.s. 52, 1894–95), see *Index.*
195. Dante, *The Divine Comedy,* pt. 1, *Hell,* trans. D. Sayers (Harmondsworth: Penguin, 1949), canto 29, circle 8, bowge 10, ll. 73–74, 82–84, p. 254.
196. *Huon of Burdeux,* ed. S.L. Lee, EETS. ES. 41 (1883), chap. 116, pp. 408–9.
197. *Cookery Books,* p. 87.
198. *Goodman,* p. 280.
199. *Noble Boke,* p. 98.
200. *Goodman,* p. 223.
201. Ibid.
202. William Horman, *Vulgaria* (1519), ed. M.R. James (Oxford: Roxburghe Club, 1926), p. 229.
203. *Goodman,* p. 261.

204. Ibid., p. 275.
205. Ibid., p. 274.
206. *The Fifty Earliest English Wills,* ed. F.J. Furnivall, EETS. OS. 78 (1882), pp. 91, 46, 22.
207. *Noble Boke,* pp. 31, 27.
208. *Cookery Books,* p. 56.
209. Ibid., p. 6.
210. *Noble Boke,* p. 44.
211. Ibid., p. 45.
212. Ibid., pp. 93, 92; *Cookery Books,* p. 39; *Goodman,* p. 277.
213. *Goodman,* p. 249; *Cookery Books,* p. 73.
214. *Cookery Books,* p. 7.
215. *Goodman,* pp. 285, 295.
216. L.F. Salzman, *Building in England down to 1540* (Oxford: Clarendon Press, 1952), p. 58.
217. *Master of Game,* p. 179.
218. Rudolf Hirsch, *Printing, Selling and Reading, 1450–1550* (Wiesbaden: Otto Harrassowitz, 1967), p. 46.
219. Pepys MS. 1047, English, late fifteenth century. Printed in *Stere Htt Well* (London: Cornmarket Reprints, 1972), p. 13.
220. *Goodman,* pp. 45–46.
221. Myers, *Edward IV,* p. 113.
222. Russell, *Boke of Norture,* p. 163, l. 673.
223. William Caxton, *The Game and Play of Chess* (1475), in *Selections,* p. 90.
224. Origo, *Merchant,* p. 320.
225. *Goodman,* p. 310.
226. Goldsmiths' Company Wardens' Accounts and Court Minutes, vol. B, 1492–99, p. 335.
227. M. Keen, *The Outlaws of Medieval England* (London: Routledge and Kegan Paul, 1961), p. 57.
228. *Goodman,* p. 238.

6 食卓の用意

1. Froissart, *Chronicles,* trans. G. Brereton (Harmondsworth: Penguin, 1968), p. 356.
2. G. Masson, *Frederick II of Hohenstaufen* (London: Secker and Warburg, 1957), p. 198.
3. *The Boke of Kervynge,* p. 268; John Russell, *Boke of Norture,* p. 129, ll. 186–87. In *The Babees Book,* ed. F.J. Furnivall, EETS. OS. 32 (1868).
4. *The General Prologue to the Canterbury Tales,* l. 354, in *Works of Geoffrey Chaucer,* ed. F.N. Robinson (Oxford: The University Press, 1957), p. 20.
5. *Sir Degrevant,* l. 391, in *Middle English Romances,* ed. A.C. Gibbs (London: York Medieval Texts, Edward Arnold, 1966), p. 151.
6. *Jehan et Blonde,* ll. 3013–24, in *Oeuvres Poétiques de Philippe de Remi, Sire de Beaumanoir,* ed. H. Suchier (Paris: Firmin Didot, 1885), 2:95.

7. *The Master of Game,* ed. W.A. and F. Baillie-Grohman (New York: Duffield and Co., 1909), pp. 163–64.
8. *Mandeville's Travels,* ed. P. Hamelius, EETS. OS. 153 (1916), p. 144.
9. H.T. Riley, *Memorials of London and London Life* (London: Longmans, Green, 1868), p. 123.
10. R.E. Zupko, *A Dictionary of English Weights and Measures* (Madison: University of Wisconsin Press, 1968), p. 123.
11. Russell, *Norture,* p. 129, ll. 187–92; *Kervynge,* p. 268.
12. Quoted in *M.E. Dictionary* s.v. "bord cloth."
13. William Horman, *Vulgaria* (1519), ed. M.R. James (Oxford: Roxburghe Club, 1926), p. 227.
14. A.R. Myers, *The Household of Edward IV* (Manchester: The University Press, 1959), pp. 192–93.
15. Quoted in *M.E. Dictionary* s.v. "Diapren," v.
16. *Sir Degrevant,* ll. 393–94.
17. I. Origo, *The Merchant of Prato* (New York: Knopf, 1957), pp. 255–56.
18. *The Goodman of Paris,* trans. E. Power (New York: Harcourt, Brace, 1928), pp. 242, 246.
19. Montaigne, *On Experience,* in *Essays,* trans. J.M. Cohen (Harmondsworth: Penguin, 1958), p. 367.
20. Origo, *Merchant,* pp. 255–56.
21. *The Fifty Earliest English Wills,* ed. F.J. Furnivall, EETS. OS. 78 (1882), p. 56, Roger More Esq., of London and Oakham, Rutlandshire.
22. E.M. Thompson, *The Carthusian Order in England* (London: S.P.C.K., 1930), p. 122.
23. A.H. de Oliveira Marques, *Daily Life in Portugal in the Late Middle Ages* (Madison: University of Wisconsin Press, 1971), p. 31.
24. Ibid., p. 209.
25. Quoted in *M.E. Dictionary* s.v. "bord cloth."
26. R.W. Chambers and M. Daunt, *A Book of London English* (Oxford: Clarendon Press, 1931), pp. 180, 188.
27. Walter of Bibbesworth, *Traité,* in *A Volume of Vocabularies,* ed. T. Wright (London, 1882), pp. 171–72.
28. Ambroise, *L'Estoire de la Guerre Sainte,* ed. G. Paris (Paris: Imprimerie nationale, 1897), p. 30, l. 1092.
29. John of Garland, *Morale scolarium,* quoted in C.H. Haskins, *Studies in Medieval Culture* (New York: Ungar, 1958), p. 78.
30. *Sir Gawain and the Green Knight,* ed. J.R.R. Tolkien and E.V. Gordon (Oxford: Clarendon Press, 1925), l. 885.
31. *Promptorium Parvulorum,* ed. A.L. Mayhew, EETS. ES. 102 (1908), 398/1.
32. *Ffor to Serve a Lord,* in *Babees Book,* p. 367.
33. *Goodman,* p. 244.
34. Quoted in *O.E. Dictionary* s.v. "Sleekstone."
35. *Femina,* ed. W.A. Wright (Cambridge: The University Press, 1909), p.76. この文献は『中英語辞典』の編者シャーマン・M. クーン教授の御教示によるものである．同教授に感謝申しあげる．

36. *Gerard's Herball* ed. M. Woodward (London: Spring Books, 1964), p. 194.
37. de Bibbesworth, *Traité,* pp. 173–74.
38. G. Frank and D. Miner, *Proverbes en Rimes* (Baltimore: The Johns Hopkins Press, 1937), n. cxxx.
39. W. Ashley, *The Bread of Our Forefathers* (Oxford: Clarendon Press, 1928), p. 72.
40. Bede, *The Ecclesiastical History of the English Nation,* trans. J. Stevens (London: Everyman, 1951), pp. 73–74.
41. Origo, *Merchant,* p. 317.
42. Ashley, *Bread,* p. 112.
43. B. Smalley, *English Friars and Antiquity in the Early Fourteenth Century* (Oxford: Blackwell, 1960), p. 82.
44. William Langland, *Piers the Plowman,* ed. W.W. Skeat (Oxford: The University Press, 1886), B passus 6, ll. 139, 304–6.
45. Thompson, *Carthusian,* p. 38.
46. *Jacob's Well,* ed. A. Brandeis, EETS. OS. 115 (1900), p. 192.
47. Russell, *Norture,* pp. 130–31, ll. 197–228, p. 133, l. 263.
48. Randle Cotgrave, *A Dictionarie of the French and English Tongues* (London, 1611), s.v. "Pain de mesnage."
49. Myers, *Edward IV,* p. 214.
50. Langland, *Piers Plowman,* B 13, ll. 48, 51, 60.
51. Horman, *Vulgaria,* p. 232.
52. Russell, *Norture,* p. 120, ll. 53–55.
53. *The Myroure of Oure Ladye,* ed. J.H. Blunt, EETS. ES. 19 (1873), p. xxxii.
54. *The Boke of Curtasye,* ll. 685–87, in *Babees Book,* p. 322.
55. Ashley, *Bread,* pp. 105, 111–12.
56. *Kervynge,* p. 269.
57. Myers, *Edward IV,* p. 171.
58. Ibid., p. 172.
59. *Stans Puer ad Mensam,* ll. 36–37, in *Lydgate's Minor Poems,* pt. 2, ed. H.N. MacCracken, EETS. OS. 192 (1933), p. 741; *Curtasye,* p. 300, ll. 77–79.
60. *Aucassin et Nicolette,* ed. M. Roques in *Les Classiques Français du Moyen Age* (Paris: E. Champion, 1925), 41:12, sec. 11, ll. 14–15.
61. Bonvicino, *Fifty Courtesies of the Table,* trans. W.M. Rossetti in *Queene Elizabethes Achademy,* ed. F.J. Furnivall, EETS. ES. 8 (1869), p. 23, ll. 93–96.
62. *Modus Cenandi,* ll. 97–98, in *Babees Book,* p. 41.
63. *Curtasye,* p. 324, ll. 757–62.
64. *Ffor to Serve a Lord,* p. 370.
65. Russell, *Norture,* p. 120, l. 156.
66. *Goodman,* p. 238.
67. Myers, *Edward IV,* p. 190; *Curtasye,* p. 320, ll. 627–28.
68. *Curtasye,* p. 322, ll. 667–84; *Ffor to Serve a Lord,* p. 369.
69. *Ffor to Serve a Lord,* p. 369.
70. *Babees Book,* p. 7, ll. 183–84.
71. G. Brett, "Trenchers," in *Annual, Art and Archaeology Division* (Toronto: Royal Ontario Museum, 1962), pp. 23–27.

72. Cotgrave, *Dictionarie,* s.v. "Sel."
73. A.R. Bridbury, *England and the Salt Trade in the Later Middle Ages* (Oxford: Clarendon Press, 1955), pp. 50–52.
74. *The Victoria County History of Hertfordshire* (London: Constable, n.d.), 4:430, n. 31.
75. Russell, *Norture,* p. 120, l. 57.
76. *Goodman,* p. 301.
77. Russell, *Norture,* p. 120, ll. 58–59.
78. *Curtasye,* p. 303, ll. 129–31.
79. *Babees Book,* p. 7, ll. 160–61.
80. Brett, "Trenchers," p. 24 and pl. 5.
81. William Caxton, *Book of Curtesye,* ed. F.J. Furnivall, EETS. ES. 3 (1868), p. 23, l. 213.
82. *Ffor to Serve a Lord,* p. 369.
83. *Modus Cenandi,* p. 39, ll. 62–63.
84. *Ffor to Serve a Lord,* pp. 368, 371, 372.
85. E.M. Carus-Wilson, *Medieval Merchant Venturers* (London: Methuen, 1967), p. 78.
86. *The Très Riches Heures of Jean, Duke de Berry,* Intro. J. Longnon (New York: Braziller, 1969), p. 19.
87. Henry, Earl of Derby, *Expeditions to Prussia and the Holy Land, 1390–1 and 1392–3, being the Accounts kept by his Treasurer during two years,* ed. L. Toulmin Smith (London: Camden Society, n.s. 52, 1894–95), p. 288, and index s.v. "Silver and Gold Ware."
88. A. Franklin, *La Vie Privée au Temps des Premiers Capétiens* (Paris: Emile-Paul, 1911), 1:317; J. Evans, *English Art, 1307–1461* (Oxford: The University Press, 1949), p. 85.
89. Evans, *English Art,* p. 85.
90. C. Oman, *Medieval Silver Nefs* (London: Her Majesty's Stationery Office, Victoria and Albert Museum, 1963), p. 20.
91. Bonvicino, *Fifty Courtesies,* p. 27, ll. 141–44.
92. Barberino, *Documenti d'Amore,* trans. W.M. Rossetti, in *Queene Elizabethes Achademy,* p. 41; Lydgate, *Stans Puer,* p. 740, ll. 22–23; *Babees Book,* p. 6, ll. 134–35.
93. *The Testament of Dan John Lydgate,* l. 650, in *Lydgate's Minor Poems,* Part 1, ed. H.N. MacCracken, EETS. ES. 107 (1910), p. 353.
94. Richard de Bury, *Philobiblon,* trans. E.C. Thomas (London: The King's Classics, 1903), pp. 107–8.
95. Horman, *Vulgaria,* p. 231.
96. *The Taill of the Uponlandis Mous and the Burges Mous,* ll. 267–68, in *Robert Henryson Poems,* ed. C. Elliott (Oxford: Clarendon Medieval and Tudor Series, 1963), p. 9.
97. *Curtasye,* p. 303, ll. 133–34.
98. Caxton, *Book of Curtesye,* p. 27, ll. 265–66.
99. Origo, *Merchant,* p. 204.
100. *Modus Cenandi,* p. 35, ll. 23–24.
101. Russell, *Norture,* p. 132, l. 232; Barberino, *Documenti d'Amore,* p. 42; Bonvicino, *Fifty Courtesies,* p. 17, ll. 11–12.

102. Myers, *Edward IV*, p. 194.
103. P. Tudor-Craig, *Catalogue of the Richard III Exhibition at the National Portrait Gallery, London, 1973*, item no. 112 and App. 3.
104. *Goodman*, p. 299.
105. Froissart, *Chronicles*, pp. 386–87.
106. *Curtasye*, p. 323, ll. 713–14.
107. *Ffor to Serve a Lord*, pp. 372–73; *Curtasye*, p. 326, ll. 809–20; Russell, *Norture*, p. 132, ll. 237–56.
108. M. Wood, *The English Medieval House* (London: Phoenix House, 1965), p. 370.
109. St. Bernard of Clairvaux, *Apology to Abbot William of St. Thierry*, ed. C.D. Warner, in *Library of the World's Best Literature* (New York: J.A. Peale and Hill and Co., 1902), 4:1824.
110. *English Wills*, p. 41, John Rogerysson of London, 1419/20.
111. W.H. St. John Hope, *Heraldry for Craftsmen and Designers* (London: Pitman, 1913), p. 174.
112. Evans, *English Art*, p. 85.
113. E.C. Dodd, "On the Origins of Medieval Dinanderie: the Equestrian Statue in Islam," *Art Bulletin* 51 (September 1969): 220–32.
114. *The Rites of Durham* (Durham: Surtees Society, vol. 107, 1902), p. 81.
115. Albertus Magnus, *Book of Minerals*, trans. D. Wyckoff (Oxford: Clarendon Press, 1967), pp. 195–96.
116. C. Oman, "English Medieval Drinking Horns," *Connoisseur* 113 (March 1944): 22, pl. 3, 4.
117. W.H. St. John Hope, "Mazers," *Archaeologia* 50, pt.1 (1887): 139–42.
118. *English Wills*, p. 133; M.W. Labarge, *A Baronial Household of the Thirteenth Century* (New York: Barnes and Noble, 1966), p. 123.
119. *The Grandes Heures of Jean, Duke of Berry*, intro. M. Thomas (New York: Braziller, 1971), pl. 58, fol. 41.
120. *Medieval Archaeology* 11 (1967):291, pl. 34.
121. T. Husband, "Valencian Lusterware of the Fifteenth Century" (New York: *Metropolitan Museum of Art Bulletin* [Summer 1970]: 11–19).
122. Origo, *Merchant*, p. 89.
123. *The Master of Mary of Burgundy*, intro. J.J.G. Alexander (New York: Braziller, 1970), pl. 79, 80, fol. 145v, 146.
124. Earl of Derby, *Accounts*, p. lxviii and index.
125. Myers, *Edward IV*, pp. 189, 190.
126. Russell, *Norture*, p. 131, l. 231.
127. *Ffor to Serve a Lord*, p. 368.
128. Froissart, *Chronicles*, pp. 356–57.
129. *English Wills*, p. 45.
130. Labarge, *Baronial Household*, pp. 122–23.
131. *English Wills*, p. 56.
132. Labarge, *Baronial Household*, p. 123.
133. S. Thrupp, *The Merchant Class of Medieval London* (Ann Arbor: University of Michigan Press, 1962), p. 147; Evans, *English Art*, p. 89.

134. *English Wills,* p. 110, Richard Dixton Esq., Cirencester, Gloucestershire, 1438; William Carent of Somerset, 1406, quoted in Oman, "Drinking Horns," p. 22.
135. *English Wills,* p. 101.
136. Myers, *Edward IV,* p. 183.
137. Origo, *Merchant,* p. 169.
138. *Sancti Augustini Vita scripta a Possidio episcopo,* ed. W.T. Weisskotten (Princeton: Princeton University Press, 1919), chap. 22, p. 95.
139. *The Household Accounts of Richard de Swinfield,* ed. J. Webb (Westminster: Camden Society, o.s. 59, 1854), pp. 47–48.
140. H.E. Jean Le Patourel, "Documentary Evidence and the Medieval Pottery Industry," *Medieval Archaeology* 12 (1968): 119.
141. *Swinfield Accounts,* p. 70.
142. M. Keen, *Outlaws of Medieval Legend* (London: Routledge and Kegan Paul, 1961), pp. 18–19.
143. Bonvicino, *Fifty Courtesies,* p. 29, ll. 173–76.
144. *Table Manners for Boys,* trans. O.J.A. Russell (London: Wine and Food Society, 1958), p. 11.
145. Goldsmiths' Company Wardens' Accounts and Court Minutes, vol. B, 1492–99, p. 335.
146. Myers, *Edward IV,* pp. 90, 214.
147. *Sir Gawain and the Green Knight,* ll. 122–29.
148. Barberino, *Documenti d'Amore,* p. 40; Bonvicino, *Fifty Courtesies,* p. 23, ll. 85–88.
149. *A Fifteenth Century Schoolbook,* ed. W. Nelson (Oxford: Clarendon Press, 1956), no. 49, p. 12.
150. The Knyght of La Tour Landry, *The Booke of thenseygnementes and techynge that the Knyght of the Towre made to his Doughters,* trans. William Caxton, ed. G.B. Rawlings (London: George Newnes, 1902), p. 87.
151. Lydgate, *Stans Puer,* p. 742, l. 58.
152. *Babees Book,* p. 6, ll. 136–38.
153. Bonvicino, *Fifty Courtesies,* p. 31, ll. 194–96.
154. M. St. Clair Byrne, *Elizabethan Life in Town and Country* (London: University Paperbacks, 1961), p. 57.
155. *Modus Cenandi,* p. 41, ll. 91–93.
156. Ibid., p. 43, l. 107.
157. Russell, *Norture,* p. 130, ll. 201–7, p. 133, ll. 260, 264.
158. *La Pala d'Oro di San Marco* (Florence: Sadea, 1965), pl. 31.
159. Adam de la Halle, *Oeuvres Complètes,* ed. E. de Coussemaker (Paris: A. Durand, 1872), p. 322.
160. Barberino, *Documenti d'Amore,* p. 40.
161. Cotgrave, *Dictionarie,* s.v. "pain."
162. Caxton, *Book of Curtesye,* p. 27, verse 36; *Curtasye,* p. 302, l. 113.
163. *Table Manners for Boys,* p. 9.
164. Alexander Barclay, *Second Eclogue,* ll. 973–78, in *Eclogues,* ed. B. White, EETS. OS. 175 (1927), pp. 89–90.
165. Lydgate, *Stans Puer,* p. 742, l. 65.
166. *Modus Cenandi,* p. 39, ll. 58–59.
167. Bonvicino, *Fifty Courtesies,* p. 25, ll. 101–2.

168. *Kervynge,* p. 279.
169. Ibid., p. 275.
170. Russell, *Norture,* p. 146, ll. 466–68.
171. *Ffor to Serve a Lord,* p. 371.
172. Chaucer, *Reeve's Tale,* l. 3934, in *Works,* p. 56.
173. Chaucer, *Prologue,* ll. 366–67, ibid., p. 20.
174. C.T.P. Bailey, *Knives and Forks* (London: Medici, 1927), p. 4.
175. *Pseudodoxia Epidemica,* bk. 3, chap. 23, in *The Works of Sir Thomas Browne,* ed. G. Keynes (Chicago: University of Chicago Press, 1964), 2:241.
176. C.H. Talbot, *Medicine in Medieval England* (London: Oldbourne, 1967), p. 175.
177. *The Shepherds' Play,* ll. 584–85, in *The Chester Plays,* ed. H. Deimling, EETS. ES. 62 (1892).
178. Istvan Racz, *Art Treasures of Medieval Finland* (New York: Praeger, 1967), pl. 154.
179. Barclay, p. 5, *First Eclogue,* l. 150.
180. S. Bertrand, *La Tapisserie de Bayeux* (Paris: Zodiaque, 1966), p. 284.
181. *Ffor to Serve a Lord,* p. 371.
182. Johannes Kerer, *Statuta Collegii Sapientiae* (1497), ed. J.H. Beckmann (Lindau and Constance: Jan Thorbecke Verlag, 1957), fol. 29r, *De Custodia Cratheris et Coclearis argenteorum.*
183. *Babees Book,* p. 6, l. 145.
184. Quoted in D. Hartley, *Food in England* (London: Macdonald, 1957), p. 535.
185. *English Wills,* p. 45.
186. Labarge, *Baronial Household,* p. 122.
187. Petronius, *The Satyricon,* trans. W. Arrowsmith (Ann Arbor: University of Michigan Press, 1959), pp. 100–101, 168.
188. *The Master of Game,* Appendix, *Curée,* pp. 208–9.
189. T. Talbot Rice, *Everyday Life in Byzantium* (London: Batsford, 1967), p. 170.
190. W. Smith, *Dictionary of Greek and Roman Antiquities* (London: J. Murray, 1890), s.v. "furca"; Daremberg-Saglio, *Dictionnaire des Antiquités Grecques et Romaines* (Paris: Hachette, 1877–1919), s.v. "fuscinula."
191. D.M. Wilson, *Anglo-Saxon Ornamental Metal Work, 700–1100* (London: British Museum, Catalogue of Antiquities of the Later Saxon Period, 1964), 1:168, and pl. 29.
192. Peter Damian, *Institutio Monialis,* chap. 11, in *Patrologiae cursus completus, series latina,* ed. J.P. Migne (Paris: Migne, 1853), vol. 145, col. 744.
193. M. Hadzidakis, "Une Nouvelle Manière de Dater Les Peintures," *Byzantion* 14 (1939): 110–12; G. de Jerphanion, *La voix des monuments* (Rome: Ligugé, 1938), pp. 243–48.
194. Herrade von Landsberg, *Hortus Deliciarum,* ed. J. Walter (Strasbourg, 1852), pl. 30.
195. O. Demus, *The Church of San Marco in Venice* (Washington, D.C.: Dumbarton Oaks Research Library and Collection, 1960), p. 23; *La Pala d'Oro di San Marco,* pl. 31.
196. Quoted in *M.E. Dictionary* s.v. "forke."

197. Origo, *Merchant,* p. 254, n.; M. Meiss, *French Painting in the Time of Jean de Berry* (London: Phaidon, 1967), p. 45.
198. *The Journey of William of Rubruck,* in C. Dawson, ed., *Mission to Asia* (New York: Harper Torchbooks, 1966), p. 98.
199. Origo, *Merchant,* p. 254.
200. E. McLeod, *Charles of Orleans* (London: Chatto and Windus, 1969), pp. 51–52.
201. R. Strong and J. Trevelyan Oman, *Elizabeth R* (London: Secker and Warburg, 1971), p. 69.
202. 詳しい議論については次の文献を参照のこと. E. Panofsky, *Hercules Agricola,* in *Essays Presenetd to Rudolf Wittkower* (London: Phaidon, 1967), pp. 20－23, and F. Saxl, *Illustrated Medieval Encyclopaedias,* in *Lectures* (London: Warburg Institute, 1957), 1:229－41.
203. Vatican Codex Palatinus Lat. 291, illustrations to bk. 22, chap. 1 and bk. 16, chap. 4 of Rabanus Maurus, *De Universo.*

7　礼節は人を作る

1. John Myrc, *Manuale Sacerdotis,* Bodleian Library, Oxford, MS. 549, fol. 171v-172r.
2. Sir Thomas Malory, *The Tale of the Death of King Arthur,* ed. E. Vinaver (Oxford: Clarendon Press, 1955), p. 94.
3. Thomas of Eccleston, *The Coming of the Friars Minor to England,* in *Thirteenth Century Chronicles,* trans. P. Hermann, ed. M-T. Laureilhe (Chicago: Franciscan Herald Press, 1961), pp. 98–99.
4. Bonvicino, *Fifty Courtesies of the Table,* p. 23, ll. 77–80, p. 31, ll. 165–68, 153–56; Barberino, *Documenti d'Amore,* p. 42, trans. W.M. Rossetti, in *Queene Elizabethes Achademy,* ed. F.J. Furnivall, EETS. ES. 8 (1869).
5. *Table Manners for Boys* (early fifteenth century), trans. O.J.A. Russell (London: Wine and Food Society, 1958), p. 9; *The Babees Book,* ed. F.J. Furnivall, EETS. OS. 32 (1868), p. 7, ll. 169–75.
6. Robert Grosseteste, *Rule for the Countess of Lincoln,* in *Walter of Henley's Husbandry,* ed. E. Lamond (London: Royal Historical Society, 1890), p. 139.
7. William FitzStephen, *The Life and Death of Thomas Becket,* trans. G. Greenaway (London: Folio Society, 1961), p. 42.
8. Henry of Lancaster, *Le Livre de Seyntz Medicines,* ed. E.J. Arnould (Oxford: Blackwell, for the Anglo-Norman Society, 1940), p. 48.
9. *The Waning of the Middle Ages* (University of Kansas Museum of Art, Exhibition Catalogue, 1969), pp. 20–21, pl. 57, no. 16.
10. *Caxton's Aesop,* ed. R.T. Lenaghan (Cambridge: Harvard University Press, 1967), p. 85, "The XVII fable of the asse and of the yong dogge."
11. Froissart, *Chronicles,* trans. G. Brereton (Harmondsworth: Penguin, 1968), p. 263.
12. *Sir Gawain and the Green Knight,* ed. J.R.R. Tolkien and E.V. Gordon (Oxford: Clarendon Press, 1925), ll. 2047–53.

13. Froissart, *Oeuvres: Poésies,* ed. A. Scheler (Brussels: Devaux, 1870–71), vol. 2, *Le Debat dou Cheval et dou Levrier,* ll. 36–40.
14. William Langland, *Piers the Plowman,* ed. W.W. Skeat (Oxford: The University Press, 1886), B. Passus 12, ll. 192–205.
15. *The Book of Margery Kempe,* ed. W. Butler-Bowden (Oxford: The World's Classics, 1954), p. 80.
16. John of Salisbury, *The Metalogicon,* trans. D.D. McGarry (Berkeley and Los Angeles: University of California Press, 1962), bk. 4, chap. 42, p. 274.
17. William Horman, *Vulgaria* (1519), ed. M.R. James (Oxford: Roxburghe Club, 1926), p. 235.
18. Froissart, *Chronicles,* p. 144.
19. Raphael Holinshed, *Chronicles* (London: J. Johnson, 1807), 2:130, under the year 1170.
20. For example, in *Le Sacramentaire de Saint-Etienne de Limoges,* ca. 1100, ed. J. Porcher (Paris: Les Editions Nomis, n.d.), pl. 6 (fol. 46v).
21. Joinville, *The Life of St. Louis,* in *Chronicles of the Crusades,* trans. M.R.B. Shaw (Harmondsworth: Penguin, 1963), p. 169.
22. *The Hours of Jeanne d'Evreux* (early fourteenth century), The Cloisters, Metropolitan Museum of Art, New York, fol. 148v.
23. I. Origo, *The World of San Bernardino* (New York: Harcourt, Brace and World, 1962), pp. 43–44.
24. William Caxton, *Book of Curtesye,* ed. F.J. Furnivall, EETS. ES. 3 (1868), p. 21, ll. 197–201.
25. Gaston Paris, *Le Poésie du Moyen Age* (Paris: Hachette, 1906), 1:200.
26. Della Casa, *Galateo,* trans. R.S. Pine-Coffin (Harmondsworth: Penguin, 1958), p. 98.
27. John Palsgrave, *Lesclarcissement de la Langue Francoyse* (London, 1530), ed. R.C. Alston (Menston, England: The Scolar Press, 1969).
28. *The Master of Game,* ed. W.A. and F. Baillie-Grohman (New York: Duffield and Co., 1909), Appendix, *Curée,* pp. 208–9.
29. *Jehan et Blonde,* ll. 436–39, 475–78, in *Oeuvres Poétiques de Philippe de Remi, Sire de Beaumanoir,* ed. H. Suchier (Paris: Firmin Didot, 1885), vol. 2.
30. I. Origo, *The Merchant of Prato* (New York: Knopf, 1957), p. 179.
31. FitzStephen, *Life of Becket,* p. 42.
32. S. Glixelli, "Les contenances de Table," *Romania* 47 (1921):10.
33. J. Balsdon, *Life and Leisure in Ancient Rome* (New York: McGraw-Hill, 1969), p. 53; W. Deonna and M. Renard, *Croyances et Superstitions de Table dans la Rome Antique* (Brussels: Collection Latomus, vol. 46, 1961), pp. 107–21, pl. 15.
34. Froissart, *Chronicles,* pp. 357–58.
35. *The Italian Relation of England,* trans. C.A. Sneyd (Westminster: Camden Society, vol. 37, 1847), p. 44.
36. *The Travels of Leo of Rozmital, 1465–7,* trans. M. Letts (Cambridge: The University Press, for the Hakluyt Society, 2nd. ser., vol. 108, 1957), pp. 46–47.
37. *A Fifteenth Century Schoolbook,* ed. W. Nelson (Oxford: Clarendon Press, 1956), no. 50, p. 12.

38. S.L. Thrupp, *The Merchant Class of Medieval London* (Ann Arbor: University of Michigan Press, 1962), p. 150.
39. "Olim Pacus colueram," from *Carmina Burana* (late thirteenth century), in *The Penguin Book of Latin Verse,* trans. F. Brittain (Harmondsworth: Penguin, 1962), pp. 267–68.
40. R. Warner, *Antiquitates Culinariae* (London: R. Blamire, 1791), p. xii, n.
41. A. Katzenellenbogen, *Allegories of the Virtues and Vices in Medieval Art* (London: Warburg Institute, 1939), p. 80; H. Kraus, *The Living Theatre of Medieval Art* (Bloomington: Indiana University Press, 1967), p. 102 and pl. 71.
42. John Russell, *Boke of Norture,* ll. 598–99, in *Babees Book,* p. 158.
43. Pliny the Younger, *Letters,* trans. B. Radice (Harmondsworth: Penguin, 1963), bk. 2, letter 6, pp. 63–64.
44. *A Noble Boke off Cookry,* ed. Mrs. A. Napier (London: Elliot Stock, 1882), p. 27.
45. Katzenellenbogen, *Allegories,* p. 55.
46. Joinville, *St. Louis,* p. 291.
47. The Archpoet (ca. 1130–67), *Meum est propositum,* in *Penguin Book of Latin Verse,* p. 209.
48. Caxton, *Book of Curtesye,* p. 27, ll. 253–56.
49. Ibid., p. 13, ll. 118–19.
50. *Sir Gawain and the Green Knight,* ll. 878–81.
51. *A Fifteenth Century Schoolbook,* no. 20, p. 6.
52. Eustache Deschamps, *Ballade,* in *The Penguin Book of French Verse,* vol. 1, trans. B. Woledge (Harmondsworth: Penguin, 1961), p. 245.
53. John Lydgate, *The Tale of the Frogge and the Mouse,* ll. 400–405, in *Minor Poems,* vol. 2, ed. H.N. MacCracken, EETS. OS. 192 (1933–34), p. 580.
54. Matthew Paris, *English History,* trans. J.A. Giles (London: Bohn, 1852–54), vol. 2, p. 273.
55. Grosseteste, *Countess of Lincoln,* p. 141.
56. Langland, *Piers Plowman,* B. Passus 10, ll. 94–95.

8 余興——意外な物と飾り物

1. Sir Thomas More, *A Dialogue of Comfort against Tribulation,* ed. L. Miles (Bloomington: Indiana University Press, 1965), pt. 2, Introduction, p. 66.
2. Spanish Haggadah, fourteenth century, British Museum, London, OR. MS. 1404, fol. 18, reproduced in Bezalel Narkiss, *Hebrew Illuminated Manuscripts* (Jerusalem: Macmillan, *Encyclopaedia Judaica,* 1969), pl. 14.
3. Froissart, *Chronicles,* trans. G. Brereton (Harmondsworth: Penguin, 1968), bk. 3, p. 266.
4. Ibid., p. 265.
5. G. Wickham, *Early English Stages, 1300–1600* (London: Routledge and Kegan Paul, 1959), 1:333.

6. Ibid.
7. Ibid., p. 335.
8. See for example Lilian M.C. Randall, *Images in the Margins of Gothic Manuscripts* (Berkeley and Los Angeles: University of California Press, 1966), figs. 347, 410–414, 421, 447–448.
9. Quoted in G.R. Owst, *Literature and Pulpit in Medieval England* (Oxford: Basil Blackwell, 1961), p. 118.
10. M.D. Anderson, *Drama and Imagery in English Medieval Churches* (Cambridge: The University Press, 1963), p. 102.
11. E.W. Tristram, *English Wall Painting of the Fourteenth Century* (London: Routledge and Kegan Paul, 1955), p. 185 and pl. 42.
12. Sir Thomas More, *Utopia,* ed. J. Churton Collins (Oxford: Clarendon Press, 1904), bk. 1, p. 29.
13. Quoted in G.G. Coulton, *Social Life in Britain from the Conquest to the Reformation* (Cambridge: The University Press, 1956), p. 375.
14. Froissart, *Chronicles,* p. 265.
15. Joinville, *Life of St. Louis,* in *Chronicles of the Crusades,* trans. M.R.B. Shaw (Harmondsworth: Penguin, 1963), p. 331.
16. *A Selection of English Carols,* ed. R. Greene (Oxford: Clarendon Medieval and Tudor Series, 1962), pp. 15, 29.
17. Ibid., p. 28.
18. *Sir Gawain and the Green Knight,* ed. J.R.R. Tolkien and E.V. Gordon (Oxford: Clarendon Press, 1925), ll. 43, 1025–26, 1652–55.
19. *A Selection of English Carols,* pp. 58–59, no. 5.
20. Froissart, *Chronicles,* p. 168.
21. Ibid., p. 265.
22. *The Goodman of Paris,* trans. E. Power (New York: Harcourt, Brace, 1928), pp. 241, 244.
23. Henry Kraus, *The Living Theatre of Medieval Art* (Bloomington: Indiana University Press, 1967), p. 11, pl. 3.
24. *Goodman,* p. 300.
25. *The Book of Secrets of Albertus Magnus,* ed. M.R. Best and F.H. Brightman (Oxford: Clarendon Press, 1973), p. 98.
26. *The Sketchbook of Villard de Honnecourt,* ed. T. Bowie (Bloomington: Indiana University Press, 1959), pl. 28.
27. *The Journey of William Rubruck,* in *Mission to Asia,* ed. C. Dawson (New York: Harper Torchbooks, 1966), p. 157.
28. Ibid., p. 176.
29. Froissart, *Chronicles,* p. 264.
30. Reproduced in *La Librairie de Bourgogne,* intro. Léon Gilissen (Brussels: Cultura, 1970), pl. 13.
31. Henry, Earl of Derby, *Expeditions to Prussia and the Holy Land, 1390–1 and 1392–3, being the Accounts kept by his Treasurer during two years,* ed. L. Toulmin Smith (Westminster: Camden Society, n. s. 52, 1894–95), p. 281.
32. Leslie Paul, *Sir Thomas More* (London: Faber and Faber, 1953), p. 26.
33. Geoffrey Webb, *The Office of Devisor,* in *Fritz Saxl Memorial Essays,* ed. D.J. Gordon (London: Nelson, 1957), p. 300.
34. D. Pearsall, *John Lydgate* (London: Routledge and Kegan Paul, 1970), p. 181.

35. W. Paley Baildon, "A Wardrobe Account of Richard II, April 1393–April 1394," *Archaeologia* 62, pt. 2 (1911): 503.
36. Wickham, *English Stages,* p. 188.
37. E. Welsford, *The Court Masque* (Cambridge: The University Press, 1927), pp. 20, 30, 31.
38. Ibid., p. 39; Wickham, *English Stages,* pp. 197–98.
39. 以下の議論については次の文献を参照せよ．Wickham, *English Stages,* pp. 191–207; Pearsall, *Lydgate,* pp. 183–88; John Lydgate, *Poems,* ed. J. Norton-Smith (Oxford: Clarendon Medieval and Tudor Series, 1966), pp. 122–27.
40. *Early Middle English Texts,* ed. B. Dickins and R.M. Wilson (London: Bowes and Bowes, 1951), p. 132.
41. R.M. Wilson, *The Lost Literature of Medieval England* (London: Methuen, 1970), pp. 213, 214, 232; Welsford, *Masque,* p. 47, n.; *Gawain and the Green Knight,* ll. 471–75.
42. *Fulgens and Lucres* の議論については次の文献を参照のこと．R.Southern, *The Staging of Plays before Shakespeare* (London: Faber and Faber, 1973), pp. 95–126.
43. William Roper, *The Life of Sir Thomas More* (ca. 1553), in *Two Early Tudor Lives,* ed. R.S. Sylvester and D.P. Harding (New Haven: Yale University Press, 1962), p. 198.
44. *Tudor Interludes,* ed. Peter Happé (Harmondsworth: Penguin, 1972), pp. 375–76.
45. Southern, *Staging,* p. 206.
46. *Goodman,* pp. 275–85.
47. Ibid., p. 232.
48. *A Selection of English Carols,* p. 91, no. 32.
49. Ibid., pp. 91–92, no. 33.
50. *The Parson's Tale,* in *Works of Geoffrey Chaucer,* ed. F.N. Robinson (Oxford: The University Press, 1957), p. 241.
51. George Cavendish, *The Life and Death of Cardinal Wolsey* (1557), in *Two Early Tudor Lives,* p. 71.
52. Quoted in A.H. de Oliveira Marques, *Daily Life in Portugal in the Late Middle Ages* (Madison: University of Wisconsin Press, 1971), p. 34.
53. Ibid.
54. Cavendish, *Wolsey,* p. 74.
55. Ibid., pp. 73–74.
56. *A Feste for a Bryde,* in *The Babees Book,* ed. F.J. Furnivall, EETS. OS. 32 (1868), pp. 376–77.
57. John Russell, *The Boke of Norture,* in *Babees Book,* pp. 164–66.
58. Ibid., p. 167.
59. Ibid.
60. Wickham, *English Stages,* p. 211.
61. *A Noble Boke off Cookry,* ed. Mrs. A. Napier (London: Elliot Stock, 1882), pp. 4–5.
62. Wickham, *English Stages,* p. 211; Pearsall, *Lydgate,* p. 169.
63. L.H. Loomis, "Secular Dramatics in the Royal Palace, Paris, 1378, 1389, and Chaucer's 'Tregetoures,' " *Speculum* 33 (1958):242–55.
64. Chaucer, *The Franklin's Tale,* in *Works,* p. 139, ll. 1142–45.
65. Cavendish, *Wolsey,* p. 76.

66. Ibid.
67. Christine de Pisan, *Le Dit de la Rose,* in *Oeuvres Poétiques,* ed. M. Roy (Paris: Société des Anciens Textes Français, 1891), 2:32–37, ll. 83–263.
68. *Kalendare,* in *Lydgate's Minor Poems,* pt. 1, ed. H.N. MacCracken, EETS. ES. 107 (1910), pp. 363–76.
69. Cavendish, *Wolsey,* p. 75.

略記および慣用表現一覧

a　「(写本のｂ面に対する) ａ面」
app. ＝ appendix　「付録」
b　「(写本のａ面に対する) ｂ面」
bk. ＝ book　「(全集などの) 巻または編」
bowge ＝ bulge　「ボルジャ，嚢」
ca. ＝ circa　「約，およそ，ほぼ」
canto　「(詩歌の) 篇，歌」
chap. ＝ chapter　「章」
circle　「(詩歌の) 圏」
col. ＝ column　「欄」
described in～　「～で述べられている」
ed. ＝ edited by～　「～編」
EETS. ES. ＝ Early English Text Society, Extra Series (Oxford, 1867－)
EETS. OS. ＝ Early English Text Society, Original Series (Oxford, 1864－)
f. ＝ following　「以下の (行，ページなど)」
ff. ＝ following　「以下の複数の (行，ページなど)」
fig. ＝ figure　「図」
figs. ＝ figures　「(複数の) 図」
fol. ＝ folio　「(写本の全紙二つ折りの第～) 葉」
fols. ＝ folios　「(写本の全紙二つ折りの複数の) 葉」
for example　「たとえば」
frag. ＝ fragment　「(写本の) 断片」
Ibid. ＝ Ibidem　「同じ個所に」
illustrated in～　「～に描かれている」
illustrations to ～　「～の挿し絵」
in～　「～に所収」
index　「索引」
intro. ＝ introduction by～　「～による序文」
item　「(図録などの) 品目」
l. ＝ line　「行」
letter　「書簡」

ll. = lines 「(複数の) 行」

M. E. Dictionary = *The Middle English Dictionary,* ed. H. Kurath and S. M. Kuhn (Ann Arbor: University of Michigan Press, 1952－)

MS. = Manuscript 「写本」

n. = note 「注」

n. d. = not dated 「刊行年不記載」

no. = number 「番」

n. s. = new series 「新シリーズ」

O. E. Dictionary = *The Oxford English Dictionary*

o. s. = original series 「第一次双書」

p. = page 「ページ」

passus 「(物語や詩の) 節，篇」

pl. = plate 「(１ページ大の) 印刷図」

pp. = pages 「(複数の) ページ」

printed in～ 「～に印刷して収録」

prologue to～ 「～への序」

pt. = part 「(本の第～) 部」

quoted in～ 「～に引用されている」

r. = recto 「右ページ」または「紙の表面」

reprinted in～ 「～で復刻」

reproduced in (または on) ～ 「～に再録されている」

review by～ 「～による批評」

sc. = scene 「(演劇の) 場」

sec. = section 「節」

See～ 「～を見よ」

See also～ 「～も見よ」

ser. = series 「双書，全集」

stanza 「(詩歌の) 連」

s. v. = sub verbo～ 「～の語の項目下で」

trans. = translated by～ 「～訳」

under～ 「～の項目下で」

v. = verso 「左ページ」または「紙の裏面」

verse 「(詩歌の) 行または節」

vol. = volume 「巻」

vols. = volumes 「(複数の) 巻」

参考文献

Davis, Dorothy. *A History of Shopping*. London: Routledge and Kegan Paul, 1966.

Drummond, J.C., and Anne Wilbraham. *The Englishman's Food*. London: Jonathan Cape, 1964.

Harrison, Molly. *The Kitchen in History*. Reading, U.K.: Osprey Publishing, 1972.

Hartley, Dorothy. *Food in England*. London: Macdonald, 1964.

Hazlitt, W.C. *Old Cookery Books*. London: Elliot Stock, 1902.

Mead, William Edward. *The English Medieval Feast*. London: Allen and Unwin, 1931.

"Old English Cookery," *The Quarterly Review* 178 (1894), pp.82-104.

Serjeantson, M.S. "The Vocabulary of Cookery in the Fifteenth Century," in *Essays and Studies of the English Association*, vol.23 (1937).

（以下の邦文は訳者が追加したもの）

アイリン・パウア『中世に生きる人々』三好洋子訳，東京大学出版会，1969.

ケイティ・スチュワート『料理の文化史』木村尚三郎監訳，学生社，1990.

周　達生『中国の食文化』創元社，1989.

堀米庸三編『中世の森の中で』（生活の世界歴史 6 ）河出書房新社，1975.

渡辺　実『日本食生活史』吉川弘文館，1964.

図版の典拠

口　絵. Entertainment at a Feast.
Les Chroniques de France, French, ca. 1379 (Paris, Bibliothèque Nationale, MS. fr. 2813, fol. 473v). Photo. Bibl. nat. Paris.

図 1. Bath and Board.
Tristan, Paris, 1494−95 (Paris, Bibliothèque Nationale, MS. Vélin 623, fol. 37). Photo. Bibl. nat. Paris.

図 2. Makeshift Kitchen.
Queen Mary's Psalter, English, first quarter of the fourteenth century (London, British Museum, MS. Royal 2B. VII, fol. 111). Courtesy of the British Library Board.

図 3. Kitchen Flirtation.
Smithfield Decretals, illuminated in England, second quarter of the fourteenth century (London, British Museum, MS. Royal 10E. IV, fol. 109v). Courtesy of the British Library Board.

図 4. The Tasting.
Psalter, Flemish, first quarter of the fourteenth century (Oxford, Bodleian Library, MS. Douce 6, fol. 139v).

図 5. Kitchen Discipline.
Pattern Book, early thirteenth century (Vienna, Österreichische Nationalbibliothek, codex 507, fol. 2v).

図 6. Domestic Scene.
Psalter, Flemish, first quarter of the fourteenth century (Oxford, Bodleian Library, MS. Douce 6, fol. 22).

図 7. Master Robert the Cook.

Liber Benefactorum, St. Albans, 1380 (London, British Museum, MS. Cotton, Nero D. VII, fol. 109). Courtesy of the British Library Board.

図8. Baking Pies.
Psalter, French, second quarter of the fourteenth century (Cambridge, University Library, MS. Dd. 5.5, fol. 280r). Courtesy of the Syndics of Cambridge University Library.

図9. Preparing Sausage Skins.
Psalter, Flemish, first quarter of the fourteenth century (Oxford, Bodleian Library, MS. Douce 5, fol. 7r).

図10. Dinner Party.
Queen Mary's Psalter, English, first quarter of the fourteenth century (London, British Museum, MS. Royal 2B. VII, fol. 199v). Courtesy of the British Library Board.

図11. Making Wafers.
Psalter, Flemish, first quarter of the fourteenth century (Oxford, Bodleian Library, MS. Douce 6, fol. 119r).

図12. Cook Shop.
Romance of Alexander, Bruges, 1338−44 (Oxford, Bodleian Library, MS. 264, fol. 204 [detail]).

図13. Tarts for Sale.
La Vie de Saint Denis, French, 1317 (Paris, Bibliothèque Nationale, MS. Fr. 2092, fol. 42r). Photo. Bibl. nat. Paris.

図14. Bread Shop.
Romance of Alexander, Bruges, 1338−44 (Oxford, Bodleian Library, MS. 264, fol. 204 [detail]).

図15. Baking Bread.
The Hours of Catherine of Cleves, Flemish, mid-fifteenth century (New

York, Pierpont Morgan Library, MS. M917, fol. 226).

図16. Dishonest Baker's Punishment.
Liber de Assisa Panis, Paris, 1293 (London, Corporation of London Records Office, Guildhall, fol. 1). Courtesy of the Corporation of London.

図17. Washing Dishes.
Smithfield Decretals, illuminated in England, second quarter of the fourteenth century (London, British Museum, MS. Royal 10E. IV, fol. 144v). Courtesy of the British Library Board.

図18. Interrupted Meal.
St. Augustine, *De Civitate Dei,* Bohemian, ca. 1140 (Prague, University Library, MS. Kap. AXXI, fol. 133r).

図19. Kitchen Activities.
Romance of Alexander, Bruges, 1388−44 (Oxford, Bodleian Library, MS. 264, fol. 170v).

図20. Spit-Roasting.
Book of Hours, Flemish, early fourteenth century (Cambridge, Trinity College, MS. B 11.22, fol. 159). Courtesy of the Master and Fellows.

図21. Turnspit Boy.
The Hours of Catherine of Cleves, Flemish, mid-fifteenth century (New York, Pierpont Morgan Library, MS. M917, fol. 101).

図22. Kitchen Inventory.
Statuta Collegii Sapientiae, Freiburg im Breisgau, 1497 (Freiburg, Universitätsbibliothek, fol. 47v).

図23. Cooks at Work.
The Luttrell Psalter, East Anglian, ca. 1340 (London, British Museum, MS. Add. 42130, fol. 207r). Courtesy of the British Library Board.

図24. Sieving Flour; Making Wafers.

Velislav Picture Bible, Bohemian, ca. 1340 (Prague, University Library, MS. XXIIIC. 124. fol. 184a).

図25. Baking; Making Dough.

Book of Hours, Franco-Flemish, early fourteenth century (Baltimore, Walters Art Gallery, MS. W88, fol. 15). Courtesy of the Walters Art Gallery.

図26. Dishing Up.

The Luttrell Psalter, East Anglian, ca. 1340 (London, British Museum, MS. Add. 42130, fol. 207v). Courtesy of the British Library Board.

図27. Angels serve Jesus in the Wilderness.

Meditations on the Life of Christ, Italian, fourteenth century (Paris, Bibliothèque Nationale, MS. ital. 115, fol. 71v). Photo. Bibl. nat. Paris.

図28. New Year Feast.

Très Riches Heures of Jean, Duke de Berry, Paris, 1413—16 (Chantilly, Musée Condé, MS. Lat.1284, fol. 2r). Photo. Bibl. nat. Paris.

図29. Laying the Table; Eating the Meal.

Meditations on the Life of Christ, Italian, fourteenth century (Paris, Bibliothèque Nationale, MS. ital. 115, for. 79v). Phote. Bibl. nat. Paris.

図30. Table Service.

Schatzbehalter, Nuremberg, 1491 (Baltimore, Walters Art Gallery, page aeiiiiv). Courtesy of the Walters Art Gallery.

図31. Washing Hands.

Prose Tristan, Italian, ca. 1320—50 (Paris, Bibliothèque Nationale, MS. Fr. 755, fol. 115). Photo. Bibl. nat. Paris.

図32. Waiting to Begin.

Les Grandes Chroniques de France, Paris, ca. 1414 (London, British

Museum, MS. Cotton Nero EII, vol. 2, fol. 229v). Courtesy of the British Library Board.

図33. Polishing the Silver.
De Buz Book of Hours, French, early fifteenth century (Cambridge, Mass., The Houghton Library, Harvard University, MS. Richardson 42, fol. 1).

図34. St. Louis feeds the Poor.
La Vie de St. Louis par le confesseur de la reine Marguerite, Paris, thirteenth century (Paris, Bibliothèque Nationale, MS. Fr. 5716, fol. 213). Photo. Bibl. nat. Paris.

図35. Storing the Spoons.
Statuta Collegii Sapientiae, Freiburg im Breisgau, 1497 (Feriburg, Universitätsbibliothek, fol. 3lr).

図36. Spoon Feeding.
The Hours of Jeanne d'Evreux, Paris, ca. 1326 (New York, The Metropolitan Museum of Art, The Cloisters Collection, Purchase 1954, fol. 123v).

図37. Saul and the Witch of Endor.
The Tickhill Psalter, English, early fourteenth century (New York Public Library, Spencer Collection, Astor, Lenox and Tilden Foundations, MS. 26, fol. 44v).

図38. Cook with Kitchen Fork.
Maciejowski Manuscript, illuminated in Paris, ca. 1250 (New York, Pierpont Morgan Library, MS. 638, fol. 20r).

図39. Boy with Fire Fork.
The Luttrell Psalter, East Anglian, ca. 1340 (London, British Museum, MS. Add. 42130, fol. 206v). Courtesy of the British Library Board.

図40. Table Forks.

Rabanus Maurus, *De Universo,* Montecassino. 1022−23 (Montecassino, Biblioteca dell'Abbazia, codex 132, bk. XXII, chap. I, *De mensis et escis*).

図41. Hopeful Friend.

Les Grandes Heures de Rohan, French, 1419−27 (Paris, Bibliothèque Nationale, MS. lat. 9471, fol. 2v). Photo. Bibl. nat. Paris.

図42. Serving Hatch.

Guiron, Flemish, ca. 1480−1500 (Oxford, Bodleian Library, MS. Douce 383, fol. 1).

図43. Exeter Puzzle Jug.

Polychrome ware from Saintonge, southwest France, late thirteenth century (Exeter City Museum, Devonshire).

図44. Preparing for a Party.

Tristan, French, fifteenth century (Chantilly, Musée Condé, MS. Fr. 404, fol. 233). Photo. Bibl. nat. Paris.

図45. The Peacock Feast.

Braunche Brass (detail), St. Margaret's Church, King's Lynn, Norfork, 1364 (London, National Monuments Record, B. B67/8217).